高等职业教育"十三五"规划教材

经济学类

投资理财原理与实务

主　编　严天喜　余志斌
副主编　霍卫红　肖诗菲　曾学明

南京大学出版社

前 言

有一个叫"杯子哲理"的故事，说的是固执人、马大哈、懒惰者和机灵鬼四个人结伴出游，结果在沙漠中迷了路。这时，他们身上带的水已经喝光了。正当四人面临死亡威胁的时候，上帝给了他们四个杯子，并为他们祈来了一场雨。但这四个杯子中，有一个是没有底儿的，有两个盛了半杯脏水，只有一个杯子是拿来就能用的。

固执人得到的是那个拿来就能用的好杯子，但他当时已经绝望至极。固执人认为，即使喝了水，他们也走不出沙漠。所以下雨的时候，他干脆把杯子口朝下，拒绝接水。马大哈得到的是没有底儿的坏杯子。由于他做事太马虎，根本就没有发现自己杯子的缺陷。结果，下雨的时候，杯子成了漏斗，最终一滴水也没有接到。懒惰者拿到的是一个盛有脏水的杯子，但他懒得将脏水倒掉，下雨时继续用它接水，虽然很快接满了，可他把这杯被污染的水喝下后却得了急症，不久便不治而亡。机灵鬼得到的也是一个盛有脏水的杯子，他首先将脏水倒掉，重新接了一杯干净的雨水。最后，只有他平安地走出了沙漠。

这个故事不但蕴涵着"性格和智慧决定生存"的哲理，同时，也与当前人们的投资理财方式和观念有着惊人的相似之处。

在中国过去的60年间，前三十年是一个消灭个人财富的过程，后三十年则是民间财富急剧累积的过程，近十年来，投资理财已从一个时尚的概念演变成一个时代的需要。拒绝贫穷、做一个成功人士，成为大众理财的最大追求。但如何投资，怎样理财却不是每个社会个体都具备的技能。受传统观念的影响，许多人就和故事中的固执人一样，认准了银行储蓄这一条路，拒绝接受各种新的理财方式，致使自己的理财收益难以抵御物价上涨，造成了家财的贬值。有的人就和故事中的马大哈一样，只知道不停地赚钱，却忽视了对财富的科学打理，最终因不当炒股、民间借贷等投资失误，导致了家财的缩水，甚至血本无归，成了"前面挣，后面跑"的漏斗式理财。有的人则和故事中的懒惰者一样，虽然注重新收入的打理，但对原有的不良理财方式却懒得重新调整，或者存有侥幸心理，潜在风险没有得到排除。结果，因为原有不当理财，影响了整体的理财收益。但是，也有许多投资者和故事中的机灵鬼一样，他们注重把家庭中有风险、收益低的投资项目进行整理，也就是先把脏水倒掉，然后把杯子口朝上，积极接受新的理财方式，从而取得了较好的理财效果。

所以，理财应该成为人生的技能而为每一个人所接受和掌握。而当前的大学教育，无论是经济类学科还是其他专业学科，都欠缺投资理财观念和技能方面的培养。我们认为，要培养一个大学生，特别是经济类专业学生的专业技能，让他们合理规划自己的人生，有必要开设投资理财课程。而《投资理财原理与实务》教材的编写，是这个目标实现的前提。

本教材试图按照"观念-知识-技能"的整体构架，通过对个人理财基本理论的介绍，确立读者基本的个人理财观念；通过对现存和未来可能推出的各类理财工具的介绍让读者掌握理财专业知识、引导读者跨入个人理财的大门；通过分析解读理财方法来指导读者的理财实践、提升读者理财技能。本书力图突出学习与调研、思考与规划、案例与推演、实务与实证四个方面的有机关联，这是本书最大的创新之处。本教材的另一创新之处在于教材体例安排采用了"项目任务"模式。与国内其他的同类教材相比，我们开宗明义在教材中提出了"财商"的概念，翔实分析了国外财商教育的情况及财商对个人成长的意义。

我们的目标不仅仅是为了出版一本书，而是为推动个人理财从一门课程向一个专业过渡的实现，因为它顺应全球经济和金融业发展的需要，积极的行动本身就是一种博大的智慧，让我们用智慧创造财富。

本书由荆州职业技术学院严天喜、武汉商贸职业学院余志斌担任主编；由黄河水利职业技术学院霍卫红、吉安职业技术学院肖诗菲、重庆青年职业技术学院曾学明任副主编。由严天喜对全书进行总纂、修改和定稿。

书中疏漏之处，恳请专家、读者批评指正。

编　者

2019 年 7 月

目 录

项目一 财商及其培养 1
  任务一 认识财商 1
  任务二 财商的几组概念 5
  任务三 财商的培养 6
    案例回顾与分析 9
    项目小结 9
    课后训练 10

项目二 投资理财知识 13
  任务一 认识投资与理财 13
  任务二 理财的核心与渠道 14
  任务三 投资与理财的原理 15
  任务四 投资与理财的分类 27
    案例回顾与分析 39
    项目小结 41
    课后训练 41

项目三 个人理财技巧 42
  任务一 生命周期理论与个人理财 42
  任务二 理财规划的制定 47
  任务三 理财工具的选择 52
  任务四 投资组合的运用 56
  任务五 风险规避法 61
    案例回顾与分析 65
    项目小结 66
    课后训练 66

项目四 证券投资理财 69
  任务一 证券及证券市场 70
  任务二 股票及股票市场 75
  任务三 债券及债券市场 80
  任务四 其他证券品种 89
  任务五 证券投资基本分析 101
  任务六 证券投资技术分析 122

案例回顾与分析 ······ 138
　　项目小结 ······ 138
　　课后训练 ······ 138

项目五　基金投资理财 ······ 141
任务一　证券投资基金 ······ 141
任务二　证券投资基金的运作 ······ 149
任务三　基金理财技巧 ······ 164
　　案例回顾与分析 ······ 170
　　项目小结 ······ 171
　　课后训练（一） ······ 171
　　课后训练（二） ······ 172

项目六　保险理财 ······ 180
任务一　保险知识 ······ 181
任务二　常见的保险产品 ······ 186
任务三　保险产品理财技巧 ······ 201
　　案例回顾与分析 ······ 206
　　项目小结 ······ 208
　　课后训练 ······ 208

项目七　黄金与外汇理财 ······ 209
任务一　黄金投资的基础知识 ······ 209
任务二　黄金理财技巧 ······ 217
任务三　外汇知识 ······ 223
任务四　外汇市场及其影响因素 ······ 229
任务五　个人外汇投资技巧 ······ 232
　　案例回顾与分析 ······ 238
　　项目小结 ······ 239
　　课后训练 ······ 239

项目八　公司理财 ······ 240
任务一　公司筹资管理 ······ 242
任务二　公司投资管理 ······ 245
任务三　营运资本管理 ······ 250
任务四　利润分配决策 ······ 255
　　案例回顾与分析 ······ 259
　　项目小结 ······ 260
　　课后训练 ······ 260

参考文献 ······ 263

项目一　财商及其培养

学习目的

本项目旨在培养学生的理财意识。通过本项目内容的学习,使学生明确财商的含义,并认识到财商对理财的重要性及对人生成功的意义以及提升个人财商的途径,为进一步学习教材的其他内容打基础。

案例导入

案例一　小王正在某高校读书,其间,家长每月给小王1 000元,但小王总是在每月月末都捉襟见肘,有时不得已还会向朋友借钱。后来也因此和同学的关系不太融洽。

案例二　张军一家三口,家有存款50万,有住房,夫妻每月收入6 000元,他们将当期各项开支安排后,将结余的3 000元全部存入银行。

案例三　你的太太看上了一件很贵的衣服想买,但是再过一个月是十一假日,商店可能会有打折活动,你会怎么做? A. 说服爱人一个月后买会更便宜;B. 讨爱人欢心,二话不说买下来;C. 太贵了,不买。

任务一　认识财商

一、财商的定义

财商的英文全称是Financial Quotient(FQ)。最早由美国作家兼企业家罗伯特·T. 清崎(Robert T. Kiyosaki)在《富爸爸穷爸爸》一书中提出。

所谓财商,是一个人认识金钱和驾驭金钱的能力,泛指一个人在财务方面的智力,是理财的智慧。它包括两方面的能力:一是正确认识金钱及财富规律的能力;二是正确管理与运用财富的能力。

当一个人拥有优良财商的时候,就可知道怎样利用本身拥有的资产为自己带来最多的财富,成为一个财富管理上成功的人。

财商是与智商(IQ)、情商(EQ)并列的现代社会能力三大不可或缺的素质。可以这样理解,智商反映人作为一般生物的生存能力;情商反映人作为社会生物的生存能力;而财商则是人作为经济人在经济社会中的生存能力。

财商是一个人判断金钱的敏锐性,以及对怎样才能形成财富的了解。它被越来越多的人认为是实现成功人生的关键。财商和智商、情商一起被教育学家们列入了个人"三商",是个人成功的综合前提。

二、国外财商教育的情况

从世界范围看,专业的财商教育最早起源于犹太人。一般来说,犹太人的渗透力和生存力非常强,目前全球经济圈中的很多精英都是犹太人,比如现任美联储主席格林斯潘,全球外汇、商品和股票投资家索罗斯,纽约市市长、布隆伯格通讯社创办人布隆伯格……这也是犹太人重视财商教育的结果。财商教育在犹太人家庭中是从小开始的,财商教育最重要的一点就是培养延后享受的理念。

所谓延后享受就是指延期满足自己的欲望,以追求自己未来更大的回报,这几乎是犹太人教育的核心,也是犹太人成功的最大秘密。犹太人在儿童财商教育中有一个经典说法:"如果你喜欢玩,就需要去赚取你的自由时间,这需要良好的教育和学业成绩。然后你可以找到很好的工作,赚到很多钱,等赚到钱以后,你可以玩更长的时间,玩更昂贵的玩具。如果你搞错了顺序,整个系统就不会正常工作,你就只能玩很短的时间,最后的结果是你拥有一些最终会坏掉的便宜玩具,然后你一辈子就得更努力地工作,没有玩具,没有快乐。"

他们认为,财商教育应该至少包括三个方面:掌钱能力、赚钱能力、财富知识。

(一)掌钱能力

掌钱能力是财商教育的第一阶段。有一种认识是:小孩子尽量少与钱打交道,"压岁钱都要让父母保管"。这样做的弊端是,孩子们会因此养成要花钱就伸手,一有钱就赶快花光的习惯,而缺乏对消费的规划意识。

对第一次拥有金钱的孩子,家长会及时地做出指导。如果家长发现孩子胡乱购买不需要或不划算的物品,会与孩子商议其独立账户必须保留的金额的底线,然后一起制定短期的储蓄和消费目标。

开始时可能仅是小目标,一般只需储蓄几个星期便能大功告成;此后可转向较大目标,须耐心储蓄几个月才能实现夙愿;最后上升至更大的须储蓄一年半载才能实现的大目标。要是在这段时期,孩子因受到其他东西的诱惑而没能"挺住",那么,他就必须为自己的或合理或不太合理的花销负责。换句话说,对于孩子的财务状况,负责的是孩子自己。当然,也有生性节俭的孩子对钱财格外看重,生活中尽量缩小开支。此时,家长往往采取一些办法来鼓励、引导孩子更勇敢大胆地消费。他们一般会耐心、细致地启发孩子作出消费,如建议孩子邀请小伙伴去看一场电影、买一双新的运动鞋、给爷爷或奶奶送上一束鲜花等等。

这样做的一个好处是,让孩子们从小就培养起量入为出的理财意识,在进行消费的同时,会考虑到自己未来的花销和长期的规划。好习惯一旦养成,终身受益。

(二)赚钱能力

节流重要,开源的意义更大。培养赚钱能力,更确切地说是培养人的赚钱意识,可以让一个人了解赚钱的规则,让人在获取收入的过程中了解到财富流转的规则,在工作中还能体会到回报与付出成比例。钢铁大王洛克菲勒,从小家教很严,靠给父亲做"雇工"挣零花钱。他清晨便到田里干农活,有时候帮母亲挤牛奶。他有一个专用于记账的小本子,把自己的工作量化后,按每小时 0.37 美元记入账,尔后与父亲结算。这件事他做得很认真,感到既神圣又趣味无穷。更有意味的是,洛克菲勒的第二代、第三代乃至第四代,都严格照办。

(三)财富知识

除了教会孩子合理地花钱、有效地赚钱,一个人从孩子时代开始就应该掌握一些基本的财富常识,并试图做一些简单的投资,进而到复杂的投资,包括基金、股票、债券、保险等。

不仅如此,在美国、法国等国家,现代财商教育已经渗透到高等教育的整个体系中。大多数高校将财商教学作为学生在校期间的必修课程。

三、我国财商教育的情况

中国是一个理财传统悠久的国度。从古代的范蠡、邓通到近代的胡雪岩,即使在市场经济不发达的时代,亦不缺少投资高手与理财明星。无论是"夏置皮袄旱聚舟"的投资原则,还是大处着眼,把理财看作"政治的唯一内容",抑或是"你不理财,财不理你"这样的现代理念,财商文化在中国有着几千年的传承和积淀。但不可否认的是,中国传统文化中"重义轻利"的思想对国民财商的培养多少带来负面影响。

从小学教育到中学教育再到大学教育,理财在中国的教育实践中几乎是一片空白。比如作为青年中精英的大学生在这方面目前仍然存在很多问题:学生中金钱至上的观点十分流行,缺乏正确的财富观;花钱随意,盲目攀比,讲排场之风盛行,且常常因此与父母严重对立;走上工作岗位的年轻人由于缺乏起码的理财知识,理直气壮地成了"购物狂""月光族""房奴"等;缺乏生存能力、创业能力,相当一部分学生毕业即失业……财商教育的空白已严重危及大学生的素质健康。一项调查显示:中国大学生正在成为消费的主力军,"钱不够花"在当今大学校园已是一种普遍现象。一个大学生一年的花费到底有多少?钱都花在哪里了?大致归纳起来有以下几个方面:首先是学费,普通专业一般一年也得花销五、六千元。二是生活费,少则每月四五百元,多则上千元。三是服装消费,一般每月 100 元,但对于追求品牌的大学生而言,一双鞋就要几百元。四是给自己"充电"的消费,比如各种考级考证等,都是不菲的开支。五是在交际方面的消费:朋友过生日,礼物少则几十,多则上百。恋爱消费,也是不少大学生的重要支出。第六是手机、电脑等费用。还有女生对美丽消费也毫不吝啬,有的女生每月在这方面的消费竟高达 500 元以上。而以上各种费用基本上都是由家长支出。但大学生最终要走向社会,不可能让父母养一辈子,在大学里养成大手大脚的习惯,毕业后走向社会显然没有足够的经济条件来支撑原先的花钱方式与消费习惯。

很多大学生并不知道理财为何物。以前在父母身边时,衣食住行都由父母管,根本用不着自己理财。到了大学之后,多数大学生远离父母,被迫开始掌握自己花钱的自主权。但他们对理财基本没有概念,一时拿到这么多钱,往往不知如何安排。同时,少了父母经济上的控制和约束,看到自己喜欢的东西常常不由自主地去消费。大学生出现这一问题的主要原因就是没有学会科学理财,多数大学生在花费时都是凭感觉,而不是提前做预算,有计划地控制自己的支出。由于缺乏相应的知识,大学生面对理财时普遍感到困惑与茫然,理财只能跟着感觉走。

目前,虽然一些高校正在尝试进行相关教育,但中国财商教育,特别是把财商教育作为一门专业教学内容,还未真正起步。

四、财商对个人成长的意义

正如前面所说,智商、情商和财商是一个人综合能力的体现,三者对人的生存发展不可或缺。尤其是现代经济社会,更加突出财商的意义。

智商是一种表示人的智力高低的数量指标,但也可以表现为一个人对知识的掌握程度,反映人的观察力、记忆力、思维力、想象力、创造力以及分析问题和解决问题的能力,是人作为自然人必需的素质。智商主要来自遗传,但智商不是固定不变的,通过学习和训练是可以开发增长的。

情商,就是管理自己的情绪和处理人际关系的能力。情商是人作为社会人必备的素质。现代社会,人面对的是快节奏的生活、高负荷的工作和复杂的人际关系,没有较高的情商是难以获得成功的。情商高的人,人们都喜欢同他交往,总是能得到众多人的拥护和支持。同时,人际关系也是人生的重要资源,良好的人际关系往往能获得更多的成功机会。权变理论代表人物之一弗雷德·卢森斯(Fred Luthans)对成功的管理者(晋升速度快)与有效的管理者(管理绩效好)做过调查,发现两者的显著不同之处在于:维护人际网络关系对成功的管理者贡献最大,占48%,而对有效的管理者只占11%。可见,在职场中,要获得较快的成长,仅仅埋头工作是不够的,良好的人际关系是获得成功的重要因素。

财商则是人作为经济人必备的素质。在现代经济社会,一个人如果没有高的财商,就无法实现真正的成功,无法获得财务自由,无法体会充分的幸福感。财商对于个人成功的意义在于以下几个方面。

(一)财商有助于提升个人的生存能力

每一个人都生活在经济社会里,必然要与经济打交道,参与经济生活。良好的财商有助于一个人适应经济社会,更好地提升个人生存能力。

(二)财商有助于培养个人的创业能力

其实一个人特别是当代大学生一定要把创新能力,创业能力的培养作为今后发展的重要平台。财商的高低直接关系一个人的创业意识,决定一个人创业的成败。良好的财商有利于个人创业的成功。换句话说,一个创业成功的人一定是一个财商较高的人。

(三)财商有助于实现个人的财务自由

每一个人在社会上都希望自己生活地快乐幸福,不被财务所困扰。但事实上很多人没能做到这一点,原因在于这些人缺少必要的财商。只有一个人的财商得到提高、学会理财,才能实现真正的财务自由。

(四)财商有助于提升个人的幸福指数

幸福指数又称幸福感指数。幸福感是一种心理体验,它既是对生活的客观条件和所处状态的一种事实判断,又是对于生活的主观意义和满足程度的一种价值判断。它表现为在生活满意度基础上产生的一种积极心理体验。而幸福感指数,就是衡量这种感受具体程度的主观指标数值。

美国的经济学家P·萨缪尔森提出了一个幸福方程式:效用/欲望＝幸福指数。判断一个人的幸福与否,可以从答案中得到,以商数等于1为分界岭。比1小就证明不幸福,等于1或者比1大就证明是幸福的。

影响一个人幸福指数的因素很多,包括就业、收入、社会保障、居住、医疗与教育及其他主观因素,其中收入因素在其中起决定作用。较高的财商水平有助于提升个人理财能力、增加个人收入与财富,从而有助于提升个人幸福指数。

任务二　财商的几组概念

在财商教育中,如果一个人需要提升财商水平,必须严格区分以下几组概念,并把握其内涵。因为这直接关系一个人在这方面的观念与意识,最后影响一个人的财商水平。

一、金钱

传统教育中,金钱就是货币。货币就是商品交换的产物,是充当一般等价物的特殊商品,就是黄金、白银,就是美元、英镑、人民币……没错！按照传统理解,一点问题都没有,我们也没有否定这一说法的意思,甚至也无法颠覆这种说法。我们只是想从另一角度即财商的角度来认识金钱。

从财商的角度看,金钱实际就是人们对某种物或者某种观念的一种价值认同,是一种财富意识。比如一支普通钢笔正常情况下价值就是几元钱,但事实上也许钢笔还会有其他的价值或者比一般认为的几元价值高出许多的价值,你能想象吗？假设我们让某航天员将这支笔带到太空,那么这支笔将区别于其他的普通钢笔;这时,你还认为这支笔的价值是几元钱吗？肯定不会,你会认为它是无价的！所以,金钱、财富、价值来自想象,来自创意,"思想有多远我们就能走多远"说的就是这个道理。当然,从物质的角度来看,金钱是一种特殊商品,但财商对金钱财富的认识则是颠覆性的,财商就是让人们有一种对金钱财富的全新观念。一个财商较高的人,无论将其置于何种境地,他都会最终成为一个富有的、成功的人。

二、资产

对于资产,大家一般会这样认为:自己所拥有的能够被自己支配的某种物品就是资产。比如生活中,大家会认为,房子、私家车、家用电器、存款等就是家庭的财产。但是从财商角度看,这种观念就不一定正确。因为从财商角度看,资产是指能够给当事人带来即时或者持续收益的某种物或者某种观念、某种意识等。通俗地讲,资产就是能把钱放进你口袋里的东西。按照这种解释,先前所谓的某些资产项目在财商中就可能不是资产。比如,用于消费的汽车,当你购买汽车后你会为此经常发生支出而不是增加收入或者财富,所以不属于财商中的资产。按揭购房形成的房产看上去是家庭或者个人资产,但一旦按揭形成,你将每月为购房发生相关费用形成当事人现金的流出,所以,此时的房子也不是财商意义上的资产。类似情况不胜枚举。这就是一种意识。虽然仅仅是一种观念上的区别,但他会影响到一个人的行为,对个人财富的形成、企业财富的积累都会产生重大影响。

三、负债

按照会计学的观点,负债就是指过去的交易、事项形成的现有义务,履行该义务预期会导致经济利益流出。财商中的负债通俗地讲是把钱从你口袋里取走的东西。按照这一观念,前面所列举的房子、汽车在特定的情况下就成了负债。因为这类东西在特定的情况下不会增加你的收入,不会使金钱流入你的口袋,相反还会导致金钱从你的口袋流出。

以上关于资产、负债的观念告诉我们,个人财富积累的过程就是使自己不断地增加资产(财商意义上的资产),而不是负债。生活中超前消费、贷款购房、信用消费形成的所谓资产实际上是负债,从财商角度看,这类行为应该被理性控制或者被节制。

任务三 财商的培养

知道了财商的重要性,就要注重个人财商的培养。财商与智商情商不同,财商很大程度上来自后天的教育培养。那么,如何提升个人财商呢?

一、学习财务知识

财务知识并不是非常深奥的科学,最主要的是要学会看会计报表,要知道现金流是怎么回事。会计报表主要包括资产负债表和利润表(损益表)。

资产负债表是反映企业在某一特定日期财务状况的报表。它反映的是某一时点的情况,所以又称为静态报表。资产负债表可以提供某一日期资产的总额及其结构,表明企业拥有或控制的资源及其分布情况,即有多少流动资产、多少长期投资、多少固定资产等等。流动资产中,货币资金有多少,应收账款有多少,存货有多少等等。此外,它还可以提供某一日期的负债总额及其结构,表明企业未来需要用多少资产去清偿债务以及清偿的时间,即流动负债有多少,长期负债有多少。长期负债中有多少需要用当期流动资金进行偿还等等。同时,资产负债表还可以反映所有者所拥有的权益,据以判断资本保值、增值的情况以及对负债的保障程度以及在所有者权益中,实收资本(或股本)有多少,资本公积和盈余公积有多少,未分配利润有多少等等。

利润表是反映企业在一定期间内生产经营成果的会计报表,它把一定时期的营业收入与其同一会计期间相关的营业费用进行配比,以计算出企业一定时期的净利润。

利润表亦称损益表,它是反映企业财务成果的动态报表,必须按月编制。年度终了,企业应编报年度利润表。利用利润表揭示的财务成果信息,便于报表使用者了解企业的经营业绩和获得能力,预测利润趋势;通过分析利润增减变化的原因,有助于发现经营过程中存在的问题,采取改进措施,不断提高企业的盈利水平。

比方说,如果你想购买某公司的股票,你就必须通过会计报表了解其至少以下数据:总资产、每股净资产、未分配利润、净负债、销售收入、净利润、每股收益率、企业资产负债率等。如果你连这些数据都不知道就去炒股,就相当于闭着眼睛在高速公路上开车,不管路修得多么好,你也一定会出事的。

二、有成本意识,努力做到用最低的投入实现最大的产出

一般来说,一个人在创业初期资金非常紧张,常常会以支付10‰的月息借钱周转。比如在租房和买房的选择上就应该是租房而不应该是买房。因为当时我花了1 000元,就在离我公司100米远的地方租了一套100平方米,价值50万元的住房。另外,请一个保姆的工资为1 500元/月,水电气300元/月。相比之下,如果我买房,借50万元的利息就要5 000元/月,而租房包括保姆水电气加起来才2 800元/月。这样低的租房成本,当然应该选择租房。

三、学会推销自己和自己的产品

当今世界产品太多,人才太多,相类似的产品和相当水平的人才也太多。所以,任何一个人要想使自己或自己的产品被人家重视,就要学会推销。中央电视台知名主持人白岩松说:"把一条'哈巴狗'牵到中央电视台去连播30次,这条哈巴狗就变成了一条名狗。一条名狗的价值就再不是那一条哈巴狗的价值了。"所以,同样的产品,会推销的人可以销得更多甚至卖更好的价钱;同样的人才,会推销自己的人能找到更好的工作机会,并且有可能因为多次好机会的积累,使他与那些原来在同一起跑线上的人档次越拉越大,他很可能会越来越优秀。

四、学会用钱去赚钱的技术

不要为了钱去拼命工作,而要学会让金钱为你拼命地去赚钱。世界上有一个非常奇怪的现象:空气对于人来说是最重要的,但空气不要钱;而人一辈子不喝啤酒也不会危及生命,但啤酒却要5元钱一瓶。主要是因为空气不稀缺,而获得啤酒却要付出代价。

投资理财就要学会把资本投资到最有效率的地方,也就是说投资到回报率最高的地方。如果自己有能力当老板,那当然是最好的;当自己没有能力单独当老板时,能与会投资的人合作当老板也是不错的选择;当这种机会也没有时,将自己的钱借给值得信赖的老板,按市场行情收取利息,也是一条生财之道。当以上机会都没有时,就可以学习选择股票和基金投资。但不管选择怎样的投资方式,都是有技巧的。要想赚钱,就要多学习赚钱的相关知识。

五、有敏锐的市场眼光

要赚钱就需要经常深入市场,了解价格信息,了解市场的供给和需求状况,并关心国家的政策变化,有时还得关心国际的政治动向。

市场价格千变万化,不管是做常规生意还是买房、炒股、买基金等投资理财活动,如果没有敏锐的市场眼光,那就只能靠碰运气。但谁都知道,靠碰运气是非常危险的。

六、学习相关的法律法规

只有熟悉相关的法律,我们才知道自己能做什么,不能做什么。如果你缺乏必要的法律知识,能做的事不敢做,不能做的事做了,最后,受到法律惩罚的时候自己还不知道。财商中谈到的财富的获取和财务自由的获得都是建立在法律范围允许的框架下。在法律方面,对

于投资者而言,最应该掌握的是《合同法》《担保法》《公司法》《税法》《劳动法》,而其他的相关的法律知识,投资者不需要花专门的时间去学习,只有遇到某一方面问题的时候,把相关的法律法规学习一下。通过反复的积累,你就会成为法律方面的行家里手,足以让你的投资理财在法律许可的范围里面进行。

投资理财成功的必备因素还包括厚实的专业基础。我们应懂得一点经济学、市场学、营销学、心理学等方面的基本知识,牢牢抓住可能擦肩而过的发财机会,尽可能练就高超的谈判技巧和书面表达能力,避免在生意场上受制于人,被对方牵着鼻子走;懂得有计划地花钱,事事会算账。

延伸阅读

(一)西方一些国家对于孩子财商的培养

法国:为孩子建立独立账户

法国家长在孩子3~4岁的时候开始对他们进行"家庭理财课程"的教育。当孩子有了独立账户后,法国家长就不赞成定期给孩子发放零用钱了,而是借助一些特别的日子,如节日、生日等不定期地给孩子发放零用钱,他们的理由是:孩子不是家长的雇员,不能让孩子产生定期"领工资"的错觉,更不可误以为向家长领取零用钱是天经地义的事。

美国:号召孩子从小储蓄

从踏进幼儿园开始,美国孩子们就会接受有关理财的概念。他们会知道钱是什么以及钱在生活中的重要性。在美国,鼓励孩子打工是教会孩子处理财务的重要手段,美国每年大约有300万中小学生在外打工。另外,家长常将自己不需要的东西拿出来拍卖或者捐赠,而小孩也会将自己用不着的玩具摆在家门口出手,以获得一点收入,剩余物品全部捐赠给慈善机构。

英国:省钱是种智慧

英国人的保守作风也体现在幼儿理财教育方面,提倡理性消费,鼓励精打细算。理财教育在孩子不同阶段有不同要求:5~7岁懂得钱的不同来源,并懂得钱可以用于多种目的;7~11岁的孩子要学习管理自己的钱,认识到储蓄对于满足未来需求的作用。在英国,大多数银行都为16岁以下的孩子开设特别账户。有三分之一的孩子将自己的零用钱和收入存入银行和储蓄借贷的金融机构。

(二)穷人最缺少的是什么

巴拉昂是一位年轻的媒体大亨,以推销装饰肖像画起家,在不到10年的时间里,他迅速跻身于法国50大富翁之列,1998年因前列腺癌在法国博比尼医院去世。临终前,他留下遗嘱,把他4.6亿法郎的股份捐献给博比尼医院,用于前列腺癌的研究;另有100万法郎作为奖金,奖给揭开贫穷之谜的人。

巴拉昂去世后,法国《科西嘉人报》刊登了他的遗嘱。他说:"我曾是一位穷人,去世时却是以一个富人的身份走进天堂的。在跨入天堂的门槛之前,我不想把我成为富人的秘诀带走,现在秘诀就锁在法兰西中央银行我的一个私人保险箱内,保险箱的三把钥匙在我的律师和两位代理人手中。谁若能通过回答"穷人最缺少的是什么"这个问题而猜中我的秘诀,他将能得到我的祝贺。当然,那时我已无法从墓穴中伸出双手为他的睿智而欢呼,但是他可以从那只保险箱里荣幸地拿走100万法郎,那就是我给予他的掌声。"

遗嘱刊出之后,《科西嘉人报》收到大量的信件,有的骂巴拉昂疯了,有的说《科西嘉人报》为提升发行量在炒作,但是多数人还是寄来了自己的答案。绝大部分人认为,穷人最缺少的是金钱,穷人还能缺少什么?当然是钱了,有了钱,就不再是穷人了。但有少数人却给出了另一种答案:观念,穷人缺少的是观念。果然,巴拉昂的答案就是如此:因为金钱或者财富的获取需要观念的支撑,任何一个财富的拥有者都必须具有创富的意识和行动。

案例回顾与分析

案例一 小王在高校读书期间,家长每月给其1 000元,但小王总是在每月月末都会捉襟见肘,有时不得已还会向朋友借钱。这种情况在高校并不少见,但这正是现在一些高校学生财商缺乏的表现,高校很大一部分学生存在攀比和盲目消费的现象。其实小王完全可以根据当地消费水平对每月1 000元的"收入"进行规划,适当压缩一些不必要的开支,每月能节约一部分资金,积少成多再进行适当投资,比如购买基金定投产品等,这样他今后就可能会获得充分的财务自由。

案例二 小张一家三口现有存款50万元,每月生活支出安排后尚余3 000元,对此,小张的处理是将3 000元全额存入银行,表明小张具有初步的理财思想,但这却是不科学的理财行为。从理财的渠道和目的看,小张还可以使用其他理财方式。结合家庭状况,小张还应该为自己购买一些保险,比如意外险,另外为保证财富的保值与增值,小张还应该将一部分资金选择投资于股票、基金或者外汇、黄金等理财产品等。

案例三 每一个人面对自己所爱的人都会做出自己的选择,可能有些人会选择B,即讨爱人欢心,二话不说买下来。但实际上这也反映了一个人的性格特点,体现在投资上,你可能是个冲动性的投资人。以下便是对你是否适合做投资的研判标准:选择A你很适合投资股票,你能审时度势地判断什么时候花钱能取得利益最大化;选择B你不适合进行股票投资,因为凭一时兴起做事是炒股大忌,你应该考虑地得更为慎重;选择C你有投资股票的潜力,须知金钱是赚来的而不是省来的,在现实中多多学习,你可能会做得很好。

项目小结

本项目分设认识财商与财商相关的几组概念和财商的培养等三项任务,通过本项目的学习与训练,使学生从观念上对财商有充分的认识,运用科学的方法培养自己的财商,学会科学理财。为进一步学习投资理财的其他基本知识和技能打下基础。

课后训练

财商测试一

1. 假如你的老板每月按下面的一种方法给你发工资,你会如何选择?(　　)
   A. 现得1 000元现金。
   B. 在一副扑克牌中抽出一张,如是大王得到10万元,否则无。
   C. 丢六面体的骰子,丢出数字6时得到12 000元,否则无。
   D. 抛硬币,猜到正面赢3 000元,否则无。

2. 您的投资期限一般是多长?即您买进股票或基金后一般准备持有多久?(　　)
   A. 少于1年　　　B. 在1到3年之间　　　C. 在3到6年之间
   D. 在6到9年之间　　E. 超过9年

3. 你的邻居好朋友,一位有经验的石油地质师,近期正筹款去打一口油井。如成功发现油源,有10倍报酬,但如果打到干井,投资血本无归。你的朋友估计成功率是55%,假若你有足够的资产,你会将你的资产的多少拿来投资?(　　)
   A. 不投资　　　B. 10%　　　C. 15%　　　D. 20%
   E. 25%　　　F. 30%　　　G. 35%

4. 从长期看,下面哪种或哪几种品种的增值会超过通货膨胀?(　　)
   A. 股票　　　B. 艺术收藏品　　　C. 房产　　　D. 基金
   E. 纪念币等　　F. 债券或银行理财产品　　　G. 黄金

5. "价值投资"的发明者是(　　)。
   A. 本杰明·格雷厄姆　　B. 乔治·索罗斯　　C. 彼得·林奇
   D. 沃伦·巴菲特　　　E. 李嘉诚

6. 你投资某个股票是看中它的(　　)。
   A. 公司的生意好坏　　B. 股价等技术图形　　C. 抄政策大底
   D. 电视里的推荐　　　E. 大家都看好　　　G. 其他

7. 卖装修材料的张嫂今天遇到一件事:一位中年男子来买油漆,75元一桶,他支付了一张百元大钞,碰巧张嫂没钱找零,就顺手给了旁边买报纸的李大伯,让他帮忙换开。李大伯代找了25元给中年男子,中年男子刚走不久,李大伯发现那张钱是假钞,张嫂只好赔给李大伯一张百元真钞,通过这件事,张嫂到底亏了多少价值的钱或物?(　　)
   A. 100元　　　B. 125元　　　C. 175元
   D. 200元　　　E. 225元　　　F. 75元

8. 你买进股票1个月后,股价因为市场调整而下跌15%,假设该企业经营正常,你会(　　)。
   A. 买更多——如果原先的价格合理,现在岂不更好
   B. 卖掉它,以免它继续下跌造成更大损失
   C. 若无其事,等待它涨回去
   D. 多加关注,再做决定

9. 你期望的股票投资回报在哪个区间?(　　)
   A. 0~5%　　　　　　B. 5%~10%　　　　　C. 10%~15%
   D. 15%~20%　　　　E. 20%~25%　　　　F. 25%以上

10. 可转债具有(　　)功能。
    A. 转股平价一般低与转债市场价　　　B. 可转成国债
    C. 利率一般高于国债　　　　　　　　D. 股票和债券可互转

11. 您所认为的家庭资产的最大风险是(　　)。
    A. 孩子因车祸终身残疾　　　　　　　B. 主要劳动力失业
    C. 投资失败　　　　　　　　　　　　D. 刚装修好的房子和家具被火灾烧光

12. 你认为一个房子的价格是其年租金的(　　)倍合理。
    A. 10~15 倍　　　　B. 15~20 倍　　　　C. 20~25 倍
    D. 25~30 倍　　　　E. 30~40 倍

13. 你的好朋友和邻居连同一位知名的地质学家组成一个探索金矿的研究小组,一旦探索成功,回报可高达 10 倍,但如果失败,投资全部泡汤。你的朋友估计成功概率是 30%,你会投资多少?(　　)
    A. 完全不投资　　　　　　　　　　　B. 投资 1 个月的工资
    C. 投资 5 个月的工资　　　　　　　　D. 投资 1 年的工资

14. 某百货公司正在打折销售,满 1 000 元送 500 元购物券,您会(　　)。
    A. 不为所动　　　　　　　　　　　　B. 看有无合适的商品而定
    C. 想法凑足 1 000,领到购物券　　　　D. 邀朋友一起去,容易凑些

15. 你刚刚有足够的储蓄实践自己一直梦寐以求的旅行,但在出发前三个星期,你忽然被解雇,您会(　　)。
    A. 取消旅行
    B. 选择另外一个比较便宜的旅行
    C. 依照原定的计划,因为你需要充足的休息来准备寻找新的工作
    D. 延长旅程,因为这次旅行可能成为你最后一次豪华旅行

16. 在某股评报告会上,有人给您内幕消息,某股票即将大涨,您会(　　)。
    A. 哪有这么好的事情,才不上当
    B. 找出股票走势图,看看是否值得买入
    C. 赶快凑钱买入,等待暴涨的刺激
    D. 通过各种渠道核实消息的真实性,再做决定

财商测试二

假设有一天,你走在大街上,快到尽头时,突然看到一座高耸的围墙。你靠近时发现围墙上有一个孔洞。你按捺不住好奇心,凑上前看,你觉得通过孔洞将看到的场景是(　　)。
   A. 一对男女正在谈情说爱
   B. 一栋富丽堂皇的大宅邸
   C. 没有边际郁郁葱葱的大花园草坪
   D. 正对着你虎视眈眈的警卫员

答案解析：

A. 你是一个标准的乐观主义者，因而面对投资的诱惑，你一定会仔细审核自己的致富目标是否切合实际，是否在你的能力范围之中，是一个喜欢把财富掌握在自己手中的人。而且致富以后，你倾向于利用金钱改善生活，对生活质量有高追求。

B. 你是一个金钱的崇拜者，总在憧憬着奢华的生活。你的挣钱目标是客观的，你总会有办法达到致富的目标。但需告诫你的是，要为了事业而努力工作，不要只是为了金钱而拼命。

C. 你是一个很现实的人，目标总是很客观、容易实现的。在理财方面，这种性格让你拥有稳扎稳打的优点外，也让你容易前怕狼后怕虎。如果你能够再多一点闯劲和激情的话，那就更完美了。

D. 怯懦是你给人的第一个感觉，所以做起来事来都是谨慎恐惧，唯恐出错，适合做与会计有关的工作。你可能不会发大财，原因是你怕冒险，怕钱多了会有新的麻烦，你的生活平稳安宁，无论是生活目标还是理财目标对你而言都是很现实的那种。

项目二 投资理财知识

学习目的

通过本项目的学习,使学生了解投资与理财方面的基本概念,掌握投资与理财方面的基础知识,为进一步学习和掌握投资理财技能与技巧打基础。

案例导入

案例一 刘女士今年30岁,现居江苏苏州,是一名客服人员,身体健康状况良好,本人及丈夫有购买一定的商业保险,年缴保费1.1万元,还有一个可爱的孩子。刘女士一家现在有车有房,生活其乐融融。夫妇二人年度税后工资收入合计约22.5万元,家庭年均开支9.66万元(包括保险费用)。刘女士家庭现有现金及活期存款10万元,定期存款6万元,有汽车一辆,信用卡贷款余额4 000元,汽车贷款余额2.5万元,房屋贷款余额19万元,每月月供2 000元。他们该如何理财呢?

案例二 王先生在2015年9月份听同事说股市情况很好,只要将资金投入股市就能赚钱,于是将手中的资金50万元以42元/股在二级市场买入深发展。其后股市下跌,2015年10月王先生再次以每股29.3元加仓,此后,随着外部经济环境的变化,中国股市一路下跌,王先生最初的投资预期落空。如果你是王先生,你会如何反省自己呢?

案例三 W公司总经理林盛曾预测其女儿(目前正读高中一年级)三年后能够顺利考上北京大学计算机专业,届时需要一笔学费,预计为3万元。他问会计张红:如果按目前存款年利率4%给女儿存上一笔钱,以备上大学之需,现在要一次存入多少钱?

任务一 认识投资与理财

一、投资的定义

投资是指经济行为主体以获得未来收益为目的,预付一部分资金或者资源而开展的一系列经济活动,其实质是货币转化为资本的过程。

理解投资的定义应从三方面入手:① 投资的目的是期望获取未来的收益,这种收益仅仅是个期望值而不是现实的收益,因为实际上的投资有可能亏损;② 投资的主体是经济行为的各类主体,包括法人或者经济组织、自然人等;③ 投资一种经济活动为载体,是一种货币转化为资本的过程。

二、理财的定义

从字面上理解,理财就是指对财富的打理或者是对财富的经营。具体地说,理财是指经济行为的主体根据其当前的实际经济状况,设定想要达成的经济目标,在限定的时限内采用一类或多类金融投资工具,通过一种或多种途径实现其经济目标的计划、规划或解决方案。其内涵包括财富积累、财富保障和财富分配等多个环节。

通常意义下,理财更多是指个人理财。其含义包括:① 理财是理一生的财,不是解决燃眉之急的金钱问题而已;② 理财是现金流量管理,每一个人一出生就需要用钱(现金流出),也需要赚钱来产生现金流入。因此不管现在是否有钱,每一个人都需要理财;③ 理财涵盖了风险管理。因为未来的更多现金流量具有不确定性,包括人身风险、财产风险与市场风险,都会影响现金流入(收入中断风险)或现金流出(费用递增风险)。

三、投资与理财的关系

投资和理财虽然经常被同时提及,但两者既有区别又有联系。首先,投资和理财都能实现财富的增值,这是两者关联的地方。但理财的内容十分广泛,理财规划不仅要考虑财富的积累,还要考虑财富的保障,即对风险的管理和控制。理财是一种观念,是一种技能。从收益风险角度评价,投资的目的虽然是财富增值,但投资活动本身的收益具有不确定性。理财在收益实现方面则具有保障作用。不仅如此,理财的范围比投资宽泛得多,特别是包括控制风险的一系列方案。

总之,投资与理财的关系是:理财活动内容广泛,理财活动包括投资活动,好的理财技能能很好地控制投资风险,实现投资目标。同时,投资在理财活动中是十分重要的一项活动,离开投资谈理财,理财就变成一项十分肤浅的活动。

任务二 理财的核心与渠道

一、理财的核心

理财包括财富积累、财富保障、财富增值和财富分配等几大部分。其中,财富积累是理财的第一环节。比如对一个家庭来说,如何开源、怎样节流、如何投资是财富积累中必须考虑的重要方面;对一个企业来说,怎样筹集资金,如何增加企业现金流则是在这方面的重要体现。财富保障是风险管理规划等。财富增值是使财富扩张,做到财务自由。财富分配包括消费规划、子女教育规划、养老规划、投资规划等。

以上四大环节中财富积累是理财的起点和基础,财富保障是理财的原则,财富增值是目标,财富分配是理财的关键和核心。如何做好财富分配关系理财的效果,同时由于其中包含大量的技巧,使得财富分配在理财活动中的地位更加重要。

二、理财渠道及其选择

理财活动的渠道众多,单从财富保值增值角度看,以个人理财为例,理财渠道主要有银行存款、购买国债、基金、保险、投资股票、购买黄金外汇、投资房地产艺术品收藏等。不同的人,心理偏好不同、条件不同、个体情况不一样,对理财渠道的选择也不同。传统理财活动中,银行存款是第一位的,国债、基金、股票等方面的投资会很少。科学的态度是每个人应该根据自身情况,包括知识、风险偏好、抗风险能力及理财活动的总体目标,合理组合不同的投资渠道。适应自己的、能保证理财目标实现的理财渠道组合,就是最好的理财模式。

任务三　投资与理财的原理

任何理财与投资活动都是在特定条件下进行的,其目的就是达到财富的保值与增值,实现财务的自由。因此,理财者投资人必须掌握相应的投资与理财的原理。理财原理很多,本项目选择其中相对重要的几大原理进行重点阐述。

一、投资理财环境

投资理财环境是独立于投资理财活动之外,但对投资理财活动起制约作用的各种因素的综合。投资与理财作为一种微观经济活动,必然受制于社会大环境的影响。

不管是个人理财、家庭理财还是公司理财,都必须重视对环境的分析与研判。只有重视对环境的分析与研判,才能达到理财的目的。一般来说,投资理财环境包括宏观环境、中观环境与微观环境。宏观环境是指投资理财活动所面临的政治、经济、法律、社会文化环境;而中观环境则是对理财活动有影响的行业、地区环境,比如行业周期、竞争环境、区域地位、影响力、交通环境、地理位置等;微观环境是指仅对个体理财有影响的因素,比如公司素质、管理、产品市场、个人投资偏好、风险承受能力等。

理财环境对理财主体来说,有些是可控的,如个体环境或者微观环境。有些则是不可控的,如宏观环境。有些环境是相对稳定的,如地理环境、人文环境。有些则是相对动态的,如价格、市场等。理财环境的复杂性要求当事人在理财活动中必须重视环境分析,科学严谨地对待理财环境。以下就部分理财环境及其对理财的影响进行分析。

(一) 经济环境

经济环境是公司、个人及家庭在理财活动中面临的重要宏观环境之一,通常由经济周期、经济政策、通货膨胀等要素构成。

1. 经济周期

一般来说,一国经济发展在一定时期内,大多会经历复苏、繁荣、衰退、萧条等四个阶段,这就是经济周期。在经济周期的不同时期,整个社会经济发展水平、物价等众多经济要素都会发生改变,这些变化对公司理财和个人理财活动都会造成较大影响。这些影响包括:影响公司和个人经营与理财对策;影响公司和个人负债承受能力;影响证券市价,从而影响公司和个人投资行为的选择。

西方财务学中对此有十分深入的研究:公司理财方面,经济复苏时期,可以增加投资、建立存货、应用新产品、增加劳动力;繁荣时期,可扩充厂房设备、提高价格、继续增加劳动力;衰退时期,应停止扩张、出售多余设备、停止长期采购、削减存货、停止雇员;萧条时期,公司应开始建立投资标准、保持市场份额、缩减管理费用、裁减雇员。个人理财方面,经济复苏初期应加大投入、形成长期理念,并着手长期投资;繁荣阶段后期应减少投资,压缩投资规模;萧条和衰退时期要主动收回投资,适当压缩消费。

2. 经济政策

经济政策一般有三种类型的组合:"双松"模式"双紧"模式"松紧结合"模式。所谓"双松"模式,是指宽松的货币政策与宽松的财政政策结合,包括调低存贷款利率、调低法定存款准备率、在公开市场买进政府证券以扩大货币供应量,增加财政支出、减少政府税收等,这些政策的运用最终能起到促进经济增长的作用。"双紧"模式则正好相反,政府经济政策通过提高存款准备率、提高存贷款利率、在公开市场卖出政府证券以加速资金回笼减少货币供应量,压缩政府财政支出、增加政府税收等,以降低经济增长速度。"松紧结合"模式则是运用"松"的财政政策与"紧"的货币政策结合,或者"紧"的财政政策与"松"的货币政策结合以调控经济。

无论采用哪类经济政策,最终都会影响一国经济增长速度和经济发展水平,从而影响人们的理财行为。比如当政府提高存贷款利率或者提高法定存款准备率时,企业经营成本就会上升,利润空间就会被压缩。同时,由于资金成本上升,企业会压缩投资,同样对个人的理财行为也会产生影响,比如会增加存款,压缩消费、减少投资等。

3. 通货膨胀

物价对理财活动的影响是通过影响经济来传导的,其对经济的影响具有多面性。当物价稳定或者温和上涨对于促进经济增长有积极作用时,理财中,当事人会增加消费、扩大投资规模、适当增加融资额度等。但是物价的持续快速上涨,有可能使企业经营成本(包括材料以及融资成本等)上升,个人消费成本增加,导致经济紧缩,甚至影响政府政策的调整,比如政府出台相对紧缩的财政与货币政策,从而使经济增长速度进一步放缓。在这种情况下,社会上的理财主体自然会调整其理财方案,实施相对从紧的消费和投资对策。比如适当压缩生活消费、停止奢侈消费、减少投资、增加储蓄,以应对将来的教育医疗养老等,企业方面会压缩规模、裁减人员、停止或者减少融资。

(二)金融市场环境

金融市场是资金供求双方通过金融工具进行交易的场所。金融市场具有多方面的功能,比如,投资与储蓄转化、改善社会福利、引导社会资金流向、投融资。

金融市场与企业、个人的理财活动密切相关。金融市场是企业筹资和投资的场所,金融市场上有许多资金筹集的方式,这些方式比较灵活。企业需要资金时,可以到金融市场选择适合自己需要的方式筹资。企业有了剩余资金,也可以灵活地选择投资方式,为其资金寻找出路。并且,在金融市场上,企业可以实现长短期资金的转化。金融市场为企业、个人理财提供有效的信息。金融市场的利率变动,反映资金的供求状况;有价证券市场的行市反映投资人对企业经营状况和盈利水平的评价。

同时,一个健全的市场能够为理财主体理财并实现理财目标提供一个良好的平台。

(三) 法律环境

理财的法律环境是指企业、个人与外部发生经济关系时所需要遵守的各种法律法规或规章。与理财活动相关的法律法规和规章主要有以下几类。

1. 财务法规

财务法规主要有《财务通则》《会计准则》及相关会计制度,这些法规主要影响企业的经营政策、财务决策及其实施效果。这些法规使企业经营内容合法,企业财务开支范围和标准合法。企业在开展财务活动中处理好财务关系并遵循以上财务法规,就能充分发挥理财的职能,实现企业财务目标。

2. 企业组织法规

我国企业组织法规主要有《中华人民共和国公司法》《中华人民共和国合伙企业法》《中华人民共和国全民所有制工业企业法》《个人独资企业法》等,企业组织法规是企业财务管理的强制性规范,影响企业筹资、投资、利润分配、各环节的理财行为。比如《中华人民共和国公司法》对公司设立的条件、程序、组织机构、筹资方式与条件、公司终止等各方面均做出了明确规定。企业各项活动,包括理财活动,必须在法律规范的大前提下进行。

3. 税收法律

税法是一国税收制度的总称,是规范政府与企业和社会各阶层经济关系的法律规范。就我国来说,包括流转税、所得税、资源税、财产行为税的税收法律已覆盖经济生活的各个方面。每一经济主体的行为必须在税收法律的框架内进行。

无论是企业还是个人,任何理财行为都会与税收有关。税收对理财决策和理财目标的实现影响极大,这是因为税收会影响理财主体的现金流。所以,从这一意义上看,理财主体必须十分关注税收政策、税收法律的调整。

在遵守税法的前提下,企业或者个人可以通过合理、合法的途径,进行税收筹划达到节税的目的。事实上,生活中很多企业和个人也正在开展这项工作,通过税收筹划实现理财的安全与做大收益已经成为企业、个人理财活动的主要内容。企业或者个人在选择税收筹划方案时一般应遵循以下原则:合法性原则,即税收筹划必须在法律框架内进行,否则就有可能演变成偷税等违法行为;成本效益原则,按照比较效益来说,即税收筹划必须使通过税收筹划降低的税负水平而获得的收益高于税收筹划的成本;税收筹划服从理财总目标原则,税收筹划仅是理财的内容或者方法之一,不应该与理财活动的整体目标相冲突。

4. 金融法规

金融法规是理财者必须面对的最直接的法律环境,所有的理财活动都是在特定的金融环境下进行的。而相应的法规制约着整个金融环境。我国目前金融法规主要有《中华人民共和国商业银行法》《中华人民共和国证券法》《中华人民共和国保险法》《中华人民共和国证券投资基金法》等,以上法律都在不同程度上影响和制约着理财主体的理财行为。以《中华人民共和国证券法》为例,它规范了证券发行、交易和证券监管过程中发生的各种社会关系,对于建立一个规范的证券市场同时规范个行为主体的理财活动具有十分重要的意义。

(四) 社会文化环境

社会文化环境是由社会结构、社会风俗和习惯、信仰和价值观念、行为规范、生活方式、文化传统、人口规模与地理分布等因素构成。社会文化环境对社会各主体的影响潜移默化，所谓"润物细无声"就是这个道理。社会文化环境对社会主体的理财活动会产生影响：① 社会文化环境影响理财工作组织，不同的企业其文化背景不同，对理财活动的重视程度也不同，组织内结构的设置也不同；② 社会文化环境影响理财目标的确定与实现，东方文化与西方文化的差别使得东西方人群或企业在理财目标的确定方面有显著区别；③ 社会文化环境还会影响理财活动的内容及结构；④ 社会文化环境影响理财方法与手段的选择。比如个人理财中来自不同地域的人群，就有不同的投资偏好。

(五) 政治环境

政治环境主要包括社会安定程度、政府制定的各种经济政策的稳定性及政府机构的管理水平、办事效率等。政治环境不仅影响企业和个人的理财行为，还会影响其理财效果和理财目标的实现。一个国家的政治环境会对企业的财务管理决策产生至关重要的影响，和平稳定的政治环境有利于企业的中、长期财务规划和资金安排。同样，一个人也会根据政治环境确定自己的理财行为，调整自己的理财目标。

除上述各类环境以外，自然环境也会影响企业和个人理财活动。

二、投资理财风险

经济社会中风险无处不在、无时不在，正因为如此，风险时时处处影响着社会主体的各项活动，自然也影响理财活动。怎样进行风险预测、风险分析，加强风险管理与控制就成为理财活动中不可忽视的环节，它会直接影响理财的效果。

(一) 风险的含义与种类

风险是指未来结果或者收益的不确定性。从自然的角度看是指未来结果的不确定性，从经济的角度看则是出现财物损失的可能性或者未来收益的不确定性。

每一社会主体的任何一项行为其结果都会有多种可能。理论上讲，绝大多数情况下其结果实现都会有很大的不确定性。结果出乎当事人的预料的情形就是风险。比如投资行为，如果当事人觉得投资肯定亏损（结果），他不会去投资。正是因为他觉得会盈利（另一结果）他才决定投资。但投资事实上最终会因为多重因素的影响出现亏损，这就是风险。所以风险是一种客观存在，无法逃避。你只有正视它，并采用一定的技术方法控制或者防范它。

风险一般由以下要素构成：① 风险因素，它是风险产生的外部条件。② 风险事故，它是造成损失或损坏的偶发事件。风险事故使风险的可能性变为现实，造成事实的损失。③ 损失，离开了损失谈风险没有任何意义。当损失的发生无法确定或损失可能发生就意味着风险。

风险的分类有助于风险的防范与控制。风险有多种分类的方法，与投资理财活动相关的分类方法主要有以下四种。

1. 按风险的性质分类,可以把风险分为纯粹风险、投机风险和收益风险

(1) 纯粹风险:只有损失可能而无获利机会的风险,即造成损害可能性的风险。其所致结果有两种,即损失和无损失。在理财活动中,纯粹风险是普遍存在的,如水灾、火灾、疾病、意外事故等都可能导致巨大损害。但是,这种灾害事故何时发生,损害后果多大,往往无法事先确定,人们通常所称的"危险",也就是指这种纯粹风险。

(2) 投机风险:既可能造成损害,也可能产生收益的风险,其所致结果有 3 种:损失、无损失和盈利。例如,有价证券,证券价格的下跌可使投资者蒙受损失,证券价格不变无损失,但是证券价格的上涨却可能使投资者获得利益。这种风险都带有一定的诱惑性,可以促使某些人为了获利而甘冒这种损失的风险。在理财业务中,投机风险一般是风险防控的重点。

(3) 收益风险:只会产生收益而不会导致损失的风险,例如,接受教育可使人终身受益,但教育对受教育的得益程度是无法进行精确计算的,而且,这也与不同的个人因素、客观条件和机遇有密切关系。对不同的个人来说,虽然付出的代价是相同的,但其收益可能是大相径庭的,这也可以说是一种风险。

2. 按损失的原因分类,可以把风险分为自然风险、社会风险、经济风险、技术风险、政治风险和法律风险等

(1) 自然风险:由于自然现象或物理现象所导致的风险。如洪水、地震、风暴、火灾、泥石流等所致的人身伤亡或财产损失的风险。

(2) 社会风险:由于个人行为反常或不可预测的团体的过失、疏忽、侥幸、恶意等不当行为所致的损害风险。如盗窃、抢劫、罢工、暴动等。

(3) 经济风险:在产销过程中,由于有关因素变动或估计错误而导致的产量减少或价格涨跌的风险等。如市场预期失误、经营管理不善、消费需求变化、通货膨胀、汇率变动等所致经济损失的风险等。

(4) 技术风险:伴随着科学技术的发展、生产方式的改变而发生的风险。如核辐射、空气污染、噪声等风险。

(5) 政治风险:由于政治原因,如政局的变化、政权的更替、政府法令和决定的颁布实施,以及种族和宗教冲突、叛乱、战争等引起社会动荡而造成损害的风险。

(6) 法律风险:由于颁布新的法律和对原有法律进行修改等原因而导致经济损失的风险。

3. 按风险涉及的范围分类,可将风险分为特定风险、基本风险

(1) 特定风险:与特定的人有因果关系的风险。即由特定的人所引起,而且损失仅涉及个人的风险。例如,盗窃、火灾等都属于特定风险。

(2) 基本风险:其损害波及社会的风险。基本风险的起因及影响都不与特定的人有关,至少是个人所不能阻止的风险。例如,与社会或政治有关的风险,与自然灾害有关的风险,都属于基本风险。特定风险和基本风险的界限,对某些风险来说,会因时代背景和人们观念的改变而有所不同。如失业,过去被认为是特定风险,而现在被认为是基本风险。

4. 按风险的诱因和可控性划分,可以把风险分为系统风险和非系统风险

(1) 系统风险是因为整个系统如社会政治整体经济环境因素出现问题导致的风险。当事人一般无法控制。

(2) 非系统风险是因为当事人自身因素引发的风险,比如公司经营状况不理想等。具体又包括经营风险财务风险和违约风险等。

(二) 风险的衡量指标——贝塔系数(β系数)

根据前述分类,我们知道,总风险实际上由系统风险和非系统风险构成。由于非系统风险可以通过多元化投资等手段进行控制,系统风险则无法控制。投资者在控制非系统风险的同时,还会十分关注系统风险的大小。因此,有必要对系统风险加以度量。贝塔系数(β系数)就是投资者衡量系统风险的重要指标。

贝塔系数(β系数)是可以反映单项资产收益率与市场上全部资产的平均收益率之间变动关系的一个量化指标。即单项资产所含的系统风险对市场组合的平均风险的影响程度,也称系统风险指数。贝塔系数体现了特定资产的价格对整体经济波动的敏感性,即市场组合价值变动 1 个百分点,该资产的价值变动了几个百分点——或者用更通俗的说法:大盘上涨 1 个百分点,该股票的价格变动了几个百分点。贝塔系数在股票、基金等投资术语中很常见。

一般地说,贝塔系数的用途有以下几个几方面:计算资本成本,做出投资决策(只有回报率高于资本成本的项目才应投资);计算资本成本,制定业绩考核及激励标准;计算资本成本,进行资产估值;确定单个资产或组合的系统风险,用于资产组合的投资管理。

贝塔系数计算过程比较复杂,但事实上,很多机构都会定期计算并公布。在系统风险风险衡量中,其取值范围可以是正数,也可以是负数。当贝塔系数为正数时,说明个别证券资产的变化与整个市场变化相同;反之则相反。当 $\beta>1$,说明个别证券资产市场风险的变化大于整个市场证券的风险,这类证券被认为是进攻型证券品种;当 $\beta<1$,说明个别证券资产的市场风险的变化小于整个市场证券的风险,这类证券被认为是防守型证券;如果 $\beta=1$,则说明个别证券资产的市场风险的变化与整个市场证券的风险相同,这类证券被认为是中性证券。对于进攻性证券,市场一般较为活跃,其收益率将高于市场的平均水平。但其风险往往也大于市场的平均水平。防守型证券的收益与风险一般在市场的平均水平之下。不同类型的投资者对风险和收益的偏好是不同的。

(三) 风险管理

风险管理是指通过风险识别、风险预测与评估并实施对风险的有效控制,妥善处理风险所致损失,以获取理财收益的各种活动。风险管理当中包括了对风险的量度、评估和应变策略。理想的风险管理,是一连串排好优先次序的过程,将当中可以引致最大损失及最可能发生的事情优先处理,而对相对风险较低的事情则押后处理。

风险管理一般涉及以下环节:风险识别、风险预测与评估、风险处理与控制。

1. 风险识别

风险识别是风险管理的首要环节。只有在全面了解各种风险的基础上,才能够预测危

险可能造成的危害,从而选择处理风险的有效手段。

风险识别方法很多,常见的方法有:① 生产流程分析法。生产流程分析法是对企业整个生产经营过程进行全面分析,对其中各个环节逐项分析可能遭遇的风险,找出各种潜在的风险因素。生产流程分析法可分为风险列举法和流程图法。② 财务表格分析法。财务表格分析法是通过对企业的资产负债表、损益表、营业报告书及其他有关资料进行分析,从而识别和发现企业现有的财产、责任等面临的风险。③ 保险调查法。采用保险调查法进行风险识别可以利用两种形式:通过保险险种一览表,企业可以根据保险公司或者专门保险刊物的保险险种一览表,选择适合本企业需要的险种。这种方法仅仅对可保风险进行识别,对不可保风险则无能为力。委托保险人或者保险咨询服务机构对本企业的风险管理进行调查设计,找出各种财产和责任存在的风险。

2. 风险的预测与评估

风险预测实际上就是估算、衡量风险,由风险管理人运用科学的方法,对其掌握的统计资料、风险信息及风险的性质进行系统分析和研究,进而确定各项风险的频度和强度,为选择适当的风险处理方法提供依据。风险的预测一般包括以下两个方面:① 预测风险的概率:通过资料积累和观察,发现造成损失的规律性。例如,一个时期一万栋房屋中有十栋发生火灾,则风险发生的概率是1/1 000。由此对概率高的风险进行重点防范。② 预测风险的强度:假设风险发生,导致企业的直接损失和间接损失。对于容易造成直接损失并且损失规模和程度大的风险应重点防范。

3. 风险处理与控制

风险的处理控制常见的方法有:① 避免风险:消极躲避风险。比如避免火灾可将房屋出售,避免航空事故可改用陆路运输等。市场投资环境恶劣,可以通过止损或者停止投资来避免风险。② 预防风险:采取措施消除或者减少风险发生的因素。例如,为了防止水灾,导致仓库进水,通过增加防洪门、加高防洪堤等措施,可大大减少因水灾导致的损失。单一投资风险大,通过合理的投资组合来预防。③ 自保风险:企业自己承担风险。途径有小额损失纳入生产经营成本,损失发生时用企业的收益补偿。针对发生的频率和强度都大的风险建立意外损失基金,损失发生时用它补偿。带来的问题是挤占了企业的资金,降低了资金使用的效率。对于较大的企业,建立专业的自保公司。④ 转移风险:在危险发生前,通过出售、转让、保险等方法,将风险转移出去。

三、货币时间价值

货币时间价值在理财活动中有着极其重要的意义,但却不常被理财主题所重视。但这正是影响企业和个人理财效果的重要原因。

(一) 货币时间价值的含义

货币时间价值是货币在使用过程中随着时间的变化发生的增值,也称资金的时间价值。在商品经济条件下,即使不存在通货膨胀,等量货币在不同时点上,其价值也是不相等的。应当说,今天的1元钱要比将来的1元钱具有更大的经济价值。

(二) 货币时间价值的来源

1. 节欲论

投资者进行投资就必须推迟消费,对投资者推迟消费的耐心应给以报酬,这种报酬的量应与推迟的时间呈正比。货币的时间价值由"耐心"创造。

2. 劳动价值论

资金运动的全过程: $G-W\cdots P\cdots W'-G'G' = G+\Delta G$

包含增值额在内的全部价值是形成于生产过程的,其中增值部分是工人创造的剩余价值。货币的时间价值的真正来源是工人创造的剩余价值。

(三) 货币时间价值产生的原因

1. 货币时间价值是资源稀缺性的体现

经济和社会的发展要消耗社会资源,现有的社会资源构成现存社会财富,利用这些社会资源创造出来的将来物质和文化产品构成了将来的社会财富,由于社会资源具有稀缺性特征,又能够带来更多社会产品,所以现在物品的效用要高于未来物品的效用。在货币经济条件下,货币是商品的价值体现,现在的货币用于支配现在的商品,将来的货币用于支配将来的商品,所以现在货币的价值自然高于未来货币的价值。市场利息率是对平均经济增长和社会资源稀缺性的反映,也是衡量货币时间价值的标准。

2. 货币时间价值是信用货币制度下,流通中货币的固有特征

在目前的信用货币制度下,流通中的货币是由中央银行基础货币和商业银行体系派生存款共同构成,由于信用货币有增加的趋势,所以货币贬值、通货膨胀成为一种普遍现象,现有货币也总是在价值上高于未来货币。市场利息率是可贷资金状况和通货膨胀水平的反映,反映了货币价值随时间的推移而不断降低的程度。

3. 货币时间价值是人们认知心理的反映

由于人在认识上的局限性,人们总是对现存事物的感知能力较强,而对未来事物的认识较模糊。结果,人们存在一种普遍的心理就是比较重视现在而忽视未来。现在的货币能够支配现在商品满足人们的现实需要,而将来货币只能支配将来商品满足人们将来不确定的需要,所以,现在单位货币价值要高于未来单位货币的价值,为使人们放弃现在货币及其价值,必须付出一定代价,利息率便是这一代价。

(四) 货币时间价值的计算

1. 单利的计算

本金在贷款期限中获得利息,不管时间多长,所生利息均不加入本金重复计算利息。

P——本金,又称期初额或现值;

i——利率,通常指每年利息与本金之比;

I——利息;

F——本金与利息之和,又称本利和或终值;

t——时间。

单利利息计算：
$$I = P \times i \times t$$

例 某企业有一张带息期票，面额为 1 200 元，票面利率为 4%，出票日期 6 月 15 日，8 月 14 日到期(共 60 天)，则到期时利息 $I = 1\,200 \times 4\% \times 60/360 = 8$ 元。

终值(本利和)计算：$F = P + P \times i \times t$ 本例中终值 = 1 200 + 8 = 1 208(元)

现值(本金)计算：$P = F - I$ 本例中现值 = 1 208 - 8 = 1 200(元)

2. 复利的计算

每经过一个计息期，要将所生利息加入本金再计利息，逐期滚算，俗称"利滚利"。

(1) 复利终值

$$F = P(1+t)^n$$

其中 $(1+t)^n$ 被称为复利终值系数或 1 元的复利终值，用符号 $(F/P, i, n)$ 表示。

(2) 复利现值

$$P = F(1+t)^{-n}$$

其中 $(1+t)^{-n}$ 称为复利现值系数，或称 1 元的复利现值，用 $(P/F, i, n)$ 表示。复利现值是复利终值的逆运算。

(3) 复利利息

$$I = F - P$$

(4) 名义利率与实际利率

复利的计息期不一定总是一年，有可能是季度、月、日。当利息在一年内要复利几次，给出的年利率叫作名义利率。

例 本金 1 000 元，投资 5 年，利率 8%，每年复利一次，其本利和与复利息：

$$F = 1\,000 \times (1+8\%)5 = 1\,000 \times 1.469 = 1\,469$$

$$I = 1\,469 - 1\,000 = 469$$

如果每季复利一次

$$每季度利率 = 8\%/4 = 2\%$$

$$复利次数 = 5 \times 4 = 20$$

$$F = 1\,000 \times (1+2\%)20 = 1\,000 \times 1.486 = 1\,486$$

$$I = 1\,486 - 1\,000 = 486$$

当一年内复利几次时，实际得到的利息要比按名义利率计算的利息高。

例中实际利率

$$F = P * (1+i)^n$$

$$1486 = 1000 \times (1+i)^5$$

$$(1+i)^5 = 1.486 \text{ 即} (F/P, i, n) = 1.486$$

查表得：

$$(F/P, 8\%, 5) = 1.469$$

$$(F/P, 9\%, 5) = 1.538$$

3. 年金的计算

年金是指等额、定期的系列收支（注意是等额、定期的收或支）。比如零存整取、基金定投、分期付款购房等。

(1) 普通年金

普通年金是指各期期末收付的年金。（注意是每期期末两字）

$$\text{普通年金终值} = \text{年金} \times \text{年金终值系数}$$

为了便于记忆，一般将称为年金终值系数，记作$(F/A, i, n)$，表示年金为A，利率为i，期限为n年的年金终值。公式可以简写为：

$F = A(F/A, i, n)$，其中年金终值系数可以通过查表得出。

普通年金现值是指为在每期期末取得相等金额的款项，现在需要投入的金额。

$$\text{普通年金现值} = \text{年金} \times \text{年金现值系数}$$

$P = A(P/A, i, n)$，其中年金现值系数可以通过查表得出。

例 王平想购买一辆价值20万元的小汽车，经销商为他提供了两种付款方式：一种是全额一次付清；二是每年末付40 000元，分6年付清。资金社会平均报酬率为4%。王平以哪种方式购车更划算？

可以比较现值：第一种方式现值是20万元

第二种方式的现值为：$40\,000 \times (P/A, i, n)$查表$(P/A, 4\%, 6)$为5.242 1

则第二种方式的现值为：$40\,000 \times 5.242\,1 = 209\,684$(元)

由于第二种方式现值大于第一种方式现值所以，应选择第一种方式购买。

本例也可以通过比较终值进行研判：

第一种方式20万的终值为：$200\,000 \times 1.265\,3 = 253\,060$(元)

第二种方式的终值为：$40\,000 \times 6.633 = 265\,320$(元)

第一种方式的终值小于第二种，可以得出同样结论：第一种方式购车划算。

实际工作中，要根据年金终值或年金现值推算年金。

将年金终值折算成年金，实际上是计算偿债基金年金的方法，计算投资回收系数的方法是将年金现值折算为年金的方法。掌握以下关系：

$$\text{偿债基金年金} = \text{终值} \times \text{偿债基金系数} = \text{终值} \div \text{年金终值系数}$$

偿债基金系数是年金终值系数的倒数。

$$\text{年金} = \text{现值} \times \text{投资回收系数} = \text{现值} \div \text{年金现值系数}$$

投资回收系数是年金现值系数的倒数。

(2) 预付年金

预付年金也称先付年金，是指在每期期初支付的年金。由于预付年金的计息期从年末提前到年初，因而与普通年金终值和现值相比，预付年金的终值和现值都要扩大$(1+i)$倍。利用这一原理，可以通过查阅普通年金的现值和终值计算预付年金的现值和终值。

$$预付年金终值 = 年金 \times 预付年金终值系数$$
$$= 年金 \times 普通年金终值系数 \times (1+i)$$

$$预付年金现值 = 年金 \times 预付年金现值系数$$
$$= 年金 \times 普通年金现值系数 \times (1+i)$$

(3) 递延年金

递延年金是指第一次支付发生在第二期或第二期以后的年金。

递延年金终值的计算方法与普通年金终值的计算方法类似，因终值往后计算，不必考虑递延期的影响。

递延年金现值的计算方法有三种：

第一种方法：先求出递延期末的现值，然后再将此现值调整到第一期初。

第二种方法：先求出$(m+n)$期的年金现值，再扣除递延期(m)的年金现值。

第三种方法：先求出递延年金的终值，再将其折算为现值。

(4) 永续年金

永续年金是无限期定额支付的年金。

永续年金是无限期定额支付的年金。永续年金没有终止时间，因而也就无终值。

永续年金现值为：　　　　　永续年金现值＝年金/利率

(五) 货币时间价值的应用

由于货币时间价值是客观存在的，因此，在各类经济主体的各项经营活动中，就应充分考虑到货币时间价值。前面谈到，货币如果闲置不用是不会产生时间价值的。同样，一个企业在经过一段时间的发展后，肯定会赚得比原始投资额要多的资金，闲置的资金不会增值，而且还可能随着通货膨胀贬值，所以，企业或者个人必须好好地利用这笔资金，最好的方法就是找一个好的投资项目将资金投入进去，让它进入生产流通活动中，产生增值。企业或个人的投资需要可能占用一部分资金，这部分资金是否应被占用，可以被占用多长时间，均是决策者需要运用科学方法确定的问题。因为一项投资虽然有利益，但伴随着它的还有风险，如果决策失误，将会给当事人带来很大的灾难。有的投资者由于乱投资、瞎投资，最终造成亏损、破产现象，比比皆是。

对一个企业来说，货币时间价值应用贯穿财务管理的方方面面：在筹资管理中，货币时间价值让我们意识到资金的获取是需要付出代价的，这个代价就是资金成本。资金成本直接关系到企业的经济效益，是筹资决策需要考虑的首要问题；在项目投资决策中，项目投资的长期性决定了必须考虑货币时间价值，净现值法、内涵报酬率法等都是考虑货币时间价值的投资决策方法；在证券投资管理中，收益现值法是证券估价的主要方法，同样要求考虑货币时间价值。

下面就货币时间价值对企业投资决策产生的影响和企业如何进行投资决策进行分析。

企业投资的最主要动机是取得投资收益，投资决策就是要在若干待选方案中，选择投资小、收益大的方案。如何进行投资决策，一般有两大类决策方法：一类是非贴现法，在不考虑货币时间价值的情况下进行决策；另一类是贴现法，考虑到货币时间价值的影响。

1. 非贴现法

回收期法和会计收益率法属于非贴现法。回收期法是根据重新收回某项投资所需时间来判断投资是否可行的方法。它将计算出的回收期与预定回收期比较，如果前者大于后者，则方案可行，否则不可行，回收期越短越好。会计收益率法是将投资项目的会计收益率与该项投资的资本成本加以比较，进而判断投资是否可行的方法，如果会计收益率大于资本成本，方案可行，否则不可行，会计收益率越大越好。

2. 贴现法

贴现法包括现值法、净现值法、获利指数法、内含报酬率法四种。现值法是将项目投产到报废的各年净现金流量折算成的总现值与投资总额进行比较，若前者大于后者则可行，否则不可行，而且差额越大越好。净现值法是现值法的变化形式，它直接根据净现值的正、负来判断(净现值＝总现值－投资总额)，净现值为正，方案可行，越大越好，否则不可行。获利指数法则是根据获利指数大小来进行判断，大于1可行，越大越好，否则不可行。内含报酬率法将内含报酬率与资本成本比较，若前者大于后者，方案可行，否则不可行，内含报酬率越大越好。企业在进行投资时，可采取上述方法中的任何一种方法进行决策。

上述6种方法，得到两种结果，哪种结果更准确呢？回收期法通俗易懂，大致能反映投资回收速度，而且计算简便，但是，它夸大了投资的回收速度，忽略了回收期后的收益，容易造成严重的退缩不前。因为许多对企业的长期生存至关重要的较大型投资项目，并非在开始几年内就能带来投资收益，其次，决策者以回收期作参数，往往会导致企业优先考虑急功近利的项目，放弃长期成功的方案。最重要的一个缺陷是，它忽视了时间价值，认为不同时点的资金价值相同，将不同时点的资金直接代入进行有关计算，这是不符合金融原理的。会计收益率法也比较通俗易懂，计算也不复杂，但它没有采用现金流量观，并与回收期法一样，未考虑货币时间价值，把第一年的现金流量与最后一年的现金流量看作具有相同的价值，其决策可能不正确。

而贴现法下的各种方法则考虑了时间价值，将投资项目每年净现金流量按资本成本(折现率)进行折现，使不同时点的资金具有可比性，较真实地反映出不同时期的现金流入对投资盈利的不同作用。财务管理最基本的观念就是货币时间价值，运用货币时间价值观念要把项目未来的成本和收益都以现值表示，如果收益现值大于成本现值则项目应予接受，反之则应放弃。因此，我们在进行投资决策时应多采用考虑了货币时间价值的贴现法，以贴现法为主，以非贴现法为辅。

此外，现值法、净现值法与获利指数法的结果有时会有所不同，其原因在于投资额不同，投资收益的绝对数与相对数之间有差异。在对几个独立方案进行评价时，我们多采用获利指数法，运用它对独立方案的投资效率进行排序，弥补净现值法不能在几个独立方案之间评价优劣的缺点，而在互斥方案的选择中，则应以净现值为准。

通过上面的论述，可以清楚地看到，货币时间价值是一个重要的经济概念，不管是涉及个人投资决策，还是涉及企业的投资决策，都将会产生重要的影响。在进行投资决策时，一定要考虑到货币时间价值，重视货币时间价值，做出科学的投资决策。当然，企业的投资决策不能只考虑到货币时间价值，还有项目自身的一些因素以及政府的政策等因素，都要有相应的考虑。

任务四　投资与理财的分类

一、投资的分类

（一）按照投资是否需要中介，可将投资划分为直接投资与间接投资

直接投资是不需要借助中介机构进行的投资。实际生活中直接投资的投资对象一般是有形资产、实物项目如购买机器设备厂房原材料商品等。这是一种传统的投资方式。

间接投资是指借助中介机构进行的投资。在实际生活中，间接投资一般表现为对金融产品的投资，比如对各证券品种的投资就是典型的间接投资。

（二）按照投资对象，可将投资分为实物投资与金融投资

实物投资是指投资于具有实物形态的资产，如黄金、文物、珠宝、房地产等。这些资产一般看得见摸得着，价值稳定风险较小。

金融投资是指投资于以货币价值形态表现的金融领域的资产，如股票、债券、外汇、期货等。金融资产是一种无形或者虚拟资产，具有高收益高风险的投资特点。

（三）按照投资主体，可将投资划分为政府投资、企业投资和个人投资

政府投资是指由一国中央和各级政府及政府机构进行的投资，一般表现为政府财政投资，可以采用无偿形式，也可以采用有偿形式。

企业投资是指以企业为主体的投资，企业投资是整个社会投资的最主要的投资形式。

个人投资是指个人凭借手中的资金购买各种金融产品或者其他实物产品以获取收益的行为。个人投资是个人财富增值的重要途径。

（四）按照以投资领域，可将投资分为生产性投资和非生产性投资

生产性投资指投入到生产建设等物质生产领域的投资。投资的最终成果表现为各种生产性资产。

非生产性投资指对各种非生产性领域的投资，如对学校国防社会福利等方面的投资。

此外，还可以将投资分为营利性投资与政策性投资、国内投资与国外投资等。

二、理财的分类

理财有很多分类。比如按理财渠道或者方式可以把理财分为证券理财、基金理财、保险理财、黄金外汇理财等，按理财主体可将理财分为公司理财、个人理财和金融机构客户理财。

前一种分类的主要内容将在后面内容中专题介绍,这里重点介绍后一种分类。

(一) 公司理财

公司理财又称公司金融、公司财务管理或者企业理财,是指企业公司在有效的金融市场中在一定的风险和资本预算约束下,通过对不同金融商品的选择或配置达到分散经营风险和财务风险,实现公司价值最大化的过程。公司理财涉及公司生产经营的各个环节,包括筹资、投资、经营资本营运、利润分配、公司重组各环节。

1. 现代公司营运与公司理财

公司理财是伴随着现代企业制度的建立和金融市场的产生发展而逐步形成和发展的。公司理财大体经历了以下三个阶段:

(1) 第一阶段:融资管理阶段(20 世纪初至 20 世纪 50 年代)。作为公司理财的第一阶段,这一时期理财关注的重点是借款或者其他方式的融资行为。作为基础理论,公司理财也注重介绍企业外部融资忽视企业投资决策。

(2) 第二阶段:投资财务管理阶段(20 世纪 60 年代至 20 世纪 70 年代末)。从融资管理阶段到投资管理阶段的演进首先表现在理论研究上,凯恩斯是将经济学理论运用到企业财务决策分析中的第一位西方经济学者,美国经济学家托宾认为公司最优资产构成包括两种选择,在这一前提下首次提出投资组合理论。经济学家马柯维茨在预期投资收益与风险计量方面进一步丰富和发展了投资组合理论,为现代公司如何进行有效的投资提供了理论依据。其他学者如夏普、米勒也从不同层面在相关理论方面进一步予以完善。以此为基础,这一阶段的公司理财不再是被动地局限于外部筹资和处理内部具体财务问题,而是在金融市场中进行主动的经营活动。理财活动中相对注重投资及投资决策。

(3) 第三阶段:多元化管理阶段(20 世纪 80 年代至今)。随着经济全球化的推进,经济自由化市场化的深入,特别是现代技术的运用,金融变革与金融创新在世界范围内呈现加速发展态势。这一时期公司理财呈现多元化管理的特点,此外网络财务管理成为 21 世纪公司理财的新的发展方向。

2. 公司理财的特点

公司理财一般具有三大特点:开放性、动态性、综合性。

(1) 开放性。现代市场经济以金融市场为主导,金融市场作为企业资金融通的场所和联结企业资金供求双方的纽带,对企业财务行为的社会化具有决定性影响。金融市场体系的开放性决定了企业财务行为的开放性。

(2) 动态性。企业理财以资金运动为对象,而资金运动是对企业经营过程一般的与本质的抽象,是对企业再生产运行过程的全面再现。因此,以资金管理为中心的企业理财活动是一个动态管理系统。

(3) 综合性。企业理财围绕资金运动展开。资金运动作为企业生产经营主要过程和主要方面的综合表现,具有最大的综合性。掌握了资金运动,犹如牵住了企业生产经营的"牛鼻子","牵一发而动全身"。综合性是理财的重要特征。

3. 公司理财的目标

公司理财目标有三个层次:利润最大化、股东财富最大化、公司价值最大化。

（1）利润最大化是企业传统、原始的理财目标。即通过理财活动使企业盈利水平最大化，这一目标不考虑公司的股东、公司的社会责任等。

（2）股东财富最大化是指通过公司理财活动为公司股东带来最多的财富。在实际共工作中，这一目标体现在公司对股东大量的现金分红和较高的股票收益。相对前一种目标，股东财富最大化不仅要求企业利润最大，还要求给公司股东最大的投资回报。因此是一种进步。

（3）公司价值最大化是指同伙公司科学合理的理财活动使公司财富价值（包括社会影响等无形价值）最大化。这一层次的目标反映了企业社会责任，因此是公司理财目标中的最高层次。

不同的公司在实际理财活动中或者不同阶段的理财目标不完全相同或者一致，但企业理财追求的最高境界应该是公司价值最大化。

4. 理财对公司的意义

（1）从美国公司结构看理财对公司的意义。

在美国，处于公司组织结构中最高层的是董事长，其次是首席执行官（CEO）、首席运营官（COO），在首席运营官下设很多职能部门或岗位，这其中就有首席财务官（CFO）并且处在各部门的核心。在公司里，首席财务官（CFO）在管理中的地位仅次于首席执行官（CEO）。其职责有：明确企业发展战略及其核心措施；对企业发展过程中的各种风险进行预测和规避；科学地运作资金，保障企业发展战略的顺利实施。同时，在首席财务官（CFO）下一般设财务长和会计长。在一些大公司，为了更好地组织理财活动，还会设立专门的财务委员会。

从以上情况可以看出，理财活动已成为企业管理活动的重点，其相关机构和岗位在公司处于核心地位，理财的效果直接关系企业经营的成败。一个公司经营无非涉及两个层面：物流和资金流。从材料（商品）的采购到加工、再到成品的保管与销售这属于物流系统。从资金的筹集到运用再到资金的收回则是资金流系统，两大系统相辅相成。在两大系统中，对一个公司来说物流上的问题是小问题，资金流上的问题则是大问题，资金流上的任何一点纰漏都会影响公司发展的全局。这样的实例在实际经济活动中广泛存在。

（2）从我国公司理财状况看理财对公司的影响。

计划经济时期，由于体制原因，公司理财几乎成为空谈。改革开放以来，财务会计工作受到政府和企业的广泛重视。但这其中有个倾向就是"重会计、轻财务"。具体表现在：公司（企业）没有明确先进的理财目标；没有严格的财务决策程序；没有资金、成本、现金流等重要理财要素的预测与监控活动；相关专业人才缺乏等。如今，开放的金融环境迫使企业必须加强公司理财工作。公司理财对公司发展显得尤其重要，特别是当公司发展到一定规模后，公司高层的方向应该转向为理财事务。比如现金流问题、资本预算问题、营运资本政策问题、股利政策问题等（公司规模较小时，企业管理者关注的重点可能是生产、营销）。

延伸阅读

（一）从账房先生到理财专家——财务主管角色的转变

正确认识自己的角色，善于处理各方矛盾。作为财务人员，尤其是财务主管，在一般人眼里是个"香饽饽"，时常被别人高看一眼，因为财务主管要参与企业重大决策方案的讨论，公司所需的任何一笔资金，无论大小，都要从自己所主管的财务部门中支出；公司所取得的每一笔收入，都无一例外地交到自己所主管的财务部门。如果说资金是企业的血液，财务部门就是企业的心脏，由此可见财务主管肩负的担子有多重。他们决不能辜负公司领导和全体员工的重托，尽职尽责，做好本职工作。

但也应该清醒地认识到，财务管理作为企业内部管理的核心，其管理活动涉及企业内部的各个方面，财务主管管的是"钱"，是各方利益的根本所在，利益各方都希望多得到一部分，都希望随时需要，随时得到。因而也必然成为企业管理中矛盾的聚合点，财务主管处于矛盾的交织中，工作环境并不轻松，稍不注意就会两头受"夹板气"。这就要求财务主管不仅需要按照《会计法》的规定，恰当地行使自己应有的财务监督权，同时还要善于组织、善于沟通、善于处理各方利益冲突。

努力钻研，具备深厚的专业知识。现代企业的财务主管不再仅是管账、编表的"账房先生"，而是协助公司最高管理当局运筹帷幄的重要智囊、"理财专家"。这样的财务主管光有工作热情不行，而应该具有一定的专业知识。有了较宽的知识面和深厚的专业知识，工作起来就会得心应手，制订的工作方案，写出的分析报告才能科学、先进，符合企业及各方利益，财务主管的工作才容易被有关人员和有关部门接受，矛盾自然减少。即使产生矛盾，也能把矛盾解决在冲突之前。这里所说的专业知识是一个广义的概念，除了财务会计知识外，还应包括经济学、管理学、心理学等方面的知识，要熟练地掌握财政、财务、会计、金融、税收、审计等方面的法律、法规。只有这样，才能有效地履行自己的职责，保护企业各方面的利益。

永远以履行自己的职责为第一原则。财务主管的主要职责是对企业的资金进行预测、筹集、调度与监控。前已述及，如果说财务部门是企业矛盾的汇集地，财务主管就是各方矛盾激化时的"出气筒"。财务主管在处理各方矛盾时，需要灵活，但不能没有原则。如果财务主管一味迁就某些人或某些意见，很有可能使企业冒较大风险，甚至蒙受巨大损失。不要只讲"人情"不讲"法则"，只行使权力不履行职责。当然，财务主管也应具有风险意识、竞争意识，对于市场前景看好的项目，要积极筹集资金，争取最大收益。

要有宽阔的胸怀和容人容事的气度。由于财务问题多涉及经济利益，对矛盾的处理很棘手，尤其是在处理与管理者之间的矛盾时，更是难上加难。作为财务主管，首先要了解管理者的个性，体谅管理者的难处，在不违反法律、法规的前提下，尽量按管理者的个性调整工作思路和工作方案，避免同管理者发生直接冲突。对个性强、骄横专断、不喜欢受财会法规制约的管理者，应瞄准时机，做好宣传解释工作，而且在宣传解释时，不要直来直去硬性说教，以免激化矛盾，要从管理者的角度分析利弊。在自己受到委屈时，要沉得住气，不要斤斤计较，从大局着想，维持正常的工作关系，让管理者自己去认识自己的行为，用真诚和时间去化解矛盾。

（二）巨人集团成败启示

资料：巨人集团是个民营企业，它的总裁史玉柱是安徽怀远县人。先在浙江大学数学系读本科，后在深圳大学读软科学管理的研究生，1989年初毕业后回到安徽。同年7月，他辞去安徽省统计局的工作，南下深圳去经商。这时，他只有4 000元钱和他耗费9个月心血研制的M6401桌面排版印刷系统。一个月后，他用仅有的4 000元钱承包下天津大学科工贸公司电脑部。他用全部的4 000元做了一个8 400元的广告——M6401历史性的突破。2个月后，4 000元的广告投入换来10万元的回报。他又将其全部投入广告，4个月后，M6401为他赚回100万元。

1991年他创办了珠海巨人科技公司并邀来全国各地200多名电脑销售商，组织全国电脑汉卡连锁销售会。他为了这次会议，把能动的几十万元全用了进去，最后得到的是一个全国性电脑连锁销售网络。史玉柱的发迹可谓一帆风顺，他以广告开路，一次次成功于促销，走出一条捷径。一年成为百万富翁，两年成为千万富翁，三年成为亿万富翁，五年成为5亿元富翁，并成为"中国改革十大风云人物"之一，成为珠海市重奖的知识分子。

1993年是中国电脑业的灾难年。伴随电脑业步入低谷，巨人集团迫切需要寻找新的产业支柱。史玉柱提出了第二次创业的总体目标：跳出电脑行业，走产业多元化的扩张之路，以发展寻求解决矛盾的出路。史玉柱第二次创业规模太宏大了：在房地产方面，投资12亿兴建巨人大厦，投资分8亿在黄山兴建绿谷旅游工程，投资5 400万购买装修巨人总部大楼，在上海浦东买下3万平方米土地，准备兴建上海巨人集团总部；在保健品方面：准备投资5个亿，在一年内推出上百个产品。产值总目标：1995年达到10亿，1996年达到50亿，1997年达到100亿。然而，当时的史玉柱的资产规模仅有3个亿。

1995年初，史玉柱用打"三大战役"的方法进行促销电脑、保健品和药品。一次性推出三大系列的30个产品，广告铺天盖地。不到半年时间，巨人集团的子公司从38个发展到228个，人员从200人发展到2 000人。如此大规模的闪电战术，确实创出了奇迹：30个产品上市后的15天内，订货单就突破3亿元。新闻媒介对巨人集团形成了一次大聚焦，上百家新闻单位在1个月内的笔锋全部集中在巨人身上。

史玉柱的第二次创业却回避了最关键问题——企业内部的产权改造和机制重塑。原有干部队伍因动力不足，惰性严重，新的骨干队伍难以补充，管理失控；集团出现各类违规、违纪、违法案件。总公司对子公司不同程度失控，巨人集团面对内部管理混乱出现的问题已焦头烂额。到1996年下半年，巨人大厦急需资金。他还做出决定：抽调生物工程的流动资金，去支撑大厦的建设资金。

巨人大厦是史玉柱有生以来第一个重大投资决策的失误，他根本没有实力盖一座全国最高的大厦。更让人惊讶的是，大厦从1994年2月动工到1996年7月，史玉柱竟未申请过一分钱的银行贷款，全凭自有资金和卖楼花的钱支持。稍微懂点经济的人都会知道，房地产必须有金融资本作后盾，可史玉柱竟然将银行搁置一边。搞现代企业离开银行怎么运转呢？史玉柱就那么点资金，又要在两条路线上作战，怎能不顾此失彼。到1996年下半年，他感到需要外援时，因宏观调控影响至深，各处资金都吃紧，他只能竭泽而渔。把生产和广告促销的资金全部投入到大厦，结果使得生物工程停产。1997年初，巨人集团总危机彻底爆发了，债主蜂拥而至，他已无钱可还，银行将他拒之门外。昔日的辉煌已黯然失色，显赫的名声也无济于事。当大难临头之际,没人能帮史玉柱。巨人能否力挽狂澜,史玉柱还会东山再起吗?

史玉柱是一个民营企业家,他个人的学历和素质不可谓不高,他身上的企业家精神不可谓不足,他办企业的决心和毅力不可谓不大,他创办的巨人集团曾经显赫一时,但为什么失败了呢?分析其原因可能很多,但其中最重要的一点是他虽有经营手段,却没有经济头脑。不懂得宏观经济理论,更不会对宏观经济形态做出判断,来选择正确的企业投资决策。殊不知,房地产是一个充满风险的领域,没有经济实力,不利用银行的金融资本做后盾,又不会判断经济周期的走势,怎么能成功呢?一个投资决策的失误,导致全盘皆输,岂不可惜。

启示:巨人大厦本应是史玉柱和他的巨人集团的一个丰碑式的建筑,结果却成了一个拥有上亿资产的庞大企业集团衰落的开始。纵观这个案例,巨人倒塌的原因不能浅显地归纳为投资的失误。促成巨人失败的原因既有客观因素,又有主观的因素,但最关键的还是史玉柱本人主观上没有看清"巨人"究竟是一个怎样的企业,"巨人"应该朝什么方向发展。面对一个白手起家的民营企业,资本规模迅速扩大,真正成长成一个"巨人"时,企业的战略规划开始变得越来越重要。巨人的衰落,正是由于战略的严重失误导致的,可以归结为一句话:在没有有效的环境分析、稳健的资金保障和完善的管理机制下,却采取激进的扩张战略。

(二)个人理财

1. 个人理财的含义

个人理财是在对个人收入、资产、负债等数据进行分析整理的基础上,根据个人对风险的偏好和承受能力,结合预定目标运用诸如储蓄、保险、证券、外汇、收藏、住房投资等多种手段管理资产和负债,合理安排资金,从而在个人风险可以接受范围内实现资产增值的最大化的过程。现代意义上的个人理财不同于单纯的储蓄或投资,它不仅包括财富的积累,而且还囊括了财富的保障和安排。财富保障的核心是对风险的管理和控制,比如当自己的生命和健康出现了意外,或个人所处的经济环境发生了重大不利变化,如恶性通货膨胀、汇率大幅降低等问题时,自己和家人的生活水平不至于受到严重的影响。理财的关键是合理计划、使用资金,实现资金的保值与增值,使有限的资金发挥最大的效用。

个人理财包括以下具体环节:① 学会节流。工资是有限的,不必要花的钱要节约,只要节约,一年还是可以省下一笔可观的收入,这是理财的第一步。② 做好开源。有了余钱,就要合理运用,使之保值增值,使其产生较大的收益。③ 善于计划。理财的目的,不在于要赚很多很多的钱,而是在于使将来的生活有保障或生活得更好(所以说理财不只是有钱人的事,工薪阶层同样需要理财),善于计划自己的未来需求对于理财很重要。④ 合理安排资金结构,在现实消费和未来的收益之间寻求平衡点,这部分工作可以委托专业人士给自己设计,以做参考。⑤ 根据自己的需求和风险承受能力考虑收益率。高收益的理财方案不一定是好方案,适合自己的方案才是好方案,因为收益率越高,其风险就越大。适合自己的方案是既能达到预期目的,风险又最小的方案,不要盲目选择收益率最高的方案。

2. 个人理财的重要性

俗话说"你不理财,财不理你",这句话说明了理财的重要意义。首先,个人理财有利于提高个人素质,增强个人在社会的竞争优势;其次,个人理财有利于提升个人和家庭抵御风险和灾害的能力;第三,个人理财有利于个人积累资本,为增加个人财富打基础;第四,个人理财还有利于实现个人的人生价值。

3. 我国个人理财的发展

个人理财在我国起步很早,但由专业机构进行的个人理财是后来才发展起来的。改革开放以来我国已经成为世界经济发展最快的国家。不断提高的收入水平使老百姓手中的闲钱逐渐增多,截至 2014 年底,我国城乡居民储蓄存款已达 519 886 亿元,人均储蓄超过 2.8 万元。今天证券、房产、基金、保险、股票、国债等已成为老百姓生活话题的重要内容。他们不再像从前只是注重储蓄和其他简单的资金借贷,提倡节俭,实现富足人生的要求越来越强烈。近年来,理财已成为城市经济生活和社会生活中最流行的词汇。

4. 个人理财活动的实施

第一步,回顾评价自己的资产负债和收支状况,包括存量资产和未来收入的预期,知道有多少财可以理,这是最基本的前提。

第二步,设定理财目标,制定理财计划。

(1) 确定目标。制定出你的短期财务目标(1 个月、半年、1 年、2 年)和长期财务目标(5 年、10 年、20 年)。抛开那些不切实际的幻想。如果你认为某些目标太大了,就把它分割成小的具体目标。

(2) 排出次序。确定各种目标的实现顺序。和你的家人一起讨论,哪些目标对你们来说最重要。

(3) 所需的金钱。计算出要实现这些目标,你需要每个月省出多少钱。

(4) 个人净资产。计算出自己的净资产。

(5) 了解自己的支出。回顾自己过去三个月的所有账单和费用,按照不同的类别,列出所有费用项目。对自己的每月平均支出心中有数。

(6) 控制支出。比较每月的收入和费用支出。哪些项目是可以节省一点的,哪些项目是应该增加的,例如保险。

(7) 坚持适当储蓄。计算出每个月应该存多少钱,在放工资的那一天,就把这笔钱直接存入你的银行账户。这是实现个人理财目标的关键一环。

(8) 控制透支。控制自己的冲动性购买。每次你想买东西之前,问一次自己:真的需要这件东西吗?

(9) 投资生财。投资总是伴随着风险。如果你还没有足够的知识来防范风险,就应该购买国债和投资基金。

(10) 保险。保险会未雨绸缪,保护你和家人的将来。健康险非常重要,如果你失去工作能力,就无法赚钱。财产保险对家庭财产占个人资产比重较大的人尤其重要。

(11) 安家置业。拥有自己的房子可以节省你的租金费用。现在就开始为买房子的首期做准备吧。

第三步,弄清风险偏好是何种类型。不要做不考虑任何客观情况的风险偏好的假设,比如很多客户把钱全部都放在股市里,没有考虑到父母、子女,没有考虑到家庭责任,这个时候他的风险偏好偏离了他能够承受的范围。

第四步,进行战略性的资产分配。在所有的资产里做资产分配,然后是投资品种、投资时机的选择。这一步是个人理财活动的重点之一,其中如何做好理财投资是个人理财目标能否实现的重要条件和前提,为理财怎样做好投资评种的选择呢?

(1)黄金投资:正在步入黄金时期。基于黄金资源的稀缺性及保值避险的特征,可以预见,随着国内黄金投资领域的逐步开放,未来黄金需求的增长潜力是巨大的。

(2)基金:无限风光依然独好。自1997年首批封闭式基金成功发行至今,基金一直备受国内个人投资者的推崇,2009年开始,基金已经明显超过存款,成为投资理财众多看点中的重中之重。许多投资者们十分看好基金的收益稳定、风险较小等优点,希望能够通过基金的投资以获得理想的收益。

(3)股票:机会与风险并存。

(4)国债:投资选择空间越来越大。如今不仅国债品种多,使广大投资者有更多的选择,同时国债发行方式也进行了新的尝试和改革,国债必将为投资者们带来更多的投资选择和更大的获利空间。

(5)储蓄:老歌能否唱出新调?多年来,储蓄作为一种传统的理财方式,早已根深蒂固于人们的思想观念之中。一项调查表明,大多数居民目前仍然将储蓄作为理财的首选。

(6)债券:再度火爆正成定局。近年来,债券市场的火爆令人始料不及。一方面,品种增加,企业可转换债券、浮息债券、银行次级债券等都将可能成为人们很好的投资品种。另一方面,银监会将次级定期债务计入附属资本,以增补商业银行的资本构成,使银行发债呼之欲出,将为债券市场的再度火爆起到推波助澜的作用。

(7)外汇:投资获利机会大增。近年来美元汇率的持续下降,使越来越多的人通过个人外汇买卖,获得了不菲的收益,也使汇市一度异常火爆。各种外汇理财品种也相继推出,如商业银行的汇市通、中国银行和农业银行的外汇宝、建设银行的速汇通等,供投资者选择。有关专家分析,未来在汇市上投资获利的空间将会更大,机会也会更多。

(8)保险:收益类险种将成投资热点。与多年来不温不火的保险市场相比,收益类险种一经推出,便备受人们追捧。收益类险种一般品种较多,它不仅具备保险最基本的保障功能,而且能够给投资者带来不菲的收益,可谓保障与投资双赢。

此外,理财投资方向还包括邮票、钱币、磁卡、古董及字画等。

延伸阅读

(一)白领理财四招

第一招:立足于工资余额管理

许多白领,每个月收入丰厚,却总是让工资在卡上睡觉。要知道,现在活期储蓄要交20%的利息税,税后1天1万元才有0.15元的利息。哪怕放在货币基金里,一天1万元也有0.6元左右的收益,而且随时可以取出来,唯一的不足可能是要提前2到3天赎回。如果是在华安基金电子直销购买,只需要提前1个工作日打个电话或上网赎回,非常方便。每天相差3倍左右的利息收入,日积月累,也会是一笔不小的财富。

第二招:多用电话和网络

白领的工作一般非常繁忙,一看到排着长队,心里就发怵。其实,电话和网络是很好的帮手。发工资了,打个电话或上网把闲钱买成货币基金,周末要"血拼"了,周三或周四打个电话赎回,周五钱就回到自己的借记卡里,随便消费。一些白领担心网上理财的安全性,其实你需要注意的是尽量少在网上输入自己的卡号和密码。对于像华安电子直销这样的"网上电话理财",资金只能在你本人的借记卡和你本人的基金账户之间互相转移而转不出去,只要你借记卡保管好,即使有人代你网上电话赎回,钱也只回到你自己的借记卡上。而且整个电子委托过程都不需要输入你的银行卡号、银行密码,更可放心。

第三招:给自己定规矩

白领们的另一个问题是,往往判断很正确,"执行"却很随意。明明想好了到多少点位就赎回,真的到这个点位时却往往忘记执行。或者计划每月攒多少钱买车买房,却总在不经意间就把薪水花掉了。这时,你不妨给自己定些规矩,甚至用电脑系统来强制执行,比如,定期定额投资,每月工资一发就自动把一定的金额先扣掉买成货币基金,只留一些零用钱,确认要消费前再赎回一定的金额,控制自己的非理性消费。

第四招:巧用几张银行卡

现在银行卡纷纷开始收费,过去冲动办的卡也需要清理一下了。建议你考虑保留3张卡。一张是工资借记卡,虽然有的宣布要收年费,但对工资卡一般都有优惠。另外,你可考虑在一家股份制银行办一套相互连接的信用卡和借记卡。股份制银行的卡一般都有些特别的优惠政策。而且,多数股份制银行不收借记卡年费,信用卡年费的减免条件也非常容易达到。一些选择民生银行卡的朋友还办了"银基通",每个月把工资全部放到借记卡一次,网上电话买成货币基金,平时消费全部用信用卡,等到还款日前一两天再打电话赎回货币基金,资金到借记卡后就会自动偿还信用卡的费用,等于让银行的钱为自己赚钱。

(二)如何选择个人理财师

对于已拥有一定财富自己有专业理财知识的人群,可通过专业的理财规划师帮助打理财富。但怎样选择个人理财规划师呢?

第一,个人理财师不可以给投资者许诺每年回报率是多少百分比。因为理财师不是神,不可能准确地计算出市场的变迁。对客户讲回报率时,也要讲清楚风险。

第二,个人理财师不可以给客户所谓的折扣。原因非常简单,因为客户买的不是折扣,买的是个人理财的规划,专业的规划。如果理财师是个专业的人士为什么要去做折扣?如果理财师这样做,他就失去了从事这个专业的精神。

第三,如果理财师在某些方案里面得到佣金的话,要跟投资者讲清收入是多少。打个比方说,如果卖一个保险,这个保险里面能赚多少的佣金要说清楚,如果投资者不愿意,就不可以销售。

第四,理财师不可以将个人的偏爱强加给客户。比方说,有的理财师比较偏爱房地产,私下投资了两三家房地产公司,然后就推荐客户去投资房地产,可是并没有向客户讲清这个房地产中理财师的亲戚在里面有投资,由于理财师的偏爱影响了投资者的个人决策,这是不允许的。

第五,当理财师设计某一些配套方案给投资者的时候,要讲清楚这些配套投资工具对客户的帮助在哪方面。比如说买国债,这不是一种纯粹的投资,也不是一种纯粹的存款,是两者的汇合,要把它讲清楚,让客户好好地回去思考。

第六,一个好的个人理财师应该有这种责任感,告诉我们的投资者,风险在哪里。向客户介绍每一个配套投资方案,不可以只说这个方案如何如何好,赚钱如何如何多,而是要给他讲风险,要拿出风险的报告给他看。

第七,一个专业的理财师必须具备两个条件:一是受过专业的教育;二是接受CFP的课程培训并获得了CFP的专业准证。

第八,个人理财师要说清楚向客户收费多少。包括将来的收费是多少,全部的收费要在今天还没有成交的时候就要讲清楚。

第九,在每一次成交之前,要让客户明确从前的回报率不代表或等于将来所能得到的回报。这一条通常我们在法律文件上要用大字体、红颜色标明。

第十,在为客户设计个人理财配套方案时,一定要做好客户情况调查。

(三) 金融机构客户理财

一般而言,世界各国金融机构大体上由金融监管机构、银行类金融机构和非银行类金融机构组成。我国金融机构大体由以下部分组成:金融监管机构,包括中国人民银行、中国银监会、中国证监会、中国保监会等;银行类金融机构,包括国有商业银行(工、农、中、建行)、股份制商业银行(招商、浦发、民生银行等)、政策性银行("国开行""农发行""进出口银行")、城商行等;非银行金融机构,主要包括证券公司、保险公司信托投资公司、企业集团财务公司和农村信用合作社等。

作为经营机构,国有商业银行、股份制商业银行、保险公司、证券公司、信托投资公司等都有其特定和传统业务,但是理财业务作为创新类业务在上述金融机构业务活动中占有的比例越来越高。理论上讲,金融机构客户理财按服务对象分主要有公司客户理财与个人客户理财两大类。

1. 金融机构公司客户理财

金融机构公司客户理财也称金融机构公司理财服务,是指银行等金融机构以公司为服务对象,利用掌握的客户信息与金融产品,根据客户的实物性资产、现金收支流状况,围绕客户的收入、支出、投资、抗风险能力等情况,制定公司财务管理计划,如设计资产组合,调整负债结构,规避税收等,达到其收益预期,以实现公司价值最大化。

从公司理财的意义出发,现代企业一般会设立专门机构从事理财该活动。但是问题在于:第一,部分公司对公司理财活动重视不够;第二,即便是现代企业也可能由于人手和资源的制约无法完全有效地开展理财活动,使理财活动的目标难以全面实现,第三,绝大部分中小企业在以上两方面都受到制约,无法开展正常的理财活动。因此一批专业的理财机构特别是金融机构代理公司客户理财就成为现实,这是金融机构代理客户理财产生的前提。

金融机构代理公司客户理财主要的业务涉及以下几方面：

（1）融资服务。金融机构包括银行保险证券等机构都在一定程度上为公司提供融资服务，包括咨询顾问操作平台等，比如银行可以为公司提供贷款融资、证券公司可以为公司上市融资提供服务。

（2）投资服务。

（3）担保服务。

（4）其他一揽子金融服务。

2. 金融机构个人客户理财

金融机构个人理财服务是指银行等金融机构以自然人为服务对象，利用掌握的客户信息与金融产品，按照客户的实物性资产、现金收支流状况，围绕客户的收入、消费、投资、风险承受能力、心理偏好等情况，制定个人财务管理计划，如设计资产组合，调整负债结构，规避税收等，达到其收益预期，实现其人生的未来规划。

（1）我国金融机构个人客户理财概况。

以银行为例，20世纪70年代以来，全球商业银行在金融创新浪潮的冲击之下，个人理财业务获得了快速发展。资料显示，在过去的几年里，美国的银行业个人理财业务年平均利润率达到35%，年平均盈利增长率约为12%～15%。从发达国家银行个人理财业务的发展趋势看，个人理财业务具有批量大、风险低、业务范围广、经营收益稳定等优势，在商业银行业务发展中占据着重要位置。而在我国的香港特别行政区，贴身的个人理财服务也成为近年来银行业竞争的主要焦点，花旗、汇丰、渣打、恒生、东亚等银行纷纷推出了自己的理财套餐，针对不同收入的客户提供不同的服务，推动了港岛整体个人理财服务水平的不断提升。

我国商业银行从20世纪90年代开始涉足个人理财业务。2000年9月，中国人民银行改革外币利率管理体制，为外币理财业务创造了政策通道，其后几年外汇理财产品一直处于主导地位，但是总体规模不大，没有形成竞争市场。2004年11月，光大银行推出了投资于银行间债券市场的"阳光理财B计划"，开创了国内人民币理财产品的先河。中小股份制商业银行成为推动人民币理财业务发展先锋的直接原因是，在当时信贷投放高速增长的背景下，中小银行定期储蓄存款占比较低，缺乏稳定的资金来源，而发行人民币理财产品能够增强其吸储能力，缓解资金趋紧压力。2006以来，随着客户理财服务需求的日益旺盛和市场竞争主体的多元化发展，银行理财产品市场规模呈现爆发式增长的态势，特别是面对存款市场激烈的同业竞争，国有商业银行开始持续加大理财产品的创新和发行力度，不断丰富和延伸理财品牌及价值链上的子产品。以工商银行为例，2005年到2007年分别（发行）销售个人银行类理财产品190亿元、755亿元和1 544亿元，年均增速达185.3%；而2008年仅上半年即累计（发行）销售个人理财产品5 495亿元，同比大幅增长6.5倍。凭借网点资源、客户资源、综合实习优势，国有商业银行已经占据国内理财市场的主导地位。

除此之外，保险公司、证券公司也开始大力拓展个人理财业务。

（2）我国金融机构个人客户理财存在的问题。

虽然我国金融机构个人客户理财活动开展地如火如荼，但其中还存在诸多问题：

① 产品同质化趋势明显。从已经问世的各类人民币理财产品看，几乎都是证券、外汇、保险、基金等投资产品的组合，虽然不同理财机构的侧重不同，但还是有很强的相似性，而且期限安排上有趋同性，在目标群上都偏重于城市中产阶层。而理财业务与传统业务最为不

同的就是其"个性突出",不同理财机构针对不同的客户群,利用自己在某一投资领域的比较优势,安排最适宜的投资期限,才能最大限度地满足消费者的差异化需要。显然中国方兴未艾的人民币理财在追求个性上做得还远远不够。

② 理财能力不强。各理财机构在开拓理财产品时过多地倚重营销手段,忽视了对业务本身的多样化、专业化追求。虽然,产品营销非常重要,但理财业务最终的成功不在于能够说服多少顾客,而在于能够提供什么程度的专业化服务。对于成熟的理财机构来说,在全球范围内寻觅每一个物有所值的投资机会才是理财人员最需具备的能力,而中国的理财机构显然缺乏宽广的视野。这种短视行为与理财业务"量身定做"的业务内涵相去甚远,扭曲了理财业务以人为本的精髓。更何况一些机构受法律法规限制,投资渠道狭窄,很多领域不能涉足,很难为客户提供最佳的理财方案。

③ 市场整体形象受到影响。虽然理财市场的供给主体由众多不同的机构组成,但理财市场毕竟是一个统一的市场,其必然要求有一个统一的市场形象,任何一个机构的行为都会影响整个市场的健康发展。以证券公司为例,首先是证券行业的信任危机。由于证券行业近几年的经营状况很不理想,委托理财业务纠纷不断,个别券商甚至出现挪用客户保证金的行为,因此能否唤回投资者的信任将是券商理财业务发展的重要先决条件;其次,券商的风险控制水平有待提高,即能否在理财业务和自营业务以及其他业务间设立有效的防火墙以阻止各类风险的传播与扩散;第三,作为券商创新产品——新型合规理财业务的信息披露能否做到及时、全面、准确也是其业务发展的关键因素。

④ 潜在技术性风险较大。例如,部分理财产品配比债券到期期限与理财产品期限之间出现较大的偏差,理财机构须在理财产品期间内对理财产品对应债券进行二次配比,或者须在理财产品到期前出售债券赎回本金,而这必然增加理财产品的利率风险和流动性风险。又如,理财产品的专户管理和债券冻结无法得到保证,债券和票据实际上可能被挪用。

⑤ 专业理财人员缺乏。缺乏高素质的理财客户经理是金融机构个人客户业务发展的瓶颈之一。在我国,很多金融机构多数客户经理是从普通从业人员中抽调出来的。他们缺乏系统全面的专业理财知识的学习与培训,技能单一,基本上不能很好地适应理财服务的需要。此外,客户经理数量较少。在我国,一些金融机构一个客户经理同时要服务50个客户,在欧洲,一个客户经理同时则只需要服务20个客户。从国外的情况看,理财人员不仅要求有广泛的知识面,包括税收、会计、法律、投资、银行、保险等,还要具备较强的实际操作技能,是一项要求较高的职业。不具备全面及规范的财务分析能力及金融专业知识就很难保证理财服务质量。

⑥ 金融机构个人理财还面临政策瓶颈问题。目前,我国金融行业按照有关政策必须分业经营。在这种管理模式下,银行、保险、证券等不可能跨行业经营,人为的市场割裂使每一部门都站在金融机构的角度从自身利益出发为客户提供理财服务,却没有哪一个部门能为个人客户提供全面综合的理财服务,这样个人客户理财的效果就会大打折扣。

(3) 新形势下我国金融机构开展个人理财服务的对策。

① 不断增强满足客户差异化需求的能力。金融机构要考虑目标客户对金融产品的实际需求,分析业务的发展前景,确定市场需求规模和该项业务的市场定位,创造出适销对路的金融产品,为客户提供"六适"服务,即"在适当的时候,用适当的方式,以适当的价格,向适当的顾客,销售适当的产品,收到适当的效果"。同时在综合经营的大趋势下,逐步实现从产

品代理到研发创新的转变,强化研究,大胆创新,开发满足客户需求的理财品种,真正实现让客户资产增值。

② 为客户提供全方位理财服务。金融机构要在做好客户细分的基础上,重新设计和进行产品组合,针对不同层次的客户,设计不同的产品和服务,为客户提供差异化的个人理财服务。同时,金融机构要根据客户不断增长的理财增值需求,制定优先发展投资增值型理财产品的研发与推广策略,进一步加强与保险、证券、基金、信托、租赁、财务公司等金融同业之间的战略合作,通过持续不断地引进与开发收益好、流动性强的理财新品,确保理财业务内容充实,在为客户提供更为科学的理财理念的同时,达到有效增加储蓄存款的目的。

③ 提高营销活动的针对性与效率。作为履行市场营销支持职能的产品经理,其与前台客户经理的支援关系是通过"一对多"的支持构架实现的,即一位产品经理需要对应多个客户经理提供产品方面的技术支持,同时一个客户经理也需要从多个产品经理处获得支持,只有这样,才能在发挥产品经理专业化优势的前提下通过客户经理的多元化产品营销,满足客户不同的需要,使营销活动取得最佳效果。然而,实现产品经理与客户经理之间的在市场营销中的紧密协作不是能自动达成的,需要通过一套完善的制度和运行机制加以保证。为加强金融机构个人理财服务的产品开发和营销的支持,应尽快建立个人理财的产品经理队伍,并制定相应的制度和运行机制,加强产品经理与客户经理在市场营销中的协作机制,提高市场营销的协同性与效率。

④ 加强人才培养,提高理财人员的素质。目前各类金融机构应加大专业理财人员的培养,严格按照理财规划师要求设计培养内容。建立起一支懂专业会营销精服务的专业理财队伍。全面提升理财人员的综合素质。

⑤ 尽快打破政策瓶颈,在金融行业尽快实行混业经营。当然在现有政策条件下提倡金融也跨领域合作。比如商业银行可以与证券基金保险等金融机构加强合作,不断创新金融产品、金融服务,尽快推出全效的理财产品以满足个人客户的理财需求。

案例回顾与分析

案例一 根据刘女士家庭状况确定理财目标:购买一定保值性的保险产品,实现财富保值增值。

理财分析:

(1) 家庭结余分析:家庭月结余比率=(月均收入-月均支出)/月均收入,月结余比率57%,说明家庭有一定依靠工资收入提升净资产的能力。

(2) 家庭房贷支出占月均收入的10%,说明家庭短期偿债能力较强,家庭房贷支出不会给家庭财务造成太大的负担。

(3) 家庭流动性分析:目前刘女士家庭的资产主要以存款为主,另外只有少量的现金,家庭流动比率为12.4,远远高于参考值3,由此可以看出这个家庭资金流动性较好,但资金利用度不高,投资收益偏低,影响了财富增长速度。

刘女士的家庭正处于财富积累期,但是很多支出不可避免,如子女教育费用、养老费用等,好在家庭收入可观,每年无论是结余率还是绝对结余额都较高,为财富积累提供了条件。以刘女士家庭的收入和年龄阶段来看,家庭的投资渠道单一,定期存款、活期存款等这类固定收益类产品过多,收益率低,远远不能抵御现有的通胀水平,影响了家庭财富的快速积累;其次,随着夫妻年龄的增长,疾病风险不断加大,夫妇二人商业保险保障不全,建议尽快补充;另外,随着小孩的成长,教育金的需求在不断地增加,建议提早为子女教育金做好准备和规划。

具体理财方案:

(1) 现金规划:家庭储备金属于家庭抵御风险的第一道防线,储备金额一般为月均支出的3~6倍,依照目前家庭支出状况,我们建议从现有储蓄中提取2.5万元作为家庭储备金,其中1万元用于活期储蓄,1.5万元用于投资货币市场基金。

(2) 保障规划:家庭理财最重要的就是防范各种风险,确保家庭成员和财产的安全。保险正是基于规避各类风险而产生。家庭投保的目的就是通过合理的保险筹划,以较小的代价来分散风险,减小损失,保障财务安全。刘女士及其丈夫无疑是全家的经济支柱,所以,应该为夫妇二人购买充足的商业保险。由于刘女士希望购买保值型保险,建议可补充一定的分红型寿险或者投连险,在提供保障的同时,可分享保险公司经营收益和投资分红,另外还应补充一定的重疾险和意外险,完善保障。小孩可补充一定的重疾险及卡单式意外险。

(3) 教育规划:由于刘女士没有提及小孩的年龄及对孩子的教育期望,我们暂建议您采用定投基金的方式为子女积累教育金,从每月结余中提取2 000元投资于混合型基金,预期收益率为7%,为小孩积累高等教育金。

(4) 其他建议:按照目前家庭的财务状况,家庭结余情况较好,具有较强的储蓄能力及投资能力,经过如上规划,建议将每年年结余的10%用于购买黄金产品,剩余的进行组合投资。

案例二 本案例介绍的是王先生股市投资失败的情形,分析王先生投资失败的原因,我们认为主要是以下几方面:(1)没有注重投资环境研究。2015年全球经济部分已露出疲弱的态势,虽然当时中国经济形势尚可,但中国毕竟是一个开放的经济实体,世界经济的一体化必然使得国外经济问题传导到国内。到2015年年底中国经济受外部经济环境的影响,经济增速开始放缓。显然,在经济开始萧条的初期进入证券市场进行股票投资自然会失败。(2)没有注意投资风险的评估与管理。追求投资收益是投资者参与投资的最基本动因,但是投资也有风险,而且两者是一种正相关关系,即投资收益越高,投资风险越大。王先生没有做投资分析,人云亦云参与股票这一高风险品种投资,投资失败的概率自然会高出许多。同时在投资的过程中也不能实施风险管理、风险控制,做好止损,最后导致损失惨重。通过专业知识学习后,如果我是王先生,我会在以上方面做好功课,审时度势,做一个聪明理性的投资者。

案例三 如果我是公司会计张红,我会建议林总充分考虑货币时间价值,以保证小孩今后大学所学学费。根据资料,如果是单利或者是复利情形再作打算。

如果是单利,则林总因存入不少于2.678 5万元现金。

计算:$3 = P \times (1 + 4\% \times 3)$ $P = 2.678\,57$(万元)

如果是复利,林总因存入银行不少于 2.667 万元的现金。

计算:$3 = P \times (1+4\%)^3$ $P = 3 \times (P/F, 4\%, 3) = 3 \times 0.889 = 2.667$(万元)

项目小结

本项目主要介绍投资理财知识。分设认识投资理财(包括投资、理财的含义与区别,理财的核心,理财的渠道);懂得投资理财原理(包括理财环境原理、风险原理、货币时间价值原理);认识投资理财的基本分类等三个任务。本项目作为教材内容体系的一部分,在学生所学课程内容中起承上启下的作用,特别是对进一步学习不同项目或渠道的理财技能与技巧,具有十分重要的基础性的作用。

课后训练

1. 简述理财的核心和理财的渠道。
2. 什么是个人理财?个人理财与家庭理财的关系是什么?
3. 什么是公司理财?结合你了解的情况分析理财对公司的意义。
4. 结合现实谈个人理财的重要性。
5. 根据我国金融机构理财业务的情况,谈谈我国金融机构理财业务未来的发展趋势。

项目三 个人理财技巧

学习目的

在学习前面各项目的基础上通过本项目的学习,使学生掌握理财的各种技巧,学会各种理财工具的具体运用。

案例导入

前世界拳王泰森是个家喻户晓的人物,曾经被认为是世界上挣钱最多的运动员之一,他用速度、力量和拳头换来巨额财富。1987年,泰森先后击败詹姆斯·史密斯、托尼·塔克等拳坛名将,把三大拳击组织的重量级拳王金腰带全部系在腰上,并且在此后多次卫冕战中保持全胜。

1988年6月27日,曾被誉为天才的迈克尔·斯平克斯向泰森的王座发起挑战,结果泰森仅用了91秒便将这位前奥运冠军击倒在地,轻轻松松赚取了2 000万美金。据保守估计,在20多年的拳击生涯中,泰森总共赚了3~5亿美元。下面我们再来看看泰森的支出。

1995年到1997年,泰森购买寻呼机和手机总共花费23万美元,有一次举办生日宴会花去41万美元,豪华轿车的保养费用掉数万美元。泰森养的宠物也与众不同,是两只孟加拉白虎,每只价格7万美元。泰森拥有许多豪宅,总价值超过1 500万美元。据说他曾经买过有108个卧室的豪宅:一幢传说中包含38个卫生间、1座影院和一个夜总会的住宅,而豪宅的园艺费用就超过了10万美元。

2000年到英国时,泰森想买辆F1赛车,后来工作人员解释他不适合开这种车,泰森心有不甘,买了一块价值100万英镑的手表安慰自己。此外,他的保镖、司机、朋友等各类人群大部分没有正当职业,他们每月会从泰森那里领取数万美元的高薪。

正是由于不善理财,挥霍无度,加上一些家庭变故等因素,泰森由身价亿万的富翁变成一个穷光蛋。后来,泰森无奈之下向纽约破产法庭申请保护。

问题:拥有了许多财富后,是否还需要认真理财?

任务一 生命周期理论与个人理财

随着我国经济持续高速发展,城镇居民的生活水平也不断提高,逐渐由"温饱型"发展为"小康型""富裕型",居民手中积累了一定的资金。随着经济体制改革、社会保障制度改革、教育制度改革、住房制度改革的深化发展,原来由政府和企业提供的就业、住房、医疗、养老、子女教育等保障相继转变为由居民自己承担全部或部分的风险和费用。另外,我国金融市场的不断发展,特别是证券、保险、银行私人信贷等业务的不断完善和成熟,为居民提供了越来越多的理财渠道,在这种状况下,投资理财就成为居民生活的重要组成部分。另外,生活中存在的种种风险,也需要家庭通过合理的规划和理财投资,更好地预防、规避、分散、控制、转移和补偿,尽可能地避免和减少风险造成的损失。对于普通的家庭来说,小小的风险可能会让一个和美的家庭破裂。因此,每一个家庭都应力求通过科学的理财,提高生活质量,尽享快乐幸福的人生。

家庭理财包括家庭生命周期中每一个阶段的资产负债分析、现金流量预算与管理、个人风险管理与保险规划、投资目标确立与实现、教育与退休规划以及个人税收规划等各个方面,是针对客户一生的每个阶段的规划。

一、生命周期理论

生命周期理论是由经济学家莫迪利亚尼、布伦博格与安多共同创建的。该理论从个人的生命周期消费计划出发,最终建立了消费和储蓄的宏观经济理论。生命周期理论在理财上的应用更具有启发意义。生命周期理论认为:一个人将综合考虑其即期收入、未来收入,以及可预期的开支、工作时间、退休时间等诸因素来决定目前的消费和储蓄,以使其消费水平在一生内保持相对平稳的水平,而不至于出现消费水平的大幅波动。其主要观点可以归纳如下:

(1) 消费在消费者的一生中保持不变;
(2) 消费支出是由终身收入＋初始财富来融资的;
(3) 每年将消费掉1/个人预期寿命的财富;
(4) 当前消费取决于当前财富和终身收入。无论是劳动收入还是财富增加,都将提高消费支出;延长相对于退休时间的工作时间从而增加终身收入并且缩短负储蓄的时间长度,也会提高消费。
(5) 公式表示为:$C = a \cdot WR + c \cdot Y_1$

其中,C 是消费支出,WR 是实际财富,Y_1 是劳动收入(指长期收入),a 为财富的边际消费倾向,c 为劳动收入的边际消费倾向。

二、理财的生命周期

在不同阶段,家庭具有不同的财务状况、资金需求和风险承受力,家庭的财务生命周期、家庭生命周期和个人成长生命周期是制定个人理财规划的基础。家庭理财针对不同人生阶段和不同家庭的财务目标,依据家庭的具体财务状况和未来的变化,制定和实施家庭财务管理的具体方案,从而实现人生各阶段的不同家庭目标。

根据家庭阶段和财务状况,可以确定财务生命周期,划分财务生命阶段。家庭的财务生命周期可以划分为积累阶段、巩固阶段和消耗阶段。在不同财务生命阶段,家庭具有不同的收入和风险承受能力,理财目标也不尽相同,如表3-1所示。

表 3-1 不同财务生命阶段的家庭理财情况

财务生命周期	收入和风险承受能力	理财目标
积累阶段	相对稳定的收入来源,支出往往超出收入,投资风险较高和收益较大的产品	储蓄、建立备用基金、租房、本人教育投资等等
巩固阶段	收入超过支出,减少债务、积累巩固资产,积累向巩固阶段转化,承受中等风险	子女教育、购买保险、置换房产、分散风险等等
消耗阶段	进入退休,收入减少,动用储蓄和社会保障,选择低风险投资,少量高风险投资弥补通货膨胀	退休养老、休闲旅游、医疗保障、养老金调整等等

个人理财不仅分析家庭的财务生命周期,还要考虑家庭的生命周期,因为个人理财规划是基于人的生命周期而存在的。对于一个具体的人或者家庭而言,针对不同的阶段设计有针对性的理财策略,有助于实现自己的理财和生活目标。

人从出生到死亡会经历婴儿、童年、少年、青年、中年、老年六个时期。由于婴儿期、童年期、少年期没有独立的经济来源,通常也不必承担经济责任,因此这三个时期并不是理财规划的重要时期。而青年期、中年期和老年期则是进行理财规划的三个重要时期。将理财规划的重要时期进一步细分,可分为五个时期,即单身期、家庭与事业形成期、家庭与事业成长期、退休前期和退休期。

(1) 单身期。

单身期指从参加工作至结婚的这段时期,一般为 2~8 年,这时我们的年龄一般为 22~30 岁之间。在这个时期,个人刚刚迈入社会开始工作,经济收入比较低且花销大。但这个时期又往往是家庭资金的原始积累期。这个时期个人的人生目标应该是积极寻找高薪职位并努力工作。此外,也要广开财源,尽量每月能有部分结余,进行小额投资,一方面尽可能多地获得财富,另一方面也为今后的理财积累经验。

(2) 家庭与事业形成期。

家庭与事业形成期指从结婚到新生儿诞生的这段时期,一般为 1~3 年。在这个时期,个人组建了家庭,伴随着子女的出生,经济负担加重。对于双职工庭,经济收入有了一定的增加而且生活开始走向稳定。在这个阶段,尽管家庭财力仍不是很强大。但呈现蒸蒸日上之势。此时家庭最大的支出一般为购房支出,对此应进行仔细规划,使月供负担在自己的经济承受范围之内。另外,此时应开始考虑到高等教育费用的准备,以减轻子女接受高等教育时的资金压力。

(3) 家庭与事业成长期。

家庭与事业成长期指子女出生到子女完成大学教育的这段时期,一般为 18~22 年。在这个时期,家庭成员不再增加,整个家庭成员年龄都在增长,经济收入增加的同时花费也随之增加,生活已经基本稳定。但子女上大学后,由于高等教育支出的增加,家庭支出会有较大幅度上升。对处于这一时期的家庭而言,应设法提高家庭资产中投资资产的比重,逐年累积净资产。

(4) 退休前期。

退休前期指子女参加工作到个人退休之前的这段时期,一般为 10~15 年。在这个时期,家庭已经完全稳定,子女也已经经济独立,家庭收入增加,支出减少,资产逐渐增加,负债逐渐减少。此时个人的事业一般处于巅峰状态,但身体状况开始下滑。这一时期,最重要的应该是准备退休金,并在资产组合中适当降低风险高的金融资产的比重,博取更加稳健的收益。

(5) 退休期。

退休期指退休后的这段时期。进入退休期,客户肩负的家庭责任减轻,锻炼身体、休闲娱乐是生活的主要内容,收支情况表现为收入减少,而休闲、医疗费用增加,其他费用降低。此时,客户风险承受能力下降,对资金安全性的要求远远高于收益性,所以在资产配置上要进一步降低风险。这一时期个人(家庭)最主要的目标就是安度晚年,享受夕阳红,并开始有计划地安排身后事。

三、生命周期理论在个人理财方面的运用

(一)家庭生命周期各阶段特征及财务状况

以上所划分的生命周期的五个阶段的特征和财务状况如表 3-2 所示。

表 3-2 家庭生命周期各阶段特征及财务状况

	单身期	家庭与事业形成期	家庭与事业成长期	退休前期	退休期
特征	从参加工作到结婚,单身	从结婚到新生儿诞生,家庭成员数目随子女出生而增加	从小孩出生到完成学业为止,家庭成员数目固定	从子女完成学业到家长退休为止,家庭成员数随子女独立而减少	从家长均退休到家长一方过世为止,家庭成员只有夫妻两人
收支状况	收入仅为单身者个人收入,收入比较低,消费支出大	收入以双薪家庭为主,经济收入增加,已经有一定财力,往往需要较大的家庭建设支出,如购房、购车等	收入以双薪家庭为主,最大开支是子女学前教育、智力开发、家庭成员保健医疗费用,在子女上大学期间教育费用和生活费用猛增,负担较重	收入以双薪家庭为主,工作收入、经济状况、事业发展均达到巅峰,支出随家庭成员数目减少而降低	以退休双薪收入为主,或有部分理财收入或变现资产收入,医疗费用支出增加
储蓄状况	个人储蓄较少	储蓄额随家庭成员增加而下降,家庭支出负担大	收入增加而支出稳定,在子女上大学前储蓄逐步增加	收入达到巅峰,支出基本稳定,是准备退休储备金的黄金时期	支出大于收入,是消耗退休储备金的主要时期

(续表)

	单身期	家庭与事业形成期	家庭与事业成长期	退休前期	退休期
资产负债状况	资产较少,可能还有负债(如贷款购房、购车,个人信用卡贷款等),净资产可能为负	可积累的资产有限,家庭成员因年轻可承受高风险资产的投资风险,通常要背负巨额房贷	可积累的资产逐年增加,开始控制投资风险,投资能力和还贷能力均增加	可积累的资产达到巅峰,要逐步降低投资风险,尽快在退休前把所有的负债还清,为退休做准备	逐年变现资产来应付退休后生活费开销,投资应以固定收益等低风险品种为主,应该无新增负债

(二) 家庭生命周期各阶段的理财需求

客户的理财需求大致上可以划分为以下几种:预算(控制开支、节约资金)、债务(贷款、借债)、风险(锁定风险、减少损失)、投资(资产保值增值、收益最大化)、退休(合理安排计划支出)。根据这几种理财需求,结合上面的五个阶段,家庭生命周期各阶段大致的理财需求归纳如表 3-3 所示。

表 3-3 家庭生命周期各阶段的理财需求比较

家庭生命周期	理财需求要素				
	预算	债务	风险	投资	退休
单身期	***	***	*	*	*
家庭与事业形成期	**	**	**	**	**
家庭与事业成长期	**	***	**	**	**
退休前期	*	*	**	***	***
退休期	*	*	**	*	***

注:* 表示不重要;** 表示一般重要;*** 表示很重要。

(三) 家庭生命周期各阶段的理财策略和产品选择

根据人生不同阶段的特点,金融机构推出的理财产品以及个人的理财策略是不同的:

(1) 在青年单身期,收入较低而消费支出较高,资产较少而负债较多,净资产可能为负,此时的理财重点是提高自身获得未来收益的能力,如加大人力资本方面的投资。此阶段,风险偏好的人可承担一定的风险,其理财组合中除了储蓄还可以有债券类、股票类、股票型基金等理财产品。

(2) 家庭与事业形成期是家庭的主要消费期,经济收入增加而且生活稳定,家庭已经有一定的财力和基本生活用品。为提高生活质量,往往需要较大的家庭建设支出,如购房、购车等,如果是贷款购买的,每月还需要准备月供款之类的较大开支。此时的理财重点是保持资产的流动性和扩大投资,其理财组合中流动性较好的存款和货币基金的比重可以高一些,投资股票等高风险资产的比重应逐步降低。

(3) 在家庭与事业成长期,家庭有稳定收入,最大开支是医疗保健费、子女教育及智力开发费用,此时精力充沛,又积累了一定的工作阅历和投资经验,风险承受能力增强,可以考虑建立不同风险收益的投资组合。

（4）在家庭成熟期，父母的工作能力、工作经验、经济状况都达到巅峰状态，子女已完全自立，债务已逐渐减轻。此时主要考虑为退休做准备，应扩大投资并追求稳健理财，建立国债、货币市场基金等低风险产品的投资组合。

（5）家庭衰老期收益性需求最大，这时的理财一般以保守防御为原则，目标是保证有充裕的资金安度晚年，因此，投资组合中债券比重应该最高。

任务二　理财规划的制定

理财或财务规划（financial planning），是一个评估各方面财务需求的综合过程，它是由专业理财人员通过明确个人客户的理财目标，分析客户的生活、财务现状，从而帮助客户制定出可行的理财方案的一种综合金融服务。它不局限于提供某种单一的金融产品，而是针对综合需求进行有针对性的金融服务组合创新，是一种全方位、分层次、个性化的服务。它包括个人/家庭生命周期每个阶段的资产和负债分析、现金流量预算和管理、个人风险管理与保险规划、投资目标确立与实现、职业生涯规划、子女养育及教育规划、居住规划、退休规划、个人税务筹划及遗产规划等各个方面。

一、理财规划的目标与原则

（一）理财规划的目标

1. 理财规划的总体目标

每个人的理财目标千差万别，同一个人在不同阶段的理财目标也不相同。但一般而言，理财规划的目标可以归结为两个层次：实现财务安全和追求财务自由。

财务安全，是指个人或家庭对自己的财务现状有充分的信心，认为现有的财富足以应对未来的财务支出和其他生活目标的实现，不会出现大的财务危机。

财务自由，是指个人或家庭的收入主要来源于主动投资而不是被动工作。一般来说，衡量一个人或家庭的财务安全，主要有以下内容：① 是否有稳定、充足的收入；② 个人是否有发展的潜力；③ 是否有充足的现金准备；④ 是否有适当的住房；⑤ 是否购买了适当的财产和人身保险；⑥ 是否有适当、收益稳定的投资；⑦ 是否享受社会保障；⑧ 是否有额外的养老保障计划。当然，前述衡量标准仅仅是参考性的，具体的安全标准要根据每个客户的实际情况决定。财务自由主要体现在投资收入可以完全覆盖个人或家庭发生的各项支出，个人从被迫工作的压力中解放出来，已有财富成为创造更多财富的工具。

2. 理财规划的具体目标

在理财规划实际工作中，财务安全和财务自由目标在现金规划、消费支出规划、教育规划、风险管理与保险规划、税收筹划、投资规划、退休养老规划、财产分配与传承规划八个具体规划当中体现，集中表现为以下八个方面：

（1）必要的资产流动性。为了满足日常开支、预防突发事件，个人有必要持有流动性较强的资产，以保证有足够的资金来支付短期内计划中和计划外的费用。但个人又不能无限地持有现金类资产,因为过强的流动性会降低资产的收益能力。理财规划师进行理财规划时,既要保证客户资金的流动性,又要考虑现金的持有成本,通过现金规划使短期需求可用手头现金来满足,预期的现金支出通过各种储蓄或短期投资工具来满足。

(2) 合理的消费支出。个人理财的首要目的并非个人价值最大化,而是使个人财务状况稳健合理。

(3) 实现教育期望。通过合理的财务计划,理财规划师可以确保客户将来有能力合理支付自身及其子女的教育费用,充分达到个人(家庭)的教育期望。

(4) 完备的风险保障。理财规划师通过风险管理与保险规划做出适当的财务安排,将意外事件带来的损失降到最低限度,使客户更好地规避风险。同时,进行理财规划的过程中还应注重对非保险类的风险进行管理,以更好地保护我们的生活。

(5) 积累财富。正确的财富积累方式,是根据理财目标、个人可投资额以及风险承受能力进行资产配置。确定有效的投资方案,使投资收入占家庭总收入的比重逐渐提高,带给个人或家庭的财富越来越多,并逐步成为个人或家庭收入的主要来源,最终实现财务自由。

(6) 合理的纳税安排。合理的纳税安排是指纳税人在法律允许的范围内,通过对纳税主体的经营、投资等经济活动的事先筹划和安排,充分利用政策优惠和差别待遇,适当减少或延缓税负支出,达到整体税后收入最大化。

(7) 安享晚年。传统的社会保障与家庭养老模式已被打破,所以有必要在青壮年时期进行财务规划,使人们到晚年能过上"老有所养,老有所终,老有所乐"的有尊严、自立的老年生活。

(8) 有效的财产分配与传承。理财规划师要选择适当的遗产管理工具和制定遗产分配方案,确保在客户去世或丧失行为能力时其个人意志能够得以延伸,实现家庭财产的代际相传。

(二) 理财规划的原则

要想在自己的理财生涯中有所建树,在理财规划的过程中,必须要注意遵循一定的原则,概括起来主要有以下几个方面。

1. 整体规划原则

整体规划原则既包含规划思想的整体性,还包含理财方案的整体性;不仅要综合考虑客户的财务状况,而且要关注非财务状况及其变化,进而提出符合实际和目标预期的规划,这是理财规划的基本原则之一。

2. 提早规划原则

提早规划一方面可以尽量利用复利的"钱生钱"的功效,另一方面由于准备期长,可以减轻各期的经济压力。能否通过理财规划达到预期的财务目标与金钱多少的关联度并没有通常人们想象得那么大,却与时间长短有很直接的关系。

3. 现金保障优先原则

只有建立了完备的现金保障,才能考虑将客户家庭的其他资产进行专项安排。一般来说,家庭建立现金储备要包括日常生活覆盖储备和意外现金储备。

4. 风险管理优先于追求收益原则

理财规划首先应该考虑的因素是风险,而非收益。追求收益最大化应基于风险管理基础之上。因此,理财规划师应根据客户的不同生命周期阶段及风险承受能力制定不同的理财方案。

5. 消费、投资与收入相匹配原则

理财规划应该正确处理消费、资本投入与收入之间的矛盾,形成资产的动态平衡,确保在投资达到预期目的的同时保证生活质量的提高。在现实中,应特别注意使消费与收入相匹配、投资规模与收入相匹配、投资和消费支出安排与现金流状况相匹配等。

6. 家庭类型与理财策略相匹配

根据不同家庭形态的特点,理财规划师要分别制定不同的理财规划策略。一般来说,青年家庭的风险承受能力比较高,理财规划的核心策略为进攻型;中年家庭的风险承受能力中等,理财规划的核心策略为攻守兼备型;老年家庭的风险承受能力比较低,因此理财规划核心策略为防守型。

二、个人理财规划的基本内容

(一) 个人储蓄与消费信贷计划

一个全面的个人理财规划涉及现金、储蓄、消费及债务管理等解决资金节余的问题,这是做理财规划的起点。消费贯穿个人的一生,而收入与支出却呈现较大的波动性。因此,对现金、储蓄、消费及债务的管理非常必要,其目的在于使可用的资金保障计划以内和计划以外的支出,并达到个人财富积累的目的。

现金管理是对现金和流动资产的日常管理。其目的在于满足日常性、周期性支出的需求,满足应急资金的需求,满足未来消费的需求,满足财富积累与投资获利的需求。

消费的合理性没有绝对的标准,只有相对的标准。消费的合理性与客户的收入、资产水平、家庭情况、实际需要等因素相关。在消费管理中要注意以下几个方面:即期消费和远期消费,消费支出的预期,孩子的消费,住房、汽车等大额消费,保险消费。

在有效的债务管理中,应先算好可负担的额度,再拟订偿债计划,按计划还清负债。负债是平衡现在与未来享受的工具。在合理的利率成本下,客户的个人消费信贷能力取决于其收入能力与资产价值。

(二) 个人风险管理与保险计划

在个人理财规划中,个人风险的管理应处于其他类型资产管理的前列,因为只有在对个人/家庭的风险进行有效管理的基础上,才能够保障个人/家庭的财产安全,并对其余的资产进行有效的组合管理。个人风险的管理主要是指如何合理地利用保险进行可保风险的管理。人的一生中所面临的风险类型远远超过了可保风险的范畴,如信用风险、流动性风险、利率风险等,对于这些不可以通过保险进行有效管理的风险,可以通过有效地利用投资组合来进行管理。而对于可保风险的管理,则可以通过建立合理的保险组合来进行规划管理。

根据风险损害对象的不同,可保风险分为人身风险、财产风险和责任风险,人们可以通

过购买保险来对这些风险进行规避和管理。除了专业的保险公司提供的商业保险之外,由政府社会保障部门提供的包括社会养老保险、社会医疗保险、社会失业保险在内的社会保险以及雇主提供的雇员团体保险也是个人/家庭管理可保风险的工具。个人风险管理与保险计划的目的在于通过对客户财务状况和保险需求的深入分析,帮助客户选择合适的保险产品并确定合理的期限和金额。个人理财规划师在制定保险计划时一般也要遵循一个固定的流程:首先,确定保险标的;其次,规划师要帮助客户选定具体的保险产品,并根据客户的具体情况进行不同险种的合理搭配;最后,确定保险期限。由于保险期限会影响客户未来的收入流,规划师应当根据客户的实际情况确定合理的保险期限。

(三) 个人理财的投资计划

个人理财的投资计划是对个人资产进行有效管理和使用的核心。投资计划需要构建投资组合,而投资组合的构建依赖于不同的投资工具。这些投资工具根据其期限长短、风险收益的特征与功能的不同,大体可以分为四种类型:货币市场工具、固定收益的资本市场工具、权益证券工具和金融衍生工具。对于个人客户来说,单一品种的投资产品很难满足其对资产流动性、回报率以及风险等方面的特定要求,而且客户往往也缺乏证券投资的专业知识和信息优势。因此,投资计划要求个人理财规划师在充分了解客户的风险偏好与投资回报率需求的基础上,通过个人投资工具的有效利用和投资组合的合理分配,使投资组合既能够符合客户的流动性要求与风险承受能力,同时又能够使其获得满意的回报。因此,本书就几种主要金融工具的投资理念和基本的投资知识分别进行介绍,包括股票、债券、基金、外汇、黄金、房地产等。

(四) 个人税务筹划

依法纳税是每个公民应尽的法定义务,而纳税人出于对自身利益的考虑,往往希望将自己的税负合理地降低并尽量减至最少。因此,如何在合法的前提下尽量减少税负就成为每一个纳税人十分关注的问题。个人税务筹划是指在纳税行为发生之前,在不违反法律、法规的前提下,通过对纳税主体(自然人或法人)的经营活动或投资行为等涉税事项做出事先安排,以达到少缴税和递延纳税目的的一系列筹划活动。

在美国,涉及普通居民的税收条例高达3万多条,这对普通的消费者而言是一个非常高的筹划门槛,因此税务筹划在美国的个人理财领域存在着很大的市场空间。而在我国,由于我国个人税收的种类较少,个人税收的管理体制还不够完善,这也就决定了目前我国居民的个人理财需求的重点主要集中在风险和投资计划领域。但是,随着社会保障体制的建立和个人税收体系的完善,居民对税务筹划的需求将会日益增加。我国目前的个人税法结构相对简单,可以利用的个人税务筹划策略主要有:充分利用税收优惠政策(包括最大化税收减免、选择合适的扣除时机、选择最小化税率)、递延纳税时间(包括合理选择递延收入的实现时间、加速累积费用的扣除)、缩小计税依据(包括最小化不可抵扣的费用和支出、扩大税前可扣除范围)以及利用避税来降低税负等。

个人税务筹划相对于其他个人理财计划要面对更多的风险,尤其是法律风险。因此,个人理财规划师在为客户进行税务筹划时,应熟练把握有关的法律规定。

(五)个人的人生事件规划

个人的人生事件规划主要包括教育规划、职业生涯规划、退休规划和遗产规划等。教育投资是一种人力资本投资,它不仅可以提高人的文化水平与生活品位,更重要的是它可以使受教育者在现代社会激烈的竞争中占据有利的位置。从内容上看,教育投资可以分为两类:客户自身的教育投资和对子女的教育投资。对子女的教育投资又可分为基础教育投资和高等教育投资。大多数国家的高等教育都不属于义务教育的范畴,因而对子女的高等教育投资通常是所有教育投资项目中花费最高的一项。

退休规划是一种以筹集养老金为目标的综合性金融服务。理财规划师通过分析和评估客户财务状况,明确客户退休生活目标,为客户制定合理的、可操作的退休财务规划。在大多数国家,人们一般在55~65岁之间退休,就目前的人均寿命而言,一般人在退休之后还有10~30年的退休生活。但是大多数人在退休之后就失去了正常的工资收入,为了使退休生活更有保障,人们必须提前制定退休规划,预先进行基于退休目的的财务规划,将老年时各种不确定因素对生活的影响程度降到最低。

遗产规划是指当事人在其健在时通过选择遗产管理工具和制定遗产计划,将拥有或控制的各种资产或负债进行安排,确保在自己去世或丧失行为能力时能够实现一定的目标。在大多数西方国家,政府对居民的遗产有严格的管理和税收规定,所以一般民众对遗产管理服务具有普遍的需求,遗产规划是其理财规划中相当重要的一部分。但是对于一些发展中国家来说,遗产数额不大,政府对遗产的征税也较为单一,加上人们的心理忌讳等因素的影响,对遗产规划的需求相对较低。

从某种角度说,遗产信托避免了中国自古"富不过三代"的担心。如果遗产信托的委托人在信托文件中写明条件,那么即使是信托资产的受益人也不能将财产全部取出,这样就保留了一部分遗产不直接分给继承人。当继承人生活糜烂或生意失败时,不至于败尽家财,尚可生存下去。通过遗产信托,可以使财产顺利地传给后代。同时,也可以通过遗产执行人的理财能力来弥补继承人无力理财的缺陷。遗产信托还有助于实现财产的顺利继承。因为遗产信托具有法律约束力,特别是中立的遗产执行人的介入,使遗产的清算和分配更公平。更重要的一点是,遗产信托可以避免巨额的遗产税。在国外,巨额的遗产税是一个沉重的包袱,但如果设定遗产信托,因信托财产的独立性,就可以合法规避该税款,这也成了西方富人阶级"钟情"遗产信托的关键原因。

三、个人理财规划的基本流程

个人理财规划的标准流程可以分为以下4个基本步骤:

(1)确立理财的基本目标和原则。理财规划就是要做出合理的财务决策。作为理财规划的第一步,确立理财的基本目标和原则直接决定了以后各步工作的质量与效率。所以,在制定理财规划的过程中,必须具有明确的理财目标,明确理财是为了帮助我们实现收支平衡、提高生活品质,还是为了抵御各种风险、实现人生梦想等等。做好这一工作的基础是能够充分了解自身的基本情况、财务目标、投资偏好等信息,并且要具备一定的个人理财的基本知识和背景、理财规划的经验,甚至是执业资格及阅历等等。

(2)收集金融信息并评估自身的财务状况。理财规划过程中应充分收集有关信息,做好个人/家庭资产负债表分析、个人/家庭现金流量表分析以及财务比率分析等。其中个人/家庭资产负债表分析主要是对自身当前所掌握的各种资源,包括现金、现金等价物、住宅、汽车在内的各类自用资产和可以生息的各类金融资产等以及所负担的各种负债情况,包括短期和长期负债的分析。个人/家庭现金流量表分析是对一定期间内的收入,包括工作所得、经营所得、投资所得、偶然所得等与支出,包括各种固定支出与变动支出情况的分析。而财务比率分析则是在资产负债表和现金流量表所提供数据的基础上,用财务比率的形式更直观地反映当前的收入水平、财务自由度水平等财务状况。

(3) 制定个人理财规划书。理财规划师的重要环节是基于以上的各类信息,提出与理财目标相对应的理财规划。理财规划书的制定是建立在信息收集、分析的基础上的,这些信息包括个人的风险偏好、财务状况和理财目标等多个方面。只有在正确、全面地掌握这些基本信息之后,经过充分的思考和讨论,才能做出科学的决策,才能够制定出符合需求和实际情况的个性化综合理财规划书。同时应该注意的是,在理财规划书的制定过程中,应根据新情况、新问题随时进行合理的修改。

(4) 执行个人理财规划。个人理财规划书的执行要兼顾准确性、及时性和有效性的基本原则。准确性原则主要是指计划的执行者应该在资金数额分配和品种选择上准确无误,这样才能保证理财目标的实现;及时性原则主要是指计划执行者要及时地落实各项行动措施,根据个人、家庭情况和市场状况的变化及时地进行调整;有效性原则主要是指执行者要使计划的实施能够有效地实现理财规划方案的预定目标,使理财主体的财产得到真正的保护或者实现预期的增值。只有同时兼顾这三项原则,理财规划书才能够得到有效的执行。

任务三　理财工具的选择

在投资理财这一重要工作中,从某种意义上说,影响未来财富最为关键的因素是如何选择适合自己和家庭的理财工具,而不是资金的多寡。家庭理财的主要方式我们在前面的项目中都已经做过基本分析,但在投资理财的具体运用中,它们有哪些重要特点,究竟众多的理财工具那种才最适合我们的家庭呢?这是一个需要重点解决的问题。

一、家庭理财的主要工具

(一) 低风险理财工具

1. 储蓄

银行储蓄是中国人最传统的理财工具。银行储蓄虽然简单,但简单中透出技巧。最常见的储蓄原则有:第一,选择收益率最大储蓄种类:计算不同期限的储蓄收入与进行多种储蓄种类套存;第二,采用教育储蓄合理避税:教育储蓄采用实名制,开立教育储蓄的中小学生,开始接受非义务教育时,同时储蓄到期,凭存折和录取通知书获学校证明,享受利息优惠。

2. 保险

现代家庭的财产正趋向丰富化和多元化,为了稳定家庭财产,各种保险也逐渐走入家庭。投保时需要注意两点。第一，如果我们投保财产险，应该依照法规签订保险合同，确定保险金额要适当；第二，如果投保的是人身险，则要由投保人根据自己的需要和缴费能力确定保险金额，既要充分利用保险转嫁风险，又要合理控制保费水平。

3. 债券

债券是一种基本的固定收益类理财工具。债券投资的风险较小，因此应该尽量追求较大的回报。第一，国债是最好的投资品种，但投资时需要注意国债的付息方式和流动性，对于不能流通的凭证式国债，可以通过办理质押贷款等方式实现相对的流动性；第二，企业债券的风险较国债高，但利率也会高出国债一定幅度，如果能够把握利息较高的企业债和原始企业债的套利机会，将有助于实现我们的理财目标。

(二) 风险理财工具

1. 股票

股票是最具吸引力的理财工具之一。作为交易对象和质押品，股票已成为金融市场上主要的、长期的信用工具。但实质上，股票只是代表股份资本所有权的证书，它本身并没有任何价值，而是一种独立于实际资本之外的虚拟资本。股票一经认购，持有者不能以任何理由要求退还股本，只能通过证券市场将股票转让或出售。股票投资的收益来自上市公司的分红和买卖价差。在以股票作为投资工具时，投资者还应注意通过投资组合来降低风险。

2. 外汇

一般来讲，一个经济前景看好、政局稳定的国家的货币相对一个经济发展减速或经济倒退、政局动荡的国家的货币来说，其价值（汇率）会不断走高，反之则下降。因此，在外汇市场进行投资也正是利用汇率本身的变动，进行低买高卖或高卖低买，通过其中的差额来获取利益。随着外汇形成机制的改革，浮动的范围扩大以及炒汇手段的多样化，越来越多的人投入到炒汇当中。外汇的汇率随着市场而波动，所以需要投资者有敏锐的洞察力和相对及时的信息来源。个人外汇买卖，是指依照银行挂牌的价格，不需要用人民币套算，直接将一种外币兑换成另一种外币。参与个人外汇买卖主要可以获得两个方面的投资收益。

外汇投资的理财功能主要体现在两个方面：第一、保值增值，可以避开汇率风险，使手中的外币保值增值；第二、增高利息，将低利率外币换成高利率外币，同时需要考虑升值趋势。

3. 基金

基金是中国近几年新出现的一种理财方式，基金具有专业化、大众化、相对低风险、高收益等特点，相对于其他投资工具来说，基金投资起点低，比较适合大众投资者。

(三) 增值理财工具

1. 房地产

房地产在中国刚刚度过黄金十年，已经让所有中国人领略到它的增值魅力。但是，房地产投资需要注意国家的阶段政策导向与具体楼盘的增值潜力。如果我们的投资以获取租金为目标，就需要特别注意所处地段的出租率与租金水平，以及能否把民居转变为商业用房等等。

2. 收藏品

所谓"盛世的古董、乱世的黄金",收藏品的理财功能在中国已经演绎了数千年。当前的文物收藏热正方兴未艾,收藏主要有以下两类:

(1) 专业收藏,主要指常见拍卖会等的古玩字画收藏。

(2) 爱好收藏,主要指举世无双的有纪念意义的低价品收藏。

二、各类理财工具的特点

每一种投资工具和避险工具都既有它的长处,亦有它的不足:

(1) 债券:收益高于同期银行利率、风险小,但投资的收益率较低,长期固定利率债券的投资风险较大。

(2) 金融机构存款:安全性最强,但收益率太低,应对通货膨胀太弱。

(3) 股票:可能获得较高的风险投资收益,可以获得长期、稳定、高额的投资收益,套现容易,但需面对投资风险、政策风险、信息不对称等。

(4) 证券投资基金:组合投资,分散风险,专家理财,套现便利;但风险对冲机制尚未建立,部分基金公司重投机轻投资,缺乏基本的诚信。

(5) 黄金和投资金币:最值得信任并可长期保存的财富,抵御通货膨胀的最好武器之一,套现方便;但若不形成对冲,物化特征过于明显。

(6) 外汇:规避单一货币的贬值和规避汇率波动的贬值风险,交易中获利,但人民币尚未实现自由兑换,普通国民还暂时无法将其作为一种风险对冲工具或风险投资工具来运用。

(7) 房地产:规避通货膨胀的风险,利用房产的时间价值和使用价值获利,但也需面临投资风险、政策风险和经营风险。

(8) 寿险保障型产品:交费少、保障大,"四两拨千斤",但面临中途断保的损失风险。

(9) 寿险储蓄型产品:强化家庭经济中的避险机制,个性化强,但其预定利率始终与银行利率同沉浮。

(10) 寿险投资型(分红)产品:具有储蓄的功能,有可能获得较高的投资回报,具有一定的保障性并合理避税,但前期获利不高,交费期内退保,将遭受经济上的损失。

(11) 家庭财产保险:花较少的钱获得较大的财产保障,但不保财产脱离了现代家庭对财产保险的多元化需求。

(12) 投资联结保险:可能获得高额的投资回报,一定的保险保障,合理避税,专家服务,但有较高的投资风险,前期的投资收益并不高。

(13) 金银纪念币:具有本身价值和艺术价值,发行量较小,但投资成本较高,具有周期性。

(14) 流通纪念金属币:具有较强的艺术表现力和较高鉴赏价值、发行量小、好收藏,但具周期性市场的特点,不便于批量携带。

(15) 人民币连体钞:奇特新颖、发行量较小、具有稳定的自身价值,但涨跌也具有周期性,不便于大宗交易。

(16) 邮票:零存整取式的轻松智慧环境中赚钱,但冷长热短的市场周期,摇摆不定的发行政策令风险较大。

(17) 书画:是对优秀书法家和画家的投资,灵活便利,但行业较为沉重,投资风险较高,难以及时套现。

（18）古玩：既能美化生活又能投资获利，但入行障碍较大，套现难度也较大。

（19）彩票：以小博大，休闲欢娱中理财，但上瘾着迷最终导致家庭经济遭受重创。

（20）期权：有限风险无限获利潜能，对冲投资风险，锁定成本，但产品复杂，驾驭难度大，具投资风险。

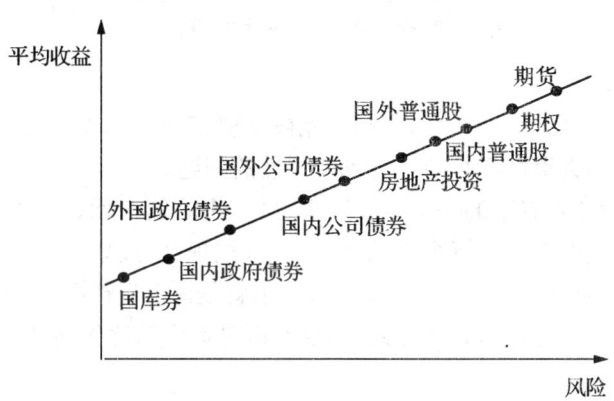

图 3-1　常见的几类理财工具风险和收益的关系

三、选择理财工具的基本原则

1. 同等条件下理财增值最佳

例如，以投资为主要目的，所选择的工具就必须实现此目标，而不是具有拐弯抹角或"样样可通，却样样都稀松平常"的功能。这就好像阿司匹林可治疗包括头痛在内的许多普遍性痛症。但是，如果是身体单一部位的剧烈疼痛，恐怕阿司匹林就不完全济事了，那恐怕要去看专业的医生，透过更精准有效的药丸，才能减缓身体上的不适。

投资理财工具也是一样，如果想要寻求保障，保险当然是优先选用对象。如果投资人不想冒任何一点点风险，只想拥有跟市场利率相等的获利，那么定存才是最佳选择。

2. 收益相同的情况下安全性最好

这与风险有关，但是要强调的是：好的投资工具必须"在同样的风险下，报酬率最高；或是同样的报酬下，风险最低"。注意，此处所指的商品，并不是"报酬率最高，同时风险最低"，因为世上根本没有这样的商品；其次，风险与报酬是两个相对的概念，但却不是绝对。举例来说，高报酬一定伴随着高风险，但是高风险的商品，却不一定拥有高报酬。这是因为投资人的属性是落在偏好光谱上的不同区域——可以是风险偏好者（能够承担较高风险，但希望较高获利），也可以是风险规避者（希望稳定获利，但风险一定不能太高）。

尽管如此，一般大众进行投资，莫不希望能有获利。所以，尽管每个投资人的风险偏好不同，但是让投资工具拥有一个起码的安全水准，应该是每位投资人都会强调的。

3. 确保基本的生活质量

这是另一个层面的"安全"，因为这样投资人不会把所有的生活重心全数放在投资上，即一天到晚地"看守"投资工具，生怕一个不小心，造成了严重的亏损。

投资过程或许可能是一个美好的经验,但是,"可不可以"与"需不需要"是两回事。因为把生命全数放在整天钻研投资理财,却忽略掉人生路途上的其他美好风景,或是身旁更重要的亲朋好友,恐怕是算盘怎么打,都是不划算的事。

4. 控制理财成本

也就是相关的投资成本不高。投资成本有看得见的,也有看不见的。但不论是哪一种,当投资工具的成本提高,就会缩减投资人的整体获利空间。

5. 保持充分的流动性

由于每一项资产,在未来的某一天,都可能被处理、变现。所以,除非只是有钱人手中少数握有的资产,其余多数资产都必须注意到变现性的问题。

变现性是常被投资者忽略的一项重要因素,最普遍的例子就是在不动产这一项资产运用上。例如,一位上进的青年计算个人总资产值时,把现金、股票、债券、基金还有房子现值全部加起来,很高兴地说"我的身价是1 000万",也就是说总资产有1 000万元。

但是,仔细算算其中房价为800万元,不动产占总资产的比例高达80%,这样的资产结构是很有问题的。

第一,资产的僵化性很高,也就是说,整个资产的变现性过低。一般说来,应该尽量让您的不动产所占比例降低到5成以下。

第二,一般购房会有房贷,若再加上贷款,总资产1 000万元要扣掉所有负债才是总资产。

第三,通常这样的资产数字都有高估的现象,10人中有9人会把自己的不动产估得比市价高,所以,实际上整个资产的变现性还会更差。

资产的变现性低,灵活度就差。消极一点来看,当有突发事件时,你的大部分资金锁在变现性低的资产中,无法救急。积极一点来说,如果有好的投资机会,手边却没有资金,那就丧失了良好的参与机会。

除了以上五大原则之外,理财大众还可以考虑该工具的附加价值。所谓附加价值,它可以是符合社会公益,或是具有节税、保障等功能。但是笔者认为,有关附加价值的部分,它只能发挥锦上添花的功能,不能是投资人挑选工具的根本标准,否则有可能倒果为因。

以上只是选择投资理财工具的一个大方向。事实上,每位投资人都具有"同中有异"的特质,因此大家可以把以上五点作为基础,并根据自己的特殊需求,拟出一份完全适合自己家庭的理财清单。理财工具没有最好,只有最适合,每个家庭都有自己的特殊性,家庭理财工具的选择要根据每个家庭的具体情况进行,才能取得好的理财效果。

任务四 投资组合的运用

有个人喜欢炒股,但手气一直欠佳,妻子有时不免揶揄两句,可他说:"把钱都存银行,虽然安全,但利息太低。炒点股票,风险大,赚头也大,东方不亮西方亮嘛!"虽然此人不是金融专业人士,更不是经济学家,但这番话却让投资专业人士拍手称善,因为他一语中的,道出了资产组合选择理论的精髓。

一、投资组合理论

证券投资组合理论研究的是投资者对多元化的证券进行组合和选择的理论。所谓证券投资组合,就是投资者把自己持有的资金分配给若干有价证券,如债券、股票、衍生产品等,每种证券资产的持有量占投资者资金总额的一个比例。证券投资组合理论的目的是使持有证券组合的投资者获得尽可能高的收益,或者承担尽可能低的风险,也就是说,该理论要回答的问题是在一定的收益水平上,投资者可以实现的最大收益是多少?或者在一定的收益水平上,投资者可以承担的最低风险是多少?证券投资组合理论也叫现代资产组合理论,主要原因有:第一,在西方,各种证券是微观主体持有的重要资产,并且由于大部分证券是在证券市场中公开交易的,其数据也可以公开获得,因此能够比较容易的计算其收益率和风险,方便了证券投资组合理论的实践操作;第二,在英文中,portfolio一词不仅指资产组合,也指证券组合,因此证券投资组合理论和现代资产组合理论是同一个概念,也可以将证券投资组合理论叫作现代证券投资组合理论。西方证券投资组合理论有狭义和广义之分[①]。

狭义的证券投资组合理论就是 20 世纪 50 年代马克维兹最早提出的现代证券投资组合理论,该理论的主要目的是通过一定的理论和实践方法,帮助投资者从证券投资组合的可行域中挑选出若干证券作为其投资组合,从而使投资者在一定的风险水平上获得最大的收益,或者在一定的收益水平承担最低的风险。在马克维兹的证券投资组合理论中,各种风险水平上最高收益的证券组合,或者各种收益水平上风险最低的证券组合被称为有效边界,狭义的证券投资组合理论主要研究的就是在投资组合的可行域中确定投资者的有效边界。本章第二节将要讨论的现代资产组合理论就是狭义的证券投资组合理论。

广义的证券投资组合理论是在狭义的证券投资组合理论的基础上发展起来的,它不仅包括上述所说的马克维兹的现代投资组合理论,还包括与马克维兹理论密切相关的其他资本市场理论,比如资本资产定价模型(CAPM)、因素模型(单因素模型和多因素模型)、套利定价理论(APT)、期权定价理论、证券投资组合的绩效评价理论以及证券投资组合理论的新进展。这些理论均是在马克维兹现代投资组合理论的基础上发展起来的,并不断丰富和完善西方证券投资组合理论的理论体系。

二、构建投资组合的意义

理财就是管理好资产,而资产说白了就是财富。机器、厂房、土地、别墅是资产,现金、存款、股票、金银也是资产。这些财富的具体形式,有一个相似的特征,就是能贮藏价值、保值或增值。随着财富总量增加,人们对资产品种的需求,也会不知不觉发生变化。改革开放前实行低工资,职工每月几十块钱,应付吃穿用度紧紧巴巴,一年到头剩不下几个子儿。人们的收入多数不是存银行,而是揣在腰包、锁进抽屉,随用随取,落得方便。现金在财富中占的比例高,存款则相对很低。后来,大家手头逐渐宽裕,不仅办理了零存整取,还有几张定期存折,家里现金越来越少,存折上的数字却不断增多。如今,相当一部分人不光把钱存银行,还买国债、炒股票、置房产、搞收藏,投资方式不一而足。

---

① (美)马克维兹著.刘军霞等译.资产选择:投资的有效分散化[M].北京:首都经济贸易大学出版社,2000年.

由上述现象,经济学家引出一个专业术语——需求的财富弹性。它是指当财富总量变动一个百分点时,某种资产需求量变动的百分比。例如,人们的总资产增加1倍,持有现金的数量只增加了一半,就可以说,通货需求的财富弹性为1/2。如果财富总量增加100%,购买股票总额增加200%,则股票需求的财富弹性为2。

根据需求的财富弹性大小,可以把资产分成两类:弹性小于1的资产称为必需品,弹性大于1的称为奢侈品。在刚才的例子中,现金是必需品,股票则是奢侈品。研究者发现,财富的增加引起资产需求的增加,随着财富的积累,奢侈品需求数量的增幅会大于必需品需求的增长速度。当然,这只是个大致的结论,实际生活中的资产组合选择,远非这么简单。

我们知道,各种资产带来的收益是不同的。钞票装在身上,就是捂出汗来,也生不出一分钱;银行存款虽然能生息,但与债券相比,增值要少一些;投资炒股票,有时获利更为丰厚。西方经济学认为,人总会自觉不自觉地追求收益最大化,都是"经济人"。某种资产带来的好处多,投资者趋之若鹜;反之,如果资产收益不被看好,则少人问津。如一支名不见经传的股票,突然连报涨停,股民常常闻风买进,跟着庄家赚一笔浮财。同样还是这只股票,过些天价格狂跌,散户们会减仓卖出,弃如敝屣。"钱多不嫌咬手",此乃人之常情。人们进行资产组合选择,出于收益性的考虑往往首当其冲。

货币是固定地充当一般等价物的特殊商品,一个重要的功能是执行流通手段。在现代经济社会,现金货币可同所有的商品或服务交换,因而它的流动性最好。比较而言,银行存款流动性就差些,人们总要提现、转账、结算,才能进行投资和消费。债券和股票流动性更差,先要转手变成现金或存款货币,才能与其他商品或服务进行交换。如果你有巨额欠账急着要还,而手头上的资产却是一幢房子,由于一时半会找不到买主,只能忍痛低价卖掉。就算房市求大于供,也得搭上一笔交易费才能变现。

我们常常会碰到这种情况:流动性好的资产,收益水平相对较低;收益高的资产,流动性又相对较差。为此,人们做资产选择会举棋不定,患得患失。两利相权取其重,两害相权取其轻。在资产收益水平相当的情况下,流动性强的资产是投资者的明智选择。

钱人人都想赚,可天底下哪有只赚不赔的好事。一项资产是滚滚财源,还是扔钱的无底洞,有时候并不容易确定。这种不确定性,金融学中称为风险。一般说来,收益越大的资产,风险也越大,收益越小的资产,风险也就越小。如买股票可能收益不菲,但也可能赔掉老本;如果投资债券,特别是政府的金边债券,收益率相对股票少,风险就要小得多。趋利避害是人的本能,多数人的资产安排不只考虑收益,还要兼顾安全。当然也有人信奉"撑死胆大的,饿死胆小的",敢于到风口浪尖冒险搏利,但这样的人毕竟是少数。很多时候,正是由于他们的投机活动,资产风险更加扑朔迷离,变幻莫测,稳健型投资者会愈发小心谨慎,加倍关注资产组合的安全性。

资产组合选择多样化,能够在一定程度上降低投资的总体风险。假定有A、B两支股票,在一年时间里,A股大约有半年回报率为20%,另外半年回报率10%。B企业的股票回报率也是如此,只不过涨跌时间正好相反。如果所有资金都买同一只股票,会出现什么情况?你可能福大命大,手里的股票正在看涨,获利达到20%。但也可能走霉运,只获利10%。如果把资金分开,两种股票各购一半,那么,你虽然不会因挣20%而心花怒放,但也不至于为只挣10%而心有不甘。

不论 A、B 两股孰涨孰跌,你都能稳挣 15%,随时旱涝保收。当然,资产多样化并非万用仙丹,有时并不能让人高枕无忧。有些资产的风险,就无法通过多样化来消除。比如,你购买的一组股票,回报率恰好同涨同落,变动方向完全一致。那么,无论你如何调整股票比例,都不能避免股市波动带来的损失。这种资产组合带来的风险,被称为"系统性风险"。

系统性风险的大小,在金融理论里用贝塔(beta)值来衡量。它是一项资产的未来回报率与整个资本市场价值变动率之比。如果市场全部资产组合贬值 5%,导致甲资产贬值 10%,那么甲资产的贝塔值就是 2;相反,如果市场总价值贬值 10%,乙资产价值只贬了 3%,则乙资产的贝塔值为 0.3。由于甲资产对市场价值变动的敏感程度高,所以它的系统风险大于乙资产。

实际上,只要持有类似股票资产,风险就会如影随形,挥之难去。这时候,你手中的财富可以分成两部分,一部分具有系统性风险,它不能通过多样化来消除,另外一部分带有非系统性风险,通过多样化能够有效地回避。从这个角度来看,资产组合多样化选择,也是尽量绕开系统性风险资产,用其他资产将其替代的过程。

三、组合投资的四个步骤

投资的很多基本准则其实都和直觉有所背离。比如说,利率的提高有利于短期存款工具的销售,但是对于债券型基金却不利。而且还有更令人想象不到的是,很多懒惰的投资者反而比那些勤奋的投资者取得了更好的收益。

如果你每天都审视自己的投资组合,可能会比较糟糕,因为在这一天中,会被很多交易诱惑,而且进行的交易往往是自己从未计划过的。同时,税费和交易成本也会上升,这样又会进一步追逐那些可能产生高收益的热门股票和基金,而这种投资方法却是走向灾难的开始。

我更同意在每个季度或半年度花费有限的时间检查投资组合,而检查的目的是系统地找出其中"症结"所在,并且做出相应的修正。以下四个步骤对于配置投资组合有很大帮助。

1. 确定投资目标

投资组合的配置能否满足最初设定的投资目标尤为关键,这其中涉及股票、债券和现金的持有比例,这方面可以利用晨星基金的资产配置检查工具,它不仅能显示翔实的资产配比,也能将现有业绩和目标业绩进行比较。这样,在进行评估之后的再平衡操作时,就更容易达成一个更有意义的资产组合。此外,很多美国基金经理已经挖掘到诸多价值低估的海外股票,所以适时增加海外投资的比例也不失为一桩乐事。

2. 审视单个投资品种

当你审视过总体投资组合,并对投资组合的资产配置做出评估之后,就需要将一部分注意力转移到单个投资品种的表现上,如基金、股票和债券。此时,可以借助外部研究资料丰富对该投资品种的认识。如果你是一个擅长做独立研究的投资者,那么就该钻进无数个数据池。对于购买的基金,需要关注基金经理的变动,基金经理策略的改变,甚至基金公司高层的动荡。而对于投资的股票,则需要关注上市公司高管的变化,财务数据的变化,资产质量的变化,以及股价的上涨幅度。

3. 检查投资组合的业绩

过多地关注短期业绩是投资大忌,但是每季度或半年对投资组合进行审视时,应该对于持有的资产组合有所评估。比如,哪些投资能在未来带来较好的业绩,哪些投资可能拖业绩的后腿,都应做到心中有数。纵观投资组合一年的业绩,或者是过去三至五年的业绩,甚至是投资组合中所持品种的长期业绩,并从中找出业绩变化的原因。此外,对于那些取得绝对回报的品种需有所记录,对于那些涨幅最大和跌幅超过自己预定底线的品种也要铭记于心。如果投资组合的业绩长期表现不佳,那么其中一定存在你尚未发现的严重差错。

当检查过投资组合的情况后,就该制定下一步的计划。也许你不能将投资组合中的各种问题一一解决,但是应该能安排出一定的时间来对投资组合进行平衡。传统的财务规划方式指导投资者在每年的年底对投资组合进行再平衡,衡量投资组合的哪些损失能用收益来弥补。

四、可供选择的几类投资组合模式

家庭理财品种的选择、风险的控制和比例的分配是制定有效理财组合的三大关键。家庭理财组合应是这三个方面的有机组合。由于年龄、家庭年收入、学历与居民的投资行为密切相关,下面提出针对不同年龄、不同家庭年收入以及不同学历居民家庭的理财目标的四种理财组合模式供家庭理财时参考。

1. 低风险稳定收益组合模式:储蓄+保险+债券

适合年龄在 25 岁以下、年收入在 5 万元以下、学历不高的居民家庭。此类居民家庭虽有很强的冒险精神,但是抵抗风险的经济能力有限,又要为将来成家立业打下良好的经济基础,积极进行原始积累并学习充实理财知识。理财目标为在保证本金安全的基础上获得平稳的资本利得。可将 40% 的资金投入银行存定期,主要用以应付未来的大笔支出;10% 的资金购买人身意外保险;50% 的资金购买国债或其他固定收益型债券。

2. 低风险收入型组合模式:储蓄+保险+债券+基金

适合年龄在 26～45 岁之间、年收入 5 万元以下、学历不高的居民家庭。此类居民家庭积蓄逐渐增加,对理财知识有了进一步的了解,又有承受一定风险的能力。理财目标为既注重固定收益又追求一定的资本增值。可将 20% 的资金放入银行,存定活两便用以子女教育费用或大宗物件支出;20% 的资金用以购买医疗保险和子女教育金保险;30% 的资金投入债券获取稳定的投资收益;30% 投资高成长性基金,以追求资产的长期增值。

3. 积极增长型组合模式:储蓄+保险+股票+房地产

适合年龄在 26～45 岁之间、年收入在 5～10 万元之间、中等学历的居民投资者。此类居民家庭收入水平较高,又积累了一定的投资经验,比较了解收益和风险的关系,在追求高收益的同时能承受一定的风险。理财目标为分享市场的长期收益。可将 20% 的资金存入银行;10% 的资金购买保险;40% 的资金投入股市获取较高收益;30% 的资金投资房地产,实现居住和投资双重功效。

4. 收入型组合模式:储蓄+保险+债券+股票

适合 46 岁以上、年收入在 10 万元以下、学历不高的居民投资者。此类居民家庭理财目标在保证本金安全的同时,保守地追求一定的资本增值。可将 30% 的资金放入银行;10%

的资金用以购买医疗保险和养老保险;40%的资金投入债券获取稳定的投资收益;20%的资金投资股票,以追求资金的高收益。

任务五 风险规避法

从某种意义上说,读懂风险是理财的第一步。因为理财的一个重要作用就是在既定的收益水平下尽量降低风险,或者在相同风险程度下尽量提高收益率,因此认清理财产品的风险,按照自身可接受的风险水平进行合理选择是理财的关键。

投资有风险,收益越高风险越大,但不投资也会有风险,通货膨胀会造成风险,少赚也会有风险。所以不要害怕风险,重要的是一定要了解你投资的品种风险度有多大,只有了解了风险度才能有效规避风险。一谈到风险,更多的人会把风险等同于损失,实际上这是一个认识上的误区。金融投资中的风险,就是一种不确定性,即每年的实际投资率相对于预期年收益率的上下波动程度,向上超出的收益和向下缺少的部分都是风险。

一、个人理财存在的风险种类

我们以各类理财工具和金融机构的个人理财业务为基础,从投资者的角度,把理财风险分为以下几类。

1. 未知风险

我国个人理财服务出现在20世纪90年代后期,当时商业银行、保险公司和证券公司根据自身业务的特点和对个人理财的认识,推出了具有鲜明行业特点的理财服务,其中银行以优化组合各项个人银行业务为主,主要是根据客户的要求提供组合式的个人银行服务;保险公司主要以推广投资连接型的保险产品为主;证券公司则以提供代客理财和证券咨询服务为主。经过近10年的发展,目前我国个人理财业务积累了越来越多的积极因素。但是,正是由于众多的理财机构和品种,使人们对理财感到既熟悉又陌生,个人在理财前应做好充分的市场调研工作,针对自己的特点,设计理财方向,选好投资品种。

2. 欺骗风险

理财市场虽然不断规范,但是由于制度不健全,银行、保险、证券对现有理财产品的广告或宣传材料的内容、形式和发布渠道合规性审核不严格,有的理财业务人员误导客户购买与其风险认知和承受能力不相符合的理财产品,更有甚者有意隐瞒或歪曲理财产品,另外诱惑、误导理财人的现象也时有发生。所以,个人在选择理财产品时,对易引发争议的模糊性语言应分析研究,在自己有把握的情况下,再进行理财。

3. 合约风险

金融业分业经营的现状制约了个人理财业务发展的空间。在分业经营管理的体制下,我国银行、证券、保险三大市场相互割裂,个人理财业务发展空间受到限制,银行、证券公司和保险公司提供的个人理财服务均以本行业的业务为主,导致个人理财业务只能在较低的层面进行操作,基本上停留在咨询、建议或投资方案设计等层面上,还不算是真正意义上的理财。在进行理财时,应了解自己的需求,对理财品种、存在风险和承受能力等进行充分评估,并按照有关规定,在有关评估意见上签字确认,尽可能地签定理财合同。同时,还要经常了解自己理财的变化情况,及时纠正或停止不恰当的理财行为。

4. 市场风险

个人理财多偏重于投资,理财人应对理财产品的市场变化做出科学合理的预测,进行相应的资金成本和收益测算,在理财品种经营过程中,对市场风险采取监测和管控措施,主要原因是投资市场的不完善阻碍了个人理财业务的良性发展。例如,2015年底到2018年底,我国股市长期低迷,目前我国开办开放式基金业务,自发行以来,还有为数不少的基金累计净值增长率为零或以下。另外,由于个人投资理财的操作空间有限,已有的一些投资市场忽高忽低,相当程度上挫伤了广大居民参与投资理财的积极性。因此,我们个人在投资理财过程中要充分重视市场的风险。

5. 人员资格风险

由于理财业务是一项综合性的业务,它要求理财人员必须具备渊博的经济和法律知识,全面了解银行、证券、保险、房地产、外汇、教育、法律等方面相关知识,要求理财人员拥有丰富的金融从业经验,具有优良的职业操守、良好的人际交往能力和组织协调能力。缺乏高素质的个人理财人员是制约我国个人理财业务的主要瓶颈。现在从事理财业务的人员多且杂,我们个人在进行理财时要对从业人员的资格进行认证,应避开那些频繁被客户投诉、经常对客户造成伤害的理财业务人员。

6. 操作风险

目前国内银行、保险公司和证券公司的机构设置、考核机制、信息系统、人员培养、服务机制等各方面主要还停留在以业务线条为中心、以业务指标为目标的传统模式,尚未真正建立以客户为中心、以综合效益为目标的模式,因此个人理财多数时候还是靠自己操作。个人理财不少品种技术要求高,操作不慎就存在一定风险。因此,要对理财品种的操作技巧进行研究,对自己操作不熟练的,尽量避开。

7. 法律风险

受我国金融法律制度和管理体制的制约,银行理财业务的法律风险十分突出。如果不能准确界定理财产品的性质,就有可能使理财业务与信托业务、储蓄存款业务的界限不清,一旦出现法律纠纷,则面临诉讼威胁,并且还可能受到有关监管部门的处罚。我国商业银行是一级法人制。银行作为受托方,与委托方签署的委托合同必须是法人与委托方签署的法律文件。但有的分行不具备签约主体的条件却行总行之实,存在法律风险。因此,商业银行在开展理财业务时,应当准确界定理财业务所包含的各种法律关系,进行严格的法律合规性审查,明确可能会碰到的法律和政策问题,研究制定相应的解决办法,切实防范法律风险。

8. 道德风险

道德风险是基于双方信息不对称,从事经济活动的一方在最大限度地增进自身效用的同时做出不利于他人的行动。由于有些理财品种欠缺法律约束,受托方很有可能利用专业技术和信息的优势侵害投资者的利益。如果只是提供理财规划建议的机构,很有可能因为利益上的因素而跨越其"中立"立场。那些帮助客户进行资产管理的理财机构,也更有可能因信用或投资能力不佳而让投资者受到损失。更要明确的是,我国有很多地下私募理财机构,不像公募基金存在定期信息披露机制,投资人的利益得不到正常的法律保护,往往也难以获得相约的利益。

另外,还有政治风险、投资能力风险、声誉风险等,在进行不同的投资理财时都是要认真考虑的问题。由于理财机构水平参差不齐,个人能力有高有低,但进行个人理财的目的只有一个——追求实际的投资回报。我们必须要承认,对于缺乏时间和精力来进行个人理财的人是完全可以也有必要聘请"管家"替你打理财富,随着我国理财市场的成熟以及风险监管力度的加大,这种专业分工是历史的必然。这里只想提醒那些理财热情高、刚刚参与的理财者要擦亮双眸,在进行轻松理财的过程中,怎样将风险降到最低,也应是理财人应重点关注的问题。

二、理财产品的风险属性

目前市场上的理财类产品,按照风险高低可分为低风险程度的理财产品、较低风险程度的理财产品、中等风险程度的理财产品和高风险程度的理财产品四类。

1. 低风险程度的理财产品

主要有银行存款和国债,由于有银行信用和国家信用作保证,具有最低的风险水平,任何国家都是如此。但同时收益率也较低,投资者保持一定比例的银行存款主要是为了保持适度的流动性,满足生活日常需要和等待时机购买高收益的理财产品。

2. 较低风险程度的理财产品

主要为各种货币市场基金或偏债型基金,这类产品投资于同行拆借市场和债券市场,这两个市场本身就具有低风险和低收益率的特征。

3. 中等风险程度的理财产品

主要有信托理财产品和偏股型基金。信托类理财产品是由信托公司面向投资者募集资金,提供专家理财、独立管理,投资者自担风险的理财产品。投资这类产品投资者要注意分析募集资金的投向、还款来源是否可靠、担保措施是否充分、信托公司自身的信誉等。偏股型基金,是由基金公司募集资金按照既定的投资策略投向股市,以期获得较高收益的一类产品,由于股市本身的高风险性质,这类产品风险也相对较高,本金也有遭受损失的可能。

4. 高风险程度的理财产品

主要是股票、期权、黄金、艺术品等投资项目,由于市场本身的风险特征,投资者需要有专业的理论知识、丰富的投资经验和敏锐的判断分析能力。

三、个人理财的风险控制

1. 勤奋好学,不辞辛苦

俗话说,天上不会掉馅饼,千万别以为,只要进入资本市场,就可以不费吹灰之力赚到钱,也千万别以为,模仿别人的做法就可以赚到钱。"守株待兔"的懒人做法也是不行的。总之,凡进入资本市场,要想赚钱,使自己的资产增值,就必须舍得费一些脑筋,不仅动脑,还要动手、动腿,不辞辛苦,有针对性的投资风险防范措施就是从这种精神和实践中派生出来的。

2. 避免不必要的重大支出

有些钱,可以不花,就坚决不花,比如,你属于工薪阶层,但你又非常喜欢汽车,这时候,是否决定买车,不能只从喜好出发,而应当要算计一下是否划算。买了车可以解决行路之便的问题。但你还要不断支付一大堆五花八门的费用,使你手头十分紧张,无力进行投资甚至要影响到储蓄和日常开支,那么,在现有财力条件下,这种买车开支就不必要,花钱买风险,即主动争取风险的做法,是应当戒除的。

3. 切忌等待、观望,要尽早行动

进入资本市场,越早越好,不要想自己还不明白,等学懂了再说,也不要想现在手头钱太少,或者想本金太少风险太大,等攒多一些钱再说,更不能想自己不是搞投资的料,应付不了风险,等下辈子再说,每个人要认清一个人只有一辈子的事实,趁年轻时,用所有能运用的资金,谋取最大可能的获利,这才是现代个人投资理财的正确观念,具有宏伟的投资设想与风险防范措施前提下,尽早行动是非常重要的。

4. 实施投资组合策略,分散投资风险

在理论家看来,组合投资是规避风险,对于保证一定收益的可靠方案和有效策略,长期坚持,效果必佳。投资者进行投资一般都要考虑两个基本问题:一是投资回报,即投资回报率越高越好;二是投资风险,即投资风险越小越好,投资者追求的投资效用的最大化,即实现个人投资满足感的最大化,投资组合策略在成熟资本市场上得到肯定的原因,就是希望产生"东方不亮西方亮"的效果,以便减少风险,增加收益。不要把所有的鸡蛋装在一个篮子里来分散风险,在投资理财中,分散投资风险就是防止孤注一掷。一个慎重的、善于理财的个人和家庭,会把全部财力分散于储蓄存款、信用可靠的债券、股票及保险投资等其他投资工具之间,以不影响家庭正常生活为前提,以实现资本保值、增值、提高家庭生活质量为目的,投资者根据自己的收入水平和其投资目标的不同,可选择不同的投资组合模型。

(1) 对于收入不高,追求资金安全的投资者采取保守安全型投资组合模型,其投资工具基本上是安全性高,收益较低,流动性较好的工具,该投资组合模型从结构上呈现出一个金字塔形,各种投资的比例关系大约为:储蓄、保险投资为70%(各占60%和10%);债券投资为20%;其他投资为10%。保险和储蓄构成了稳固、坚实的塔基,其他投资的失败不会危及家庭正常生活,本金不能收回的可能性较小。

(2) 对于收入在中等以上,有较大风险承受能力,不满足于只是稳定地获取平均收益的投资者采取稳中求进型投资组合模型,这种投资组合模型在结构中呈现出一种锤形,各种投资比例大约为:储蓄、保险投资为40%;债券投资为20%;基金、股票投资为20%,其他投资为20%,这种组合模型正如"锤"本身一样由于有"锤柄",能够增强"锤头"的力量,"锤柄"断了,对"锤头"影响也不大,"锤头"依然坚不可摧。

(3) 对于收入颇丰,资金实力雄厚,没有后顾之忧的家庭采取冒险速进型,其特点是风险和收益水平很高,投机的成分比较重。这种组合模型在结构上呈现出一个倒金字塔形,各种投资比例大约为:储蓄、保险投资为20%;债券、股票等投资为30%;其他投资为50%左右。采用这种模式要慎重,投资之前一是要正确估计自己的风险承受能力(无论是经济,还是心理承受能力)。一般对于高薪阶层来说,家庭财富已比较效实,每月收入远远高于支出,那么,节余的钱用于进行高风险、高收益组合投资,更能见效果,即使发生损失也容易弥补。

5. 购买保险转移风险

转移风险的作用是将不可预见的、不可控制的、可能发生的损害转变为可预见的、可控制的成本或费用,有利于稳定投资的营运,搞好成本和收益控制和核算,在一旦发生损失时,可获得足够的赔偿以恢复家庭生活或投资经营,转移风险的常见方法有在保险公司购买保险。在目前银行利息比较低的情况下,选购一些保险是重要的。如何选购保险应遵循的原则:首先,应该为家庭的经济支柱购买健康保险并附加意外伤害险,因为他们一旦有意外,对家庭经济基础的打击是最大的。万一有什么意外,可以由保险公司承担风险,不至于使家庭其他成员由于没有支付能力而流离失所;其次,应侧重养老险,买一些分红型养老险,作为强制性储蓄;再者,保险不宜买太多,保险只是为了应付一些意外情况,不是储蓄,更不是投资。因此,不需要投入太多,一般而言,保费不能超过收入的10%。作为一个发展中国家,面对知识经济时代的挑战,投资者不仅要面向21世纪的国家知识创新体系,更重要的是要大力发展风险投资事业,建立风险投资机制,加速科技成果的转化和高科技产业的发展,国家已经创造有利于风险投资的政策环境,个人财产合法化已经写入宪法,投资者义无反顾地投入经济建设,在建设中获得辉煌,也应该在个人理财中当家理财为自己创造一个宽松的环境,比较稳妥地保护自己的财产,使其发挥更大的效用。

案例回顾与分析

有些人也许会说:"节流不如开源,会理财不如会挣钱。"尤其是工资较高的年轻上班族,他们凭借学历和知识,往往会找到满意的工作,为自己打下了丰厚的经济基础。在谈到理财问题的时候,他们经常会说:"我没有必要理财。我想买什么就能买什么。"

诚然,假如你的收入足够高,再加上家庭经济条件较好,确实不用为结婚、买房、买车而犯愁,也不用担心意外风险的出现,因为会有足够的资金来解决这些问题。但仅仅这样你就真的不需要理财了吗?答案是否定的。

拳王泰森的案例告诉我们,理财能力与挣钱能力是相辅相成的,一个有着高收入的上班族应该有更好的理财方法来打理自己的财产,从而进一步提高自己的生活水平,或者说为了拥有更多的财富而积累资本。

有一次记者采访某知名企业老总时,记者问他现在最缺什么?老总回答道:"我现在最缺钱。"记者充满疑虑地问道:"为什么?"老总说:"因为我目前正考虑并购的事情,并购需要大量资金,所以现在非常缺钱。"

由于要实施并购计划,即便是如此有钱的知名老总仍然要考虑怎样弄到足够的资金来达到目的,因此就要去发行股票、去贷款,这些行为都是在理财。当然这是以公司的名义来进行的。实际上个人也是一样的,如果我们并不准备享受品质更高的生活,那么确实可以"养尊处优"了。但是假如我们的工作能力提升到一定程度,业务关系积累到一定程度,准备创业开一家属于自己的公司,或者准备进行一些投资的时候,我们就需要理财了。因为要想进行创业、投资这些经济行为,意味着我们面临的经济风险又加大了,因此必须通过合理的理财手段增强抵御风险的能力,在实现理想的同时,保证自己的经济安全和财务自由。

有些上班族努力工作,省吃俭用,但始终都在为"钱"而发愁。他们常常问自己:"钱都到哪里去了?我好像什么都没有做,钱就花光了。"问题的答案就在于他们没有良好的理财意识和习惯,一辈子都在糊里糊涂地工作、无计划地花钱,因此赚得再多积累不下多少财富,更谈不上享受高品质的生活了。

项目小结

为什么要理财？如何理财？如何提升理财能力？这些问题可能每个人都想知道答案，每个人对此的回答也不一样。编者试图通过这一专题的介绍，向读者揭示家庭不同生命周期阶段的不同理财目的，在此基础上制定个人和家庭的理财规划。

在具体的理财活动中，我们需要把握不同的理财工具，选择适合自己和自己家庭的理财工具，并学会利用投资组合降低风险、提高收益。

投资有风险，理财一样有无法实现目标、甚至出现严重败笔的情形。基于审慎性的原则，在案例的选择上，作者并没有选取那些更容易吸引眼球、让人振奋的案例，而是选择了一个反面案例，希望借此提醒读者重视理财风险。

课后训练

一、单项选择题

1. 财务自由是指个人或家庭的收入主要来源于(　　)。
   A. 努力工作　　　　B. 主动投资　　　　C. 被动投资　　　　D. 被动工作
2. 理财规划的最终目标是(　　)。
   A. 财务安全　　　　　　　　　　　　　B. 财务自由
   C. 财务独立　　　　　　　　　　　　　D. 个人收入最大化
3. 个人理财目标的首要目标是(　　)。
   A. 个人价值最大化　　　　　　　　　　B. 个人财务状况稳健合理
   C. 个人收入最大化　　　　　　　　　　D. 个人财务危机减少到零
4. 在财务安全的情况下，支出曲线与收入曲线的关系是(　　)。
   A. 在其上方　　　　B. 在其下方　　　　C. 与其平行　　　　D. 与其重合
5. 若某家庭的投资收入曲线穿过支出曲线，则意味着该家庭的支出已经可以由投资收入来支撑，即已经获得了(　　)。
   A. 基本收益　　　　B. 财务独立　　　　C. 额外收入　　　　D. 财务自由
6. 为了应付家庭主要劳动力因为失业或者其他原因失去劳动能力，或者因为其他原因失去收入来源的情况下，保障家庭的正常生活的现金储备是(　　)。
   A. 意外现金储备　　　　　　　　　　　B. 家庭支援现金储备
   C. 投机储备　　　　　　　　　　　　　D. 日常生活覆盖储备
7. 意外现金储备的用途不包括(　　)。
   A. 一些重大的事故对家庭短期的冲击　　B. 车祸
   C. 重大疾病需临时垫资　　　　　　　　D. 亲友急需现金
8. 青年家庭理财规划的核心策略是(　　)。
   A. 防守型　　　　　B. 攻守兼备型　　　C. 进攻型　　　　　D. 无法确定

9. 家庭收入主导者的生理年龄在55岁以上的家庭为（　　）。
   A. 青年家庭　　　　　　　　　　　B. 中年家庭
   C. 老年家庭　　　　　　　　　　　D. 视家庭其他成员而定
10. 理财规划的必备基础是（　　）。
   A. 做好现金规划　　　　　　　　　B. 做好教育规划
   C. 做好税收筹划　　　　　　　　　D. 做好投资规划

二、多项选择题

1. 理财规划的目标可以归结为两个层次，包括（　　）。
   A. 实现财务安全　　　　　　　　　B. 个人价值最大化
   C. 早点财务独立　　　　　　　　　D. 个人收入最大化
   E. 追求财务自由
2. 下列关于理财规划的说法正确的有（　　）。
   A. 是简单的金融产品销售　　　　　B. 强调个性化
   C. 经常以短期规划方案的形式表现　D. 通常由专业人士提供
   E. 是一项长期规划
3. 衡量一个人或家庭的财务安全，主要有以下哪些内容？（　　）
   A. 是否有稳定、充足的收入　　　　B. 个人是否有发展的潜力
   C. 是否有充足的现金准备　　　　　D. 是否有适当的住房
   E. 是否购买了适当的财产和人身保险
4. 将理财规划的重要时期进一步细分，可分为（　　）五个时期。
   A. 单身期　　　　　　　　　　　　B. 家庭与事业形成期
   C. 家庭与事业成长期　　　　　　　D. 退休前期
   E. 退休期
5. 退休期的理财需求分析包括（　　）。
   A. 保障财务安全　　B. 储蓄和投资　　C. 建立信托
   D. 准备善后费用　　E. 遗嘱
6. 单身期的理财需求分析不包括（　　）。
   A. 租赁房屋　　　　B. 建立退休资金　C. 满足日常支出
   D. 提高投资收益的稳定性　　　　　E. 增加收入
7. 家庭消费支出规划主要包括（　　）。
   A. 住房消费规划　　　　　　　　　B. 汽车消费规划
   C. 信用卡消费规划　　　　　　　　D. 教育支出规划
   E. 个人信贷消费规划
8. 以下关于风险管理与保险规划的说法正确的是（　　）。
   A. 经济单位对风险进行识别、衡量和评价
   B. 选择与优化组合各种风险管理技术
   C. 对风险实施有效控制和妥善处理风险所致损失的后果
   D. 以尽量小的成本去争取最大的安全保障和经济利益
   E. 理财规划的必备基础

三、判断题

1. 个人理财规划要解决的首要问题是保障财务安全。（   ）
2. 当支出在总收入以下但在投资收入以上时，达到了财务自由。（   ）
3. 理财规划是一个人一生的财务计划，同时理财规划又是动态的，不断调整的，不是一成不变的。（   ）

项目四　证券投资理财

学习目的

通过本项目的学习,使学生了解证券投资理财的基础知识,掌握证券投资的基本程序,学会证券投资分析的基本方法。

案例导入

卖报老人的"财富神话"

多年前,在大建证券营业部门前有位年近古稀的老人在地上摆摊卖报纸,她人很和蔼,饱经风霜的脸上可见岁月留下的痕迹。因为她卖的是证券报,生意和其他报纸就大不相同了。道理很简单,股票有涨必有跌,有潮起就有潮落,常人都有这样的习惯,遇到股市行情火爆了,大家都纷纷抢购报纸,一是想看看专家的评论,二是想从报上找到能跑赢大盘的"牛股"。可一旦行情转势了,渐渐地就开始冷落报纸了,直到最后弃之不看了。这样一来,卖报的人也就没生意做了。

这位老人由于经营报纸多年,也经历了股市的风风雨雨,既看到了营业部门前人山人海、沸沸扬扬的热闹场面,也看到了空无一人,冷冷清清的可悲局面。她总结了一个经验,凡事都要采取换位思考,人弃我取才是最明智的选择。国际著名的投资家——杰姆·罗杰斯曾经说过:"永远不要在股市繁荣、人们对此无比兴奋的时刻买入股票;当人们都在拒绝或者抛售股票时,再去买股票。"一个看似很简单的道理,但是真正做到的却少之又少,这是世人的从众心理在作怪。

老人虽然没什么文化,却能做出这样的选择,那就是:当报纸生意不好做的时候,老人叹息着:"咳,你看看多好的股票,个个跌地这么惨,我买点吧。"她把多年卖报积攒的微薄资金全部投入了股市,然后收起报纸,打道回府了。

其实,老人根本不懂股票的优与劣,好与坏,但是每次都赚得大满贯。她就是在跌势时任意选一只股票买入,她还相信这只股票早晚会涨起来的。不管等待多久,她都丝毫不在乎。

我们说,股票市场越是冷清,就越是无人光顾。那些特户、大户们也都是三五一伙在室内打牌消遣。

闲着没事的老人也常到证券部来溜达一圈,她是想看看门前的人气流,是否可以摆摊了。

股市的寒冬总会过去的,春天的脚步正悄悄走来。一段时间,证券部的大门开始有人不断地进出了,每当行情开始转势时,总有一些先知先觉者捷足先登,他们思维敏捷,善于把握机会。卖报老人的操作思路是属于笨鸟先登,也就是俗称的"埋地雷"。她卖报的收入很微薄,但是丝毫没风险,可股市就不同了,如果你遇到了像2004年以前那曾经4年多的超级熊市,漫长的岁月会把你磨得稀里哗啦。在卖报的同时,她还在观察股市行情的变化,她悟出了一个道理:每当大街小巷,公交车站等各种交流场所,人们谈话的内容总离不开股票时,每当她的报纸卖的最火爆时,老人就毫不犹豫地放下了摊位,跟跟跄跄挤进了证券部,此时她脸上的笑容几乎要把那深深的皱纹熨平,她对那些争相购买股票的人说:"大家都别急,都可以买上的,我这里还有很多呢。"卖完股票后,她照常卖她的报纸。她就是这样滚动操作了数年,资金由当初的2万元起步,到了2007年的过百万。

如果你是一位股民,只要你打开任何一只股票的日K线图,你会清楚地看到,股价的波动呈现的是波澜起伏,有高山峻岭还有低洼仙谷,高低之间的价差少说2~3倍,多则5~10倍,可是又有谁能真正把握住这些机会呢?

任务一 证券及证券市场

从1602年荷兰阿姆斯特丹证券交易所设立至今,证券市场作为承载财富梦想最令人神往的领域,一直受到高度的关注。中国从1872年招商局的第一张股票发行开始,中间虽有过40年的中断,但中国人对于证券市场的狂热却更是世所罕见。

证券市场之所以如此具有吸引力,根本原因还在于它所具备的一种创富功能。这种功能一旦被运用得好且得当,就成为最受老百姓欢迎的理财工具,或者说是场所。

一、证券与有价证券

要认识证券市场,首先需要掌握证券的基本知识。证券,是指各类记载并代表一定权利的法律凭证。它用以证明持有人有权依其所持凭证记载的内容而取得应有的权益。一般意义上说,证券是指用以证明或设定权利所做成的书面凭证,它表明证券持有人或第三者有权取得该证券代表的特定权益,或证明其曾经发生过的行为[①]。

(一)有价证券

有价证券是指标有票面金额,用于证明持有人或该证券指定的特定主体对特定财产拥有所有权或债权的凭证。这类证券本身没有价值,但它代表着一定量的财产权利,持有人可以在证券市场上买卖和流通,客观上具有了交易价格。

有价证券是虚拟资本的一种形式。虚拟资本是指以有价证券形式存在,并能给持有者带来一定收益的资本。虚拟资本是相对独立于实际资本之外的一种资本存在形式。虚拟资本的价格总额并不等于所代表的真实资本的账面价格,甚至与真实资本的重置价格也不一定相等,其变化并不完全反映实际资本额的变化。

---

① 中国证券业协会:《证券市场基础》,中国财政经济出版社2012版.

(二) 有价证券的分类

1. 按证券发行主体的不同,有价证券可以分为政府证券、政府机构证券和公司证券

政府证券是由中央政府或地方政府发行的债券。中央政府债券又称国债,通常由一国财政部发行。地方政府债券由地方政府发行,通常以地方税或其他收入偿还,我国目前尚不允许除特别行政区以外的各级地方政府发行债券。

政府机构证券是经批准的政府机构发行的证券。在我国,目前不允许政府机构发行债券。而公司证券是指公司为筹措资金而发行的有价证券,主要有股票、公司债券及商业票据等。公司证券是证券市场的主要形式。

2. 按是否在证券交易所挂牌交易,有价证券可以分为上市证券和非上市证券

上市证券是指经证券主管机关核准发行,并经证券交易所依法审核同意,允许在证券交易所内公开买卖的证券。而非上市证券则是未申请上市或不符合证券交易所挂牌交易条件的证券。非上市证券不允许在证券交易所内交易,但可以在其他证券交易市场发行和交易。凭证式国债、电子式储蓄国债、普通开放式基金份额和非上市公众公司的股票属于非上市证券。上市证券以其良好的流动性成为投资理财的首选品种。

3. 按募集方式分类,有价证券可以分为公募证券和私募证券

公募证券是发行人向不特定的社会公众投资者公开发行的证券,审核较严格,并采取公示制度。私募证券是向少数特定的投资者发行的证券,其审查条件相对宽松,投资者也较少,不采取公示制度。目前,我国信托投资公司发行的信托计划、商业银行和证券公司发行的理财计划、上市公司采取定向增发方式发行的有价证券均属私募证券。

4. 按证券所代表的权利性质分类,有价证券可以分为股票、债券和其他证券

股票和债券是证券市场两个最基本和最主要的品种;其他证券包括基金证券、证券衍生产品等,如金融期货、可转换证券、权证等。本书除重点介绍股票、债券、基金等投资品种外,还会简单介绍证券衍生产品的主要品种。

(三) 有价证券的特征

1. 收益性

收益性是指持有证券本身可以获得一定数额的收益,这是投资者转让资本使用权的回报。证券代表的是对一定数额的某种特定资产的所有权或债权,而资产是一种特殊的价值,它要在社会经济运行中不断运动,不断增值,最终形成高于原始投入价值的价值。由于这种资产的所有权或债权属于证券投资者,投资者持有证券也就同时拥有取得这部分资产增值收益的权利,因而证券本身具有收益性。有价证券的收益表现为利息收入、红利收入和买卖证券的差价。收益的多少通常取决于该资产增值数额的多少和证券市场的供求状况。

2. 流动性

证券的流动性又称变现性、流通性,是指证券持有人可按自己的需要灵活地转让证券以换取现金。流动性是证券的生命力所在。证券的期限性约束了投资者的灵活偏好,但其流通性以变通的方式满足了投资者对资金的随机需求。证券的流通是通过承兑、贴现、交易实现的。证券流通性的强弱,受证券期限、利率水平及计息方式、信用度、知名度、市场便利程度等多种因素的制约。

3. 风险性

证券的风险性是指证券持有者面临着预期投资收益不能实现,甚至本金也受到损失的可能。这是由证券的期限性和未来经济状况的不确定性所致。在现有的社会生产条件下,未来经济的发展变化有些是投资者可以预测的,而有些则无法预测,因此,投资者难以确定他所持有的证券将来能否取得收益和能获得多少收益,从而就使持有证券具有风险。

4. 期限性

债券一般有明确的还本付息期限,债券的期限具有法律约束力,是对融资双方权益的保护。股票没有期限性,可以视为无期证券。

二、证券市场

证券市场是证券发行和交易的场所。广义上讲,证券市场是指一切以证券为对象的交易关系的总和。从经济学的角度,可以将证券市场定义为通过自由竞争的方式,根据供需关系来决定有价证券价格的一种交易机制。在发达的市场经济中,证券市场是完整的市场体系的重要组成部分,它不仅反映和调节货币资金的运动,而且对整个经济的运行具有重要影响。证券市场的特征可以表述为:证券市场是价值直接交换的场所、财产权利直接交换的场所,以及风险直接交换的场所。

(一)证券市场的分类

按证券进入市场的顺序,证券市场可分为发行市场和交易市场。证券发行市场又称一级市场或初级市场,是发行人以筹集资金为目的,按照一定的法律规定和发行程序,向投资者出售新证券所形成的市场。证券交易市场则被称作二级市场或次级市场,是已发行的证券通过买卖交易实现流通转让的市场。证券发行市场和交易市场相互依存、相互制约,是一个不可分割的整体。证券发行市场是交易市场的基础和前提;交易市场是证券得以持续扩大发行的必要条件,为证券的转让提供市场条件,使发行市场充满活力。此外,交易市场的交易价格制约和影响着证券的发行价格,是证券发行时需要考虑的重要因素。

2. 根据所服务和覆盖的上市公司类型,证券市场可分为全球性市场、全国性市场、区域性市场等类型;依据上市公司规模、监管要求等差异,又可分为主板市场、二板市场(创业板或高新企业板);根据交易方式,可分为集中交易市场、柜台市场(或代办转让)等;根据有价证券的品种,证券市场可分为股票市场、债券市场、基金市场、衍生产品市场等;而根据交易活动是否在固定场所进行,证券市场可又分为有形市场和无形市场。

(二)证券市场的基本功能

1. 筹资和投资功能

筹资和投资功能指证券市场一方面为资金需求者提供了通过发行证券筹集资金的机会,另一方面为资金供给者提供了投资对象。证券市场的筹资功能确保了资本这种生产要素的优化配置,投资功能则吸引了无数投资者的参与,以期获得资产的增值和其他理财目标的实现。

2. 资本定价功能

证券市场的第二个基本功能就是资本决定价格。证券是资本的存在形式,所以,证券的价格实际上是证券所代表的资本的价格。证券的价格是证券市场上证券供求双方共同作用的结果。证券市场的运行形成了证券需求者竞争和证券供给者竞争的关系,这种竞争的结果是:能产生高投资回报的资本,市场的需求就大,其相应的证券价格就高;反之,证券的价格就低。因此,证券市场是资本的合理定价机制。

3. 资本配置功能

证券市场的资本配置功能是指通过证券价格引导资本的流动而实现资本的合理配置的功能。证券投资者对证券的收益十分敏感,而证券收益率在很大程度上取决于企业的经济效益。从长期来看,经济效益高的企业的证券拥有较多的投资者,这种证券在市场上买卖也很活跃。相反,经济效益差的企业的证券投资者越来越少,市场上的交易也不旺盛。所以,社会上部分资金会自动地流向经济效益好的企业,远离效益差的企业。这样,证券市场就引导资本流向能产生高报酬的企业或行业,从而使资本产生尽可能高的效率,进而实现资源的合理配置。

以这三个最基本的功能为基础,证券市场还可以派生出来许多其他的功能,他们分别为转换机制,宏观调控,分散风险。

4. 转换机制

企业如果要通过证券市场筹集资金,必须改制成为股份有限公司。股份公司的组织形式是社会化大生产和现代市场经济发展的产物,这种企业组织形式对企业所有权和经营权进行了分离,并且有一系列严格的法律、法规对其进行规范,使企业能够自觉地提高经营管理水平和资金使用效率。而且企业成为上市公司之后,会一直处于市场各方面的监督和影响之中,有利于形成"产权清晰、权利明确、政企分开、管理科学"的治理结构,有利于企业经营管理的规范化、科学化和制度化,有利于健全企业的风险控制机制和激励机制。

5. 宏观调控

证券市场是国民经济的晴雨表,它能够灵敏地反映社会政治、经济发展的动向,为经济分析和宏观调控提供依据。证券市场的动向是指市场行情的变化,通常用证券价格指数来表示。如果在一段时间内,国家政治稳定,经济繁荣,整体发展态势良好,证券价格指数就会上升;反之,如果政治动荡,经济衰退,或发展前景难以预测,证券价格指数就会下跌。如1999年,美国的道琼斯指数屡创新高,突破万点大关,正是美国经济持续发展、长期保持较低失业率的良好经济态势的反映。

政府可以通过证券市场行情的变化对经济运行状况和发展前景进行分析预测,并且利用证券市场对经济实施宏观调控。政府利用证券市场进行宏观调控的手段主要是运用货币政策的三大工具:法定存款准备金率、再贴现率和公开市场业务。特别是公开市场业务,完全依托证券市场来运作,通过证券的买入卖出调节货币的供给,影响和控制商业银行的经营,进而达到调节和控制整个国民经济运行的目的。如中央银行大量买进证券,商业性金融机构就可以扩大信用规模,流通中的现金量就会增加,而且证券价格会随之提高,利率水平会相应下降，这些都会起到刺激投资，扩张经济的作用；反之，当中央银行大量卖出证券时，就会对经济产生紧缩效应，可以有效地抑制投资膨胀和经济过热。

6. 分散风险

证券市场不仅为投资者和融资者提供了丰富的投融资渠道，而且还具有分散风险的功能。对于上市公司来说，通过证券市场融资可以将经营风险部分地转移和分散给投资者，公司的股东越多，单个股东承担的风险就越小。另外企业还可以通过购买一定的证券，保持资产的流动性和提高盈利水平，减少对银行信贷资金的依赖，提高企业对宏观经济波动的抗风险能力。对于投资者来说，可以通过买卖证券和建立证券投资组合来转移和分散资产风险。投资者往往把资产分散投资于不同的对象，证券作为流动性、收益性都相对较好的资产形式，可以有效地满足投资者的需要，而且投资者还可以选择不同性质、不同期限、不同风险和收益的证券构建证券组合，分散证券投资的风险。

三、证券市场参与者

证券市场是由一个个具体的参与者组成的，证券市场基本功能的实现，也需要具体的主体来完成。根据各主体在市场上所承担的角色，我们可以把证券市场的参与者分为发行人、投资者、中介机构、自律组织和监管机构等五大类。

（一）发行人

证券发行人是指为筹措资金而发行债券、股票等证券的发行主体，具体包括公司（企业）和政府（政府机构）两类。在我国，金融企业作为发行人发行的证券被称作金融证券，而一般企业发行的债券品种根据监管制度的不同，又分为公司债券和企业债券。这一内容将在本项目的稍后任务中做详细介绍。

（二）投资者

证券市场的投资者包括机构投资者和个人投资者两类。其中机构投资者主要包括政府机构、金融机构、企业和事业法人及各类基金等。其中金融机构，尤其是证券投资基金是最主要的一类机构投资者。其他如证券经营机构（证券公司）、社保基金、企业年金、保险经营机构、合格境外机构投资者（QFII）、主权财富基金、信托投资公司、企业集团财务公司、金融租赁公司、社会公益基金等，通常也在自身章程和监管机构许可的范围内进行证券投资。在实行混业管理的国家，银行也是一类重要的机构投资者。但在我国，根据《中华人民共和国外资银行管理条例》规定，外商独资银行、中外合资银行可买卖政府债券、金融债券，买卖股票以外的其他外币有价证券。银行业金融机构因处置贷款质押资产而被动持有的股票，只能单向卖出。《商业银行个人理财业务管理暂行办法》规定，商业银行可以向个人客户提供综合理财服务，向特定目标客户群销售理财计划，接受客户的委托和授权，按照与客户事先约定的投资计划和方式进行投资和资产管理。

根据投资者对风险的态度，理论上可以将其区分为风险偏好型、风险中立型和风险回避型三种类型。实践中，金融机构通常采用客户调查问卷、产品风险评估与充分披露等方法，根据客户分级和资产分级匹配原则，避免误导投资者和错误销售。金融中介机构所提供的金融产品或服务应与客户的财务状况、投资目标、风险承受水平、财务需求、知识和经验相契合。

（三）证券市场中介机构

证券市场中介机构是指为证券的发行、交易提供服务的各类机构，包括证券公司和其他证券服务机构。证券服务机构是指依法设立的从事证券服务业务的法人机构，主要包括证券投资咨询机构、财务顾问机构、资信评级机构、资产评估机构、会计师事务所、律师事务所等。

（四）自律性组织

目前，几乎所有国家对证券市场的管理都包括主管部门的监管和证券行业自律管理两块。按照《证券法》的规定，我国的证券自律管理机构是证券交易所、证券业协会。根据《证券登记结算管理办法》，我国的证券登记结算机构实行行业自律管理。

（五）证券监管机构

在我国，证券监管机构是指中国证监会及其派出机构。中国证监会是国务院直属的证券监督管理机构，按照国务院授权和依照相关法律法规对证券市场进行集中、统一监管。中国证监会的主要职责：依法制定有关证券市场监督管理的规章、规则，负责监督有关法律法规的执行，负责保护投资者的合法权益，对全国的证券发行、证券交易、中介机构的行为等依法实施全面监管，维持公平而有序的证券市场。

任务二　股票及股票市场

在所有的证券品种中，股票无疑是最受关注或者说是最受欢迎的品种了。这一局面的形成，与股票本身所具有的特性是有关系的。也正因为如此，在中国市场上，投资者被简称作"股民"。所以，要想利用证券市场做好理财，股票和股票市场是必须重点掌握的内容。

一、股票

（一）股票的定义

股票是股份有限公司在筹集资本时向出资人发行的股份凭证。股票代表着其持有者（即股东）对股份公司的所有权。这种所有权是一种综合权利，如参加股东大会、投票表决、参与公司的重大决策、收取股息或分享红利等。同一类别的每一份股票所代表的公司所有权是相等的。每个股东所拥有的公司所有权份额的大小，取决于其持有的股票数量占公司总股本的比重。股票一般可以通过买卖方式有偿转让，股东能通过股票转让收回其投资，但不能要求公司返还

图4-1　1956年公私合营时的股票

其出资。股东与公司之间的关系不是债权债务关系。股东是公司的所有者,以其出资额为限对公司负有限责任,承担风险,分享收益。

(二)股票的特征

1. 收益性

收益性是股票最基本的特征,它是指股票可以为持有人带来收益的特性。股票的收益来源可分成两类。一部分是来自股份公司的分红送股,股息红利的多少取决于股份公司的经营状况和盈利水平。另一部分来自股票流通,股票持有者可以持股票到依法设立的证券交易场所进行交易,当股票的市场价格高于买入价格时,卖出股票就可以赚取差价收益,这种差价收益称为资本利得。

2. 风险性

股票风险的内涵是股票投资收益的不确定性,是实际收益与预期收益之间的偏离。股票的风险和利益不仅并存,而且对称。

3. 流动性

指股票可以通过依法转让而变现的特性,即在本金保持相对稳定、变现的交易成本极小的条件下,股票很容易变现的特性。股票流动性强弱的判断标准有:市场深度、报价紧密度和股票的价格弹性或者恢复能力。

4. 永久性

指股票所载有权利的有效性是始终不变的,因为它是一种无期限的法律凭证。股票的有效期与股份公司的存续期间相联系,二者是并存的关系。

5. 参与性

指股票持有人有权参与公司重大决策的特性。股票持有人作为股份公司的股东,有权出席股东大会,行使对公司经营决策的参与权。

二、股票的类型

(一)普通股票和优先股票

按股东享有权利的不同,股票可以分为普通股票和优先股票。

1. 普通股票

普通股票是最基本、最常见的一种股票,其持有者享有股东的基本权利和义务。普通股票的股利完全随公司盈利的高低而变化。与优先股票相比,普通股票是标准的股票,也是风险较大的股票。

2. 优先股票

优先股票是一种特殊股票,在其股东权利、义务中附加了某些特别条件。优先股票的股息率是固定的,其持有者的股东权利受到一定限制,但在公司盈利和剩余财产的分配顺序上比普通股票股东享有优先权。

（二）记名股票和无记名股票

1. 记名股票

指在股票票面和股份公司的股东名册上记载股东姓名的股票。记名股票的股东权利归属于记名股东，可以一次或分次缴纳出资，转让相对复杂或受限制，便于挂失、相对安全。我国《公司法》规定，公司发行的股票可以为记名股票，也可以为无记名股票。股份有限公司向发起人、法人发行的股票，应当为记名股票，并应当记载该发起人、法人的名称或者姓名，不得另立户名或者以代表人姓名记名。

2. 无记名股票

又称不记名股票，是指在股票票面和股份公司股东名册上均不记载股东姓名的股票。与记名股票的差别体现在股票的记载方式上。无记名股票的股东权利归属股票的持有人，认购股票时要求一次缴纳出资，转让相对简便，但安全性较差。我国《公司法》规定，发行无记名股票的公司应当于股东大会会议召开前 30 日公告会议召开的时间、地点和审议事项。无记名股票持有人出席股东大会会议的，应当于会议召开 5 日前至股东大会闭幕时将股票交存于公司。无记名股票的转让，由股东将该股票交付给受让人后即发生转让的效力。

（三）有面额股票和无面额股票

1. 有面额股票

指在股票票面上记载一定金额（又称票面金额、票面价值或股票面值）的股票。有面额股票可以明确表示每一股所代表的股权比例，为股票发行价格的确定提供依据。我国法律规定股票发行价格可以按票面金额，也可以超过票面金额，但不得低于票面金额。

2. 无面额股票

无面额股票又称比例股票或份额股票，指在股票票面上不记载股票面额，只注明它在公司总股本中所占比例的股票。无面额股票的价值随股份公司净资产和预期未来收益的增减而相应增减。无面额股票淡化了票面价值的概念，但仍然有内在价值，它与有面额股票的差别仅在表现形式上。无面额股票的发行或转让价格较灵活，便于股票分割。

此外，在我国还将股票划分为 A 股、B 股、H 股、N 股、S 股等。

三、股票的价格及其决定因素

（一）股票的理论价格

股票价格是指股票在证券市场上买卖的价格。股票之所以有价格，是因为它代表着收益的价值，即能给它的持有者带来股息红利。股票及其他有价证券的理论价格是根据现金流贴现理论而来的，其一般形式可以写为：

$$V = \sum_{t=1}^{\infty} \frac{D_t}{(1+k)^t}$$

其中：V 表示内在价值，D 表示未来的现金收入（股息），k 表示贴现率。

公式的实质是将股票的期值按必要收益率和有效期限折算成今天的价值，即为股票的现值。股票的现值就是股票未来收益的当前价值，也就是人们为了得到股票的未来收益愿意付出的代价。

（二）股票的市场价格

股票的市场价格一般是指股票在二级市场上交易的价格。股票的市场价格由股票的价值决定，但同时受许多其他因素的影响。其中，供求关系是最直接的影响因素，其他因素都是通过作用于供求关系而影响股票价格的。供求关系的变化体现为买卖双方力量强弱的转换。由于这种买卖的力量是受双方对上市公司未来前景的预期，所以从根本上说，股票供求以及股票价格主要取决于预期。

（三）影响股价变动的基本因素

宏观经济和证券市场运行状况、行业前景以及公司经营状况是影响投资者对将来股价预期，从而影响当前买卖决策并最终导致当前股价变化的最主要原因。在证券分析中，通常把这三类因素统称为基本因素，对这些因素的分析称为基本分析或基本面分析。

1. 公司经营状况

股份公司的经营现状和未来发展是股票价格的基石。从理论上分析，公司经营状况与股票价格正相关，公司经营状况好，股价上升；反之，股价下跌。影响公司经营状况的因素主要有公司治理水平与管理层质量、公司的竞争能力、财务状况、公司改组或合并等因素。

2. 行业与部门因素

行业分类的依据主要是公司收入或利润的来源比重，目前我国常见的分类标准包括中国证监会 2001 年制定的《上市公司行业分类指引》、国家统计局发布的《行业分布标准》以及由摩根士丹利和标准普尔联合发布的(GICS)等。

中国证监会《上市公司行业分类指引》把上市公司按三级分类，分别列入农林牧渔业、采掘业、制造业、电力煤气及水的生产和供应业、建筑业、交通运输仓储业、信息技术业、批发和零售贸易业、房地产业、社会服务业、传播与文化产业、综合类共 12 个门类及若干大类和中类。

上海证券交易所与中证指数有限公司参照《全球行业分类标准》，于 2007 年 5 月 31 日对沪市上市公司行业分类进行了调整，分为金融地产、原材料、工业、可选消费、主要消费、公用事业、能源、电信业务、医药卫生、信息技术十大行业。

行业因素包括定性因素和定量因素，常见的有：① 行业或产业竞争结构；② 行业可持续性；③ 抗外部冲击的能力；④ 监管及税收待遇——政府关系；⑤ 劳资关系；⑥ 财务与融资问题；⑦ 行业估值水平。

3. 宏观经济与政策因素

宏观经济和政策因素对股价的影响是系统性的。当宏观经济状况发生变化，或者宏观经济政策发生调整的时候，所有上市公司的价格都会受到影响。这类因素有很多种类，主要包括以下几项：

（1）经济增长。一个国家或地区的社会经济是否能持续稳定地保持一定的发展速度，是影响股票价格能否稳定上升的重要因素。当一国或地区的经济运行势态良好时,一般股票价格会上升;反之,股票价格会下降。

(2) 经济周期循环。社会经济运行经常表现为扩张与收缩的周期性交替,每个周期一般都要经过高涨、衰退、萧条、复苏四个阶段,即经济循环。经济变动从根本上决定了股票价格的长期变动趋势。

经济周期变动与股价变动的基本关系如下:复苏阶段—股价回升;高涨阶段—股价上涨;危机阶段—股价下跌;萧条阶段—股价低迷。经济周期变动通过下列环节影响股票价格:经济周期变动—公司利润增减—股息增减—投资者心理和投资决策变化—供求关系变化—股票价格变化。

正因为股票价格水平与经济周期之间的这种紧密联系,在我们无法把握经济周期变动的具体阶段的时候,往往可以用股票市场的变化去衡量经济周期的变化。股票市场的这种作用被称作"宏观经济的晴雨表"。

(3) 货币政策。中央银行通常采用存款准备金制度、再贴现政策、公开市场业务等货币政策手段调控货币供应量,从而实现发展经济、稳定货币等政策目标。

中央银行提高法定存款准备金率、提高再贴现率或在公开市场上大量买入证券,均会使商业银行可贷资金减少,市场资金趋紧,股票市场价格下降;中央银行降低法定存款准备金率、降低再贴现率或通过公开市场业务大量出售证券,将导致商业银行可贷资金增加,市场资金趋松,股票市场价格上升。

(4) 财政政策。财政政策对股票价格影响有四个方面:

① 通过扩大财政赤字、发行国债筹集资金,增加财政支出,刺激经济发展;通过增加财政盈余或降低赤字,减少财政支出,抑制经济增长,调整社会经济发展速度,改变企业发展的外部环境,进而影响企业利润水平和股息派发。

② 通过调节税率影响企业利润和股息。提高税率,企业税负增加,税后利润下降,股息减少;反之,企业税后利润和股息增加。

③ 干预资本市场各类交易适用的税率,例如利息税、资本利得税、印花税等,直接影响市场交易和价格。

④ 国债发行量会改变证券市场的证券供应和资金需求,从而间接影响股票价格。

(5) 市场利率水平。市场利率水平是股票市场最为敏感的因素之一。一般来说利率提高,股票价格下降,反之,股价会下降。

(6) 通货膨胀。通货膨胀对股票价格的影响较复杂,它既有刺激股票市场的作用,又有抑制股票市场的作用。通货膨胀是因货币供应过多造成货币贬值、物价上涨的经济现象。

(7) 汇率变化。传统理论认为,汇率下降,即本币升值,不利于出口而有利于进口;汇率上升,即本币贬值,不利于进口而有利于出口。具体地说,汇率的变化对那些在原材料和销售两方面严重依赖国际市场的国家和企业的股票价格影响较大。

(8) 国际收支状况。一般地说,若一国国际收支连续出现逆差,政府为平衡国际收支会采取提高国内利率和提高汇率的措施,以鼓励出口、减少进口,股价就会下跌;反之,股价会上涨。

(四)影响股价变化的其他因素

1. 政治及其他不可抗力的影响

战争是最有影响的政治因素,全面的、长期的战争,会使股票市场受到致命打击,股票价格会长期低迷;政权更迭、领袖更替等政治事件,这些事件的爆发都会影响社会安定,进而影响投资者的心理状态和投资行为,引起股票市场的涨跌变化;政府重大经济政策的出台、社会经济发展规划的制定、重要法规的颁布等,这些会影响投资者对社会经济发展前景的预期,从而引起股票价格变动;国际社会政治、经济的变化;因发生不可预料和不可抵抗的自然灾害或不幸事件,给公司带来重大财产损失而又得不到相应赔偿,股价会下跌。

2. 心理因素

人们的心理及预期会转化为巨大的供求力量,进而成为影响股价的重要因素。

3. 稳定市场的政策与制度安排

我国《证券法》规定,证券交易所依照证券法律、行政法规制定上市规则、交易规则、会员管理规则,并经国务院证券监督管理机构批准。

4. 人为操纵因素

人为操纵会影响股票市场的健康发展,违背公开、公平、公正的原则,一旦查明,操纵者会受到行政处罚或法律制裁。

任务三 债券及债券市场

债券是证券市场基础金融工具之一,是固定收益证券的主要形式。债券市场是发行和买卖债券的场所,是金融市场的一个重要组成部分。债券市场是一国金融体系中不可或缺的部分。一个统一、成熟的债券市场可以为全社会的投资者和筹资者提供低风险的投融资工具;债券的收益率曲线是社会经济中一切金融商品收益水平的基准,因此债券市场也是传导中央银行货币政策的重要载体。可以说,统一、成熟的债券市场构成了一个国家金融市场的基础。

一、债券

(一)债券的定义

债券是政府、金融机构、工商企业等直接向社会借债筹措资金时,向投资者发行,承诺按一定利率支付利息并按约定条件偿还本金的债权债务凭证。债券的本质是债的证明书。债券购买者与发行者之间是一种债权债务关系,债券发行人即债务人,投资者(债券持有人)即债权人。债券是一种有价证券。由于债券的利息通常是事先确定的,所以债券是固定利息证券(定息证券)的一种。

(二)债券的特征

债券作为一种债权债务凭证,与其他有价证券一样,也是一种虚拟资本,而非真实资本,它是经济运行中实际运用的真实资本的证书。债券作为一种重要的融资手段和金融工具具有如下特征。

1. 偿还性

债券一般都规定有偿还期限,发行人必须按约定条件偿还本金并支付利息。

2. 流通性

债券一般都可以在流通市场上自由转让。

3. 安全性

与股票相比,债券通常规定有固定的利率。与企业绩效没有直接联系,收益比较稳定,风险较小。此外,在企业破产时,债券持有者享有优先于股票持有者对企业剩余资产的索取权。

4. 收益性

债券的收益性主要表现在两个方面,一是投资债券可以给投资者定期或不定期地带来利息收入;二是投资者可以利用债券价格的变动,买卖债券赚取差额。

(三)债券与股票的异同

作为证券市场上两类最基本的证券品种,债券和股票具有许多共同的特征,比如两者都属于有价证券、都是筹措资金的手段、两者的收益率相互影响等等。但两者的区别也十分明显:第一,两者权利不同,债券是债权凭证,债券持有者与债券发行人之间是债权债务关系,股票是所有权凭证,股票所有者是发行股票公司的股东。第二,两者目的不同,发行债券是公司追加资金的需要,它属于公司的负债,不是资本金。股票发行则是股份公司为创办企业和增加资本的需要,筹措的资金列入公司资本。第三,两者期限不同,债券是一种有期投资,股票是一种无期投资。第四,两者收益不同,债券有规定的利率,可获固定的利息。股票的股息红利不固定,一般视公司经营情况而定。第五,两者风险不同,债券风险相对较小,而股票风险则较大。

二、债券的分类

(一)根据发行主体的不同,债券可以分为政府债券、金融债券和公司债券

政府债券的发行主体是政府,分为中央政府债券和地方政府债券。中央政府发行的债券也可以称为国债。金融债券的发行主体是银行或非银行的金融机构。公司债券则是公司依照法定程序发行、约定在一定期限还本付息的有价证券。公司债券的风险性相对于政府债券和金融债券要大一些。

(二)根据债券合约条款中是否规定在约定期限向债券持有人支付利息,可分为零息债券、附息债券和息票累积债券

1. 零息债券

零息债券也称零息票债券,指债券合约未规定利息支付的债券。通常,这类债券以低于

面值的价格发行和交易,债券持有人实际上是以买卖(到期赎回)价差的方式取得债券利息。

2. 附息债券

附息债券指债券合约中明确规定,在债券存续期内,对持有人定期支付利息(通常每半年或每年支付一次)。

3. 息票累积债券

息票累积债券与附息债券相似,这类债券也规定了票面利率,但是,债券持有人必须在债券到期时一次性获得还本付息,存续期间没有利息支付。

(三)根据债券券面形态可以分为实物债券、凭证式债券和记账式债券

1. 实物债券

实物债券是一种具有标准格式实物券面的债券。无记名国债就属于这种实物债券,它以实物券的形式记录债权、面值等,不记名,不挂失,可上市流通。

2. 凭证式债券

凭证式债券的形式是债权人认购债券的一种收款凭证,而不是债券发行人制定的标准格式的债券。我国 1994 年开始发行凭证式国债,我国的凭证式国债通过各银行储蓄网点和财政部门国债服务都面向社会发行,券面上不印制票面金额,而是根据认购者的认购额填写实际的缴款金额,是一种国家储蓄债,可记名、挂失,以"凭证式国债收款凭证"记录债权,不能上市流通,从购买之日起计息。

3. 证账式债券

记账式债券是没有实物形态的票券,利用账户通过电脑系统完成国债发行、交易及兑付的全过程。我国 1994 年开始发行记账式国债。记账式国债可以记名、挂失,安全性较好,同时由于记账式债券的发行和交易均无纸化,所以发行时间短,发行效率高,交易手续简便,成本低、交易安全。

三、几类重要债券

(一)政府债券

政府债券是指政府财政部门或其他代理机构为筹集资金,以政府名义发行的、承诺在一定时期支付利息和到期还本的债务凭证。中央政府发行的债券称为中央政府债券或者国债,地方政府发行的债券称为地方政府债券;有时也将二者统称为公债。

政府债券的性质主要从两个方面考察:第一,从形式上看,政府债券也是一种有价证券,它具有债券的一般性质。政府债券本身有面额,投资者投资于政府债券可以取得利息,因此,政府债券具备了债券的一般特征。第二,从功能上看,政府债券最初仅是政府弥补赤字的手段,但在现代商品经济条件下,政府债券已成为政府筹集资金、扩大公共开支的重要手段,并且随着金融市场的发展,逐渐具备了金融商品和信用工具的职能,成为国家实施宏观经济政策、进行宏观调控的工具。

政府债券具有安全性高、流通性强、收益稳定和免税待遇等基本特性。

(1) 安全性高。政府债券是政府发行的债券,由政府承担还本付息的责任,是国家信用的体现。在各类债券中,政府债券的信用等级是最高的,通常被称为金边债券。投资者购买政府债券,是一种较安全的投资选择。

(2) 流通性强。政府债券是一国政府的债券,它的发行量一般都非常大,同时,由于政府债券的信用好,竞争力强,市场属性好,所以,许多国家政府债券的二级市场十分发达,一般不仅允许在证券交易所上市交易,还允许在场外市场进行买卖。发达的二级市场为政府债券的转让提供了方便,使其流通性大大增强。

(3) 收益稳定。投资者购买政府债券可以得到一定的利息。政府债券的付息由政府保证,其信用度最高,风险最小,对于投资者来说,投资政府债券的收益是比较稳定的。此外,因政府债券的本息大多数固定且有保障,所以交易价格一般不会出现大的波动,二级市场的交易双方均能得到相对稳定的收益。

(4) 免税待遇。政府债券市政府自己的债券,为了鼓励人们投资政府债券,大多是国家规定,对于购买政府债券所获得的收益,可以享受免税待遇。《中华人民共和国个人所得税法》规定,个人投资的公司债券利息、股息、红利所得应纳入个人所得税,但国债和国家发行的金融债券的利息收入可免纳个人所得税。因此,在政府与其他证券名义收益率相等的情况下,如果考虑税收因素,持有政府债券的投资者可以获得更多的实际投资收益。

1. 中央政府债券

中央政府债券又称国家债券或国家公债券。各国政府发行债券的目的通常是为了满足弥补国家财政赤字、进行大型工程项目建设、偿还旧债本息等方面的资金需要。国家债券按照偿还期限的长短可分为短期国家债券、中期国家债券和长期国家债券,但各国的划分标准不尽一致。美国和日本等国家以1年以下的债券为短期国家债券,1年以上10年以下的债券为中期国家债券,10年以上的债券为长期国家债券。美国和英国发行国库券,均为弥补国库暂时性资金不足。

中央政府债券的发行者是中央政府,由国家承担偿还本息的责任。它可以全部在证券交易所上市,也可以在到期前用作抵押贷款的担保品,而且,政府不征收债券收益所得税。因而,它的信誉好、风险小、流动性强、抵押代用率高,是最受投资者欢迎的金融资产之一。国家债券的发行量和交易量在证券市场一般都占有相当大的比重,不仅在金融市场上起着重要的融资作用,而且是各国中央银行进行公开市场业务的重要手段。国家债券的发行一般以公募发行为主,同时又多采取间接销售的方式,即通过证券发行中介机构公开向社会发行。国家债券的发行,一般在国内以本币币种发行,称作政府本币内债,在国外也有时以外币币种发行,称作政府外币债券。

我国在1950年发行的人民胜利折实公债,其募集与还本付息均以实物为计算标准,其单位定名为"分",每分公债应折合的金额由中国人民银行每旬公布一次;1954~1958年发行国家经济建设公债;20世纪60年代和70年代,我国停止发行国债。

20世纪80年代后,随着改革开放事业的推进,中央政府于1981年恢复发行国债。1981~1994年,面向个人发行的国债一直只有无记名国库券一种;1994年我国面向个人发行的债种从单一型(无记名国库券)逐步转向多样型(凭证式国债和记账式国债等);2006年财政部研究推出新的储蓄债券品种储蓄国债(电子式)。目前,我国证券市场上存在的国债的品种及特点如下:

(1) 普通国债,包括记账式国债、凭证式国债和储蓄国债(电子式)。

① 记账式国债。我国的记账式国债是从 1994 年开始发行的一个上市券种。它是由财政部面向全社会各类投资者、通过无纸化方式发行的、以电子记账方式记录债权并可以上市和流通转让的债券。

记账式国债的发行分为证券交易所市场发行、银行间债券市场发行以及同时在银行间债券市场和交易所市场发行(又称为跨市场发行)三种情况。个人投资者可以购买交易所市场发行和跨市场发行的记账式国债,而银行间债券市场的发行主要面向银行和非银行金融机构等机构投资者。

记账式国债的特点:第一,可以记名、挂失,以无券形式发行可以防止证券的遗失、被窃与伪造,安全性好;第二,可上市转让,流通性好;第三,期限有长有短,但更适合短期国债的发行;第四,通过证券交易所电脑网络发行,可以降低证券的发行成本;第五,上市后价格随行就市,具有一定的风险。

② 凭证式国债。凭证式国债是指由财政部发行的、有固定票面利率、通过纸质媒介记录债权债务关系的国债。发行凭证式国债一般不印制实物券面,而采用填制"中华人民共和国凭证式国债收款凭证"的方式,通过部分商业银行和邮政储蓄柜台,面向城乡居民个人和各类投资者发行,是一种储蓄性国债。凭证式国债购买方便、变现灵活、利率优惠、收益稳定、安全无风险,是我国重要的国债品种。

③ 储蓄国债(电子式)。储蓄国债(电子式)是指财政部面向境内中国公民储蓄类资金发行的、以电子方式记录债权的不可流通的人民币债券。储蓄国债(电子式)自发行之日起计息,付息方式分为利随本清和定期付息两种。

储蓄国债(电子式)试点期间,财政部将先行推出固定利率固定期限和固定利率变动期限两个品种。投资者在同一试点商业银行只允许开设一个账户。

储蓄国债(电子式)是 2006 年推出的国债新品种,具有以下特点:第一,针对个人投资者,不向机构投资者发行;第二,采用实名制,不可流通转让;第三,采用电子方式记录债权;第四,收益安全稳定,由财政部负责还本付息,免缴利息税;第五,鼓励持有到期;第六,手续简化;第七,付息方式较为多样。

(2) 其他类型国债。

① 特别国债。特别国债是为了特定的政策目标而发行的国债。

财政部于 1998 年 8 月 18 日发行了 2 700 亿元特别国债,所筹资金专项用于拨补四大国有商业银行资本金;2007 年发行 15 500 亿元人民币特别国债,用于购买约 2 000 亿美元外汇,作为组建国家外汇投资公司的资本金来源,并相应调整 2007 年年末国债余额限额。

② 长期建设国债。为执行积极的财政政策,财政部于 1998 年 9 月向四大国有商业银行定向发行了 1 000 亿元、年利率为 5.5%、期限为 10 年的附息国债,专项用于国民经济和社会发展急需的基础设施投入。

2. 地方政府债券

(1) 地方政府债券的发行主体。地方政府债券是由地方政府发行并负责偿还的债券,简称地方债券,也可以称为地方公债或地方债。筹集的资金一般用于弥补地方财政资金的不足,或者地方兴建大型项目。

（2）地方政府债券的分类。地方政府债券按资金用途和偿还资金来源分类，通常可以分为：① 一般债券（普通债券）。指地方政府为缓解资金紧张或解决临时经费不足而发行的债券。对于一般债券的偿还，地方政府通常以本地区的财政收入作担保。② 专项债券（收益债券）。指为筹集资金建设某项具体工程而发行的债券。对于专项债券，地方政府往往以项目建成后取得的收入作保证。

（3）我国的地方政府债券。我国1995年起实施的《预算法》规定，地方政府不得发行地方政府债券（除法律和国务院另有规定外）。地方政府在诸如桥梁、公路、隧道、供水、供气等基础设施的建设中又面临资金短缺的问题，于是形成了具有中国特色的地方政府债券，即以企业债券的形式发行地方政府债券。如1999年上海城市建设投资开发公司发行5亿元浦东建设债券，名义上是公司债券，但所筹资金是用于上海地铁建设；济南自来水公司发行1.5亿元供水建设债券，名义上是公司债券，但所筹资金是用于济南自来水设施建设。受当年内外经济环境影响，2008年经全国人大通过，允许地方政府以发债方式来舒缓融资困局，到目前为止，地方政府债券已成为地方政府重要的收入形式。

（二）金融债券

金融债券指银行及非银行金融机构依照法定程序发行并约定在一定期限内还本付息的有价证券。我国的金融债券主要包括以下几种种类：

1. 政策性金融债券

政策性金融债券是政策性银行在银行间债券市场发行的金融债券。从1999年起，我国银行间债券市场以政策性银行为发行主体开始发行浮动利率债券。从2007年6月起，浮息债券以上海银行间同业拆放利率（Shibor）为基准利率。Shibor是中国货币市场的基准利率，是以16家报价行的报价为基础，剔除一定比例的最高价和最低价后的算术平均值，自2007年1月4日正式运行。

2007年6月，中国人民银行、国家发展和改革委员会发布《境内金融机构赴香港特别行政区发行人民币债券管理暂行办法》，境内政策性银行和商业银行经批准可在香港发行人民币债券。国家开发银行成为获准的第一家，在香港地区发行首只人民币债券50亿元。

2. 商业银行债券

（1）商业银行金融债券。2005年4月27日，《全国银行间债券市场金融债券发行管理办法》颁布，自2005年6月1日起施行。金融债券是指依法在中华人民共和国境内设立的金融机构法人在全国银行间债券市场发行的、按约定还本付息的有价证券。

（2）商业银行次级债券。2004年6月24日，《商业银行次级债券发行管理办法》颁布实施。商业银行次级债券是指商业银行发行的、本金和利息的清偿顺序列于商业银行其他负债之后、先于商业银行股权资本的债券。

（3）混合资本债券。我国的混合资本债券是指商业银行为补充附属资本发行的、清偿顺序位于股权资本之前但列在一般债务和次级债务之后、期限在15年以上、发行之日起10年内不可赎回的债券。

按照现行规定，我国的混合资本债券具有四个基本特征：

第一,期限在 15 年以上,发行之日起 10 年内不得赎回。发行之日起 10 年后发行人具有 1 次赎回权。若发行人未行使赎回权,可以适当提高混合资本债券的利率。

第二,混合资本债券到期前,如果发行人核心资本充足率低于 4%,发行人可以延期支付利息,如果同时出现以下情况:最近 1 期经审计的资产负债表中盈余公积与未分配利润之和为负,且最近 12 个月内未向普通股股东支付现金红利,则发行人必须延期支付利息。在不满足延期支付利息的条件时,发行人应立即支付欠息及欠息产生的复利。

第三,当发行人清算时,混合资本债券本金和利息的清偿顺序列于一般债务和次级债务之后、先于股权资本。

第四,混合资本债券到期时,如果发行人无力支付清偿顺序在该债券之前的债务或支付该债券将导致无力支付清偿顺序在混合资本债券之前的债务,发行人可以延期支付该债券的本金和利息。

3. 证券公司债券

证券公司债券是指证券公司依法发行的、约定在一定期限内还本付息的有价证券。证券公司短期融资券是指证券公司以短期融资为目的,在银行间债券市场发行的约定在一定期限内还本付息的金融债券。

4. 保险公司次级债务

2004 年 9 月 29 日,中国保监会发布了《保险公司次级定期债务管理暂行办法》。保险公司次级定期债务是指保险公司经批准定向募集的、期限在 5 年以上(含 5 年)、本金和利息的清偿顺序列于保单责任和其他负债之后、先于保险公司股权资本的保险公司债务。该办法所称保险公司,是指依照中国法律在中国境内设立的中资保险公司、中外合资保险公司和外资独资保险公司。中国保监会依法对保险公司次级定期债务的定向募集、转让、还本付息和信息披露行为进行监督管理。

按照《保险公司次级定期债务管理暂行办法》,保险公司次级债务的偿还只有在确保偿还次级债务本息后偿付能力充足率不低于 100% 的前提下,募集人才能偿付本息;并且募集人在无法按时支付利息或偿还本金时,债权人无权向法院申请对募集人实施破产清偿。

5. 财务公司债券

2007 年 7 月,中国银监会下发《企业集团财务公司发行金融债券有关问题的通知》,明确规定企业集团财务公司发行债券的条件和程序,并允许财务公司在银行间债券市场发行财务公司债券。

另外,我国金融市场上的中央银行票据也可以视为一类特殊的金融债券。中央银行票据(Central Bank Bill)是中央银行为调节商业银行超额准备金而向商业银行发行的短期债务凭证,其实质是中央银行债券,之所以叫中央银行票据,是为了突出其短期性特点(从已发行的央行票据来看,期限最短的 3 个月,最长的也只有 3 年)。

(三) 公司债券

公司债券是公司依照法定程序发行的、约定在一定期限还本付息的有价证券。

1. 公司债券的类型

(1) 信用公司债券。信用公司债券是一种不以公司任何资产作担保而发行的债券,属于无担保证券范畴。

(2) 不动产抵押公司债券。不动产抵押公司债券是以公司的不动产(如房屋、土地等)作抵押而发行的债券,是抵押证券的一种。

(3) 保证公司债券。保证公司债券是公司发行的由第三者作为还本付息担保人的债券,是担保证券的一种。担保人是发行人以外的其他人(或称第三者),如政府、信誉好的银行或举债公司的母公司等。

(4) 收益公司债券。收益公司债券是一种具有特殊性质的债券,其利息只在公司有盈利时才支付,即发行公司的利润扣除各项固定支出后的余额用作债券利息的来源。若利息不能足额支付,未付利息可以累加;公司只有在利息付清后,公司股东才能分红。

(5) 可转换公司债券。可转换公司债券是指发行人依照法定程序发行、在一定期限内依据约定的条件可以转换成股份的公司债券。这种债券附加转换选择权,在转换前是公司债券形式,转换后相当于增发了股票。可转换公司债券兼有债权投资和股权投资的双重优势。可转换公司债券一般要经股东大会或董事会的决议通过才能发行,而且在发行时,应在发行条款中规定转换期限和转换价格。

(6) 附认股权证的公司债券。附认股权证的公司债券是公司发行的一种附有认购该公司股票权利的债券。这种债券的购买者可以按预先规定的条件在公司发行股票时享有优先购买权。预先规定的条件主要是指股票的购买价格、认购比例和认购期间。

附认股权证的公司债券的类别:① 按照附新股认股权和债券本身能否分开来划分,这种债券有两种类型:一种是可分离型,即债券与认股权可以分开,可独立转让,即可分离交易的附认股权证公司债券;另一种是非分离型,即不能把认股权从债券上分离,认股权不能成为独立买卖的对象。② 按照行使认股权的方式,可以分为现金汇入型与抵缴型。现金汇入型指当持有人行使认股权时,必须再拿出现金来认购股票;抵缴型是指公司债券票面金额本身可按一定比例直接转股。

附认股权证的公司债券与可转换公司债券不同,前者在行使新股认购权之后,债券形态依然存在;而后者在行使转换权之后,债券形态随即消失。

(7) 可交换债券。可交换债券是指上市公司的股东依法发行、在一定期限内依据约定的条件可以交换成该股东所持有的上市公司股份的公司债券。

可交换债券与可转换债券的相同之处:① 发行要素与可转换债券相似,也包括票面利率、期限、换股价格和换股比率、换股期限等;② 对投资者来说与持有标的上市公司的可转换债券相同,投资价值与上市公司价值相关,在约定期限内可以以约定的价格交换为标的股票。

2. 我国的企业债券与公司债券

(1) 企业债券。我国的企业债券是指在中华人民共和国境内具有法人资格的企业在境内依照法定程序发行、约定在一定期限内还本付息的有价证券。但是,金融债券和外币债券除外。企业债券由 1993 年 8 月 2 日国务院发布的《企业债券管理条例》规范。我国企业债券的发展大致经历了 4 个阶段:萌芽期(1984～1986 年)、发展期(1987～1992 年)整顿期(1993～1995 年)和再度发展期(1996 年至今)。从 1994 年起,我国企业债券归纳为中央企业债券和地方企业债券两个品种。2008 年 4 月 13 日,中国人民银行发布《银行间债券市场非金融企业债务融资工具管理办法》,于 4 月 15 日起施行。该办法规定,企业发行债务融资工具应在中国银行间市场交易商协会注册,由在中国境内注册且具备债券评级资质的评级机构进行信用评级,由金融机构承销,在中央国债登记结算有限责任公司登记、托管、结算。全国银行间同业拆借中心为债务融资工具在银行间债券市场的交易提供服务。企业发行债务融资工具应在银行间债券市场披露信息。

《银行间债券市场非金融企业中期票据业务指引》规定,企业发行中期票据应遵守国家相关法律法规,中期票据待偿还余额不得超过企业净资产的40%;企业发行中期票据所募集的资金应用于企业生产经营活动,并在发行文件中明确披露资金具体用途;企业在中期票据存续期内变更募集资金用途应提前披露。

(2) 公司债券。我国的公司债券是指公司依照法定程序发行、约定在1年以上期限内还本付息的有价证券。公司债券的发行人是依照《公司法》在中国境内设立的有限责任公司和股份有限公司。发行公司债券应当符合《证券法》《公司法》和《公司债券发行试点办法》规定的条件,经中国证监会核准。

(四) 国际债券

1. 国际债券的特征及分类

国际债券是指一国借款人在国际证券市场上以外国货币为面值,向外国投资者发行的债券。国际债券的发行人主要是各国政府、政府所属机构、银行或其他金融机构、工商企业及一些国际组织等。国际债券的投资者主要是银行或其他金融机构、各种基金会、工商财团和自然人。国际债券是一种跨国发行的债券,涉及两个或两个以上的国家。同国内债券相比,具有以下特征:资金来源广、发行规模大;存在汇率风险;有国家主权保障;以自由兑换货币作为计量货币。一般来说,国际债券分为外国债券和欧洲债券两类。

(1) 外国债券。外国债券是指某一国借款人在本国以外的某一国家发行以该国货币为面值的债券。它的特点是债券发行人属于一个国家,债券的面值货币和发行市场则属于另一个国家。在美国发行的外国债券称为扬基债券,在日本发行的外国债券称为武士债券。

2005年10月,中国人民银行批准国际金融公司和亚洲开发银行在全国银行间债券市场分别发行人民币债券11.3亿元和10亿元。这是中国债券市场首次引入外资机构发行主体,是中国债券市场对外开放的重要举措和有益尝试。国际多边金融机构首次在华发行的人民币债券被命名为"熊猫债券"。

(2) 欧洲债券。欧洲债券是指借款人在本国境外市场发行的,不以发行市场所在国货币为面值的国际债券。其特点是债券发行者、债券发行地点和债券面值所使用的货币可以分别属于不同的国家。由于它不以发行市场所在国的货币为面值,故也称无国籍债券。

欧洲债券票面使用的货币一般是可自由兑换的货币,主要为美元,其次还有欧元、英镑、日元等;也有使用复合货币单位的,如特别提款权。欧洲债券市场以众多创新品种而著称,具体表现为计息方式灵活且在附有选择权方面,有双货币债券、可转换债券和附权证债券。双货币债券是指以一种货币支付息票利息、以另一种不同的货币支付本金的债券;可转换债券是指可转换成另一种资产(通常是普通股票)的债券;附权证债券有权益权证、债务权证、货币权证、黄金权证等一系列类型。

(3) 龙债券。龙债券是指在除日本以外的亚洲地区发行的一种以非亚洲国家和地区货币标价的债券。龙债券市场是指在除日本以外的亚洲地区发行的一种以非亚洲国家和地区货币标价的公开债券市场。龙债券一般是一次到期还本、每年付息一次的长期固定利率债券,或者是以美元计价,以伦敦银行同业拆放利率为基准,每一季或每半年重新定一次利率的浮动利率债券。龙债券的发行以非亚洲货币标定面额,尽管有一些债券以加拿大元、澳元和日元标价,但多数以美元标价。龙债券的发行、定价和承销都在亚洲的几个时区之内。龙债券的发行人来自亚洲、欧洲、北美洲和南美洲,投资者则来自亚洲的主要国家,而且他们都是债券发行的原始购买者。龙债券的每次发行规模各不相同,大致在1亿~5亿美元之间。最适宜的规模是2.5亿~3亿美元之间。

2. 亚洲债券

亚洲债券是指用亚洲国家货币定值,并在亚洲地区发行和交易的债券,亚洲债券的供给方大都来自亚洲经济体,而其需求方则来自包括亚洲各经济体在内的全球投资者。亚洲债券市场就是亚洲债券发行、交易和流通的市场,是以亚洲地区为主的区域性债券市场。

亚洲债券市场的发展源于人们对1997年东南亚金融危机的反思。亚洲地区不健全的金融体系是形成东南亚金融危机的重要原因,主要表现在:企业过于依赖银行体系的间接融资,危机国家普遍缺少发达的资本市场,企业外部融资也以银行借贷为主,从而使金融风险集中在银行体系。发展亚洲债券市场无疑会深化亚洲地区的金融体系,纠正该地区过于依赖银行体系这种不合理的融资格局。

3. 我国的国际债券

我国发行国际债券始于20世纪80年代初期。我国国际债券的主要品种有政府债券、金融债券、可转换公司债券三种。我国在国际市场已发行的金融债券的期限均为中、长期,最短的5年,最长的12年,绝大多数采用公募方式发行。

任务四　其他证券品种

除了股票、债券及下一项目将要介绍的基金等基础金融投资品种外,自20世纪80年代以来,以金融创新为背景,在以上几类基础金融工具的基础上衍生出为数众多的其他证券品种,包括金融远期、金融期货、金融期权以及认股权证、可转换债券等。

一、金融衍生工具的概念和特征

(一) 金融衍生工具的概念

金融衍生工具又称金融衍生产品,是与基础金融产品相对应的一个概念,指建立在基础产品或基础变量之上,其价格取决于基础金融产品的价格(或数值)变动的派生金融产品。基础产品是一个相对的概念,不仅包括现货金融产品,也包括金融衍生工具。

美国《衍生工具与避险业务会计准则》将金融衍生工具划分为独立衍生工具和嵌入式衍生工具两大类。

1. 独立衍生工具

根据我国《企业会计准则第22号——金融工具确认和计量》的规定,衍生工具包括远期合同、期货合同、互换和期权,以及具有远期合同、期货合同、互换和期权中一种或一种以上特征的工具。

2. 嵌入式衍生工具

嵌入衍生工具是指嵌入到非衍生工具(即主合同)中,使混合工具的全部或部分现金流量随特定利率、金融工具价格、商品价格、汇率、价格指数、费率指数、信用等级、信用指数或其他类似变量的变动而变动的衍生工具。嵌入衍生工具与主合同构成混合工具,如可转换公司债券等。

(二)金融衍生工具的基本特征

1. 跨期性

金融衍生工具是交易双方通过对利率、汇率、股价等因素变动趋势的预测,约定在未来时间按照一定条件进行交易或选择是否交易的合约。无论是哪一种金融衍生工具,都会影响交易者在未来一段时间内或未来某时点上的现金流,跨期交易的特点十分突出。这就要求交易双方对利率、汇率、股价等价格因素的未来变动趋势做出判断,而判断的准确与否直接决定了交易者的交易盈亏。

2. 杠杆性

金融衍生工具交易一般只需要支付少量保证金或权利金就可以签订远期大额合约或互换不同的金融工具。例如,若期货交易保证金为合约金额的5%,则期货交易者可以控制20倍于所交易金额的合约资产,实现以小搏大的效果。在收益可能成倍放大的同时,交易者所承担的风险与损失也会成倍放大,基础工具价格的轻微变动也许就会带来交易者的大赢大亏。金融衍生工具的杠杆性效应一定程度上决定了它的高投机性和高风险性。

3. 联动性

这是指金融衍生工具的价值与基础产品或基础变量紧密联系、规则变动。通常,金融衍生工具与基础变量相联系的支付特征由衍生工具合约规定,其联动关系既可以是简单的线性关系,也可以表达为非线性函数或者分段函数。

4. 不确定性或高风险性

金融衍生工具的交易后果取决于交易者对基础工具(变量)未来价格(数值)的预测和判断的准确程度。基础工具价格的变幻莫测决定了金融衍生工具交易盈亏的不稳定性,这是金融衍生工具高风险性的重要诱因。基础金融工具价格不确定性仅仅是金融衍生工具风险性的一个方面,国际证监会组织在1994年7月公布的一份报告(ISOCOPD35)中认为金融衍生工具还伴随着以下几种风险:① 交易中对方违约,没有履行承诺造成损失的信用风险;② 因资产或指数价格不利变动可能带来损失的市场风险;③ 因市场缺乏交易对手而导致投资者不能平仓或变现所带来的流动性风险;④ 因交易对手无法按时付款或交割可能带来的结算风险;⑤ 因交易或管理人员的人为错误或系统故障、控制失灵而造成的操作风险;⑥ 因合约不符合所在国法律,无法履行或合约条款遗漏及模糊导致的法律风险。

二、远期交易与期货交易

通常可以根据交易合约的签订与实际交割之间的关系,将市场交易的组织形态划分为现货交易、远期交易与期货交易。现货交易是以"一手交钱,一手交货"为基本特征的交易形式,即以现款买现货方式进行交易。远期交易是指双方约定在未来某时刻(或时间段内)按照现在确定的价格进行交易。而期货交易指的是交易双方在集中的交易所市场以公开竞价方式所进行的标准化期货合约的交易。

(一)金融远期合约与金融远期市场

金融远期合约是交易双方在场外市场上通过协商,按约定价格("远期价格")在约定的未来日期(交割日)买卖某种标的金融资产(或金融变量)的合约。

1. 金融远期合约的类型

根据基础资产划分,常见的金融远期合约包括四大类:

(1)股权类资产的远期合约。包括单个股票的远期合约、一篮子股票的远期合约和股票价格指数的远期合约三个子类。

(2)债权类资产的远期合约。包括定期存款单、短期债券、长期债券、商业票据等固定收益证券的远期合约。

(3)远期利率协议。指按照约定的名义本金,交易双方在约定的未来日期交换支付浮动利率和固定利率的远期协议。

(4)远期汇率协议。指按照约定的汇率,交易双方在约定未来日期买卖约定数量的某种外币的远期协议。

2. 现阶段银行间债券市场远期交易、远期利率协议以及境外人民币NDF的基本情况

(1)银行间债券市场远期交易。债券远期交易在全国银行间同业拆借中心进行,中心为市场参与者债券远期交易提供报价、交易和信息服务,并接受中国人民银行的监管。交易者可通过专线交易系统进行电子交易,也可以通过电话、传真等方式自行询价,确定交易。

债券远期交易数额最小为债券面额10万元,交易单位为债券面额1万元。债券远期交易期限最短为2天,最长为365天,交易成员可在此区间内自由选择交易期限,不得展期。

(2)远期利率协议。远期利率协议是指交易双方约定在未来某一日、交换协议期间内,在一定名义本金基础上分别以合同利率和参考利率计算的利息的金融合约。其中,远期利率协议的买方支付以合同利率计算的利息,卖方支付以参考利率计算的利息。

自2007年11月以来,人民币远期利率协议的参考利率均为3个月期上海银行间同业拆借利率(Shibor),主要的远期品种为1M×4M、3M×6M、9M×12M等。

(3)境外人民币NDF。目前,在新加坡、我国香港等地,广泛存在着不交割的人民币远期交易(人民币NDF),为证券市场上从事跨境交易的投资者提供了规避汇率风险的有效手段。

(二)金融期货合约与金融期货市场

期货交易是指交易双方在集中的交易所市场以公开竞价方式所进行的期货合约的交易。而期货合约则是由交易双方订立的、约定在未来某日期按成交时约定的价格交割一定数量的某种商品的标准化协议。

金融期货合约的基础工具是各种金融工具(或金融变量),如外汇、债券、股票、股价指数等。换言之,金融期货是以金融工具(或金融变量)为基础工具的期货交易。

1. 金融期货的主要交易制度

(1) 集中交易制度。金融期货在期货交易所或证券交易所进行集中交易。期货交易所是专门进行期货合约买卖的场所，是期货市场的核心，承担着组织、监督期货交易的重要职能。

(2) 标准化的期货合约和对冲机制。期货合约是由交易所设计、经主管机构批准后向市场公布的标准化合约。

期货合约设计成标准化的合约是为了便于交易双方在合约到期前分别做一笔相反的交易进行对冲，从而避免实物交收。实际上绝大多数的期货合约并不进行实物交割，通常在到期日之前即已平仓。

(3) 保证金及其杠杆作用。为了控制期货交易的风险和提高效率，期货交易所的会员经纪公司必须向交易所或结算所缴纳结算保证金，而期货交易双方在成交后都要通过经纪人向交易所或结算所缴纳一定数量的保证金。由于期货交易的保证金比率很低，因此有高度的杠杆作用。

(4) 结算所和无负债结算制度。结算所是期货交易的专门清算机构，通常附属于交易所，但又以独立的公司形式组建。

结算所实行无负债的每日结算制度，又称逐日盯市制度，就是以每种期货合约在交易日收盘前规定时间内的平均成交价作为当日结算价，与每笔交易成交时的价格做对照，计算每个结算所会员账户的浮动盈亏，进行随市清算。

(5) 限仓制度。限仓制度是交易所为了防止市场风险过度集中和防范操纵市场的行为，而对交易者持仓数量加以限制的制度。

(6) 大户报告制度。大户报告制度是交易所建立限仓制度后，当会员或客户的持仓量达到交易所规定的数量时，必须向交易所申报有关开户、交易、资金来源、交易动机等情况，以便交易所审查大户是否有过度投机和操纵市场行为，并判断大户的交易风险状况的风险控制制度。

(7) 每日价格波动限制及断路器规则。

① 交易所对每个交易时段允许的最大波动范围做出规定，一日达到涨（跌）幅限制，则高于（低于）该价格的买入（卖出）委托无效；

② 交易规定一系列涨跌幅限制，达到这些限幅之后交易暂停，十余分钟后再恢复交易。

除上述常规制度之外，期货交易所还规定了强行平仓、强制减仓、临时调整保证金比例（金额）等交易规则。

2. 金融期货的种类

按基础工具划分，金融期货主要有三种类型：外汇期货、利率期货、股权类期货。

(1) 外汇期货。又称货币期货，是以外汇为基础工具的期货合约，是金融期货中最先产生的品种，主要用于规避外汇风险。

(2) 利率期货。利率期货的基础资产是一定数量的与利率相关的某种金融工具，主要是各类固定收益金融工具。利率期货主要是为了规避利率风险而产生的。1975年10月，利率期货产生于美国芝加哥期货交易所（CBOT）。

利率期货品种包括：

① 债券期货。以国债期货为主的债券期货是各主要交易所最重要的利率期货品种。

② 主要参考利率期货。在国际金融市场上,存在若干重要的参考利率,它们是市场利率水平的重要指标,同时也是金融机构制定利率政策和设计金融工具的主要依据。除国债利率外,常见的参考利率包括伦敦银行间同业拆放利率(Libor)、香港银行间同业拆放利率(Hibor)、欧洲美元定期存款单利率、联邦基金利率等。

(3) 股权类期货。股权类期货是以单只股票、股票组合或者股票价格指数为基础资产的期货合约。

① 单只股票期货。指以单只股票作为基础工具的期货,买卖双方约定,以约定的价格在合约到期日买卖规定数量的股票。

② 股票组合期货。指以标准化的股票组合为基础资产的金融期货,芝加哥商业交易所(CME)基于美国证券交易所的交易所交易基金(ETF)的期货最具代表性。

③ 股票价格指数期货。指以股票价格指数为基础变量的期货交易,是为适应人们控制股市风险,尤其是系统性风险的需要而产生的。股票价格指数期货的交易单位等于基础指数的数值与交易所规定的每点价值之乘积,采用现金结算。

1982 年,美国堪萨斯期货交易所(KCBT)首先推出价值线指数期货。

2006 年 9 月 8 日,中国金融期货交易所正式成立,计划推出以沪深 300 指数为基础资产的首个中国内地股票价格指数期货,并于 2006 年 10 月开始了仿真交易。新加坡交易所(SGX)于 2006 年 9 月 5 日抢先推出以新华富时 50 指数为基础变量的全球首个中国 A 股指数期货。

3. 沪深 300 股指期货

2010 年 1 月 12 日,中国证监会批复同意中国金融期货交易所组织股票指数期货交易,2010 年 4 月 16 日,期待已久的股指期货正式在中国内地市场上市交易。这一业务的正式推出,标志着中国 A 股市场结束了单边市,迎来"做空"时代。

(1) 沪深 300 股指期货合约。沪深 300 指数是由中证指数有限公司编制的流通市值加权型指数,该公司由上海证券交易所和深圳证券交易所共同出资设立。之所以选择沪深 300 指数作为中国金融期货交易所首个股票指数期货标的,主要考虑了以下三个方面:

① 沪深 300 指数市场覆盖率高,主要成分股权重比较分散,有利于防范指数操纵行为。

② 沪深 300 指数成分股涵盖能源、原材料、工业、可选消费、主要消费、健康护理、金融、信息技术、电讯服务、公共事业等 10 个行业,各行业公司流通市值覆盖率相对均衡,使得该指数能够较好地对抗行业的周期性波动。

③ 沪深 300 指数的编制吸收了国际市场成熟的指数编制理念,采用自由流通股本加权、分级靠档、样本调整缓冲区等先进技术,具有较强的市场代表性和较高的可投资性,有利于市场功能发挥和后续产品创新。

(2) 交易规则。

① 分类编码。投资者可以根据不同投资目的,分别申请套期保值、套利和投机用途的客户号。

② 保证金。保证金分为结算准备金和交易保证金,沪深 300 股指期货合约的最低交易保证金为合约价值的 12%。

③ 竞价交易。股指期货竞价交易采用集合竞价交易和连续竞价交易两种方式。

④ 结算价。当日结算价是指某一期货合约最后 1 小时成交价格按照成交量的加权平

均价,股指期货交割结算价为最后交易日标的指数最后 2 小时的算术平均价。

⑤ 涨跌幅限制。股指期货合约的涨跌停板幅度为上一交易日结算价的±10%;季月合约上市首日涨跌停板幅度为挂盘基准价的±20%,股指期货合约最后交易日涨跌停板幅度为上一交易日结算价的±20%。

⑥ 持仓限额和大户报告制度。进行投机交易的客户号某一合约单边持仓限额为 100 手;交易所实行大户持仓报告制度。

⑦ 若干重要风险控制手段。交易所有权根据市场情况采取提高交易保证金标准、限制开仓、限制出金、限期平仓、强行平仓、暂停交易、调整涨跌停板幅度、强制减仓或者其他风险控制措施。

4. 金融期货的基本功能

(1) 套期保值功能。套期保值是指企业为规避外汇风险、利率风险、商品价格风险、股票价格风险、信用风险等,指定一项或一项以上套期工具,使套期工具的公允价值或现金流量变动,预期抵消被套期项目全部或部分公允价值或现金流量变动。

利用金融期货进行套期保值,就是通过在现货市场与期货市场建立相反的头寸,从而锁定未来现金流的交易行为。

① 套期保值原理。某一特定商品或金融工具的期货价格和现货价格受相同经济因素的制约和影响,从而它们的变动趋势大致相同;而且,现货价格与期货价格在走势上具有收敛性,若同时在现货市场和期货市场建立数量相同、方向相反的头寸,则到期时不论现货价格上涨或是下跌,两种头寸的盈亏恰好抵消,使套期保值者避免承担风险损失。

② 套期保值的基本做法。第一,多头套期保值。指持有现货空头(如持有股票空头者)的交易者担心将来现货价格上涨(如股市大盘上涨)而给自己造成经济损失,于是买入期货合约(建立期货多头)。若未来现货价格果真上涨,则持有期货头寸所获得的盈利正好可以弥补现货头寸的损失。第二,空头套期保值。指持有现货多头(如持有股票多头)的交易者担心未来现货价格下跌,在期货市场卖出期货合约(建立期货空头),当现货价格下跌时以期货市场的盈利来弥补现货市场的损失。

由于期货交易的对象是标准化产品,因此,套期保值者很可能难以找到与现货头寸在品种、期限、数量上均恰好匹配的期货合约。如果选用替代合约进行套期保值操作,则并不能完全锁定未来现金流,由此带来的风险称为基差风险。

如果有投资者拥有较多资金欲投资于股票现货,又担心建仓期内大盘出现非预期大幅上涨导致建仓成本过高,也可以采取多头套期保值,即在期货上建立相应多头头寸,利用期货盈余抵消现货成本上升的风险。在现实中,投资者更多是利用股指期货对投资组合的贝塔系数进行修正。

(2) 价格发现功能。指在一个公开、公平、高效、竞争的期货市场中,通过集中竞价形成期货价格的功能。

期货价格具有预期性、连续性和权威性的特点,能够比较准确地反映出未来商品价格的变动趋势。期货价格成了世界各地现货成交价的基础。

价格发现并不意味着期货价格必然等于未来的现货价格。由于资金成本、仓储费用、现货持有便利等因素的影响,理论上说,期货价格要反映现货的持有成本,即便现货价格不变,期货价格也会与之存在差异。

(3) 投机功能。与所有有价证券交易相同，期货市场上的投机者也会利用对未来期货价格走势的预期进行投机交易，预计价格上涨的投机者会建立期货多头，反之则建立空头。

与现货市场投机相比较，期货市场投机有两个重要区别：

① 目前我国股票市场实行 $T+1$ 清算制度，而期货市场是 $T+0$，可以进行日内投机；

② 期货交易的保证金制度导致期货投机具有较高的杠杆率，盈亏相应放大，具有更高的风险性。

(4) 套利功能。套利的理论基础在于经济学中的一价定律，即忽略交易费用的差异，同一商品只能有一个价格。

严格意义上的期货套利是指利用同一合约在不同市场上可能存在的短暂价格差异进行买卖，赚取差价，称为跨市场套利。行业内通常也根据不同品种、不同期限合约之间的比价关系进行双向操作，分别称为跨品种套利和跨期限套利，但其结果不一定可靠。对于股价指数等品种，还可以和成分股现货联系起来进行指数套利。

对于股价指数等品种，可以和成分股现货联系起来进行指数套利，当股指期货价格高于理论值时，做空股指期货，买入指数组合，称为"正套"；反之，若股指期货价格低于理论值，则做多股指期货，做空指数组合，称为"反套"。

三、金融互换交易

互换是指两个或两个以上的当事人按共同商定的条件，在约定的时间内定期交换现金流的金融交易，可分为货币互换、利率互换、股权互换、信用互换等类别。从交易结构上看，可以将互换交易视为一系列远期交易的组合。目前，按名义金额计算的互换交易已经成为最大的衍生交易品种。

互换交易的主要用途是改变交易者资产或负债的风险结构（比如利率或汇率结构），从而规避相应的风险。

(一) 人民币利率互换的业务内容

人民币利率互换是指交易双方约定在未来的一定期限内，根据约定的人民币本金和利率计算利息并进行利息交换的金融合约。利率互换的参考利率应为经中国人民银行授权的全国银行间同业拆借中心等机构发布的银行间市场具有基准性质的市场利率或经中国人民银行公布的基准利率。目前，中国外汇交易中心人民币利率互换参考利率包括上海银行间同业拆放利率、国债回购利率、1年期定期存款利率，互换期限从7天到3年，交易双方可协商确定付息频率、利率重置期限、计息方式等合约条款。

(二) 信用违约互换(CDS)

最基本的信用违约互换(CDS)涉及两个当事人，双方约定以某一信用工具为参考，一方向另一方出售信用保护，若参考工具发生规定的信用违约事件，则信用保护出售方必须向购买方支付赔偿。

CDS 交易的危险来源：

(1) 具有较高的杠杆性。

(2) 由于信用保护的买方并不需要真正持有作为参考的信用工具，因此，特定信用工具可能同时在多起交易中被当作 CDS 的参考,有可能极大地放大风险敞口总额,在发生危机时,市场往往恐慌性地高估涉险金额。

(3) 由于场外市场缺乏充分的信息披露和监管,因此,在危机期间,每起信用事件的发生都会引起市场参与者的相互猜疑,担心自己的交易对手因此倒下从而使自己的敞口头寸失去着落。

四、金融期权

期权又称选择权,是指其持有者能在规定的期限内按交易双方商定的价格购买或出售一定数量的基础工具的权利。期权交易就是对这种选择权的买卖。

金融期权是指以金融工具或金融变量为基础工具的期权交易形式。期权交易实际上是一种权利的单方面有偿让渡。期权的买方以支付一定数量的期权费为代价而拥有了这种权利,但不承担必须买进或卖出的义务;期权的卖方则在收取了一定数量的期权费后,在一定期限内必须无条件服从买方的选择并履行成交时的允诺。金融期权是金融期货功能的延伸和发展,具有与金融期货相同的套期保值和发现价格的功能,是一种行之有效的控制风险的工具。

五、权证

权证是基础证券发行人或其以外的第三人(发行人)发行的,约定持有人在规定期间内或特定到期日,有权按约定价格向发行人购买或出售标的证券,或以现金结算方式收取结算差价的有价证券。从产品属性看,权证是一种期权类金融衍生产品。

权证与交易所交易期权的主要区别在于:交易所挂牌交易的期权是交易所制定的标准化合约,具有同一基础资产、不同行权价格和行权时间的多个期权形成期权系列进行交易,而权证则是权证发行人发行的合约,发行人作为权利的授予者承担全部责任。

(一) 权证要素

1. 权证类别

即标明该权证属认购权证或认沽权证。

2. 标的

权证的标的物种类涵盖股票、债券、外币、指数、商品或其他金融工具,其中股票权证的标的可以是单一股票或是一篮子股票组合。

3. 行权价格

发行人发行权证时所约定的,权证持有人向发行人购买或出售标的证券的价格。

4. 存续时间

即权证的有效期,超过有效期,认股权自动失效。目前上海证券交易所、深圳证券交易所均规定,权证自上市之日起存续时间为 6 个月以上 24 个月以下。

5. 行权日期

权证持有人有权行使权力的日期。

6. 行权结算方式

(1) 证券给付结算方式。指权证持有人行权时,发行人有义务按照行权价格向权证持有人出售或购买标的证券。

(2) 现金结算方式。指权证持有人行权时,发行人按照约定向权证持有人支付行权价格与标的证券结算价格之间的差额。

7. 行权比例

指单位权证可以购买或出售的标的证券数量。目前上海和深圳证券交易所规定,标的证券发生除权的,行权比例应做相应调整,除息时则不做调整。

(二) 权证发行、上市与交易

1. 权证的发行

由标的证券发行人以外的第三人发行并上市的权证,发行人应按照规定,提供履约担保:

(1) 通过专用账户提供并维持足够数量的标的证券或现金,作为履约担保。

履约担保的标的的数量 = 权证上市数量 × 行权比例 × 担保系数

履约担保的现金金额 = 权证上市数量 × 行权价格 × 行权比例 × 担保系数

(2) 提供经交易所认可的机构作为履约的不可撤销的连带责任保证人。

2. 权证的上市和交易

上海、深圳证券交易所对权证的上市资格标准不尽相同,但均对标的股票的流通股份市值、标的股票交易的活跃性、权证存量、权证持有人数量、权证存续期等做出要求。

目前权证交易实行 $T+0$ 回转交易。

六、可转换债券

可转换债券是指其持有者可以在一定时期内按一定比例或价格将之转换成一定数量的另一种证券的证券。可转换债券通常是转换成普通股票,当股票价格上涨时,可转换债券的持有人行使转换权比较有利。可转换债券实质上嵌入了普通股票的看涨期权。

在国际市场上,按照发行时证券的性质,分为两种:

(1) 可转换债券。指证券持有者依据一定的转换条件,可将信用债券转换成为发行人普通股票的证券。

(2) 可转换优先股票。指证券持有者可依据一定的转换条件,将优先股票转换成发行人普通股票的证券。目前,我国只有可转换债券。

(一) 可转换债券的特征

1. 可转换债券是一种附有转股权的特殊债券,兼有公司债券和股票的双重特征

在转换之前,它是一种公司债券,具备债券的一切特征,体现的是债权债务关系;在转换之后,它变成股票,具备股票的一半特征,体现所有权关系。

2. 可转换债券具有双重选择权

(1) 投资者可自行选择是否转股,并为此承担转债利率较低的机会成本;

(2) 转债发行人拥有是否实施赎回条款的选择权,并为此要支付比没有赎回条款的转债更高的利率。双重选择权是可转换公司债券最主要的金融特征。

(二) 可转换债券的要素

可转换债券有若干要素,这些要素基本决定了可转换债券的转换条件、转换价值、市场价格等总体特征。可转换债券的要素主要包括以下方面。

1. 有效期限和转换期限

有效期限是指债券从发行之日起至偿清本息之日止的存续时间;转换期限是指可转换债券转换为普通股票的起始日至结束日的期间。

我国《可转换公司债券管理办法》规定,可转换公司债券的期限最短为 3 年,最长为 5 年,自发行之日起 6 个月后可转换为公司股票。

2. 票面利率或股息率

可转换公司债券的票面利率(或可转换优先股的股息率)是指可转换债券作为一种债券的票面年利率(或优先股股息率),由发行人根据当前市场利率水平、公司债券资信等级和发行条款确定,一般低于相同条件的不可转换公司债券(或不可转换优先股)。

可转换公司债券应半年或 1 年付息一次,到期后 5 个工作日内应偿还未转股债券的本金及最后一期利息。

3. 转换比例或转换价格

(1) 转换比例是指一定面额可转换债券可转换成普通股的股数。用公式表示为:

$$转换比例 = 可转换债券面值 / 转换价格$$

(2) 转换价格是指可转换债券转换为每股普通股份所支付的价格。用公式表示为:

$$转换价格 = 可转换债券面值 / 转换比例$$

4. 赎回条款与回售条款

赎回是指发行人在发行一段时间后,可以提前赎回未到期的发行在外的可转换公司债券。赎回条件一般是当公司股票价格在一段时间内连续高于转换价格达到一定幅度时,公司可按照事先约定的赎回价格买回发行在外尚未转股的可转换公司债券。

回售是指公司股票在一段时间内连续低于转换价格达到某一幅度时,可转换公司债券持有人按事先约定的价格将所持可转换债券卖给发行人的行为。

5. 转换价格修正条款

转换价格修正是指发行公司在发行可转换债券后,由于公司的送股、配股、增发股票、分立、合并、拆细及其他原因导致发行人股份发生变动,引起公司股票名义价格下降时而对转换价格所做的必要调整。

七、附权证的可分离公司债券

附权证的可分离公司债券是指附有认股权证,且这些认股权证可以与主体债券相分离,单独交易的公司债券。

2006年5月8日,中国证监会发布《上市公司证券发行管理办法》,明确规定,上市公司可以公开发行认股权和债券分离交易的可转换公司债券(简分离交易的可转换公司债券),分离交易的可转换公司债券应当申请在上市公司股票上市的证券交易所上市交易,其中的公司债券和认股权分别符合证券交易所上市条件的,应当分别上市交易。

八、其他衍生工具

(一) 存托凭证

存托凭证(Depositary Receipts,DR)是指在一国证券市场流通的代表外国公司有价证券的可转让凭证。存托凭证一般代表外国公司股票,有时也代表债券。存托凭证又称预托凭证,是指在一国(个)证券市场上流通的代表另一国(个)证券市场上流通的证券的证券。存托凭证由J.P摩根首创,在美国称为ADR。

目前我国也开始酝酿推出中国存托凭证(CDR),即在大陆发行的代表境外或者香港特区证券市场上某一种证券的证券。

(二) 资产证券化与证券化产品

资产证券化是以特定资产组合或特定现金流为支持,发行可交易证券的一种融资形式。资产证券化以特定的资产池为基础发行证券。传统的证券发行是以企业为基础,而资产证券化则是以特定的资产池为基础发行证券。

在资产证券化过程中发行的以资产池为基础的证券称为证券化产品。通过资产证券化,将流动性较低的资产(如银行贷款、应收账款、房地产等)转化为具有较高流动性的可交易证券,提高了基础资产的流动性,便于投资者进行投资;还可以改变发起人的资产结构,改善资产质量,加快发起人资金周转。

1. 资产证券化的种类与范围

(1) 根据基础资产分类。根据证券化的基础资产不同,可以将资产证券划分为不动产证券化、应收账款证券化、信贷资产证券化、未来收益证券化(如高速公路收费)、债券组合证券化等类别。

(2) 按资产证券化的地域分类。根据资产证券化发起人、发行人和投资者所属地域不同,可将资产证券划分为境内资产证券化和离岸资产证券化。

① 离岸资产证券化。指国内融资方通过在国外的特殊目的机构(special purpose vehicles,SPV)或结构化投资机构(structured investment vehicles,SIVs),在国际市场上以资产证券化的方式向国外投资者融资。

② 境内资产证券化。即融资方通过境内SPV在境内市场融资。

(3) 按证券化产品的属性分类。根据证券化产品的金融属性不同,可分为股权型证券化、债权型证券化和混合型证券化。

2. 资产证券化的有关当事人(掌握)

(1) 发起人。又称原始权益人,是证券化基础资产的原始所有者,通常是金融机构或大型工商企业。

(2) 特定目的机构或特定目的受托人(SPV)。指接受发起人转让的资产,或受发起人委托持有资产,并以该资产为基础发行证券化产品的机构。通常要求满足破产隔离条件。

(3) 资金和资产存管机构。为保证资金和基础资产的安全,特定目的机构通常聘请信誉良好的金融机构进行资金和资产的托管。

(4) 信用增级机构。

(5) 信用评级机构。如果发行的证券化产品属于债券,发行前必须经过评级机构进行信用评级。

(6) 承销人。

(7) 证券化产品投资者。即证券化产品发行后的持有人。

除上述当事人外,证券化交易还可能需要金融机构充当服务人。服务人负责对资产池中的现金流进行日常管理,通常可由发起人兼任。

3. 资产证券化流程与结构

资产证券化交易的类别不同,复杂程度也不相同,图 4-2 以商业银行贷款证券化为例,显示了证券化交易的流程和结构。

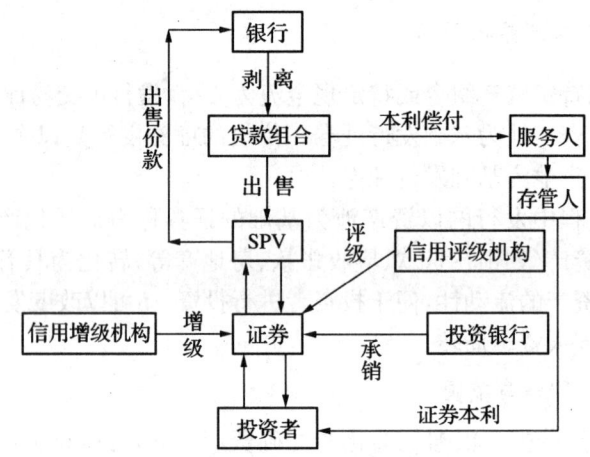

图 4-2 信贷资产证券化流程结构

4. 中国资产证券化的发展

(1) 20 世纪 90 年代三亚市开发建设总公司:房地产证券化。

(2) 2005 年 4 月,中国人民银行、中国银监会发布《信贷资产证券化试点管理办法》;2005 年 11 月,中国银监会发布《金融机构信贷资产证券化监督管理办法》;2005 年 12 月,作为资产证券化试点银行,中国建设银行和国家开发银行分别以个人住房抵押贷款和信贷资产为支持,在银行间市场发行了第一期资产证券化产品。

(3) 2005 年 12 月 21 日,内地第一只房地产投资信托基金(REITs):广州越秀房地产投资信托基金正式在香港交易所上市交易。

2006年以来我国资产证券化业务表现出下列特点：① 发行规模大幅增长、种类增多、发起主体增加；② 机构投资者范围增加；③ 二级市场交易尚不活跃。

目前资产证券化产品的投资主体主要是各类机构投资者，以大宗交易为主，通常采取买入并持有到期策略，导致市场流动性严重不足。

（三）结构化金融衍生产品

结构化金融衍生产品是运用金融工程结构化方法，将若干种基础金融商品和金融衍生品相结合设计出的新型金融产品。

目前最为流行的结构化金融衍生品主要是由商业银行开发的各类结构化理财产品以及在交易所市场上可上市交易的各类结构化票据。目前，我国内地尚无交易所交易的结构化产品。

任务五　证券投资基本分析

证券投资分析是证券投资的主要步骤，其目的在于选择最好的投资对象、抓住最有力的投资机会，争取最高的投资收益。证券投资分析的范围很广，方法也多种多样，但主要有两种分析方法，即基本分析方法和技术分析方法。

基本分析是对上市公司的经营业绩、财务状况，以及影响上市公司经营的客观政治经济环境等要素进行分析，以判定证券的内在投资价值，衡量其价格是否合理，并判断和预测今后的发展趋势。

技术分析是利用统计学的方法，撇开社会政治经济等影响证券价值的因素，仅对证券市场的供求关系、证券价格变化的历史、现状和动向进行分析，根据过去证券价格的变动情况来推测证券价格的未来走势，以期寻找合适的投资对象和时机。

这两种分析方法都有其合理的内涵，也都存在一定的片面性，因此应该将两者结合起来，使两种分析方法相互印证、互为补充、共同构成对证券投资的完整分析。

证券投资的基本分析包括：一是宏观分析，就是对影响企业正常运作的外部政治经济环境进行分析与预测；二是行业分析，它是对影响行业的各种经济因素进行分析；三是公司分析，它是对影响企业经营状况和管理状况的种种因素进行分析。可见，基本分析是由大到小，从整个经济分析到某个行业分析，再到单个证券分析，试图从中找出证券价格变动的内在依据和规律。

一、宏观分析

基本分析的第一步是进行宏观分析，即判断投资的经济政治环境、状况及其前景。目的在于确定证券投资的"大气候"，选择适当的投资机会并确定投资种类。

（一）经济周期

从整个国民经济看，由于经济运行受各种因素的影响，常常呈现周期性变化，经济周期由复苏、繁荣、衰退、萧条四个阶段组成。经济周期变化通过影响公司的生产和利润以及人们的收入水平，对证券市场价格产生重要影响。因此，对经济周期的预测不仅是政府、中央银行、企业部门所需要的,也是证券投资者所需要的。通过预测经济周期,投资者能比较准确地把握住周期波动的转折点,并以此作为投资决策的依据。

经济周期对证券市场的影响。与经济发展周期相适应,证券市场的行情也会呈周期性的变化。在一国经济开始走出谷底时,批发商和零售商逐步扩大商品的购买,增加存货;生产企业因产品的销路扩大,开始恢复和扩大生产,增加固定资产投资,生产者对于各种生产要素的需求量也随之增加,这就会引起利率、工资、就业水平和收入的上升。在这种情况下,投资者从过分悲观的预期中走出,重新参与证券投资。生产和销售情况的好转也支撑了股息、债息和证券价格的上升。此时购买证券可获得较高差价收益,投资者也可以从公司利润增加中分取较高的红利。

在经济从复苏、高涨达到顶峰以后,就会走向衰退。此时由于工资和利润都已上升,生产成本增加,生产者利润开始下降。又由于产销情况变化和利润减少,生产者逐步压缩生产规模,减少固定资产投资。结果,利率、物价、收入和就业水平都会下降,并且一直持续到谷底。在这种情况下,证券投资者从过分乐观的预期中醒悟,抛售证券,收回本金。投资者分取的股息和债息也因发行者利润减少而下降,从而使证券价格不断下跌。

需要注意的是,证券市场的趋势和经济周期在时间上往往并不一致。证券市场的变化比经济周期要超前一段时间。它在萧条阶段的中期达到底部转而回升,在繁荣阶段的中期达到峰值。经济周期对各行业的影响是不一样的,有些行业如耐用消费品行业,周期性特征非常明显,有些行业如公用事业、生活必需品行业的周期性特征不太明显。

(二) 国内生产总值

国内生产总值是一个国家或地区在一定时期内在其境内所生产的全部最终产品和劳务的市场价值综合。它是分析国民经济发展状况和预测经济发展趋势的最基本工具,是衡量整个经济活动水平最常用的综合性指标。持续上升的国内生产总值表明国民经济良性发展,制约经济的各种矛盾趋于或达到协调,人们有理由对未来经济发展产生良好的预期;相反,如果国内生产总值处于不稳定的非均衡增长状态,不均衡的发展可能激发各种矛盾,从而孕育一次深层次的经济衰退。

国内生产总值对证券市场价格的影响比较复杂。有时国内生产总值与股票价格变化的方向相一致,有时它与股票价格变化的方向、速度并不一致。在不同时期,尤其在短期内,两者变化速度有可能存在较大差异,有时甚至朝相反方向变化。在分析国内生产总值对证券市场价格影响的过程中,必须将国内生产总值与经济形势结合起来进行考察,看国内生产总值的变动是否将导致各种经济因素和经济条件的变化。

持续、稳定、高速的国内生产总值的增长将导致证券市场价格呈上升走势。在持续、稳定、高速增长的情况下,社会总需求与总供给协调增长,经济结构逐步趋于平衡,经济增长来源于需求刺激并使得闲置和利用率不高的资源得以充分的利用,从而表明经济发展的良好势头。此时证券市场将呈上升趋势。因为:第一,伴随总体经济成长,上市公司利润持续上升,股息和红利不断增长,企业经营环境不断改善,从而公司的股票和债券全面得到升值,促使证券市场价格上升;第二,人们对经济形势形成了良好预期,投资积极性的提高增加了对证券的需求,促使证券价格上涨;第三,随着国内生产总值的持续增长,国民收入和个人收入都不断提高,收入的增加将促使对证券的需求增加,从而证券价格上涨。

(三) 通货膨胀

通货膨胀的主要表现是货币供应量增加过快，导致物价上涨、货币贬值。通货膨胀与证券市场有着复杂的关系。通货膨胀的不同时期，不同原因引起的不同类型的通货膨胀对证券价格的影响不一样。

温和的通货膨胀会刺激股票价格上涨。现代经济增长必然伴随一定程度的通货膨胀，这是世界各国共有的现象。著名经济学家凯恩斯早就证明，一定程度的温和的通货膨胀有助于经济增长。因此，温和的爬行式的通货膨胀有利于股票市场行情发展。其原因是：物价上涨使企业过去用较低价格的原材料生产的库存产品价值增加，从而使上市公司利润增加；物价上涨，通货膨胀会刺激人们提前消费的欲望，企业销售额因此上扬，导致企业生产上升，利润增加；通货膨胀会促使人们产生保值心理，购买股票的人增加，使股票价格上升；通货膨胀初期的经济一般会出现繁荣景象，投资者的心理由乐观情绪主导，普遍看好后市，增加了对证券投资的需求；物价的上涨会导致机器设备、厂房等固定资产价值增加，从而导致上市公司净资产增加。由于温和的通货膨胀会增加证券投资需求，从而刺激股票价格上涨。

严重的和恶性的通货膨胀会导致股票价格下跌。当通货膨胀愈演愈烈，由良性发展为恶性，由爬行式发展为奔腾式的时候，它造成了证券价格下降。其原因是：货币贬值，生产要素价格大幅度上涨，企业周转资金急剧减少，生产成本大幅度增加，导致企业利润不断下降甚至亏损；严重的通货膨胀造成了投资者购买力的巨大损失；严重和恶性的通货膨胀破坏了正常的经济秩序，引起经济混乱，并有可能引起经济危机，使投资风险大大增加，投资者会从证券市场抽走资金用于购物保值或即期消费，证券件市场会全面下跌甚至崩溃；政府为了抑制通货膨胀，必然采取货币紧缩政策，大幅度提高利率，抑制经济进一步过热，利率上涨则导致股价下降；投资者对经济前景普遍感到悲观，因而大量抛售股票，导致证券价格持续下跌。

证券价格与通货膨胀的关系错综复杂，两者有时逆向运行，有时又同向运行。投资者必须区别不同情况的通货膨胀，采取不同的投资策略，才能避免通货膨胀对证券投资带来的风险。

(四) 利率水平

利率是资金的价格。对筹资者而言，它代表筹资成本的高低，对投资者而言，它代表投资收益的高低。利率是最重要的宏观经济指标之一。利率水平指标，除狭义的银行存贷款利率外，还包括再贴现率、保值补贴率等。利率与证券市场价格的变动关系特别密切。一般而言，利率上升则股价下跌，利率下跌则股价上升，它们之间呈反向变动关系。利率对证券价格的影响主要表现在以下方面。

1. 利率作为资金价格对股票市场产生直接影响

利率变动影响公司成本和盈利，进而影响股价。现代经济条件下，负债经营是公司经营的普遍现象，利率高低代表公司融资成本的高低。当利率水平上升时，市场资金趋于紧张，筹资成本增加，公司盈利相对减少，从而连带股价下跌；当利率水平下降时，表明市场资金供给增加，筹资成本相应下降，公司盈利增多，股票的投资价值进一步增加，会吸引更多的投资者入市，导致股票价格上升。

2. 利率变动影响资金流向进而影响股市供求关系及股价

股票价格变动是由市场供求关系变动造成的,在股票供给量不变的情况下,需求量起决定性作用,需求量又是直接由投入股市的资金量多少决定的。当进入股票市场的资金增加,股票价格会因得到强有力的支撑而上升。当进入股票市场的资金减少,股市会因失血而价格下降。而利率变动会改变社会投入股市资金量的大小。如果利率提高,投资股市的机会成本增加,存款吸引力将上升,有一部分资金从股市回流银行,从而引起股票价格下跌;反之如果利率下调,投资股市的机会成本减少,存款的吸引力下降,将有一部分资金从银行回流股市,从而拉动股票价格上升。

3. 利率变动影响投资者心理预期进而影响股价

利率是由资金市场供求关系决定的,同时又是国家调节、干预经济的重要杠杆。降低利率,是经济复苏的重要信号,说明国民经济运行已走出低谷,新一轮经济周期即将启动,经济将由萧条开始复苏。对经济发展良好的心理预期使投资者们普遍看好后市,踊跃购买股票使价格上扬;提高利率,是经济即将由繁荣逆转的信号,说明国民经济已达到过热的峰顶,为治理过热的经济,国家将实行从紧的货币政策,收缩经济。投资者心理预期趋向悲观,对经济前景的忧虑使其对后市失去信心,纷纷抛出股票,导致股价下跌。

(五) 财政政策

财政政策是政府依据客观经济规律制定的指导财政工作和处理财政关系的一系列方针、准则和措施的总称。财政政策与货币政策同为现代市场经济中最为重要的两种宏观调控手段。

财政政策包括财政收入政策和财政支出政策。财政收入政策的变化包括:政府有关税种、税率和起征点规定的变化。财政支出政策的变化包括:支出总额的变化和政府公债、举办公共工程和转移支付三大项目支出结构的变化。

财政政策的经济效应及对证券市场的影响。财政政策分为松的财政政策、紧的财政政策和中性财政政策。总的来说,紧的财政政策将使过热的经济受到控制,证券市场也将走弱,而松的财政政策刺激经济发展,证券市场走强。当经济不景气时,往往总供给大于总需求。政府运用松的财政政策刺激总需求,促进经济发展。这时政府实施的财政政策是:第一,增加财政支出,包括增加公共工程的开支、政府购买、转移支付等。支出增加的结果,一方面直接增加了总需求,另一方面刺激了投资与消费,又可以间接扩大总需求。第二,减少税收,包括免税或退税。减少个人所得税,可以使居民有较多的可支配收入,从而增加消费,居民消费的增加又可以刺激投资;减少公司所得税,则能刺激公司投资;减少间接税有利于增加商品的销售,从而又刺激了投资,并增加了投资者的收入,有利于消费的增加。可以说减税的最终效果也刺激了投资与消费,从而扩大了总投资。当经济过热时,总需求大于总供给,因此政府必须采取紧的财政政策,压抑总需求。这些财政政策包括:第一,减少财政支出,包括减少公共工程支出、政府购买、政府转移支付。减少支出,一方面直接减少了总需求,另一方面也限制了投资与消费,这样就可以缩小总需求。第二,增加税收。增加个人所得税可以减少居民的可支配收入,从而减少消费,消费的减少又可以使投资减少;增加公司所得税,则能限制公司的投资;增加间接税,限制了商品的销售与生产,从而限制了投资,同时也减少了投资者的收入,减少了消费。而增加税收的最后结果是限制了投资与消费,从而抑制了总需求。

由此可见,政府的各种财政政策可直接影响企业和个人的收入,而企业和个人收入状况必然影响证券市场。一般情况下,企业收入减少,其股票的价格会下跌;个人收入减少也会相应减少对于证券的需求,从而导致证券市场价格总水平下降。反之,企业和个人的收入增加,这一方面会刺激消费,另一方面也会刺激居民的投资欲望,流向证券市场的资金增加,股票价格就可能上升。

(六)政治事件

政治事件诸如战争、政变、动乱、政府换届和领导人物健康等会引起证券价格异常变动,它们是影响证券市场变动的非经济因素。

政治事件对证券市场的影响往往具有偶然性和突发性,人们事先无法预测。有些政治事件会对证券市场产生直接或间接的影响。例如,国际政治经济形势的变化,外交关系的变化和战争爆发会影响国际经贸关系。社会政治事件、国家领导人的更换和政权的更迭会直接影响国内的经济政策。社会动乱既会影响正常的社会经济秩序,从而影响企业经营的外部环境,还可能引起政治形势的变化和国内经济政策的变动,导致证券价格变化。有些政治事件不会引起经济的根本性变动,它所引起的证券价格异常变动只是暂时的,当政治事件平息后,证券市场又会恢复原来的运行轨道。因此,政治事件一般只能影响证券市场的短期走势,而不能影响证券市场的长期走势。

二、行业分析

行业分析是证券投资基本分析的重要组成部分。不同行业的发展前景、盈利状况和投资效益是不同的。任何一个企业都要受制于它所属行业的兴衰。同样,任何一个上市公司的证券价格都会或多或少的受到一些行业因素的影响。影响证券价格的行业因素主要有以下方面。

(一)行业的市场类型

行业的市场类型是指行业的市场占有率情况和行业的市场结构。根据行业的企业数量、产品性质、企业对价格控制能力和其他因素,可以把行业的划分为四种类型:完全竞争、垄断竞争、寡头垄断和完全垄断。

从完全竞争、垄断竞争、寡头垄断到完全垄断,各种市场类型的竞争程度递减,垄断程度递增。通常竞争程度越高的行业,新产品价格和企业利润受供求影响越大。如果企业在生产、经营和管理上稍有差错,就会导致亏损甚至破产。投资处于竞争行业的企业的证券,风险相对较高。而垄断程度越高的行业,可以依靠其垄断地位,制定价格,确定产量,以获得超额利润,因而投资这类企业的证券风险相对较小。但是各国在不同时期,都会根据市场的竞争和垄断情况,制订和实施反垄断法,产品垄断价格常常受到国家法律干预,受到一定限制,造成垄断利润难以大幅度提高,因此企业证券投资收益也趋于一般。

（二）行业的生命周期

多数行业从产生到衰退要经历一个相当长的过程，这一过程又可分为若干个发展阶段，每一阶段显示出不同的特征。我们将行业发展必然经历的若干阶段以及各阶段具有的某些特征概括为行业的生命周期。一般说来，行业的生命周期可分为初创期、成长期、稳定期和衰退期。

1. 初创期

处在初创期的行业，由于其生产亏损或利润极低，再加上行业前途未卜，因此其股票价格都很低。尽管如此，也吸引那些对这个行业前景看好的投资者和一些投机者。而且，公司在初创期为了增加竞争能力，扩充资本，常常会把利润的大部分甚至全部用来再投资，故支付给股东的现金红利较少，也导致该时期股票价格波动，投资风险较大。

在初创期的后期，随着行业生产技术的提高、生产成本的降低和市场需求的扩大，新行业便逐步由高风险、低收益的初创期转向高风险高收益的成长期。

2. 成长期

成长期又称为扩展期。新行业经历了初创期的艰难跋涉之后，由于自身优势，新产品逐渐赢得广大消费者的欢迎和信赖，市场需求上升，新行业也随之繁荣起来进入成长期。

这一时期企业的利润虽然增长很快，但所面临的竞争风险也非常大，破产率相当高。因此投资这行业的股票，一方面能够分享企业利润高速增长的收益，同时也要承担因竞争激烈企业亏损或破产而造成的损失。

经历了成长期后，新行业里的生产厂家数目逐渐稳定下来，由于市场需求趋于饱和，产品销售量的增长势头减缓，该行业的平均利润与其他行业相差无几，整个行业步入稳定期。

3. 稳定期

行业的稳定期是一个相对较长的时期。在行业稳定期，由于各企业稳健经营，行业增长速度保持在一个适度的水平，企业利润趋于稳定发展，该行业的股票价格也比较稳定，投资风险不大。

4. 衰退期

这一时期出现在较长的稳定期后。在行业的衰退期，由于原行业发展前景不佳，出现了企业数目减少、市场萎缩和利润下降的局面，该行业股票价格表现出平淡或者下跌。在该时期投资虽然风险比较小，但收益也比较低。

上述行业生命周期的四阶段只是一个总体状况的描述，在现实经济生活中，各行业受行业性质、政府干预、国外企业竞争和能源结构等一系列复杂因素的影响，可能会表现出不同的生命周期，也可能在同一生命周期里呈现出不同的特点。但是大多数行业的发展过程与上述生命周期的特点相符合。

（三）影响行业发展的其他因素

各种行业的生产活动都是在一定环境条件下进行的，不可避免要受到社会、法律、技术等多种因素的影响。因此对行业的分析不仅要了解行业的市场类型及行业自身发展所处的阶段，还要进一步了解影响行业发展变化的诸种因素。只有这样，才能做出正确的行业投资决策。对行业发展产生影响的因素有以下几点。

1. 科技进步和技术创新

技术进步对产业的影响是巨大的。新行业的出现是科技进步和技术创新的产物,一个行业发展也是由科技进步和技术创新来推动的。新技术产生的新行业使老行业衰败,有时技术进步会使老行业焕发青春。因此充分了解各种行业技术发展的状况和趋势,对投资者说是至关重要的。

2. 社会倾向和市场需求

在当今社会,消费者和政府越来越强调经济行业所应负的社会责任,越来越注意工业化给社会所带来的种种影响。这种日益增强的社会意识和社会倾向对许多行业已经产生了明显的作用。社会倾向对行业的兴衰,企业的经营活动、生产成本和利润收益等方面都会产生一定的影响。

社会上大多数人的生活习惯变化,可以使一个行业兴旺,也可以使一个行业衰退。随着生活水平和受教育水平的提高,人们的消费心理、消费习惯、文明程度会逐渐改变,就会引起某些商品的需求变化并影响着行业的兴衰。所有行业兴衰的因素最终都集中表现于对某一行业产品的供应和需求关系上。投资者通过分析行业的供需关系可以对行业的发展前景作深刻的了解。

3. 政府政策

政府依据社会经济发展需要而制定的产业政策会影响行业的发展和衰退。政府对短线和瓶颈行业、高科技行业采取鼓励政策,通过税收、信贷、津贴等措施,激励这些行业大发展,政府也可以对某些长线行业采取抑制政策,同样可借助于税收、信贷、限价等措施来限制它的发展。政府政策的变化对行业发展有重要的导向作用。

4. 相关行业变动

基于产品之间的替代、互补关系,一个行业发生变动,会导致相关行业也会发生某种变动。例如,如果相关行业的产品是该行业生产的投入,那么相关行业产品价格上升,就会造成该行业的生产成本提高,利润下降;如果相关行业的产品是该行业产品的替代品,那么若相关行业产品价格上涨,就会提高对该行业产品的市场需求,从而使市场销售量增加,公司利润也因此提高;如果相关行业的产品与该行业生产的产品是互补关系,那么相关行业产品价格上升,对该行业内部各企业的生产成本和利润会发生影响。

三、公司分析

公司分析又称企业分析,实际上是确认某一上市公司在本行业中的相对地位。公司分析主要是利用企业的历年资料,对它的资本结构、财务状况、经营管理水平、盈利能力、竞争实力等进行具体地考察和分析,对企业前途做出客观判断,从而找出高效益的企业作为投资对象。

(一)公司的竞争地位分析

1. 行业地位分析

行业地位分析的目的是找出公司所处行业的竞争地位,如是否是领导企业,在价格上是否具有影响力,有没有竞争优势等。在大多数行业中,无论其行业平均盈利能力如何,总有一些企业比其他企业具有更强的获利能力。企业的行业地位决定了其盈利能力是高于还是低于行业平均水平,决定了其行业的竞争地位。衡量公司行业竞争地位的主要指标是行业综合排序和市场占有率,市场占有率指标是公司市场营销战略的核心。

2. 公司区位分析

区位是指经济区位,即经济地理范畴上的经济增长极或经济增长点及其辐射范围,是资本、技术和其他经济要素高度集聚并且经济发展快速的地区。上市公司的投资价值与区位经济的发展密切相关。

(1) 区位内的自然和基础条件。自然和基础条件包括矿产资源、水资源、能源、交通、通信设施等。可以分析上市公司的经营条件对区位内的自然和基础条件的依赖程度,再分析自然和基础条件对上市公司经营条件的满足程度,从而得出上市公司的经济效益和发展前景的基本结论。例如,如果矿产资源有限,则以该矿产资源为主要劳动对象的上市公司的发展前景就不太乐观。

(2) 区位内政府的产业政策和其他相关的经济支持。如果区位内的上市公司的主营业务是属于当地政府产业政策支持的范围,则上市公司就可以凭借政府产业政策的支持扩大经营规模,并可借此取得较好的经营效益。

(3) 区位内的比较优势和特色。区位内的比较优势和特色是相对区位外而言的,主要包括经济发展环境、经济发展条件和经济发展水平等。例如,有的区位内汇集了大量的计算机软件开发方面的人才和相应的信息流、物流及相关的配套服务设施,那么,该区位内的相关上市公司在同等条件下就具有更强的竞争优势和发展空间。

3. 主营业务收入及市场占有率

在激烈的市场竞争中,公司竞争优势的确立主要依靠雄厚的资金实力、规模经营的优势、先进的技术水平、优异的产品质量和服务、高效的经营管理等条件,而竞争实力的强弱又集中表现在公司产品的销售额及其增长情况和产品市场占有率指标上。

(1) 主营业务收入。公司年销售收入的大小是衡量一个公司在同行业中相对竞争优势的重要指标。一般来说,主营业务越突出,年销售额越大,表明公司的竞争优势地位越强。主营业务收入在整个行业中排在前几名的公司属于该行业的领导型企业,这类企业的销售收入往往在市场同类产品中占有很大份额甚至长期居于支配地位,具有明显的竞争优势;而小型公司则可能在激烈的市场竞争中消亡。判断一个公司的竞争地位还必须从其主营业务收入的增长率来考察,只有那些既有相当规模又能长期保持销售收入迅速增长的公司才能保持在本行业的领导、支配地位,才能真正具有竞争优势,否则有可能被其他更有发展潜力的公司所取代。

一般来说,在其他条件相同的情况下,公司若能保持稳步的销售额和增长率,则公司的盈利水平也能稳定或稳步增长,股息派发相应稳定,投资者面临的投资风险大为降低。通常公司销售收入的稳定程度和增长程度与公司所在行业的性质有很大关系。

(2) 市场占有率。市场占有率是指一个公司的产品销售量占该类产品整个市场销售总量的比例。产品的市场占有率在衡量一个公司的竞争力方面占有重要的位置,通常从以下两个方面进行考察。① 公司产品销售市场的地域分布情况。从这一角度可将公司的销售市场划分为地区型、全国型和世界范围型。市场地域的范围能大致地估计一个公司的经营能力。② 公司产品在同类产品市场上的占有率。市场占有率是对公司的实力和经营能力较精确的估计。市场占有率越高,表明公司的经营能力和竞争力越强,公司的销售和利润水平越好、越稳定。

4. 销售额的稳定性

销售额及其增长是否能保持稳定,也是投资者在分析公司竞争能力时需要考虑的重要条件。在其他条件相同的情况下,公司若能保持稳定的销售额和增长率,则公司的盈利水平也能稳定或稳步增长,股息派发也相应稳定,投资者面临的投资风险将大为下降;相反,年销售额的大起大落必然给经营者带来困难,稳定的盈利和股息无从谈起,投资风险也相应加大。

公司销售收入的稳定程度与公司所在行业的性质有很大关系。一般说来,提供生活必需品和基本服务的公司的销售额较为稳定,经营生产资料和高档耐用消费品公司的销售额较为不稳定。投资者在分析销售额稳定性时要考虑公司所属的行业是周期型行业还是防守型行业。

5. 公司销售趋势预测

年销售额大小和销售额增长率只能说明过去。公司是否能继续保持雄厚的竞争实力和较快的增长速度,还需要对其销售趋势做出预测。预测公司未来销售趋势可用以下方法:① 运用最小二乘法找出公司销售额的回归趋势线;② 可以算出公司销售额占全行业销售额的百分比,再用回归分析法预测未来的百分比。

总之,当投资者在分析公司竞争实力时,主要应考虑以下原则:① 应选择在本行业中占主导地位的大公司;② 应选择增长率高于行业平均增长率或主要竞争对手的成长型公司;③ 应选择不仅在主营业务中而且在它所生产的其他产品的不同行业中都具有强大竞争实力的公司。

(二) 公司的技术水平和产品分析

1. 公司的技术水平

决定公司竞争地位的首要因素在于公司的技术水平。对公司技术水平高低的评价可以分为评价技术硬件部分和软件部分两类。相比较而言,公司的软件部分更为重要。技术硬件部分,如实验仪器、机械设备,包括单机或成套设备;软件部分,如生产工艺技术、专有技术、专利、知识产权、设备制造技术和经营管理技术,具备何等生产能力和达到什么样的生产规模,企业扩大再生产的能力如何,给企业创造了多少经济效益等。另外,企业如拥有较多的掌握技术的高级工程师、专业技术人员等,那么企业就自然能生产较多、较好、优质的适合市场需求的产品,企业就会具有某种竞争优势。在现代企业中,企业新产品的研究与开发能力是决定企业竞争成败的关键因素,因此企业一般都确定了占销售额一定比例的研究开发费用,这一比例的高低往往体现企业的新产品开发能力。产品的创新包括研制出新的核心技术,开发出新一代产品,研究出新的工艺,降低现有生产成本等,从而提高企业的核心竞争能力。

2. 产品分析

(1) 产品的竞争能力分析。如果一个公司具备了成本优势、技术优势、质量优势、品牌优势，其产品的竞争优势就会得到确立。成本优势是指公司的产品依靠低成本获得高于同行业其他企业的获利能力。在很多行业中，成本优势是决定竞争优势的关键因素。企业一般通过规模经济、专有技术、优惠的原材料和低廉的劳动力实现成本优势。企业的技术优势是指企业拥有的比同行业其他竞争对手更强的技术实力及其研究与开发新产品的能力。这种能力主要体现在生产的技术水平和产品的科技含量上。质量优势是指公司的产品以高于其他公司同类产品的质量赢得市场，从而取得竞争优势。质量是产品信誉的保证，质量好的产品会给消费者带来信任感。不断提高公司产品的质量是提升公司产品竞争力的行之有效的方法，具有质量优势的上市公司往往在该行业中占据领先地位。

(2) 产品的市场占有率。分析公司的产品市场占有率，可从以下两个方面进行：① 公司的产品销售市场的地域分布，看其是属于地区型还是全国型或是世界型的。市场分布越广，说明公司的经营能力越强。② 公司产品销售量占该类产品整个市场销售总量的比例。该比例越高说明公司的经营能力和竞争力越强。

(3) 品牌战略。品牌是一种商品名称和商标的总称。商品用户可以通过品牌将此公司商品与其他公司商品区别开来。品牌不仅是产品的标志，而且是产品质量、性能及满足消费者效用可靠程度的综合体现。品牌竞争是产品竞争的深化和延伸。当产业进入成熟期、产业竞争充分展开时，品牌就成为产品及企业竞争力的一个越来越重要的因素，品牌具有产品所不具有的开拓市场的多种功能：① 品牌具有创造市场的功能；② 品牌具有联合市场的功能；③ 品牌具有巩固市场的功能。分析上市公司品牌，主要看其有无品牌战略及其品牌前景如何等。

(三) 公司的成长性分析

1. 公司经营战略分析

经营战略是企业战略思想的集中体现，是企业经营范围的科学规定，同时又是制定规划的基础。经营战略是在符合和保证实现企业使命的条件下，在充分利用环境中存在的各种机会和创造新机会的基础上，确定企业同环境的关系，规定企业从事的经营范围、成长方向和竞争对策，合理地调整企业结构和分配企业的资源。经营战略具有全局性、长远性和纲领性的特征，它从宏观上规定了公司的成长方向、成长速度及其实现方式。

2. 公司规模变动特征及扩张潜力分析

公司规模变动及扩张潜力一般与其所处的行业发展阶段、市场结构、经营战略密切相关，它是从微观方面具体考察公司的成长性。通过分析公司规模的扩张动力是来自供给推动还是来自需求拉动，公司是用产品创造市场常求还是用产品去满足市场需求，是靠技术进步还是靠其他因素实现扩张等，指出公司发展的内在规律；通过比较公司历年的销售、利润和资产规模等数据判断公司的发展趋势是加速发展还是稳步扩张或停滞不前；通过将公司的销售、利润、资产规模等数据及其增长率与行业平均水平比较及与主要竞争对手的数据比较，了解公司行业地位的变化。另外，还可以通过分析、预测公司主要产品的市场前景及公司的投资和筹资能力来分析公司的扩张潜力。

(四)公司财务分析

1. 公司财务分析的基本内容

(1) 生产经营状况和管理水平分析。生产经营状况和管理水平是围绕公司供、产、销各环节,从财务上反映的是公司融资、投资过程的现状,揭示了公司生产经营各环节是否衔接并能顺利运转,财务上是否能给予资金保证。每个公司都有其主营业务,或从事产品生产,或从事商品流通,或从事房地产经营,或从事对外投资等。生产经营状况和管理水平分析,则根据公司的性质、经营范围和目的的不同,各有特点,各有侧重。生产经营状况和管理水平分析是公司财务分析的基础和重点,必须在充分了解公司基本业务的经营状况和管理现状的前提下才能进行分析。

(2) 财务状况分析。财务状况是公司各项基本要素的分布与运用的货币表现,揭示了公司资金筹集、运用、分配、调度和控制的现状,是资金在时间上和数量上相互协调情况的反映。财务状况分析包括流动资产、固定资产、对外投资、无形资产的分布与运用状况的分析,负债的分析和所有者权益的分析。一般由公司的资金结构即公司的资产、负债及所有者权益的结构和平衡情况、公司的筹资能力和筹资成本、偿债能力等来揭示。财务状况分析直接受到公司所有者、债权人、中介机构等对公司有经济利益关系者的关注,这是财务分析的关键内容。

(3) 经营成果分析。经营成果是公司生产经营各环节顺利运转的结果,反映公司生产经营成果的效率或效益,是公司投入的经济资源所创造的利润,是公司经营决策和经营管理各方面工作的综合反映,也是财务分析的又一重点内容。经营成果分析包括公司主营业务的收入、成本、经营管理费用、营业外收支的分析和公司利润及其分配的分析。经营成果分析不仅要进行销售利润、经营利润、利润总额、公司净利润和利润分配政策的各环节分析,要分析各因素的影响及其影响程度,分析公司利润稳定性、资产收益性和投资安全性,还要对股利政策、股利种类及股利的支付方式等开展分析。

(4) 公司综合分析评价。对公司综合分析评价是在各项具体分析的基础上,将有关的资料加以汇总,进行综合分析与评价,形成分析的最后结论和评价意见。一般是在对公司财务报告的全面分析之后,将公司的偿债能力、营运能力、获利能力、投资效益、公司目标的实现程度、不同角色的考核与衡量等各方面的财务指标综合起来,进行纵向比较、横向比较,全面地对公司的财务状况进行分析。通过综合的财务分析,全面了解公司的财务状况,掌握其发展趋势,并通过比较,从中找出差距,提高公司的财务管理水平。

2. 公司财务报表分析

(1) 纵向分析法。纵向分析法是分析同一年度会计报表中各项目之间的比率关系,从而揭示各个会计项目的数据在企业财务中的相对意义。在进行纵向分析时,首先,将同一年度资产负债表的"资产总额""负债和股东权益总额"作为分析的基数。然后,将表中全部资产类项目的余额化作"资产总额"的百分数列计,将属于"负债和股东权益"的各个项目的余额化作"负债和股东权益总额"的百分数列计。这样就可以反映出企业的资产占用构成是否合理,存在什么问题。其次,将"损益表"中"销售收入"数据当作基数,再列计各项成本费用、所得税税金及利润项目的百分率,这样可清楚地反映企业的各项费用率和销售利润率等。

此外，还可以将不同年度财务报表纵向分析的结果进行对照比较，分析不同年度各项目的百分率变动情况，使纵向分析带有动态分析的性质。纵向分析法使在同一行业中规模不同的企业的财务报表有了可比性，因为把各个会计项目的余额都化成百分数，在经营规模不同甚至相差悬殊的企业之间就有了可比的基础，就可以比较它们之间的经营状况和财务状况。纵向分析法是财务报表分析中一种常用的方法。

（2）横向分析法。横向分析法是采用环比的方法比较"资产负债表"和"损益表"，即将企业连续两年或数年的会计数据按时间序列排列，进行前后期对比，并增设"绝对额增减"和"相对额增减"两栏，编制出比较财务报表，以揭示各会计项目在这段时间内所发生的绝对金额和百分率的变化情况及变化趋势。横向分析法一般只用于单个企业的分析。

（3）趋势分析达。趋势分析法又称指数分析法，是将同一公司连续多年的会计报表中的重要项目，如销售收入、销售成本、费用、税前净利、税后净利等集中在一起，再与某一基年的相应数据作百分率比较的分析方法。在进行趋势分析时，首先要选择某一会计年度为基期，并将基期会计报表中各个项目或若干重要项目的余额定为100%。要注意的是，基期必须是各方面情况都比较正常、较有代表性的会计年度，各项目基期的值必须为正值才有比较的可能。其次，将以后各年度的会计报表中相同项目的余额除以基期相应项目的余额再乘以100%，并按年度顺序排列。通过计算、排序、分析，可以反映企业的资产、负债、股东权益及收入、成本、费用、利润等项目相对于基期的增减情况、变动幅度，并可据此预测企业经营活动和财务状况的未来变化趋势。

3. 财务比率分析

财务比率将损益表、资产负债表及现金流量表各项目有机地联系起来，通过财务比率分析，可以提供评价公司现有状况的线索，并能够预测未来业绩的走势。这些财务比率主要有以下三大类：

第一大类，公司偿债能力的财务指标分析。公司短期偿债能力的指标分析是指运用一系列财务指标对公司一年内或一个营业周期内偿还债务能力的分析。反映短期偿债能力的指标主要有以下6种：

（1）流动比率。流动比率是指公司特定日的流动资产与流动负债的比率，它表示单位流动负债所对应的流动资产的金额大小。其计算公式为：

$$流动比率 = 流动资产 / 流动负债$$

流动比率计算简便，所需资料容易获取，是普遍用以衡量公司短期偿债能力的重要财务指标。① 流动比率显示公司流动资产抵偿流动负债的程度。一般来说，流动比率越高，表明流动负债受偿的可能性越大，短期债权人的利益越有保障。② 流动比率可以反映公司受突发事件影响经营产生困难时的应付能力。流动比率越高，表明流动资产超过流动负债的营运资金越多，公司应付诸如债券违约、破产等财务危机的能力越强。流动比率也是短期债权人评估公司安全边际的重要财务指标。

（2）速动比率。速动比率又称酸性比率，是指公司速动资产与流动负债的比率。其计算公式为：

$$流动比率 = 速动资产 / 流动负债$$

速动比率用变现能力更强的速动资产代替流动资产,可以更好地反映企业短期偿债能力,也是一个常用的财务指标。① 速动比率反映了公司速动资产抵偿流动负债的程度。一般来说,速动比率越高,表明流动负债受偿的能力越高,短期债权人的利益越有保障。② 速动比率比流动比率更为严谨地反映了公司短期偿债能力。由于速动比率在计算时扣除了变现能力差的资产项目,考虑了风险承受能力,更为实际地反映了公司流动资产的变现能力。在公司面临财务危机而存货难以变现等情况下,速动资产的大小对短期偿债能力有决定性的意义。因此,速动比率在测验公司应付突发事件的能力方面具有更高的预测性。

(3) 现金流量比率。现金流量比率是指公司某一时期营运活动所产生的净现金流量与流动负债的比率,它表示单位流动负债所对应的由营运而产生的净现金流量的大小,是一个基于现金流量表的指标。其计算公式为:

$$现金流量比率 = 经营活动中产生的净现金流量 / 流动负债$$

现金流量比率越高,表示公司资产变现的风险越小,变现时间越短,从而公司短期偿债能力越强;反之,比率越低,短期偿债能力越弱。与流动比率、速动比率相比,现金流量比率计算中所需的资料不仅依赖资产负债表,而且还需从损益表和现金流量表中取得,它反映了公司流量与存量的关系,能动态地反映公司的短期偿债能力。

(4) 应收账款周转率和应账款项平均收账期。应收款项周转率是指公司在一定时期内赊销净额与应收款项平均余额的比率;应收款项平均收账期是指公司在一定时期的应收款项与年平均每日赊销额之间的比率,其计算公式分别为:

$$应收账款周转率 = 销售收入 / 平均应收账款$$

$$应收账款平均收账期 = \frac{360 天}{平均应收账款周转率} = \frac{平均应收账款 \times 360 天}{销售收入}$$

这两种财务指标反映了公司特定期间回收赊销款项的速度和效率。应收款项周转率越高,说明公司在短期内收回货款、利用营运产生的资金支付短期债务的能力越强;反之,应收款项周转率越低,表明公司短期债务偿还能力越低。应收款项平均收账期数字越大,表明公司收回货款所需的时间长,利用营运产生的资金偿付短期债务的能力越低;反之,应收款项平均收账期越短,表明公司短期偿债能力越高。

(5) 存货周转率和存货平均周转期。存货周转率是指公司某一特定期间的存货余额与当期销货成本的比率;存货平均周转期拦指公司某一特定期间的存货周转一次平均所需的时间。其计算公式分别为:

$$存货周转率 = 销售成本 / 平均存货$$

$$存货平均周转期 = \frac{360 天}{存货周转率} = \frac{平均存货 \times 360 天}{销售成本}$$

这两种财务指标反映了公司在特定期间,存货通过销售实现周转的速度及存货的利用效率。存货周转率越高,表明存货的使用效率越高,存货积压的风险相对减小,公司通过销售实现的营运资金偿还短期债务的能力越强;反之,存货周转率越低,表明公司营运能力越低,偿还短期债务的能力越弱。存货平均周转期越长,表明存货周转一次平均所需的时间越长,存货积压的风险相对增大,公司通过销售实现的营运资金偿还短期债务的能力越弱;反之,存货平均周转期越短,表明公司短期偿债能力越强。

(6) 应付款项周转率和应付款项平均付款期。应付款项周转率是指公司在一特定期间的赊购净额与公司同期平均应付款项的比率;应付款项平均付款期是指公司某一特定期间每需支付一笔应付款项平均所需的间隔时间。其计算公式分别为:

$$应付款项周转率 = 赊销净额 / 平均应付款项$$

$$应付款项平均付款期 = 360 天 / 赊销净额$$

应付款项周转率与应付款项平均付款期,反映了公司购买物资时接受销售信用的程度。一般来说,应付款项周转率越低,应付款项平均付款期越长,公司对销售信用的依赖程度越大。平均付款期与平均收款期关系密切,如果平均付款期与平均收款期相差太多,可能会造成公司资金周转上的困难。因此,这两个财务指标间接地反映了公司短期偿债能力的强弱。

公司长期偿债能力的财务指标分析是指运用一系列财务指标,对公司一年以上或一个营业周期以上偿还债务能力的分析。反映公司长期偿债能力的指标,主要有以下 8 种:

(1) 负债比率。负债比率是指负债与总资产的比率,它是公司的负债总额与资产总额的比率。其计算公式为:

$$负债比率 = 负债总额 / 资产总额$$

式中的"负债总额"不仅包括长期性负债,还包括短期性负债。这是因为,流动负债作为一个整体,公司都是长期占用的,可以视为公司的长期性资本来源的一部分,否则该指标就无法体现公司真实的负债情况。负债比率反映了公司总资产中,由债权人提供的资产所占的比率。对债权人来说,负债比率越低,表明股东权益的比率越大,债权人的利益得到保护的可能性越大,公司长期偿债能力越强;反之,负债比率越高,则表明公司长期偿债能力越弱。

(2) 权益比率。权益比率又称净值比率,是指公司股东权益与资产的比率。其计算公式为:

$$权益比率 = 股东权益总额 / 资产总额$$

权益比率反映公司总资产中,由投资者提供的资产所占的比重。权益比率越高,表明公司长期偿债能力越高;权益比率越低,表明公司长期偿还债务的能力越低。

(3) 产权比率。产权比率又称债务股权比率,是指负债总额与股东权益总额的比率。其计算公式为:

$$产权比率 = 负债总额 / 股东权益总额$$

产权比率反映了债权人提供的资本与股东提供的资本的相对关系,表明了股东权益对债权人权益的保障程度。一般来说,产权比率越低,表明股东对债权人承担的责任越大,公司的长期偿债能力越强;反之,产权比率越高,表明公司的长期偿债能力越弱。

(4) 有形资产净值债务率。有形资产净值债务率是指企业负债总额与有形资产净额之比。有形资产净值是股东权益减去无形资产净值,即股东具有所有权的有形资产的净值。其计算公式为:

$$有形资产净债务率 = \frac{负债总额}{股东权益总额 - 无形资产净值}$$

有形资产净值债务率实际上是负债与股东权益比率的延伸,更为谨慎地反映公司清算时债权人投入资本受到股东权益的保障程度。公式中之所以扣除无形资产净值,是因为专利权、商标权、非专利技术、商誉等无形资产不一定能够变现用来偿债。从长期偿债能力来讲,该比率越低越好。

(5)长期负债比率。长期负债比率是指公司长期负债对总资产的比率。其计算公式为:

$$长期负债比率 = 长期负债 / 资产总额$$

长期负债比率反映了公司的总资产对长期负债的负担能力。长期负债比率越高,表明公司总资产对长期负债的负担越重,公司经营对外来长期资本的依赖性越强,公司长期债务的偿还压力越大,债权人的风险越高;反之,长期负债比率越低,表明公司长期债务的偿还压力越小,债权人的风险越低。

(6)长期负债对总负债的比率。长期负债对总负债的比率是指长期负债对总负债的比率,反映了公司债务结构。其计算公式为:

$$长期负债对总负债的比率 = 长期负债 / 负债总额$$

长期负债对总负债的比率越高,公司长期偿债的压力就越大;长期负债对总负债的比率越低,公司负债中可供长期使用的部分就越少,对短期债权人的依赖程度就越高。

(7)流动资产对总负债的比率。其计算公式为:

$$流动资产对总负债的比率 = 流动资产 / 负债总额$$

流动资产对总负债的比率反映了公司在不变卖长期资产的前提下,以流动资产偿还全部债务的能力。该指标值越大,反映公司用流动资产偿还全部债务的能力越强;反之,指标值越小,表明公司用流动资产偿还全部债务的能力越强。该指标对分析公司长期偿债能力具有辅助作用。

(8)利息支付倍数。利息支付倍数是指企业利润与利息费用的比率,用以衡量偿付借款利息的能力,也叫利息保障倍数。利用这一比率,可以测试债权人投入资本的风险。其计算公式为:

$$利息支付倍数 = 息税前利润 / 利息费用$$

式中的"税息前利润"是指利润表中未扣除利息费用和所得税之前的利润,它可以用"利润总额加利息费用"来预测,"利息费用"是指本期发生的全部应付利息,不仅包括财务费用中的利息费用,还应包括计入固定资产成本的资本化利息。已获利息倍数是用于衡量公司从各种渠道筹集的资金中获得的收益是所需支付利息的多少倍,只有已获利息倍数足够大,公司才能有足够的能力偿付利息;否则企业支付利息的能力就比较弱。判断公司该指标是否合理,需要将该公司的这一指标与其他企业,特别是同行业平均水平进行比较。一般说来,企业的利息支付倍数至少要大于1,否则就难以偿付债务及利息。

第二大类,公司营运能力的财务指标分析。

公司营运能力分析,是指对公司运用现有经济资源能力的分析。公司营运能力直接影响公司的偿债能力和盈利能力,也是公司经营业绩的重要反映。反映公司营运能力时运用的主要财务指标有以下 4 种。

(1) 总资产周转率

总资产周转率,又称投资周转率,是指销售收入与平均资产总额的比值。如果企业的资产总额中包含无形资产,则应作相应扣除,即以销售收入与平均有形资产总额相除。其计算公式为:

$$总资产周转率 = 销售收入 / 平均资产总额$$

式中的"平均资产总额"是资产负债表中"资产总计"的年初数与期末数的平均数。总资产周转率说明企业投资的每一元钱在一年之内可产生多少销售额,从总体上反映了企业利用资产创造收入的效率。该比率越高,表明企业投资发挥的效率越大,企业利润率也越高;反之,则说明资产利用程度低,投资效益差。但是总资产周转率在不同行业之间几乎没有可比性,资本密集程度越高的行业总资产率越低。

(2) 固定资产周转率

固定资产周转率是指公司在一定时期(通常为一年)内销售收入总额与固定资产平均余额的比率。其计算公式为:

$$固定资产周转率 = 销售收入 / 固定资产平均余额$$

固定资产周转率越高,表明公司在一定时期内固定资产的周转次数越多,说明固定资产的利用效率越高,单位固定资产创造的销售收入越多。

(3) 流动资产周转率

流动资产周转率是指销售收入与全部流动资产的平均余额的比值。其计算公式为:

$$流动资产周转率 = 销售收入 / 平均流动资产$$

式中的"平均流动资产"是资产负债表中"流动资产"期初数与期末数的平均数。流动资产周转率反映的是流动资产的周转速度。周转速度快,会相对节约流动资产,等于相对扩大资产投入,增强企业盈利能力;而较慢的周转速度,需要补充流动资产参与周转,会形成资金浪费,降低企业盈利能力。

(4) 营运资金周转率

营运资金周转率是指公司一定时期(通常为一年)内,销售收入总额与营运资金平均额的比率。其计算公式为:

$$营运资金周转率 = 销售收入 / 营运资金平均额$$

营运资金周转率越高,表明营运资金的利用效率越好,单位营运资金创造销售收入的能力越强;营运资金周转率越低,表明营运资金的利用效率越低。

第三大类,公司盈利能力分析。盈利能力是企业赚取利润的能力。公司投资和证券投资的主要目的在于,在风险一定的情况下,获取最大的利润额。公司盈利能力分析是投资者最重视的分析内容之一。公司盈利能力主要表现在公司经营业绩、资产收益效率、投资效率等方面。

(1) 公司经营业绩的财务指标分析。分析公司销售业绩时,运用的主要财务指标有以下3种:

① 销售毛利率。销售毛利率是指企业销售毛利与销售收入净额的比率关系。其计算公式为:

$$销售毛利率 = 销售毛利 / 销售收入净额$$

销售毛利率表示每百元销售收入扣除销售成本后,有多少钱可用于各项期间费用及形成盈利。一般说来,毛利率越大,说明在销售收入中,销售成本所占的比重就越小,产品的获利能力就越高。如果企业的毛利率过低,公司就不能盈利或盈利太少。

② 销售净利率。销售净利率是指净利与销售收入的百分比。其计算公式为:

$$销售净利率 = 净利润 / 销售收入$$

净利或称净利润,在我国会计制度中是指税后利润。该指标反映每一元销售收入带来的净利润,表示销售收入的收益水平。从销售净利率的计算式来看,净利与销售净利率呈正比关系,而销售收入与销售净利率呈反比关系。企业在增加销售收入的同时,必须相应获得更多的利润,才能使销售净利率保持不变或提高。通过该指标的分析,可以促使企业在扩大销售的同时,注意改进经营管理,提高盈利水平。

③ 主营业务利润率。主营业务利润率是指公司主营业务利润与主营业务收入的比率。其计算公式为:

$$主营业务利润率 = 主营业务利润 / 主营业务收入$$

主营业务利润率反映了公司主营业务的获利能力。该指标值越高,表明公司主常业务突出,发展稳定,在竞争中的优势明显。

(2) 资产收益效益的财务分析。资产收益效益的财务分析是指对公司运用资产获取利润能力的分析,分析公司资产收益效益时,常用的财务指标有以下3种:

① 资产报酬率。资产报酬率又称资产净利率,是指企业净利润与平均资产总额的百分比,它反映企业资产的营运效果,即企业运用资产获取利润的能力。其计算公式为:

$$资产报酬率 = 净利润 / 平均资产总额$$

资产报酬率主要用于衡量企业利用资产获取利润的能力。该指标越高,说明资产利用效果越好;否则说明企业资产营运效率低下,经营管理存在一定的问题。为了正确评价企业的该项指标,可以用该项指标与企业前期、与计划、与同行业平均水平和同行业先进水平进行对比。

② 净资产收益率。净资产收益率是指净利润与午末净资产的百分比,也称作净值报酬率或权益报酬率。其计算公式为:

$$净资产收益率 = 净利润 / 年末净资产$$

式中,"年末净资产"是指资产负债表中"股东权益合计"的期末数。一般来说,如果考察的企业不是股份制企业,该公式中的分母也可以使用"平均净资产"。该指标反映企业所有者权益的投资收益率，具有很强的综合性，是考察我国上市公司经营业绩最重要的指标之一。如果上市公司的经营业绩达不到规定的指标要求，将无法进行证券市场的再融资，从而也就无法继续通过发行股票融资。

③ 营运资产收益率。营运资产收益率是指公司一定时期营业利润与平均营运资产的比率。其计算公式为：

$$营运资产收益率 = 营业利润 / 平均营运资产$$

营业利润是公司日常经营业务所获取的利润，它一般由主营业务利润与其他营业利润构成。营运资产是总资产中扣除固定资产、无形资产、递延资产和其他资产后的余额。营运资产收益率越高，表明营运资产的创利能力越强；营运资产收益率越低，说明营运资产的创利能力越低。由于营运资产收益率排除了非营业因素对公司获利能力的影响，因而更为准确地反映了公司运用营运资产获取营运利润的能力。

(3) 投资效率的财务指标分析。这里的投资效率分析，是从公司所有者即股东的角度，分析其投资获利的能力。分析时常用的财务指标有以下 7 种：

① 每股净收益。每股净收益是指税后净收益减去优先股股息后，与发行在外的加权平均普通股股数的比值。其计算公式为：

$$每股净收益 = \frac{税后净利润 - 优先股股利}{发行在外的加权平均普通股股数}$$

式中，"发行在外的加权平均普通股股数"，是指对某一会计期间不同时间发行的普通股，按照其流通在外的股数进行加权平均的股数。每股净收益是衡量上市公司盈利能力最重要的财务指标，它反映普通股的获利水平。在分析时，可以进行公司间的比较，以评价该公司相对的盈利能力；可以进行不同时期的比较，了解该公司盈利能力的变化趋势；可以进行经营实施和盈利预测的比较，掌握该公司的管理能力。

② 每股净资产。每股净资产是指公司净资产与发行在外的加权普通股股数的比率。其计算公式为：

$$每股净资产 = 净资产 / 发行在外的加权平均普通股股数$$

每股净资产反映了普通股每股所代表的股东权益。该指标值越大，表明普通股每股所代表的权益额越大；该指标值越小，表明普通股每股所代表的股东权益额越小。

③ 市盈率。市盈率是指每股市价与每股收益的比率，亦称本益比。其计算公式为：

$$市盈率 = 每股市价 / 每股收益$$

市盈率是衡量股份制企业盈利能力的重要指标，表明投资者愿意为 1 元公司净收益所支付的股票价格相当于净收益的倍数，是分析股价与公司净收益之间相互关系的主要指标。它是投资者评估公司股票价值最常用的依据。显然，市盈率越高，说明公司盈利能力相对较低或是股价偏高；反之，市盈率越低，说明公司盈利能力较强或是股价相对偏低。而且收益率相对较低也反映投资风险较小。因此，投资者一般都偏好市盈率低的股票。但该指标不能用于不同行业公司的比较，且受股价波动、投机炒作等因素的影响。

④ 股利发放率。股利发放率是指普通股股东所分得的股利与可供普通股股东分配的

净利的比率,即普通股每股股利与普通股每股收益的比率。其计算公式为:

$$股利发放率 = 普通股每股股利 / 普通股每股收益$$

股利发放率是衡量普通股股东实际分得股利的财务指标。该指标值越高,表明普通股股东从每股的全部净收益中分得的部分越多。公司股利发放率的高低取决于公司的股利分配政策,以及公司对资金的需求状况。对单独的普通股投资人来讲,在短期时间内,股利发放率较每股盈余有更实际的意义。

⑤ 本利比。本利比又称市价股利率,是指股票市场价格与股东获得股利之间的比率。其计算公式为:

$$本利比 = 每股市价 / 每股股利$$

股票市价是投资人投资股票要付出的成本,股利是股票持有者实际获得的收益。本利比可以反映投资者每期成本收回的比例大小,也可反映投资者收回投资成本的时间。本利比较高,表明投资者每期收回的成本比例较小,收回投资成本所需的时间长,投资者的风险高;反之,本利比低,表明投资者每期收回的成本比例较大,收回投资成本所需的时间短,投资者的风险小。

⑥ 股利报酬率。股利报酬率是指每股股利与每股市价间的比率。其计算公式为:

$$股利报酬率 = \frac{每股股利}{每股市价} = \frac{1}{本利比}$$

股利报酬率反映了投资者每付出 1 元投资成本实际获得的利润大小。该指标越高,表明投资者股票投资效益越高。它也体现了投资者从股利获得的报酬,取决于股票的价格、公司盈利的能力和股利发放率的关系。

⑦ 股东权益成长率。股东权益成长率是指公司留存收益与股东权益平均总额之间的比率。其计算公式为:

$$股东权益成长率 = \frac{净利润 - 股利}{股东权益平均总额}$$

股东权益成长率反映了一个公司股东权益因公司盈利而发生变化的程度。该指标值越低,反映公司股东权益增长的幅度越小。同时该指标还表明,在股东权益平均总额一定的情况下,股东权益的成长率取决于公司净利和发放股利的大小。

(五) 公司重大事项分析

1. 公司的资产重组

资本市场上的资产重组主要包括以下几种类型:公司扩张、公司调整、公司所有权和控制权转移。在具体的重组实践中,这三类不同的重组行为基于不同的重组目的,不同的重组方式对上市公司的影响不同。

1) 资产重组的方式

从资本市场的运作实践来看,公司(不仅包含上市公司,也包含各种非上市公司)资本运营战略的方式可以分为以下 3 种类型。

（1）扩张型资产重组。扩张型资产重组通常是指以扩大公司经营规模和资产规模为目的的重组行为。此类重组行为为包括以下几种：① 购买房地产、债权、业务部门、生产线、商标等有形或无形的资产，收购方不承担与该部分资产有关联的债务和义务。② 收购公司，通常是指获取目标公司全部股权，使其成为全资子公司或者获取大部分股权处于绝对控股或相对控股地位的重组行为。通过收购，公司可以获得目标公司拥有的某些专有权利，如专营权、经营特许权等，能更快地获得原有公司的特有组织资本而产生的核心能力。③ 收购股份，一般是指不获取目标公司控制权的股权收购行为，只处于参股地位。④ 合资或联营组建子公司，通过该方式，可以将公司与其他具有互补技能和能源的合作伙伴联系起来，获得共同的竞争优势。⑤ 公司合并，即两家以上的公司结合成一家公司，原公司的资产、负债、权利和义务由新设或存续的公司承担。

（2）调整型资产重组。调整型资产重组包括：① 不改变控制权的股权置换，其主要目的是实现公司控股股东与战略伙伴之间的交叉持股，以建立利益关联；② 股权与资产置换，公司的原有股东以出让部分股权为代价使公司获得其他公司或股东的优质资产，是一种以股权方式收购资产的行为；③ 不改变公司资产规模的资产置换；④ 缩小公司规模的资产出售，即公司将其拥有的某些子公司、部门、产品生产线、固定资产等出售给其他经济主体；⑤ 公司分立，即公司将其资产与负债转移给新设立的公司，新公司的股票按比例分配给母公司股东，从而在法律上和组织上将部分业务从母公司中分离出去，形成一个与母公司有着相同股东的新公司；⑥ 资产配负债剥离，即将公司资产负债衣中的资产配上等额的负债，一并剥离出公司母体，划给接受方。

（3）控股权变更型公司重组。公司的所有权与控制权变更是公司重组的最高形式。常见的控制权转移的主要方式包括以下6种：① 国有股的无偿划拨，这是我国证券市场常见的一种方式，其目的在于调整和理顺国有资本的运营体系或利用优势企业的管理经验来重振处于困境的上市公司。② 股权协议转让，即股权的转让方与受让方不通过交易所系统集合竞价的方式进行买卖，而是通过面对面的谈判方式，在交易所外进行交易。③ 公司股权托管和公司托管，即公司股东将其持有的股权以契约的形式，在一定条件和期限内委托给其他法人或自然人，由其代为行使对公司的表决权。④ 股份回购，即公司或是用现金，或是以债权换股权，或是优先股换普通股的方式购回其流通在外的股票。⑤ 表决权信托与委托书收购，前者是许多分散的股东集合在一起设定信托，将自己拥有的表决权集中于受托人，使受托人可以通过集中股权来实现对公司的控制；后者则是中小股东通过征集其他股东的委托书来召集临时股东大会，并达到改组公司董事会以控制公司的目的。⑥ 交叉控股，即指母、子公司之间互相持有绝对控股权或相对控股权，这使母、子公司之间可以互相控制运作。

2）资产重组对公司的影响

从理论上讲，资产重组可以促进资源的优化配置，有利于产业结构的调整，增强公司的市场竞争力，从而使一批上市公司由小变大，由弱变强。但是从我国上市公司资产重组的实践来看，有个案表明公司在资产重组后，其经营业绩并没有得到持续、显著的改善。不同类型的重组对公司业绩和经营的影响也是不一样的。对于扩张型资产重组而言，通过收购、兼并，对外进行股权投资，公司可以拓展产品市场份额，或进入其他经营领域。但这种重组方式的特点之一就是其效果受被收购兼并方生产及经营现状的影响较大，磨合期较长，因而见效可能较慢。有关统计资料显示，上市公司在实施收购兼并后，主营业务收入的增长幅度要小于净利润的增长幅度,每股收益和净资产收益率仍是负增长,这说明虽然重组后公司的规模扩大了,主营业务收入和净利润有一定程度的增长,但其盈利能力并没有同步提高。从长远来看,这类重组往往能使公司在行业利润下降的情况下,通过扩大市场规模和生产规模,降低成本,巩固或增强其市场竞争力。

由于多方面的原因,我国证券市场存在着上市公司资产质量较差、股权结构和公司治理结构不合理等客观状况,因而着眼于改善上市公司经营业绩、调整股权结构和治理结构的调整型公司重组和控股权变更型重组,是我国证券市场最常见的资产重组类型。对于公司控制权变更型资产重组而言,由于控制权的变更并不代表公司的经营业务活动必然随之发生变化,因而一般而言,控制权变更后必须进行相应的经营重组,这样才会对公司经营和业绩产生显著效果。

对于该类重组而言,分析资产重组对公司业绩和经营的影响,首先需鉴别报表性重组和实质性重组。区分报表性重组和实质性重组的关键是看有没有进行大规模的资产置换或合并。实质性重组一般要将被开购企业50%以上的资产与并购企业的资产进行置换,或双方资产合并,而报表作重组一般都不进行大规模的资产置换或合并。

2. 公司的关联交易

关联交易是指公司与其关联方之间发生的交换资产、提供商品或劳务的交易行为。

(1) 关联交易的方式。我国上市公司的关联交易具有形式繁多、关系错综复杂、市场透明度较低的特点。按照交易的性质划分,关联交易可划分为经营往来中的关联交易和资产重组中的关联交易。前者符合一般意义上的关联交易概念,而后者则具有明显的中国特色,是在目前现实法律、法规环境下使用频率较高的形式。经营活动中的关联交易主要包括:关联购销,费用负担的转嫁,资产租赁,资金占用,信用担保,研究和开发经费的转移,许可协议,关键管理人员的报酬等;资产重组中的关联交易主要有:资产转让和置换,托管经营,承包经营,合作投资,相互持股等。

(2) 关联交易对公司的影响。从理论上说,关联交易属于中性交易,它既不属于单纯的市场行为,也不属于内幕交易的范畴,其主要作用是降低企业的交易成本,促进生产经营渠道的畅通,提供扩张所需优质资产,有利于实现利润最大化。但在实际操作过程中,关联交易有它的非经济特性,与市场竞争、公开竞价的方式不同,其价格可由关联双方协商决定,特别是在我国评估和审计等中介机构尚不健全的情况下,关联交易就容易成为企业调节利润、避税和为一些部门或个人获利的途径,往往会侵害中小股东的利益。

从我国上市公司的实际操作情况看,关联交易往往成为上市公司快速调节利润的手段。例如,当上市公司业绩不理想时,其母公司就会调低上市公司应交纳的费用标准,或者承担上市公司的相应费用,或上市公司以高于市场价格水平的租金水平将资产租赁给母公司使用,或者由上市公司低价收购母公司的优质资产,或者上市公司把大量商品或资产出售给关联方,实际上是卖方不交货,买方不付款,卖方增加应收账款等。关联交易同样也可以给上市公司带来风险,如上市公司为关联企业提供信用担保,上市公司借款给母公司,母公司占用上市公司应收款等。

资产重组中的关联交易,对公司经营和业绩的影响需要结合重组的目的、重组所处的阶段、重组方的实力、重组后的整合作具体分析。如果上市公司重组目的带有短期化的倾向,如是为了短期业绩的改观、配股融资能力的增强等,企业经营现状的改变将是非实质性的。

再者,重组后能否带来预期收益还要看后期整合的结果。总体上看,带有关联性质的资产重组,由于透明度低,更需要进行较长时期的、仔细的跟踪分析。

任务六 证券投资技术分析

证券投资的基本分析是以证券的"内在价值"为基础,由稳固基础理论为依托来进行讨论的,它主要适合长期的大规模投资者。而证券投资的技术分析是以上市证券在交易中的市场"供需"要求为讨论基础,以证券价格变动具有连续性的原则,运用历史数据按统计原理来预测未来,这被称为股票的技术分析,适用于一般股市中的投机者,由于股市中"供需"要求的炒作者都是从股票转让中获取差价的投机行为,其主要的两大阵营是庄家和散户,两方面互相利用和算计,各自立足点不同,也带来对分析效果的不同认识。

一、技术分析的含义

证券投资的技术分析是以证券市场的供需要求为基础,以过去的历史资料进行统计为依据,以证券市场行为为对象(价格、成交量、分割扩容、市场人气、投资者心态等),从技术图形角度的统计分析方法。

作为证券投资预测的重要工具,技术分析体系的理论基础是在以下原理上建立起来的:

(1) 证券作为特殊的商品,其市场价格由市场需求所决定。根据市场经济规律,正常商品的需求都会随着价格的上升而下降,供给会随着价格的上升而增加,两者的交点就是市场的供需平衡点。若多方强,供不应求则价格上涨,若空方强,供过于求则价格下跌。当双方势均力敌,则价格横盘整理。

(2) 证券的市场价格是所有信息的体现。证券投资就是投资未来,一切市场行为都来源于信息,当前的市场价格应当是历史的所有信息的体现。若市场是有效的,全部信息都公开透明,理论上是肯定的。

(3) 价格的变动趋势关于时间具有连续性。证券价格波动的趋势不会忽高忽低地间断跳跃(这与随机行走理论相悖),关于时间具有滞后性。当一波行情出现,由于这段滞后期,价格走势将顺势而为给技术派提供了生存的空间。

(4) 历史会重演。在相同的环境和相同的信息下,证券市场价格应该类似地运行。在走势形态上具有周期性和规律性。技术派就是试图根据历史的经验寻找这些规律来预测未来的发展,作为对时势的判断。

证券的技术分析是对一系列指标研究结果的综合,是基于这一段时间的历史规律和当前市场的变化状况,对未来的价格走势进行预测。市场行为包括三个方面:价格变动、成交金额数量和完成这些变化所需的时间,即价、量、时、势。

股票技术分析主要有三方面内容:① 趋势分析;② 价格分析;③ 参数分析。分析的对象很广泛:① 宏观:空间上是全市场,时间上是长期趋势;② 中观:空间上是某板块,时间上是中期趋势;③ 微观:空间上是个股,时间上是短期趋势。

所以无论是大机构、庄家还是个体散户,无论是投资者还是投机者,从实用角度出发,在具体的一个证交所的实际交易中,在对一份交易的进出时间、价格确定、数量多少的决策时,技术分析都还是必不可少的重要工具。

二、K 线分析

证券投资分析最主要的是证券的价格认识，在此基础上才能深入探讨价格波动的走势分析。图形是价格分析最常用的基本方法之一，它是将有关信息数据绘制成图形，用以表达市场价格的波动状况。投资者可以借助这些图形信息来做出交易的决策。

曾经人们设计出各种股价图，如点数图、棒状图、K 线图等。经过实践，K 线图具有反映信息量大、运用起来简洁明确的特点，逐渐成了人们的首选。下面介绍 K 线图。

（一）K 线图的概念

1. K 线的概念

K 线图曾经是古代日本米市交易中计算米价涨跌的图示刻画，经过长期的运用和改进，现运用在证券交易中，由于简单明了被广泛应用。

在 K 线图的构造时，其讨论的对象在范围上可以宏观的对全市场，中观的对各板块以至微观的到各个个股，做成市场 K 线、板块 K 线和个股 K 线。对所讨论的每个交易期的最初价格可以看成是前一期买卖双方公认的平衡点；开盘后价格随机的波动又有最高价和最低价，这个交易期最后的收盘价是这一期结束时双方交易的结果。K 线图就是将交易中价格随机波动的大量信息抽象掉，只把这四个主要价位：开盘价、最高价、最低价、收盘价的信息综合起来所构造的分析工具。它们既可以静态认识又可以动态分析，形成了一套丰富的 K 线分析理论。

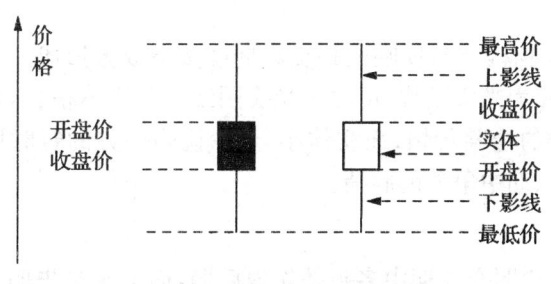

图 4-3 证券市场 K 线图

2. 理解 K 线

（1）四个价位说明。开盘价是每个交易日的第一笔成交价格，由于可能受个别人人为的哄抬或打压形成假象，所以我国现在实行的是以集合竞价的成交价作开盘价的方式。

整个交易日中的两成交价最值：最高价和最低价是反映整日交易中价格振动幅度的落差。一般来说，落差大则交易活跃即多空双方交战激烈。落差小说明双方的买卖意愿不足，K 线中包含了这个重要信息。但是注意这个信息也可能在被庄家炒作时，以个别特殊交易来拉高和压低造成假象。

收盘价是交易日中最后一笔交易价，反映多空双方交战当日最后结果的平衡点，收盘价是四个价位中最主要的一个，在以 K 线为基础构造的其他技术指标的分析中，所谓的当期价格，都是用的收盘价。由于收盘价的重要性，投机者往往利用最后时间进行拉抬或打压，造成信息反映上的假象。为了防止庄家的投机，我国现在实行的是用收盘前最后 3 分钟的平均价来作为收盘价。若有人想投机造假,提高了造假成本。

(2) 应用范围。从静态上,范围可从小到大分为:个股 K 线,板块 K 线,市场 K 线等。从动态上,时间可由短到长分为:日 K 线,周 K 线,10 日 K 线,30 日 K 线等。板块 K 线和市场 K 线是以指数定四价,多日 K 线是以初始日的开盘价为开盘价,终结日的收盘价为收盘价。

(3) 运用 K 线时是将交易的买卖双方(或称多方,空方)作为对立作战的两方面,运用战争术语说明。

(4) 可将一定期内若干日 K 线排列组合从动态方面进行分析。

3. K 线图的类型

根据交易期中 K 线的四个价位的状况,可以出现以下十二种形状:

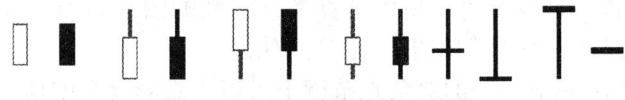

图 4-4 十二种形状的 K 线图

K 线的方向与价格坐标方向一致。股票交易的每一分时图都对应其中一种 K 线符合。对具体现象刻画时,这些类型中还有各个部分占有的比例大小不同的细致体现,现象刻画得更加广泛深入,以下分别讨论。

(二) 静态的 K 线图分析

1. 光头实体

K 线图仅有实体没有影线,反映的是交易期中多空双方形成一边倒。多方强势,空方无力反对时,称为光头阳线;反之为光头阴线。若实体很长,是一方完全占上风,另一方无力以对的全胜行情;而实体小,至少说明一方的暂时取胜。实体的大小说明了强势方在该期中争战的胜绩。

2. 仅带上影的 K 线

仅带上影的阳线:说明交易期中多头是先强后弱,而空头是先弱后强。虽多头收盘时仍占上风但体现出上攻乏力,又称为上升抵抗型。

仅带上影的阴线:说明交易期中空头是先强后弱,多头是先弱后强。虽空头收盘时仍占优势但体现出打压乏力,又称为先涨后跌型。实战中还要注意对实体和上影线各自所占比例的情况的认识,以阳线为例:若实体长于上影线,说明在高价位空方有力多方受阻但多方仍很强大。若实体短于上影线,说明空方力量由弱变强进入多方阵地,虽多方因交易时间已到而暂时略有胜绩,但后市可能回落。同理可以分析阴线的类似情况。

3. 仅带下影的 K 线

仅带下影的阳线:说明交易期中空头是先强后弱,收盘时多头占优,又称为先跌后涨型。

仅带下影的阴线,虽空头收盘时仍占上风但体现下跌能量不足,多方是由弱变强抵抗下跌,又称为下跌抵抗型。

同样的,在实战中要注意对实体和下影线各自所占比例情况的认识。特别是实体小下影线很长时,说明后期可能反转。

4. 带上下影的 K 线

K 线既有实体又有上、下影线,说明交易期间多空双方力量没有谁占绝对优势,互有强弱,称为双方争战型又称为纺锤线。

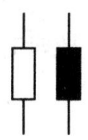

实战中也有实体和上影线、下影线各自所占比例的情况,可以反映的现象很多。以下我们逐一地进行分析。

分析的基本原理是:上影线的长度一方面反映多方上拉的欲望另一方面也反映空方抗争的力度;同理,下影线的长度一方面反映空方打压的欲望,另一方面也反映多方抗争的强度;而实体是收盘时的胜负结果。

以下以阳线为例来说明各种情况反映当期争战的状况。

因是阳线,仍是多方强;

(1) 若实体长于影线,体现的仍是多方强势,只不过空方也不是没有还手之力,前期空方曾一度强劲使得价位下行但不敌多方强大而价位回升;后期多方上拉力度减弱空方由弱变强,顶住多方且打压回来,使多方不能全胜。

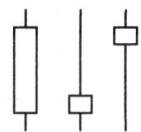

(2) 若上影线很长,前期类似于上。而后期空方力量越来越强,多方的强势已丧失殆尽,只是因为时间到期停止了交易,才使多方略有胜绩。可以想象空方的这些力量将在下期开始阶段还要释放,所以可以预期下期的初期股价会回落。

(3) 若下影线很长,前期空方强力出击多方一度失守,但多方由弱转强,逐渐将价位抬高,但尾期未能守住战果稍有回落,至收盘时略有胜绩。

另外还可以有其他的一些比例关系,其分析都大同小异,类似的还有阴线的情形。总之,这种纺锤线型的 K 线都体现了整个讨论期中多空双方激烈的争夺状况。

5. 十字形

即收盘价=开盘价,但最高价和最低价之差不等于 0。这说明交易期间双方争战激烈,但收盘时势均力敌,打成平手。

此时也有红十字和黑十字。但阴阳十字的表示成为了问题。前面讨论 K 线的阴阳是以开盘价、收盘价的高低来体现的,现在开盘价和收盘价合一了,如何表达红十字和黑十字呢? 有两种情况:

(1) 若今日开盘价与昨日收盘价相等:

昨日为阳线,则今日为红十字;昨日为阴线,则为黑十字。

(2) 若今日开盘价与昨日收盘价不等:

今日开盘价高于昨日收盘价,为红十字,今日开盘价低于昨日收盘价为黑十字。

注意:昨日收盘以后已没有了交易,怎么会出现这种今天的跳空高开或跳空低开的情况? 原因出在集合竞价上,昨日下午 3 点收盘以后到今天开盘以前这么长的时间里,社会各方面的信息并没有停息,它们都将在集合竞价中反映出来,造成了这种跳空缺口。显然这个缺口长度并不是连续竞价的结果,在后期是否能被连续竞价的多空双方交易的量价来弥补使之夯实,是很值得关注的。

6. ⊥字形

开盘后多方有意上攻但上攻乏力,力量由强变弱。空方虽无打压的意愿,但却不能容忍多方的上攻而反击,收盘时与空方打为平手,形成三价合一。

7. 丁字形

空方有强烈的下拉意愿,但力不从心。空方虽无上拉意愿,但却不能容忍空方的打压,收盘时与多方打为平手,也形成三价合一。

8. 一字形

四价合一,在较长的交易期中要开盘价、收盘价、最高价、最低价都稳定在一个价位上几乎是不可能,一般来说是停板的反映。比如对于某只股票,公司有重大事项、开股东大会等都将停板半天;若市场上交易出现异常状况,证交所规定某股票连续三日涨(跌)停板要停牌半天;另外若发现有违规现象或非法交易,证监委可以停止其交易等。

还有可能在特殊情况下,某股票一开市便被一个委托单封在涨跌停板上而无交易的对手,这种强势将结合缺口体现。

注意:后面的6、7、8、这三种类型都是特殊型,与第5种的十字星类似,也有阴阳线之分。分类的表现完全与红黑十字星的说明一样。

9. K 线图的要点总结

(1) K 线各部分的实质:实体(堡垒)为全期争战结束时双方胜负对比结果,是某一方胜绩的体现,所占比例越大该方力量越强;上影线体现的是多方上攻力量先强后弱,空方力量是先弱后强;下影线体现的是多方先弱后强而空方力量是先强后弱。

(2) 最高价和最低价之差的幅度越大,说明双方争战越激烈。但要注意配合成交量的认识,若量不够就有可能是投机炒作的假象。

(3) 实际状况的千变万化都可以反映在 K 线图的实体、上影线、下影线各自所占比例的大小上;再加上阴线、阳线之分,类型更加丰富。对于强势表现很好认识,对于混乱状态就必须结合动态图形或其他信息指标才能把握准确度。

(4) 在不同的多头行情或空头行情下,即使同一条 K 线,对后市的预测分析可能截然不同,对这一点要有清醒的认识。投机性很强的股票炒作并不完全是理性的,实战经验非常重要,有时甚至还要凭感觉来认识这些 K 线反映的信息。

(三) K 线的动态分析

将一段时间的若干日 K 线随时间变动的动态分析,可以反映股价的走势,一般分析按上涨的强势、下跌的弱势以及盘整期分析。其中,同一种形态不同走势下,解释可能相反,内容的千变万化,也是其具吸引力的原因之一,以下只是说明几个问题。

1. 走势状态

(1) 强势状态。

① 连续收阳,一波高于一波;② 跳空高开;③ 阴阳交错,小跌大涨。

(2) 弱势状态。

① 连续收阴,一波低于一波;② 跳空低开;③ 阴阳交错,小涨大跌。

(3) 横盘整理。

阴阳交错,有涨有跌。成箱体运行,上下振幅不大。

2. 关于缺口

(1) 高(低)开跳空缺口问题。本日开盘价是以当天集合竞价的平均值为开盘价,以前曾以当天开盘第一笔交易价为开盘价,容易被操控,而要想操控集合竞价成本很高。当日开盘价有可能与前一天收盘价不在一个高度,这是因为休市后经济信息没有停,这个价格的落差是第一天收盘后到第二天开盘时这段时间的全部信息的体现。股市上称之为"缺口"。

(2) 注意"缺口"形成的价格落差是由休市后的信息造成,而开市后连续竞价的价格涨跌是由买卖交易产生。前者不一定真实而后者是市场行为。所以缺口能否被补上在随后的价格走势上是一个很重要的影响因素,"缺口"理论应运而生。这里简介缺口理论的几种情况:

一般前一天若是带长上影的阳线,第二天开盘都会低开,这是第一天战况在集合竞价上的延续。

跳空高开,或许前一天收市后有利好消息,促使当天开盘高于前一天收盘,若能得到当天多方支撑,可望上攻收出阳线。同理也有跳空低开问题。

高开缺口问题是发动一轮上升行情的信号,此时关键在成交量的配合上,若是整理阶段后期出现,有望形成新一轮行情。同理低开缺口可能是一波下跌行情的信号。

3. 拐点理论

一段时期的 K 线组合图,关键在对走势的转折点的认识。即一段波浪的顶部和底部的预测,即所谓天价和地价的问题。显然这个转折点的认识,无论是建仓还是出逃都是至关重要的,要能准确判断也不是容易的事,但确定一波行情的天价地价点是股票交易的决策核心。

例 当在长期上升行情末期,出现带较长上影线的 K 线时意味着天价的形成。

分析 由于是上升行情的末期,多方追高风险日增而收益日减,大市已有下跌要求。但多方力量仍强,是强弩之末而获利盘有回吐欲望。空方是由弱转强积蓄力量。当日的带很长的上下影线说明买方上攻乏力,已不能高处企稳。卖方由弱转强,获利盘已有出货迹象。由于是上升期,散户投资者追高心态犹存,所以空方也未必全胜,但已显示出下跌信息,显示出卖方蓄势待发,后市必有下跌可能,所以此时应是上升浪之顶部,即形成天价。

4. K 线形态

在 K 线动态分析中,投资者还会经常运用 K 线形态分析股票价格的走势。这些形态通常有以下几类。第一,反转形态,包括:头肩底、双底、三重底、多重底、圆弧底等(通常在股价下跌以后的底部形成)。此后一般意味着后期股价上涨。还包括头肩顶、双顶、三重顶、圆弧顶等(通常在股价大幅上涨以后形成),此后股价一般会反转下跌。第二,持续形态。这类形态下股价一定时期内通常在一固定区域相对不变,但最终会选择方向进行突破。这些形态主要有:三角形整理、旗形整理、楔形整理、矩形整理等。

三、趋势分析

证券价格随着时间变化的动态走势有一定的规律性。将其看成时间的函数,函数的变动有递增、递减和平移等形态,对此进行的分析称为趋势分析。趋势分析主要包括道氏理论、波浪理论、切线理论等。以下重点介绍道氏理论和波浪理论。

（一）道氏理论

查尔斯·道(Charles Dow)是美国证券市场发展史上的一个重要人物，他从宏观的角度对证券投资做出了很大的贡献，道琼斯平均指数一直沿用至今，而且是最主要的经济信息的体现。他所创立的道氏理论主要是从宏观的角度对全市场运行的周期进行分析。

经济发展运行具有周期性，而证券市场炒作又具有瞬时波动性，短期行为隐含在长期趋势之中，道氏理论是将股价的时间波动按长期、中期和短期分类，从它们的不同和联系中，寻求整个趋势的发展规律，按其惯性来进行分析和判断。

"顺势而为"是证券投资的基本原则之一，道氏理论认为了解大势方向是一切的根本。所以它的基本点是强调对长期趋势的认识，从而对投资者采取什么投资对策提供基本依据，据此进一步才是买卖的时间确定和股票的选择以及交易的量的决策。可见，道氏理论主要是对大势的认识。

1. 三种趋势

(1) 长期趋势——基本趋势。变动时间1年左右，股价涨跌幅度大于20％，是国民经济宏观运行周期的体现，经济环境景气即为牛市，不景气即为熊市。而且这种周期性宏观现象有一定的惯性作用，是长期投资者的主要趋势。

(2) 中期趋势——修正趋势。往往中期趋势与长期趋势运动方向相反，对长期趋势有一定牵制作用，所以称为修正趋势，其时间为三周至六周，涨跌幅度为基本趋势的三分之一左右。这种中期的修正趋势是投机者投机活动的主要机会。

(3) 短期趋势——日常波动。一天或三五天为一个短期趋势，中期趋势由若干短期趋势构成，短期行为多由偶然因素影响，但整个的运行又必然地隐含在中长期之中。

2. 三种趋势的关系

证券市场如同大海，长期趋势如同海潮，中期趋势如同海浪而短期趋势如微波，在证券市场的大海中，潮起潮落，海浪寄于其中，虽排空海浪也不能抗拒大潮，而微波寄于海浪之中，海浪的掀起由若干微波形成。

（二）波浪理论

证券的市场价格不可能永远单方向地向上走或向下跌，全市场的行情也不可能永远为多头的牛市或空头的熊市。从长期的走势来看，犹如波浪起伏有着一定的规律。道氏理论更深入的分析就是将市场价格的运行周期以这种六阶段的波浪理论来说明。

1. 运用对象

可以宏观对全市场讨论，用市场指数动态数列；可中观对某板块进行讨论，用分类指数讨论；也可以微观对个股讨论，用个股价格时间数列。以下以宏观的股票市场的情况来说明。

2. 一波行情的六阶段论

(1) 积累阶段(低部形成阶段)。价格很低，股市低迷，人气不足，反复筑底。按高抛低吸原理，多方先知先觉者已开始吸筹，积累上攻能量之中短期的反复已在长期中形成向上趋势。

(2) 上攻阶段。经反复筑底，基础夯实，人气凝聚，前景较为明朗，交易量开始放大，股价波动开始剧烈,虽中浪也有反复,但上涨趋势已形成。

(3) 多头狂热阶段。人气旺盛,资金大量流入,成交量巨大,股价大幅上扬,尽管中短期时有小回,但长期来看是小回大涨,逐浪上升,股票的价格倍增也出现无理性状态,股民合众心态膨胀,进入狂热阶段,投机活动开始泛滥,泡沫猛增,风险加剧。

(4) 天价形成阶段。由市场经济制约,泡沫剧增,市场不堪重负,投机机构开始获利回吐,而股价高处已无大利可图,上涨趋势已停止不前开始回落,中期还有一段反复,但已是机构撤离的一些烟雾。

(5) 放量杀跌阶段。获利回吐加剧,人气开始恐慌,空方大量抛售,股价大幅下跌。股民们在合众心理下为避免更大损失时常出现放量杀跌,此时有些机构为了能较好离场,也采取一些拉高出货手法,但中短期行为已是小涨大跌,明显的熊市状态。

(6) 底部盘整阶段。大市回落跌幅较深,脱逃的心有余悸,没出手的深度套牢。人气涣散,交易量萎缩,股价低迷,又回到第一阶段,重新开始积蓄能量。

这种周期性是证券市场的普遍规律,任何国家都是如此,只是周期长短,涨跌幅大小不同而已,若国民经济景气,发展速度较快,投资者多且资金流入量大,则周期较短,涨幅较大,反之则周期长振幅小。

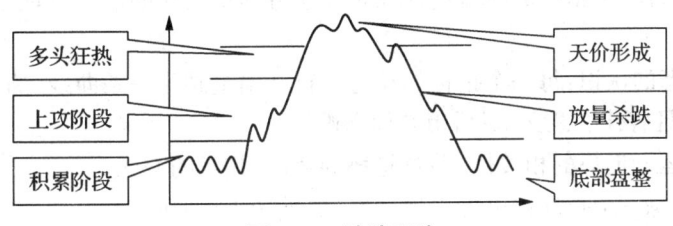

图 4-5 波浪理论

3. 波浪理论的意义

这一过程周而复始,是证券市场运行的普遍规律,不同市场只是周期长短,振幅大小不同而已。道氏理论主要是从宏观的角度突出全市场运行的周期,是"顺势而为"基本原则的具体体现。

"选股不如选时,选时必须选势"。投资证券市场,最关键的是选势,明确在行情的什么阶段,才能确立投资思路,进而才是选股、选时;确定量、价。

四、指标分析

股票价格的市场运行受到的影响因素很多。按市场运行规律,股票的市场价格是由供需要求的平衡而产生,多空双方的意愿价格、买盘卖盘的需求量导致了股价的波动。市场走势是每一个委托单综合运行的结果,投资者的每一个行动都是社会经济环境的各种信息的心态反映。虽然具有很强的随机性但又包含着一般的规律性。人们从不同的角度通过对市场的动态观察,希望在略去随机性的同时,将一般的规律性用数学方法定量地体现出来,于是构造出了若干股价分析的技术指标。

(一) 技术指标体系

由于数学处理需要特定的限制条件,所以每一个技术指标都是从一个角度分析讨论的结果,不可能十全十美,往往在突出某一方面的同时却忽视了其他方面。

1. 技术指标的分类

为了综合不同的影响因素,为数众多的技术指标将构成一个庞大的指标体系。我们主要将其分成七大类若干个指标:

(1) 趋向指标:MACD(平滑异同平均线)、TRIZ(三重指数移动平均)、DMI 趋向。
(2) 人气指标:BIAS、PSY、AR/BR/CR(AR 人气,BR、CR 股市价气)
(3) 量价指标:OBV、ASI、EMV、WVAD
(4) 强弱指标:RSI、W%R
(5) 停损指标:SAR
(6) 超买超卖指标:KD、CCI、ROC
(7) 压力支撑指标:MIKE、布林线、BOLL

2. 技术指标的运用

对于技术指标数值大小的判断运用,主要注意以下几个方面:

(1) 极端值:每一个指标的极端值往往是在这方面最明显的信息体现,尽管出现的可能性极小。
(2) 变动形态的认识:每一个指标的动态运行几何刻画为一条曲线,曲线的上升、下降、转折或平行移动具有什么意义,对后市有何影响。
(3) 与股价运行走势的相关性:涉及趋势的背离、相互的交叉。
(4) 局限性:每一个指标都可能出现盲点,更进一步还要时刻警惕发出的误导信息。

(二) 主要指标介绍

技术指标很多,若要全面认识,有专门的书籍。我们这里根据看盘的特点,主要对最基本的几个指标做深入的讨论,体会其构造的原理、计算的方法、如何运用以及注意的问题。

1. 移动平均线 MA(moving average)

移动平均线 MA 是利用统计理论的动态分析中的"移动平均原理",对于股票价格时间数列在趋势分析中消除短期偶然因素造成的波动,突出其长期趋势的一种具体刻画。移动平均的时间长度用参数 n 表达(计量单位为天),记为 MA(n)。

股票作为一种特殊的商品在证券市场上流通,必满足市场的交易原理,即买多卖少则价格上涨,卖多买少则价格下跌。这种价格的波动在消息的传播、投资者心态的变化中瞬息万变,波浪起伏。但是当时距扩大,在相当长一段时间中,忽略掉这些偶然波动,能体现出一种长期的变化趋势。统计中的移动平均原理就是这种略去短期波动突出长期趋势的一种方法。

(1) 移动平均线 MA(n)的编制。

按统计原理,取相当长一段股票价格的历史数据,逐次进行 n 日平均获得 n 日移动平均数列,再将其画出移动平均线。

例 以某市场每天大盘的收盘指数为基本数据,以 n 为奇数 3 时的三日移动平均线 MA(3)。计算公式:

$$y_i = \frac{x_i + x_{i+1} + x_{i+2}}{3} \quad i = 1, 2, 3, \cdots$$

时间(天)	1	2	3	4	5	6	7	8	9	…
指数	1 552	1 537	1 524	1 548	1 565	1 582	1 560	1 544	1 556	…
3 日平均	—	—	1 538	1 536	1 546	1 565	1 569	1 562	1 553	…

由以上三日移动平均线数列可见,每一项平均中间的两项数据相同,相异的仅是两端的数据,平均后的差异更小,所构成的移动平均线波动减少了。显然当 n 日移动平均线的 n 值越大,平均数计算中相同的项数越多,其平均数值变动越小,其结果就是把细部的波动给抽象掉了突出了长期走势的轮廓。最极端的情况是:起点到 n 日终点的平均就是一条线。

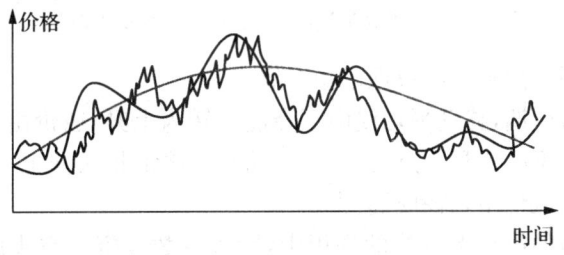

图 4-6 移动平均线

(2) 移动平均线 MA(n) 的作用。

移动平均线具有:趋势追踪性、滞后性、稳定性、助动性、支撑打压性。

① 趋势追踪性:因为消除了短期的偶然因素造成的波动,可以突出体现相对长期的价格趋势走向。

② 滞后性:由于 MA(n) 做了平滑处理,所以短期内曲线要掉头相对困难,具有滞后性。n 值越大,这种滞后性越强。其优点是可以不受短期的股价波动的迷惑,对长期投资者把握大方向有益。但缺点也是明显的,对于相对短时期的价格走势反转不能体现,坐失短线炒股的获利机会。即使长线投资,由于 MA(n) 反应迟钝速度落后于实际走势,对于买卖时机的判断也必须要有提前的预见性。

③ 稳定性:因为移动平均线是若干日股价的综合平均,所以股价行情线总是绕着它上下波动,MA(n) 具有很强的稳定性。n 值越大稳定性越好,利用这种长短线稳定性的差异,分析它们的偏离程度来分析交易的决策。

④ 助动性和支撑打压性:由于股价运行关于时间具有连续性,当实际行情的股价向上突破 MA(n) 时,应该还有相对长一段在其上运行的倾向,这就是 MA(n) 的助动性。若实际行情在 MA(n) 上方运行,则长期的移动平均线相对于短期行情起到了助涨支撑的作用。短线触及 MA(n) 又回头上行称为技术性反弹,若向下突破支撑就成了一个重要的交易信号。同理,短线在长线的下方,长线就成了压力线,短线要突破压力线向上也是交易的重要信息。

(3) 移动平均线 MA(n) 的运用原理。

MA(n) 作 n 日平均后,微小的波动被抽象掉了而突出了长期的趋势,形成了股价行情线总是绕着它上下波动。运用长短线的偏差程度以及交叉点的信息可以判断选择交易的决定。美国著名技术分析专家葛兰维(Joseph Granvile)根据股价日线与一条移动平均线之间的关系,给出了判断买卖的八大法则。

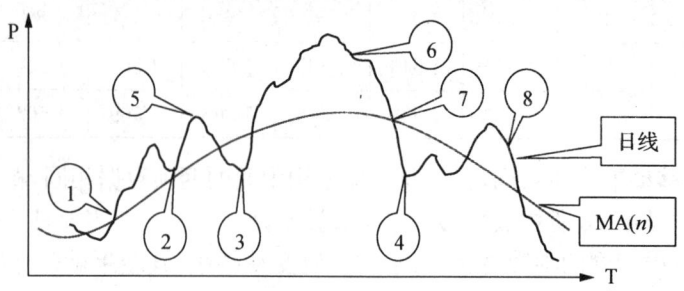

图 4-7 葛兰维移动平均线八大法则示意图
图中①②③④为买进时机;⑤⑥⑦⑧为卖出时机

说明:葛南维的买卖法则与波浪理论相一致。

第一,在上升行情初期,移动平均线由下降逐步转为上升,股价由下而上地突破移动平均线,形成上升行情的第一个买入点:①点。移动平均线的抬头向上,说明多头市场行情开始兴起,此时买入股票风险小,盈利机会大。

第二,股价在行情的第一上升浪的进程中,因大多数投资者空头思维并没完全转变过来,大量套牢盘解套引起回落,但移动平均线却处于上升趋势,此时是补仓的第二个买入点:②点。

第三,股价继续上行,因是初期,惧怕心理会引发获利回吐的抛盘出现。短线投资者可以在回调点卖出,长线投资者可以观望。这是卖出信号:⑤点。

第四,回调完成第一浪后,虽股价下跌但移动平均线仍是上行行情。③点是短线卖出者的补仓信号。

第五,股价由③点再次上行,受到移动平均线的助涨作用,此时为整个行情的主升浪,行情暴涨,日线逐渐高高的远离移动平均线。此时长线风险越来越大,有经验的投资者将逐步退出,但短线和非理性交易火暴,多头气氛浓郁。或形成天价或在高位横盘运行,此时发出第二次卖出信号:⑥点。

第六,在主升浪后期,任何一点小的刺激都可能引发大量获利盘回吐,造成恐慌性抛盘,形成一个急跌过程,而且下跌幅度时常是短期线击穿移动平均线,形成死亡交叉点,这是重要的卖出信号:⑦点。接下来是空头下降行情开始。

第七,股价回落在移动平均线之下时,形成股价下跌行情的第一浪,即下跌A浪。随着行情的暴跌,股价与移动平均线的距离拉开较远,受均线的引力特性作用,将会出现反弹。此时是第四次买入时机:④点,适于短线投资者。

第八,由于股价在下跌A浪中的暴跌,吸引了短线投资者的介入,使股价由A浪的谷底形成反弹B浪,但此时移动平均线已向下运行,为空头行情,所以反弹高度会受到移动平均线的压抑,当股价反弹到中期移动平均线的位置上下时,在移动平均线的下行助跌特征作用下,又会重新调头向下。此时为第四次卖出信号:⑧点。此后,股价将完成下跌第三浪,C浪。它不仅是短线投资者卖出机会,也是中长线投资者"逃命"离场机会。

根据我国股市的实践,第⑤点卖出和④点买入风险性较大,并且葛南维法则没有给出确切的数字性信号,仅是一种市场感觉。而第⑥点的卖出信号,则是在股价下穿移动平均线时发出的确切的卖出信号,是中长线投资者较佳的卖出时机。

买入点和卖出点明确的定量数据参数,可用乖离率 BIAS 来补充。

(4) 移动平均线 MA(n) 的运用方法。

股价实际行情线可以看成特殊的 MA(1) 线,由一条 MA(n) 与股价实际行情线对比认识可以推广到利用多条不同 n 值移动平均线对比分析。将短、中、长期趋势的各种信息在一张图上都充分的体现并进行综合的对比,其效果更好。

n 日移动平均线一般有:

日、5 日(周线)、10 日(旬线),为短线。

20 日(月线)、30 日(中线)、60 日(季线),为中线。

120 日(半年线)、250 日(年线),为长线等;

常用的是四线法:对日线、5 日线、10 日线、20 日线四线排列综合分析。

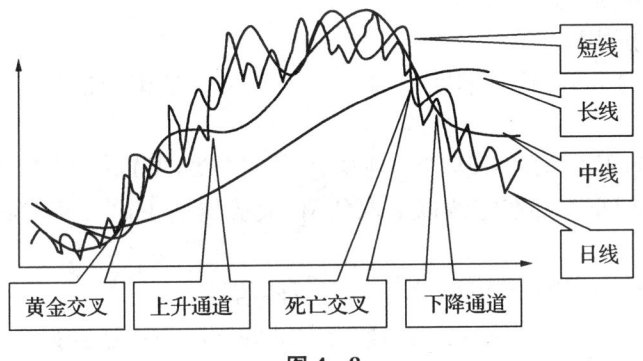

图 4-8

① 多头时,典型排列是:由低到高为 20、10、5、日 K,且向上。日 K 线由下向上分别穿过 5、10、20 日均线时称为黄金交叉。四线距离合理平行上升,最佳多头,增长有保障且稳定。若 K 线向高处远离各均线,有短期回调可能。当四线顺序乱了互相纠缠,是调整期,以 20 线向上或向下判断其是否上攻或下挫。

② 空头时,典型排列,由低到高日 K、5 日、10 日、20 日。日 K 线由上到下穿过 5、10、20 日均线时为死亡交叉,四线距离合理下行,典型空头、跌势明显。若 K 线远离各线有反弹要求。

2. 平滑异同平均线 MACD(moving average convergence and divergence)

平滑异同平均线 MACD 即对两条移动平均线相互验证,相互背离的交易法则,这是对克服 MA(n) 缺陷的创新。

MA(n) 存在一些缺点,当均线的采样周期比较短时,则受股价波动的影响较大,当采样的基期比较长时,则对大行情的研制又存在一定的滞后性。为弥补均线系统的缺陷,MACD 利用了两条不同速度(中期或长期)异同均线,进行加权的平滑平均处理,得到两线之间的离差值,把离差值的大小作为研究整个大势运行的理论基础。

由移动平均线的特性,在一段持续的涨势中快速移动平均线(短期)和慢速移动平均线(长期)之间的距离将会越拉越远,两者之间的乖离率越来越大。涨势如果趋于缓慢,两者之间距离必然缩小,甚至互相交叉,发出卖出信号,同理,在持续的跌势中,快速线在慢速线之下,两者间距离越来越远,如果跌势减慢,两者间距离也将缩小,最后交叉发出买入信号。由此它解决了 MA(n) 的短期波动性和长期滞后性问题,因此,为中长期的投资者提供了比较准确及时的分析工具。

(1) MACD 指标的形成。

首先计算两条选定基期的平滑移动平线,常选 12 天和 26 天数据计算,两条线的每日差值称为 DIF,然后再对 DIF 值进行 n 日(一般 $n=9$)平均计算,求得的结果数值称为 DEA。把每日计算的 DIF 值和 DEA 值,作成两条曲线。而对它们在垂直方向上的距离,称为 BAR 值或称柱状线,并规定 BAR 值的方向为 DIF—DEA,即当 DIF 大于 DEA 时,BAR 为正值,反之为负值。将每日求得的 BAR 值以柱线的形式标注在 O 轴的上方或下方与 DIF 线和 DEA 线共同组成 MACD 图。

可见,MACD 是由两曲线:DIF 和 DEA 组成的曲线走势图以及 BAR 值构造的在 0 线上下的柱状图共同构成的一个系统。

(2) MACD 的应用。

① MACD 中的 BAR 柱状图在 0 线上由正到负时是买的信号,由负到正时是卖的信号。

② 若 DIFF 和 DEA 都在零线以上取正值,大势属多头,当 DIFF 向上突破 DEA,可以买。

③ 若 DIFF 和 DEA 都在零线以下取负值,大势属空头,当 DIFF 向下突破 DEA,可以卖。

④ 若 DEA 线与 K 线趋势发生背离时,是反转信号。

注意 大势为盘整时失误率较高,若配合 RSI 和 KD,可以适当弥补。还可以细致的在不同行情下分析。

① 多头市场的 MACD 指标。DIF 和 MACD 线在 O 轴以下低位区向上交叉,而且保持向上运行趋势时,大势属于多头市场。当 DIF 线在 O 轴以上附近区域向上突破 MACD 线,为强势区的买入信号,在高位区应作持仓信号,防骗线。

② 多头市场转向的 MACD 指标。DIF 和 MACD 线在 O 轴以上发生向下的交叉,大势此时虽然仍处在多头市场中,但极有可能出现多头市场向空头市场的转化。若在中位区,常是由于低位股票持有者的获利回吐现象。可看成大势的回档整理,不是空头市场的开始。但若在高位区称死亡交叉,柱状线也由正向的最大值迅速缩短,接近 O 轴,此时极有可能是多头市场向空头市场转折,应卖出股票,离场观望。因大势一旦转入空头市场,必有相当残酷的下跌行情。

③ 空头市场的 MACD 指标。DIF 和 MACD 线在 O 轴以上总趋势向下运行时,大势属于空头市场,特别在高位交叉,一般表示一轮中级空头行情开始。当 DIF 在 O 轴以下附近区域向下击破 MACD 线时,是空头市场的主要特征,是卖出信号,将有一段较大的下跌行情。两线在 O 轴低位向下交叉,说明大势较弱,常是低位弱反弹后,接盘力量弱,股价再次下跌,但些时卖出股票应警惕,因此时易发生空头市向多头市场转化,易出现踏空行情。

④ 空头市场转向的 MACD 指示。当 DIF 在 O 轴以下的附近区域向上突破 MACD 线时,通常是大势在下跌过程中的反弹现象。当 DIF 和 MACD 线在 O 轴以下的较深位置上发生 DIF 向上突破 MACD 线情况,同时,BAR 柱状线由负向最大值迅速减少趋向 O 轴时,

极有可能发生空头市场向多头市场的转化。这种交叉称"黄金交叉",是中长线投资者买入信号,此时不应计较日后可能出的有限下跌空间,逐步可买入股票,一路持有。

3. OBV 线法(on balance valume)

证券交易的量、价两因素是紧密相连的。往往价的变动在前面的量上就有了显示,所以有说法为"成交量是股市的元气而股价只是其表象"。动量指标就是试图对这方面的刻画,其理论依据就是"量在价先"原则。这里我们仅介绍"能量潮 OBV 线"。

配合量价关系的一种计算的时间数列称为"能量潮",即平衡价值线。又称为 OBV 线,是这种量价配合关系的刻画。

根据潮涨潮落原理,将成交量看成潮水。成交量大,潮水就猛,反之就弱。多方力量强,潮水就上涨,空方力量强,潮水就回落,多空力量的对比影响着大潮的何去何从。所以形象的称其为"能量潮"。

(1) OBV 指标的形成。确定一个基本期 X_0,随时间变动构造 OBV 的时间数列,注意:有用成交量的也有用成交的总价值的,我们这里用成交值。

每个 OBV 值的计算方法:

根据指数涨跌,确定 OBV 累加值的加减。今日以昨日为基准,若股价指数持平,当日 OBV 不算,若今日高收于昨日(股价),则在昨日 OBV 值中加上今日成交值,若今日低收于昨日,则在昨日 OBV 值中减去今日成交值。

从基期 OBV 值开始逐日按此原则累加进行,得 OBV 点列 X_0 X_1 X_2……X_T,所得曲线便是 OBV 线。

(2) OBV 指标的运用原理。一般来说价升时,资金涌入多,换手充分,成交量大,OBV 线升,价跌时,资金离场多,成交量萎缩,OBV 下降,从中可分辨多空力量,反映人气变化。进一步,有助于发现大户机构的"吸筹"和"派发"。

庄家的吸筹手法,一边出货打压行情,一边暗里吃进,出少进多限制行情上涨,当筹码吸足,才开始大量买进拉动上升。

庄家派发手法,在多头中后期,高抛低吸,出多进少控制股指下行,当获利筹码出得差不多了,才开始全抛杀跌出局。

(3) OBV 指标的缺陷。

① 只适用于短期行为,因与股价影响的一些基本因素毫无关系,仅是量、价的技术问题,所以不适合长期投资。

② 若当时收盘价与前一天相同时,尽管该天股价波动利害,成交量再大但在 OBV 线上毫无反映,这是致命缺陷。

③ 只适用于个股。

4. 随机指标(KDJ 指标)

移动平均线以收盘价为基础,随机指标是以最高最低价为基础,就一段时期股价的振幅,反映价格走势的强弱和超买超卖现象。它补充了相对强弱指标和均线指标的某种不足。首先由超买超卖指标 RSV(未成熟随机值 row stochastic valuc)构造出 K 值和 D 值,进一步获取 J 值做辅助,所以又称为 KDJ 指标。

1) KDJ 指标的应用

由随机指标计算过程可知，未成熟的随机值 RSV 经一次平滑求得 K 值，经二次平滑求得 D 值，因此 K 值的波动相对 D 值来得大，股价的短期波动对 D 值影响较小，所以常称 K 线为快线，D 线为慢线。那么对行情的分析和判断，就是通过随机指标这种快慢线的趋向和转折交叉来对短中期的投资者提供可靠性较高的买卖操作信号。

随机指标的应用，关键是界点数据的确定。由 KD 指标的计算公式可知，其波动范围是 0～100，一般划分：0～20，20～80，80～100。

(1) 就 KD 值本身的信息的应用。

① 买入信号。当 KD 值落入 20 以下超卖区，或在 20 附近徘徊时，若 K 值由最小值开始抬头向上，D 值亦开始走平或抬头，此时若 K 线穿 D 线，其交叉点即为买入信号的发出点。KD 线在超卖区形成的向上交叉，称为"黄金交叉"，显示市场多头势力不断增强，此时买入股票获利机会大。

② 卖出信号。当 KD 值上升进入 80 以上超买区，或在 80 附近徘徊时，若 K 值由最大值开始向下滑落，D 值每开始走平或弯头向下，此时，若 K 线下穿 D 线，其交叉点为卖出信号的发出点。KD 线在超买区向下运行形成的交叉，称"死亡交叉"，显示市场多头主力正在衰竭，空头势力正在加强。此时是卖出股票获利了结的最佳时机。

(2) KD 线与股价的背离现象。由于影响股价波动因素很多，超买了还会超买，超卖了还会超卖，因此要注意 KD 线与股价的背离现象。

① 顶背离。一段行情中，股价指数创出两高点，且第二高点高于第一高点。但此时 KD 指标在两点的数值却相反，这种现象称为 KD 指标的顶背离，顶背离是卖出股票的确切信号。

② 底背离。一段行情中，股价指数创出两低点，且第二低点低于第一低点。但此时 KD 指标在两点的数值却反向上升，此时称为 KD 指标的底背离，底背离是买入股票的确切信号。

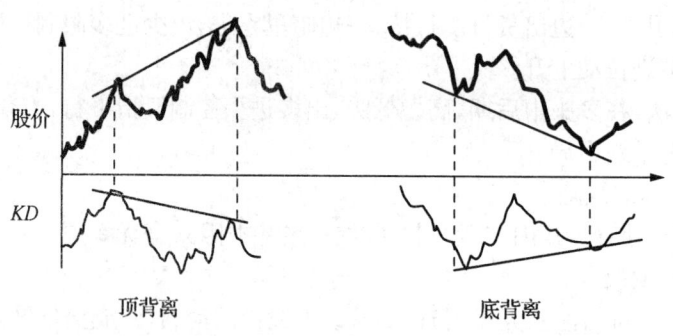

图 4-9

KDJ 指标的优点：综合了动量，强弱和移动平均线之优点，对转势迹象有较敏感的特征。其缺点就是对投机性太强的不适用。

5. 乖离率 BIAS

由统计原理知，仅用反映集中趋势的平均是不全面的，弥补其缺陷就有了反映离中趋势的变异指标。具此，以每日的股价平均值为准，股票的收盘价与平均值的绝对差值称为乖离度，用乖离度再除以平均值所得到的百分比就叫作乖离率，即偏离平均值中心的比率。

构造乖离率的思路是：由向心作用，时价若偏离 MA(n) 值太远时就应回头。价格的向心作用是价格与需求的关系以及人们的心态因素造成。价格低需求就大,需求大价格就上升;反之,价高需求小,需求小价格就回落;而平衡位置就是中心。

n 日乖离率 BIAS(n)

乖离率是反映股价偏离移动平均线程度的指标:

$$BIAS = \frac{C - MA(n)}{MA(n)} \times 100\%,$$ 其中:C 是当日收盘价,MA(n)为 n 日平均线。

这一种公式适合短线投资者使用,另外,更适合中、长线投资者的是一种通过两条不同时期的移动平均线间的差值比率来计算的,称为均线乖离率。比如中线投资者选 5 日与 20 日均线计算,长线投资者选 10 日与 30 日均线计算。

$$BIAS = \frac{MA(a) - MA(b)}{MA(b)} \times 100\%;$$

其中:MA(a)——表示短期的移动平均线在计算日的数值。

MA(b)——表示长期的移动平均线在计算日的数值。

BLAS 指标的应用法则

根据均线的助涨和助跌原理以及均线的引力原理可知,当乖离率正值大到某个百分比数值时,便是卖出时机,反之,当乖离率的负值大到某个百分比时,便是买入时机。最常见的是乖离率由负值穿越 O 线进入正值或由正值穿越 O 线进入负值,这两种情况意味着前者行情由弱转强,乖离率发出的是建仓或继续持仓信号,后者行情由强转弱,乖离率发出的是卖出或继续持币观望信号。

关键就是上下界的确定,这既与均线移动期 n 的长短有关,又与市场行情有关。显然均线移动期 n 值越大,乖离率上下界也越大;市场人气过旺或过冷时,更应放大上下界。并且一般来说,正数上界和负数下界的选择标准是不对称的。

离差大小比较的标准的经验数据:

BIAS(9)＞6%,为卖出时机;　　　　BIAS(9)＜-5%,为买进时机。
BIAS(20)＞8%,为卖出时机;　　　 BIAS(20)＜-7%,为买进时机。
BIAS(60)＞10%,为卖出时机;　　　BIAS(60)＜-12%,为买进时机。

(三) 技术指标体系的综合运用

虽然指标数据都是基于一段时间股价的动态统计的结果,但是却仅仅是从一个角度所做的数学抽象。每个指标各自只能反映一个方面,一个现象的变化有可能它不是主要矛盾,即使是主要方面还有可能出现盲点。因此要辩证地对待,应当多个指标综合评价。

对于同一个环境下同一个信息,不同指标数据的反映有些是一致的而有些可能是相悖的。按各个指标提供的信息可能这个说买另一个说卖,这就需要审慎的分析。要明确这些指标数学抽象时是有条件限制的,千变万化的现象不可能满足这些条件,所以参数分析的结果不一定都真实。不能盲目地完全依赖它,若因此做出了错误的判断可能损失是巨大的。应该在实战过程中总结经验,寻找比较适合自己的某一组指标的综合结果。

1. 指标组合的基本思路

股票投资的四字原则"势、时、价、量"中,行情大势是关键。不同行市下,进出场的时机、股票种类的选择、价格选择、投入(撤出)量的多少都有不同的选择原则。所以应以"趋势"指标为首。趋势指标往往是一段时间数据的平均,为了弥补平均指标的缺陷,离中趋势的指标"乖离率"要结合运用。

"量在价先"是股票投资的又一重要原则,短线的投机行为可以使价格虚高或打压,真实的价格必须有量的配合。所以量价指标 OBV、RSI 的正确认识也是很重要的。

所以 MA(n)、MACD、BIAS、RSI 和 KDJ 是最基本的指标组合。进一步,更深入细致的分析才加入动能指标、人气指标等等。

 **案例回顾与分析**

项目四的案例说的是行走在证券市场边缘的一个卖报老人的财富故事,这个故事其实指出了中国人在证券市场上的共同软肋。老人在卖报的同时,还在观察股市行情的变化,她悟出了一个道理:每当大街小巷,公交车站等各种交流场所,人们谈话的内容总离不开股票时,每当她的报纸卖的最火爆时,老人毫不犹豫地放下了摊位,跟跟跄跄挤进了证券部,此时脸上的笑容几乎要把那深深的皱纹熨平,她对那些争相购买股票的人说:"大家都别急,都可以买上的,我这里还有很多呢。"卖完股票后,她照常卖她的报纸。她就是这样滚动操作了数年,资金由当初的2万元起步,到了2007年的过百万。

如果你是一位股民,只要你打开任何一只股票的日 K 线图,你会清楚地看到,股价的波动呈现的是波澜起伏,有高山峻岭还有低洼山谷,高低之间的价差少说 2～3 倍,多则 5～10 倍,可是又有谁能真正把握住这些机会呢?老人的反"周期"操作反而抓住了机会。

项目小结

从世界上第一个证券交易所设立至今,证券市场已成为金融市场的重要组成部分,证券市场在企业融资和投资者投资及资产定价等领域发挥了越来越大的作用。对投资者而言,证券市场无疑成为其财富增值的重要渠道、投资证券亦成为老百姓理财的重要选择。

认知证券市场,掌握投资技能关系到个人理财的成败,本项目介绍了证券市场基础知识,并重点介绍了股票、债券和几类基本的衍生金融工具,在此基础上,简要介绍了证券投资理财的基本分析与技术分析方法。

 **课后训练**

一、单项选择题

1. 证券市场按层次结构关系,可以分为(　　)。
   A. 发行市场和流通市场　　　　　　B. 集中市场和场外市场
   C. 股票市场和债券市场　　　　　　D. 国内市场和国际市场

2. 被视为无风险证券,相对应的证券收益率被称为无风险利率的证券是( )。
   A. 政府债券   B. 政府机构债券
   C. 中央政府债券   D. 中央银行发行的证券
3. 关于社保基金的下列表述中,错误的是( )。
   A. 全国社会保障基金可以投资股票和信用登记在投资级以上的企业债、金融债
   B. 社保基金主要投向国债市场
   C. 全国社会保障基金委托单个管理的,不得超过年度社保基金委托资产总值的10%
   D. 社会保险基金的运作主要依据劳动部的各相关条例和地方规章
4. 证券交易所具有监督职能,它属于( )。
   A. 立法机构委派的监管部门   B. 政府监管部门
   C. 自律性监管机构   D. 地方所属的监管机构
5. 一般情况下,优先股票的股息率是( )的,其持有者的股东权利受到一定限制。
   A. 不确定   B. 固定
   C. 随公司盈利变化而变化   D. 浮动
6. 能够间接影响股票价格的财政政策是( )。
   A. 经济增长   B. 存款准备金制度   C. 汇率变化   D. 国债发行量
7. 交易者买入看涨期权,是因为预期基础金融工具的价格在合约期限内将会( )。
   A. 难以判断   B. 不变   C. 下跌   D. 上涨

二、多项选择题

1. 证券是指( )。
   A. 各类记载并代表一定权利的法律凭证
   B. 各类证明持有者身份和权利的凭证
   C. 用以证明或设定权利而做成的书面凭证
   D. 用以证明持有人或第三者有权取得该证券拥有的特定权益的凭证
2. 在证券市场中,发行市场与流通市场的关系是( )。
   A. 流通市场是发行市场的前提   B. 发行市场是流通市场的延续
   C. 发行价格受交易价格影响   D. 发行市场是流通市场的基础
3. 证券市场的产生得益于( )的发展。
   A. 信用制度   B. 股份制
   C. 国家干预水平   D. 社会化大生产和商品经济
4. 在下列表述中,有关股票风险性表述正确的是( )。
   A. 股票的风险性和收益性是彼此独立的
   B. 股票的风险性和收益性是并存的
   C. 股东能否获得预期的股息红利收益,主要取决于公司的盈利情况
   D. 股东能否获得预期的股息红利收益,并非取决于公司的盈利情况
5. 下面说法中正确的是( )。
   A. 中央银行提高法定存款准备金、商业银行可贷资金减少、市场资金趋紧,股票价格上升

B. 中央银行降低法定存款准备金、商业银行可贷资金增加、市场资金趋松,股票价格上升
C. 中央银行提高法定存款准备金、商业银行可贷资金减少、市场资金趋紧,股票价格下降
D. 中央银行降低法定存款准备金、商业银行可贷资金增加、市场资金趋松,股票价格下降

6. 政府债券的功能包括(　　)。
A. 为政府筹集资金,扩大公共事业开支手段
B. 政府弥补财政赤字的手段
C. 金融商品和信用工具
D. 国家实施宏观经济政策、进行宏观调控的工具

7. 以转移或防范信用风险为核心的金融衍生工具有(　　)。
A. 利率互换　　　　　　　　　　B. 信用联结票据
C. 信用互换　　　　　　　　　　D. 保证金互换

三、判断题

1. 虚拟资本的价格总额并不等于所代表的真实资本的账面价值,而是与真实资本的重置价格相等。(　　)
2. 按证券发行主体的不同,有价证券可分为股票、债券和其他证券三大类。(　　)
3. 证券市场是为了解决长期资本和短期资金供求矛盾而产生的市场。(　　)
4. 股份公司发行股票是一种吸引认购者投资以筹措公司债务资本的手段。(　　)
5. 债券票面利率是债券年利息与债券发行价格的比率。(　　)

项目五　基金投资理财

**学习目的**

通过本项目的学习,使学生了解证券投资基金的产生、概念、特征,熟悉证券投资基金的基本知识,掌握证券投资基金的投资技能,学会利用基金理财。

**案例导入**

案例一　李先生今年30岁,夫妻二人为公务员和警官,每月结余4 500元左右。每年纯节余6.5万。他们有房有车,计划明年生小孩。他对于如何投理财没有特别的概念,希望能得到各类投资配置比例的建议。另外,他还计划做一份每月1 000元的基金定投。

案例二　小琳是一名刚毕业的大学生,每月收入1 500元,想用结余的钱做个基金定投,但是对于基金的选择不知所措。

任务一　证券投资基金

一、证券投资基金的含义

证券投资基金起源于1868年的英国(海外及殖民地政府信托基金),而后兴盛于美国,现在已风靡于全世界。在不同的国家,投资基金的称谓有所区别,英国称之为"单位信托投资基金",美国称为"共同基金",日本则称为"证券投资信托基金"。这些不同的称谓在内涵和运作上无太大区别。投资基金在西方国家早已成为一种重要的融资、投资手段,并在当代得到了进一步发展。20世纪60年代以来,一些发展中国家积极仿效,愈来愈运用投资基金这一形式吸收国内外资金,促进本国经济的发展。在我国,随着金融市场的发展,在20世纪80年代末也出现了投资基金形式,并从90年代以后得到了较快的发展,这不仅支持了我国经济建设和改革开放事业,而且也为广大投资者提供了一种新型的金融投资选择,活跃了金融市场,丰富了金融市场的内容,促进了金融市场的发展和完善。

证券投资基金(securities investment funds)是一种利益共享、风险共担的集合投资制度。投资基金集中投资者的资金,由基金托管人委托职业经理人员管理,专门从事证券投资活动。可以说,投资基金是对所有以投资为形式的基金的统称。

投资基金一般由发起人设立,通过发行证券募集资金。基金的投资人不参与基金的管理和操作,只定期取得投资收益。基金管理人根据投资人的委托进行投资运作,收取管理费收入。资金来源于公众、企业、团体和政府机构。

投资基金的投资领域可以是股票、债券,也可以是实业、期货等,而且对一家上市公司的投资额不得超过该基金总额的10%(这是中国的规定,各国都有类似的投资额限制),这使得投资风险随着投资领域的分散而降低。它是介于储蓄和股票两者之间的一种投资方式。

二、证券投资基金的性质

根据证券投资基金的含义,我们可以看出其性质体现在以下几个方面。

(一)证券投资基金是一种集合投资制度

证券投资基金是一种积少成多的整体组合投资方式,它从广大的投资者那里聚集巨额资金,组建投资管理公司进行专业化管理和经营。在这种制度下,资金的运作受到多重监督。

(二)证券投资基金是一种信托投资方式

它与一般金融信托关系一样,主要有委托人、受托人、受益人三个关系人,其中受托人与委托人之间订有信托契约。但证券基金作为金融信托业务的一种形式,又有自己的特点。如从事有价证券投资主要当事人中还有一个不可缺少的托管机构,它不能与受托人(基金管理公司)由同一机构担任,而且基金托管人一般是法人;基金管理人并不对每个投资者的资金都分别加以运用,而是将其集合起来,形成一笔巨额资金再加以运作。

(三)证券投资基金是一种金融中介机构

它存在于投资者与投资对象之间,起着把投资者的资金转换成金融资产,通过专门机构在金融市场上再投资,从而使货币资产得到增值的作用。证券投资基金的管理者对投资者所投入的资金负有经营、管理的职责,而且必须按照合同(或契约)的要求确定资金投向,保证投资者的资金安全和收益最大化。

(四)证券投资基金是一种证券投资工具

它发行的凭证即基金券(或受益凭证、基金单位、基金股份)与股票、债券一起构成有价证券的三大品种。投资者通过购买基金券完成投资行为,并凭之分享证券投资基金的投资收益,承担证券投资基金的投资风险。

三、证券投资基金的特点

(一)集合理财,专业管理

基金将众多投资者的资金集中起来,委托基金管理人进行共同投资,表现出一种集合理财的特点。通过汇集众多投资者的资金,积少成多,有利于发挥资金的规模优势,降低投资成本。基金由基金管理人进行投资管理和运作。基金管理人一般拥有大量的专业投资研究人员和强大的信息网络,能够更好地对证券市场进行全方位的动态跟踪与分析。将资金交给基金管理人管理,使中小投资者也能享受到专业化的投资管理服务。

(二) 组合投资,分散风险

为降低投资风险,我国《证券投资基金法》规定,基金必须以组合投资的方式进行基金的投资运作,从而使"组合投资、分散风险"成为基金的一大特色。"组合投资、分散风险"的科学性已为现代投资学所证明,中小投资者由于资金量小,一般无法通过购买不同的股票分散投资风险。基金通常会购买几十种甚至上百种股票,投资者购买基金就相当于用很少的资金购买了一篮子股票,某些股票下跌造成的损失可以用其他股票上涨的盈利来弥补。因此可以充分享受到组合投资、分散风险的好处。

(三) 利益共享,风险共担

基金投资者是基金的所有者。基金投资人共担风险,共享收益。基金投资收益在扣除由基金承担的费用后的盈余全部归基金投资者所有,并依据各投资者所持有的基金份额比例进行分配。为基金提供服务的基金托管人、基金管理人只能按规定收取一定的托管费、管理费,并不参与基金收益的分配。

(四) 严格监管,信息透明

为切实保护投资者的利益,增强投资者对基金投资的信心,中国证监会对基金业实行比较严格的监管,对各种有损投资者利益的行为进行严厉的打击,并强制基金进行较为充分的信息披露。在这种情况下,严格监管与信息透明也就成为基金的一个显著特点。独立托管,保障安全基金管理人负责基金的投资操作,本身并不经手基金财产的保管。基金财产的保管由独立于基金管理人的基金托管人负责。这种相互制约、相互监督的制衡机制对投资者的利益提供了重要的保护。

四、证券投资基金的类型

(一) 按设立方式分类

1. 契约型基金

契约型基金又称为单位信托基金,是指把投资者、管理人、托管人三者作为基金的当事人,通过签订基金契约的形式,发行受益凭证而设立的一种基金。契约型基金起源于英国,后在新加坡、印度尼西亚等国家和地区十分流行。

契约型基金是基于契约原理而组织起来的代理投资行为,没有基金章程,也没有董事会,而是通过基金契约来规范三方当事人的行为。基金管理人负责基金的管理操作。基金托管人作为基金资产的名义持有人,负责基金资产的保管和处置,对基金管理人的运作实行监督。

2. 公司型基金

公司型基金是按照公司法以公司形态组成的,该基金公司以发行股份的方式募集资金,一般投资者则为认购基金而购买该公司的股份,也就成为该公司的股东,凭其持有的股份依法享有投资收益。这种基金设立董事会,重大事项由董事会讨论决定。

公司型基金的特点是:基金公司的设立程序类似于一般股份公司,基金公司本身依法注册为法人,但不同于一般股份公司的是,它是委托专业的财务顾问或管理公司来经营与管理;基金公司的组织结构也与一般股份公司类似,设有董事会和持有人大会,基金资产由公司所有,投资者则是这家公司的股东,承担风险并通过股东大会行使权利。

3. 契约型基金与公司型基金的比较

契约型基金与公司型基金的不同点有以下几个方面:

(1) 资金的性质不同。契约型基金的资金是通过发行基金份额筹集起来的信托财产;公司型基金的资金是通过发行普通股票筹集的公司法人的资本。

(2) 投资者的地位不同。契约型基金的投资者购买基金份额后成为基金契约的当事人之一,投资者既是基金的委托人,即基于对基金管理人的信任,将自己的资金委托给基金管理人管理和营运,又是基金的受益人,即享有基金的受益权;公司型基金的投资者购买基金的股票后成为该公司的股东。因此,契约型基金的投资者没有管理基金资产的权力,而公司型基金的股东通过股东大会享有管理基金公司的权力。

(3) 基金的营运依据不同。契约型基金依据基金契约营运基金;公司型基金依据基金公司章程营运基金。

由此可见,契约型基金和公司型基金在法律依据、组织形态以及有关当事人扮演角色上是不同的。但对投资者来说,投资于公司型基金和契约型基金并无多大区别,它们的投资方式都是把投资者的资金集中起来,按照基金设立时所规定的投资目标和策略,将基金资产分散投资于众多的金融产品上,获取收益后再分配给投资者。

从世界基金业的发展趋势看,公司型基金除了比契约型基金多了一层基金公司组织外,其他各方面都与契约型基金有趋同化的倾向。

(二) 按能否赎回分类

1. 封闭式基金

封闭式基金是指基金的发起人在设立基金时,限定了基金单位的发行总额,筹集到这个总额后,基金即宣告成立,并进行封闭,在一定时期内不再接受新的投资,又称为固定型投资基金。基金单位的流通采取在证券交易所上市的办法,投资者日后买卖基金单位都必须通过证券经纪商在二级市场上进行竞价交易。

封闭式基金的期限是指基金的存续期,即基金从成立起到终止之间的时间。决定基金期限长短的因素主要有两个:一是基金本身投资期限的长短,一般如果基金目的是进行中长期投资(如创业基金)的,其存续期就可长一些,反之,如果基金目的是进行短期投资(如货币市场基金),其存续期可短一些。二是宏观经济形势,一般经济稳定增长,基金存续期可长一些,若经济波浪起伏,则应相对地短一些。当然,在现实中,存续期还应考虑基金发起人和众多投资者的要求来确定。基金期限届满即为基金终止,管理人应组织清算小组对基金资金进行清产核资,并将清产核资后的基金净资产按照投资者的出资比例进行公正合理的分配。

如果基金在运行过程中,因为某些特殊的情况,使得基金的运作无法进行,报经主管部门批准,可以提前终止。提前终止的一般情况有:

(1) 国家法律和政策的改变使得该基金的继续存在为非法或者不适宜;
(2) 管理人因故退任或被撤换,无新的管理人承继的;
(3) 托管人因故退任或被撤换,无新的托管人承继的;
(4) 基金持有人大会上通过提前终止基金的决议。

2. 开放式基金

开放式基金是指基金管理公司在设立基金时,发行基金单位的总份额不固定,可视投资者的需求追加发行。投资者也可根据市场状况和各自的投资决策,或者要求发行机构按现期净资产值扣除手续费后赎回股份或受益凭证,或者再买入股份或受益凭证,增持基金单位份额。为了应付投资者中途抽回资金,实现变现的要求,开放式基金一般都从所筹资金中拨出一定比例,以现金形式保持这部分资产。这虽然会影响基金的盈利水平,但作为开放式基金来说,这是必需的。

3. 封闭式基金与开放式基金的区别

(1) 期限不同。封闭式基金通常有固定的封闭期,通常在 5 年以上,一般为 10 年或 15 年,经受益人大会通过并经主管机关同意可以适当延长期限。而开放式基金没有固定期限,投资者可随时向基金管理人赎回基金单位。

(2) 发行规模限制不同。封闭式基金在招募说明书中列明其基金规模,在封闭期限内未经法定程序认可不能再增加发行。开放式基金没有发行规模限制,投资者可随时提出认购或赎回申请,基金规模就随之增加或减少。

(3) 基金单位交易方式不同。封闭式基金的基金单位在封闭期限内不能赎回,持有人只能寻求在证券交易场所出售给第三者。开放式基金的投资者则可以在首次发行结束一段时间(多为 3 个月)后,随时向基金管理人或中介机构提出购买或赎回申请,买卖方式灵活,除极少数开放式基金在交易所作名义上市外,通常不上市交易。

(4) 基金单位的交易价格计算标准不同。封闭式基金与开放式基金的基金单位除了首次发行价都是按面值加一定百分比的购买费计算外,以后的交易计价方式不同。封闭式基金的买卖价格受市场供求关系的影响,常出现溢价或折价现象,并不必然反映基金的净资产值。开放式基金的交易价格则取决于基金每单位净资产值的大小,其申购价一般是基金单位资产值加一定的购买费,赎回价是基金单位净资产值减去一定的赎回费,不直接受市场供求影响。

(5) 投资策略不同。封闭式基金的基金单位数不变,资本不会减少,因此基金可进行长期投资,基金资产的投资组合能有效在预定计划内进行。开放式基金因基金单位可随时赎回,为应付投资者随时赎回兑现,基金资产不能全部用来投资,更不能把全部资本用来进行长线投资,必须保持基金资产的流动性,在投资组合上需保留一部分现金和高流动性的金融商品。

从发达国家金融市场来看,开放式基金已成为世界投资基金的主流。世界基金发展史从某种意义上说就是从封闭式基金走向开放式基金的历史。

(三) 按投资目的分类

1. 成长型基金

成长型基金是基金中最常见的一种，它追求的是基金资产的长期增值。为了达到这一目的，基金管理人通常将基金资产投资于信誉度较高、有长期成长前景或长期盈余的所谓成长公司的股票。成长型基金又可分为稳健成长型基金和积极成长型基金。

2. 收入型基金

收入型基金主要投资于可带来现金收入的有价证券，以获取当期的最大收入为目的。收入型基金资产成长的潜力较小，损失本金的风险相对也较低，一般可分为固定收入型基金和股票收入型基金。固定收入型基金的主要投资对象是债券和优先股，因而尽管收益率较高，但长期成长的潜力很小，而且当市场利率波动时，基金净值容易受到影响。股票收入型基金的成长潜力比较大，但易受股市波动的影响。

3. 平衡型基金

平衡型基金将资产分别投资于两种不同特性的证券上，并在以取得收入为目的的债券及优先股和以资本增值为目的的普通股之间进行平衡。这种基金一般将25%～50%的资产投资于债券及优先股，其余的投资于普通股。平衡型基金的主要目的是从其投资组合的债券中得到适当的利息收益，与此同时又可以获得普通股的升值收益。投资者既可获得当期收入，又可得到资金的长期增值，通常是把资金分散投资于股票和债券。平衡型基金的特点是风险比较低，缺点是成长的潜力不大。

(四) 按投资标的分类

1. 债券基金

债券基金是一种以债券为主要投资对象的证券投资基金。由于债券的年利率固定，因而这类基金的风险较低，适合于稳健型投资者。

通常债券基金收益会受货币市场利率的影响，当市场利率下调时，其收益就会上升；反之，若市场利率上调，则基金收益率下降。除此以外，汇率也会影响基金的收益，管理人在购买非本国货币的债券时，往往还在外汇市场上做套期保值。

2. 股票基金

股票基金是指以股票为主要投资对象的证券投资基金。股票基金的投资目标侧重于追求资本利得和长期资本增值。基金管理人拟定投资组合，将资金投放到一个或几个国家，甚至是全球的股票市场，以达到分散投资、降低风险的目的。

投资者之所以钟爱股票基金，原因在于可以有不同的风险类型供选择，而且可以克服股票市场普遍存在的区域性投资限制的弱点。此外，还具有变现性强、流动性强等优点。由于聚集了巨额资金，几只甚至一只基金就可以引发股市动荡，所以各国政府对股票基金的监管都十分严格，不同程度地规定了基金购买某一家上市公司的股票总额不得超过基金资产净值的一定比例，防止基金过度投机和操纵股市。

3. 货币市场基金

货币市场基金是以货币市场为投资对象的一种基金,其投资工具期限在一年内,包括银行短期存款、国库券、公司债券、银行承兑票据及商业票据等。通常,货币基金的收益会随着市场利率的下跌而降低,与债券基金正好相反。货币市场基金通常被认为是无风险或低风险的投资。

4. 指数基金

指数基金是20世纪70年代以来出现的新的基金品种。为了使投资者能获取与市场平均收益相接近的投资回报,产生了一种功能上近似或等于所编制的某种证券市场价格指数的基金。其特点是:它的投资组合等同于市场价格指数的权数比例,收益随着当期的价格指数上下波动。当价格指数上升时基金收益增加,反之收益减少。基金因始终保持当期的市场平均收益水平,因而收益不会太高,也不会太低。指数基金的优势是:第一,费用低廉,指数基金的管理费较低,尤其交易费用较低。第二,风险较小。由于指数基金的投资非常分散,可以完全消除投资组合的非系统风险,而且可以避免由于基金持股集中带来的流动性风险。第三,以机构投资者为主的市场中,指数基金可获得市场平均收益率,可以为股票投资者提供更好的投资回报。第四,指数基金可以作为避险套利的工具。对于投资者尤其是机构投资者来说,指数基金是他们避险套利的重要工具。指数基金由于其收益率的稳定性和投资的分散性,特别适用于社保基金等数额较大,风险承受能力较低的资金投资。

货币市场基金与传统基金比较

1. 货币市场基金与其他投资于股票的基金最主要的不同在于基金单位的资产净值是固定不变的,通常是每个基金单位1元。投资该基金后,投资者可利用收益再投资,投资收益就不断累积,增加投资者所拥有的基金份额。比如某投资者以100元投资于某货币市场基金,可拥有100个基金单位,1年后,若投资报酬是8%,那么该投资者就多8个基金单位,总共108个基金单位,价值108元。

2. 衡量货币市场基金表现好坏的标准是收益率,这与其他基金以净资产价值增值获利不同。

3. 流动性好、资本安全性高。这些特点主要源于货币市场是一个低风险、流动性高的市场。同时,投资者可以不受到期日限制,随时可根据需要转让基金单位。

4. 风险性低。货币市场工具的到期日通常很短,货币市场基金投资组合的平均期限一般为4~6个月,因此风险较低,其价格通常只受市场利率的影响。

5. 投资成本低。货币市场基金通常不收取赎回费用,并且其管理费用也较低,货币市场基金的年管理费用大约为基金资产净值的0.25%~1%,比传统的基金年管理费率1%~2.5%低。

6. 货币市场基金均为开放式基金。货币市场基金通常被视为无风险或低风险投资工具，适合资本短期投资生息以备不时之需，特别是在利率高、通货膨胀率高、证券流动性下降、可信度降低时，可使本金免遭损失。

（五）按基金资本来源和运用地域分类

1. 国内基金

它是基金资本来源于国内并投资于国内金融市场的投资基金。一般而言，国内基金在一国基金市场上应占主导地位。

2. 国际基金

它是基金资本来源于国内但投资于境外金融市场的投资基金。由于各国经济和金融市场发展的不平衡性，因而在不同国家会有不同的投资回报，通过国际基金的跨国投资，可以为本国资本带来更多的投资机会以及在更大范围内分散投资风险，但国际基金的投资成本和费用一般也较高。国际基金有国际股票基金、国际债券基金和全球商品基金等种类。

3. 离岸基金

它是基金资本从国外筹集并投资于国外金融市场的基金。离岸基金的特点是两头在外。离岸基金的资产注册登记不在母国，为了吸引全球投资者的资金，离岸基金一般都在素有"避税天堂"之称的地方注册，如卢森堡、开曼群岛、百慕大等，因为这些国家和地区对个人投资的资本利得、利息和股息收入都不收税。

4. 海外基金

它是基金资本从国外筹集并投资于国内金融市场的基金。利用海外基金通过发行受益凭证，把筹集到的资金交由指定的投资机构集中投资于特定国家的股票和债券，把所得收益作为再投资或作为红利分配给投资者，它所发行的受益凭证则在国际著名的证券市场挂牌上市。海外基金已成为发展中国家利用外资的一种较为理想的形式，一些资本市场没有对外开放或实行严格外汇管制的国家可以利用海外基金。

除了上述几种类型的基金，证券投资基金还可以按募集对象不同分为公募基金和私募基金；按投资货币种类不同分为美元基金、英镑基金、日元基金等；按收费与否分为收费基金和不收费基金；按投资计划可变更性分为固定型基金、半固定型基金、融通型基金；还有专门支持高科技企业、中小企业的风险基金；因交易技巧而著称的对冲基金、套利基金以及投资于其他基金的基金中基金等等。

（六）其他投资基金类型

1. 对冲基金

对冲基金是私募基金的一种，是专门为追求高投资收益的投资人设计的基金。其最大的特点是广泛运用期权、期货等金融衍生工具，在股票市场、债券市场和外汇市场上进行投机活动，风险极高。

2. 养老基金

养老基金是一种用于支付退休收入的基金，是社会保障基金的一部分。养老基金通过发行基金股份或受益凭证，募集社会上的养老保险资金，委托专业的基金管理机构，用于产业投资、证券投资或其他项目的投资，以实现保值增值为目的。

3. 产业投资基金

产业投资基金是一种借鉴西方发达市场经济规范的"创业投资基金"运作形式，通过发行基金受益券募集资金，交由专业人士组成的投资管理机构操作，基金资产分散投资于不同的实业项目，投资收益按资分成的投融资方式。它具有以下几个特点：

（1）作为投资基金的一个种类，它具有"集合投资，专家管理，分散风险，运作规范"的特点。

（2）产业投资基金一般定位于高新技术产业，有效率的基础产业的基础建设，如收费路桥建设、电力建设、城市公共设施建设等，促进产业升级与结构高度化，以高风险实现高收益。

（3）产业投资基金一般以实业投资为主，但也作一定比例的证券投资，以保持基金资产的流动性。

（4）产业投资基金区别于"行业基金"，其投资方向一般是跨行业、综合性、以符合组合投资原则并且避免蜕化为某个行业的行政附属物。

任务二　证券投资基金的运作

一、证券投资基金市场的参与主体

基金份额持有人——基金投资者，是基金的出资人、基金资产的所有者和基金投资收益的受益人。

基金份额持有人的权利——分享基金财产收益，参与分配清算后的剩余基金财产，依法转让或者申请赎回其持有的基金份额，按照规定要求召开基金份额持有人大会，对基金的份额持有人大会审议事项行使表决权，查阅或者复制公开披露的基金信息资料，对基金管理人、基金托管人、基金份额发售机构损害其合法权益的行为依法提出诉讼。基金管理人——基金产品的募集者和基金的管理者，其最主要职责就是按照基金合同的约定，负责基金资产的投资运作，在风险控制的基础上为基金投资者争取最大的投资收益。

基金托管人——为保证基金资产的安全，《证券投资基金法》规定，基金资产必须由独立于基金管理人的基金托管人保管，从而使得基金托管人成为基金的当事人之一。

基金代销机构——受基金管理公司委托从事基金代理销售的机构。通常只有大的投资者才能直接通过基金管理公司进行基金份额的直接买卖，普通投资者只能通过基金代销机构进行基金的买卖。

证券投资基金运作关系——基金投资者、基金管理人与基金托管人是基金的当事人。基金市场上的各种服务机构通过自己的服务参与基金市场，监管机构则对基金市场上的各种参与主体实施全面监管。

二、证券投资基金运作流程

（一）投资者资金汇集成基金

（二）该基金委托投资专家——基金管理人投资运作

其中，(1)投资者、基金管理人、基金托管人通过基金契约方式建立信托协议，确立投资者出资（并享有收益、承担风险）、基金管理人受托负责理财、基金托管人负责保管资金三者之间的信托关系。(2)基金管理人与基金托管人（主要是银行）通过托管协议确立双方的责权。

（三）基金管理人经过专业理财，将投资收益分予投资者

在我国，基金托管人必须由合格的商业银行担任，基金管理人必须由专业的基金管理人担任。基金投资人享受证券投资基金的收益，也承担亏损的风险。

基金公司最高的决策机构是投资决策委员会，拥有对管理基金的投资事物的最高决策权，负责决定公司所管理基金的投资计划、投资策略、投资原则、投资目标、资产分配以及投资权限，具体的投资细节由各基金经理自行掌握。

基金公司的投资管理部门主要包括投资部、研究部、交易部。投资部负责根据投资决策委员会制定的投资原则和计划进行股票选择和组合管理，向交易部下达投资指令；同时，投资部还担负投资计划反馈的职能，即时向投资决策委员会提供市场动态信息。研究部是基金投资运作的支撑部门，主要从事宏观经济分析、行业发展状况分析和上市公司价值分析。交易部是基金投资运作的具体执行部门，负责组织、制定和执行交易计划。

具体程序如下：

(1) 研究部整合内外研究力量进行调查研究，向投资决策委员会提供包括宏观政策、经济形势、市场状况等宏观和微观资料。

(2) 投资决策委员会根据研究部提供的资料制定投资原则、投资方向和总体投资计划。

(3) 基金经理根据研究部提供的投资价值分析报告，拟定投资组合和投资方案，并报投资决策委员会审议批准，报风险控制部门审核。

(4) 基金经理根据投资决策委员会批准的投资方案向交易部下达投资指令。

(5) 交易部将投资执行情况报告基金经理和清算人员。

(6) 基金经理和清算人员将投资总结报告反馈至投资决策委员会。

(7) 投资决策委员会根据反馈情况，修正投资组合计划。

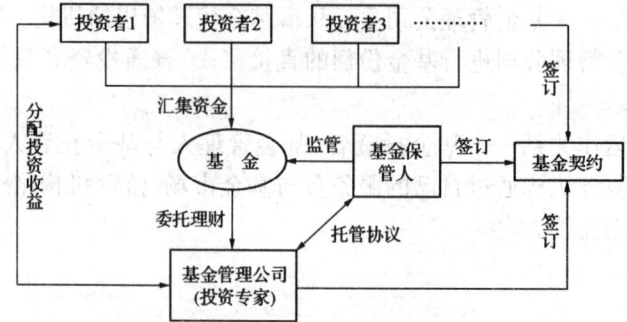

图 5-1 投资基金运作流程简图

三、证券投资基金的设立

（一）设立条件

在我国，基金的设立，必须经中国证券监督管理委员会审查批准。申请设立基金，应报送基金契约、托管协议、代理销售协议和招募说明书等必要的法律文件以及募集方案、发行方案、技术保障准备情况、危机处理计划、代销机构说明、注册登记机构说明、基金管理人规范运作说明等申报材料。开放式基金的设立，还应当具备下列条件：

（1）发起人按照国家有关规定设立的证券公司、信托公司、基金管理公司；

（2）每个发起人的实收资本不少于3亿元，主要发起人有3年以上从事证券投资经验、连续盈利的记录，但是基金管理公司除外；

（3）发起人、基金托管人、基金管理人有健全的组织机构和管理制度，财务状况良好，经营行为规范；

（4）基金托管人、基金管理人有符合要求的营业场所、安全防范设施和与业务有关的其他设施；

（5）中国证监会规定的其他条件。

开放式基金由基金管理人设立，申请设立开放式基金，除应当遵守上述第(3)、(4)、(5)项的规定外，还应当具备下列条件：(1)必须在人才和技术设施上能够保证每周至少一次向投资者公布基金资产净值和申购、赎回价格；(2)有明确、合法、合理的投资方向；(3)有明确的基金组织形式和动作方式；(4)基金托管人、基金管理人近一年内无重大违法、违规行为。

基金管理公司的设立，设立基金管理公司，应当具备下列条件，并经国务院证券监督管理机构批准：(1)有符合《中华人民共和国证券投资基金法》和《中华人民共和国公司法》规定的章程；(2)注册资本不低于一亿元人民币，且必须为实缴货币资本；(3)主要股东具有从事证券经营、证券投资咨询、信托资产管理或者其他金融资产管理的较好的经营业绩和良好的社会信誉，最近三年没有违法记录，注册资本不低于三亿元人民币；(4)取得基金从业资格的人员达到法定人数；(5)有符合要求的营业场所、安全防范设施和与基金管理业务有关的其他设施；(6)有完善的内部稽核监控制度和风险控制制度；(7)法律、行政法规规定的和经国务院批准的国务院证券监督管理机构规定的其他条件。

（二）设立程序

基金是由基金发起人发起设立的。根据《证券投资基金管理证券投资基金管理暂行办法》的规定，在我国发起人申请设立基金，一般要完成以下工作。

1. 确立基金发起人，拟订基金方案

基金管理公司在基金成立后一般要成为基金的管理人。因此，往往有基金管理公司作为主要发起人。然后，在证券公司/信托公司等符合条件的机构或法人中寻找其他发起人，共同发起设立基金。发起人确立后，要签订发起人协议，界定相互间的权利与义务关系，并拟订该基金的总体方案和相关文件。

2. 提交设立基金的相关文件

申请设立基金时,基金发起人应向监管机构提交设立基金的相关文件。根据我国有关规定,需要提交的文件主要有:申请报告、发起人协议、基金契约、托管协议、招募说明书、发起人财务报告、法律意见书等。

3. 监管机构审核和批准

中国证监会收到文件后对基金发起人资格、基金管理人资格、基金托管人资格以及基金契约、托管协议、招募说明书以及上报资料的完整性、准确性进行审核,如果符合有关标准,在规定的期间内,则正式下文批准基金发起人公开发行基金。否则就不予批准。

基金发起人收到中国证监会的批文后,于发行前3天公布招募说明书,并公告具体的发行方案。

四、证券投资基金的募集

基金管理人应当自收到核准文件之日起六个月内进行基金募集。超过六个月开始募集,原核准的事项未发生实质性变化的,应当报国务院证券监督管理机构备案;发生实质性变化的,应当向国务院证券监督管理机构重新提交申请。基金募集不得超过国务院证券监督管理机构核准的基金募集期限。基金募集期限自基金份额发售之日起计算。

基金募集期限届满,封闭式基金募集的基金份额总额达到核准规模的百分之八十以上,开放式基金募集的基金份额总额超过核准的最低募集份额总额,并且基金份额持有人人数符合国务院证券监督管理机构规定的,基金管理人应当自募集期限届满之日起十日内聘请法定验资机构验资,自收到验资报告之日起十日内,向国务院证券监督管理机构提交验资报告,办理基金备案手续,并予以公告。

基金募集期间募集的资金应当存入专门账户,在基金募集行为结束前,任何人不得动用。

投资人缴纳认购的基金份额的款项时,基金合同成立;基金管理人依照本法第四十四条的规定向国务院证券监督管理机构办理基金备案手续,基金合同生效。

基金募集期限届满,不能满足《中华人民共和国证券投资基金法》第四十四条规定的条件的,基金发行宣告失败,基金管理人应当承担下列责任:(一)以其固有财产承担因募集行为而产生的债务和费用;(二)在基金募集期限届满后三十日内返还投资人已缴纳的款项,并加计银行同期存款利息。

五、证券投资基金的上市

《证券投资基金法》规定:"封闭式基金的基金份额,经基金管理人申请,国务院证券监督管理机构核准,可以在证券交易所上市交易。国务院证券监督管理机构可以授权证券交易所依照法定条件和程序核准基金份额上市交易。""基金上市交易规则由证券交易所制定,报中国证监会批准。"

1. 申请基金上市的条件

(1)基金的募集符合《证券投资基金法》的规定;(2)基金合同期限为5年以上;(3)基金募集金额不低于2亿元人民币;(4)基金持有人不少于1 000人;(5)基金份额上市交易

规则规定的其他条件。

2. 申请投资基金上市交易向证券交易所提交的文件

(1)上市申请书;(2)上市公告书,至少应包括如下内容:基金概况;基金持有人结构及前10名持有人;基金设立主要发起人、基金管理人、托管人简介;基金投资组合情况;基金契约摘要;基金运作情况;财务状况;重要事项揭示;备查文件;(3)批准设立和发行基金的文件;(4)基金契约;(5)基金托管协议;(6)基金募集资金的验资报告;(7)证券交易所1～2名会员署名的上市推荐书;(8)国务院证券监督管理机构和中国人民银行对基金托管人的审查批准文件;(9)国务院证券监督管理机构批准基金管理人的营业执照;(10)基金管理人注册登记的营业执照;(11)基金托管人注册登记的营业执照;(12)基金已全部托管的证明文件;(13)证券交易所要求的其他文件。

证券交易所接到基金上市申请后,应进行审查,认为符合上市条件的,将审查意见以及拟订的上市时间连同相关文件一并报国务院证券监督管理机构批准。获得国务院证券监督管理机构批准后,由证券交易所出具上市通知书。证券交易所还须同基金管理人或基金公司、基金托管人签订基金上市协议,以及有关服务合同。

获准上市的基金,须于上市首日前3个工作日内在国务院证券监督管理机构指定的报刊上刊登《上市公告书》。基金管理人还应将《上市公告书》备置于基金管理人所在地、基金托管人所在地、证券交易所、有关证券经营机构及其网点供公众查阅,同时报送国务院证券监督管理机构备案。

3. 基金的暂停上市或终止上市

基金上市期间,出现下列情形之一的,将暂时停止上市:(1)发生重大变更而不符合上市条件;(2)违反国家法律、法规,国务院证券监督管理机构决定暂停上市;(3)严重违反投资基金上市规则;(4)国务院证券监督管理机构和证券交易所认为须暂停上市的其他情形。

基金上市期间,有下列情形之一的,将终止上市:(1)不再具备《证券投资基金法》规定的上市交易条件;(2)基金合同期限届满;(3)基金份额持有人大会决定提前终止上市交易;(4)基金合同约定的或者基金份额上市交易规则规定的终止上市交易的其他情形。

开放式基金在销售机构的营业场所销售及赎回。不上市交易。开放式基金单位的认购、申购和赎回业务,可以由基金管理人直接办理,也可以由基金管理人委托经国务院证券监督管理机构认定的其他机构代为办理。基金管理人应当在每个工作日办理基金申购、赎回业务;基金合同另有约定的,按照其约定办理。投资人申购基金时,必须全额交付申购款项,款项一经交付申购申请即为有效。基金管理人应当于收到基金投资人申购、赎回申请之日起3个工作日内,对该交易的有效性进行确认。除不可抗力等特殊情况外,基金管理人不得拒绝接受基金投资人的赎回申请。

六、证券投资基金的交易

(一)交易方式

基金交易方式因基金性质不同而不同。封闭式基金因有封闭期规定,在封闭期内基金规模稳定不变,既不接受投资者的申购也不接受投资者的赎回,因此,为满足投资者的变现需要,封闭式基金成立后通常申请在证券交易所挂牌,交易方式类似股票,即是在投资者之间转手交易。而开放式基金因其规模是"开放"的,在基金存续期内其规模是变动的,除了法规允许(自基金成立日始)基金成立满 3 个月期间,依基金契约和招募说明书规定,可只接受申购不办理赎回外,其余时间如无特别原因,应在每个交易日接受投资者的申购与赎回。因此,开放式基金的交易方式为场外交易,在投资者与基金管理人或其代理人之间进行交易,投资者可至基金管理公司或其代理机构的营业网点进行基金券的买卖,办理基金单位的随时申购与赎回。

(二) 封闭式基金的交易及交易价格

1. 封闭式基金的上市申请及审批

如前所述,封闭式基金的交易方式为在证券交易所挂牌上市,因此,封闭式基金在募集成立后,应及时向证券交易所申请上市。上市申请及主管机关审批的主要内容包括:基金的管理和投资情况;基金管理人提交的上市可行性报告;信息披露的充分性;内部机制是否健全,能否确保基金章程及信托契约的贯彻实施等。上述材料必须真实可靠,无重大遗漏。

2. 封闭式基金的交易规则

(1) 基金单位的买卖遵循"公开、公平、公正"的"三公"原则和"价格优先、时间优先"的原则;

(2) 以标准手数为单位进行集中无纸化交易,电脑自动撮合,跟踪过户;

(3) 基金单位的价格以基金单位资产净值为基础,受市场供求关系的影响而波动,行情即时揭示;

(4) 基金单位的交易成本相对低廉。

3. 影响封闭式基金价格变动的因素

基金单位净资产和市场供求关系是影响封闭式基金市场价格的主要因素,但其他因素也会导致其价格波动。

(1) 基金单位净资产值。基金单位净资产值是指某一时点上某一基金每份基金单位实际代表的价值,是基金单位的内在价值。由于基金单位净资产值直接反映一个基金的经营业绩和相对于其他证券品种的成长性,同时,也由于基金单位净资产值是基金清盘时,投资者实际可得到的价值补偿,因此,基金单位净资产值构成影响封闭式基金市场价格的最主要因素。在一般情况下,基金单位的市场价格应围绕基金单位净资产值而上下波动。

(2) 市场供求关系。由于封闭式基金成立后,在存续期内其基金规模是稳定不变的,因此,市场供求状况对基金交易价格产生重要影响。一般而言,当市场需求增加时,基金单位的交易价格就上升;反之,就下跌,从而使基金价格相对其单位净值而言经常出现溢价或折价交易的现象。

(3) 市场预期。市场预期通过影响供求关系而影响基金价格。当投资者预期证券市场行情看涨,或基金利好政策将出台,或基金管理人经营水平提高基金净资产值将增加,或基金市场将"缩容"等时,将增加基金需求从而导致基金价格上涨;反之,将减少基金需求从而导致基金价格下跌。

(4) 操纵。如同股票市场一样,基金市场也存在着"坐庄"操纵现象。由于封闭式基金的"盘子"是既定的,因此资金实力大户往往通过人为放大交易量或长期单向操作来达到影响市场供求关系及交易价格,从中获利的目的。

(5) 开放式基金的出现及基金清算。由于开放式基金的交易价格是完全由基金单位净资产值决定的,因此,当同为证券投资基金的开放式基金出现时,封闭式基金的投资将逐渐趋向理性,基金交易价格将逐渐与基金净资产值趋于一致。同样,随着封闭式基金存续期逐渐走向完结,基金终止清算期来临,基金交易价格也将逐渐恢复到其净资产值的水平上。

(三) 开放式基金的交易及交易价格

1. 开放式基金的认购、申购、赎回

投资者在开放式基金募集期间,基金尚未成立时购买基金单位的过程称为认购。通常认购价为基金单位面值(1元)加上一定的销售费用。基金初次发行时一般会对投资者有费率上的优惠。投资者在认购基金时,应在基金销售点填写认购申请书,交付认购款项,注册登记机构办理有关手续并确认认购。只有当开放式基金宣布成立后,经过规定的日期,基金才能进入日常的申购和赎回。

在基金成立后,投资者通过基金管理公司或其销售代理机构申请购买基金单位的过程称为申购。投资者办理申购时,应填写申购申请书并交付申购款项。申购基金单位的金额是以申购日的基金单位资产净值为基础计算的。

投资者为变现其基金资产,将手持基金单位按一定价格卖给基金管理人,并收回现金的过程称为赎回。赎回金额是以当日的单位基金资产净值为基础计算的。

2. 开放式基金申购、赎回的限制

根据有关法规及基金契约的规定,开放式基金的申购与赎回主要有如下限制:

(1) 基金申购限制。基金在刊登招募说明书等法律文件后,开始向法定的投资者进行招募。依据国内基金管理公司已披露的开放式基金方案来看,首期募集规模一般都有一个上限。在首次募集期内,若最后一天的认购份额加上在此之前的认购份额超过规定的上限时,则投资者只能按比例进行公平分摊,无法足额认购。开放式基金除规定有认购价格外,通常还规定有最低认购额。另外,根据有关法律和基金契约的规定,对单一投资者持有基金的总份额还有一定的限制,如不得超过本基金总份额的10%等。

(2) 基金赎回限制。开放式基金赎回方面的限制,主要是对巨额赎回的限制。根据《开放式证券投资基金试点办法》的规定,开放式基金单个开放日中,基金净赎回申请超过基金总份额的10%时,将被视为巨额赎回。巨额赎回申请发生时,基金管理人在当日接受赎回比例不低于基金总份额的10%的前提下,可以对其余赎回申请延期办理。也就是说,基金管理人根据情况可以给予赎回,也可以拒绝这部分的赎回,被拒绝赎回的部分可延迟至下一个开放日办理,并以该开放日当日的基金资产净值为依据计算赎回金额。当然,发生巨额赎回并延期支付时,基金管理人应当通过邮寄、传真或者招募说明书规定的其他方式,在招募说明书规定的时间内通知基金投资人,说明有关处理方法,同时在指定媒体及其他相关媒体上公告。通知和公告的时间,最长不得超过3个证券交易日。

3. 开放式基金的申购、赎回价格

开放式基金的交易价格即为申购、赎回价格。开放式基金申购和赎回的价格是建立在每份基金净值基础上的,以基金净值再加上或减去必要的费用,就构成了开放式基金的申购和赎回价格。

(1) 申购价格。基金的申购价格,是指基金申购申请日当天每份基金单位净资产值再加上一定比例的申购费所形成的价格,它是投资者申购每份基金时所要付出的实际金额。

申购价格的计算:"价外法"和"价内法"都是计算基金申购费用和申购份额的计算方法,两者的计算公式不同。

"价外法"的具体计算公式如下:

$$净申购金额 = 申购金额/(1+申购费率);$$
$$申购费用 = 申购金额 - 净申购金额;$$
$$申购份额 = 净申购金额/申购当日基金份额净值。$$

而之前一直使用的是"价内法",其计算公式为:

$$申购费用 = 申购金额 \times (1-申购费率);$$
$$净申购金额 = 申购金额 - 申购费用;$$
$$申购份额 = 净申购金额/申购当日基金份额净值。$$

例 假如某基金公布的申购费率分为 1.2% 和 1.5% 两档:(1) 一次申购金额 1 万~1 000 万元(含 1 万元,不含 1 000 万元)的,申购费率为申购金额的 1.5%;(2) 一次申购金额高于 1 000 万元(含 1 000 万元),申购费率为申购金额的 1.2%。

投资者甲申购金额 1 万元,假设当日的基金单位净值为 1.200 元,则根据公式计算得出甲的申购份额:

价内法　　申购份额 = 申购金额 × (1 - 申购费率)/申购当日基金份额净值
　　　　　　　　　 = 10 000 × (1 - 1.5%)/1.200 = 8 208(份)

价外法　　申购份额 = 申购金额/(1 + 申购费率)/申购当日基金份额净值
　　　　　　　　　 = 10 000/(1 + 1.5%)/1.200 = 8 210.18(份)

采用价外法比价内法申购对投资者更有利。

(2) 赎回价格。基金的赎回价格,是指基金赎回申请日当天每份基金单位净资产值再减去一定比例的赎回费所形成的价格,它是投资者赎回每份基金时可实际得到的金额。基金的赎回支付金额为赎回金额扣减赎回费用。其中,

$$赎回金额 = 赎回份数 \times 当日基金单位净值$$

$$赎回费用 = 赎回金额 \times 赎回费率$$

$$支付金额 = 赎回金额 - 赎回费用$$

例 某基金公布的赎回费率统一按 0.5% 收取。假设投资者甲赎回 1 000 份基金单位,当日基金净值为 1.255 元,则甲投资者的赎回金额、赎回应支付的费用及实际可收回的金额:

$$赎回金额 = 1 000 \times 1.255 = 1 255(元)$$

$$赎回费用 = 1 255 \times 0.5\% = 6.28(元)$$

$$支付金额(投资者可实际收回的金额) = 1 255 - 6.28 = 1 248.72(元)$$

七、基金资产估值

(一) 概念

基金资产估值是指通过对基金所拥有的全部资产及所有负债按一定的原则和方法进行估值,进而确定基金资产公允价值的过程。

$$基金资产净值 = 基金资产 - 基金负债$$

$$基金份额净值 = 基金资产净值 / 基金总份额$$

(二) 基金资产估值的重要性

由于基金份额净值是开放式基金申购、赎回金额的计算基础,直接关系基金投资者的利益,这就要求基金份额净值的计算必须准确。

基金份额净值必须是公允的。

(三) 基金资产估值需考虑的因素

1. 估值频率

即多长的时间间隔对基金资产进行估值。

目前,我国的开放式基金于每个交易日估值,并于次日公告基金份额净值。

封闭式基金每周披露一次基金份额净值,但每个交易日也进行估值。

海外的基金多数也是每个交易日估值,但也有一部分基金是每周估值一次,有的甚至每半个月、每月估值一次。

2. 交易价格

当基金只投资于交易活跃的证券时,对其资产进行估值较为容易。这种情况下,直接采用市场交易价格就可以对基金资产估值。

当基金投资于交易不活跃的证券时,资产估值问题则要复杂得多。在这种情况下,基金持有的证券要么没有交易价格,要么交易价格不可信。

估值要慎重,其中证券资产的流动性是非常关键的因素。

3. 价格操纵及滥估问题

要避免基金资产估值时出现价格操纵及滥估现象,需要监管当局颁布更为详细的估值规定来规范估值行为,或者由独立的第三方来进行估值。

4. 估值方法的一致性及公开性

估值方法的一致性是指基金在进行资产估值时均采取同样的估值方法,遵守同样的估值规则。估值方法的公开性是指基金采用的估值方法需要在法律规定的募集文件中公开披露。假如基金变更了估值方法,也需要及时进行披露。

(四)我国基金资产估值实务

1. 基金资产估值的责任人

责任人：基金管理人
复核责任人：基金托管人

为提高估值的合理性和可靠性，行业还成立了基金估值工作小组。工作小组定期评估基金行业的估值原则和程序，并对活跃市场上没有市价的投资品种、不存在活跃市场的投资品种提出具体意见。基金管理公司和托管银行在进行基金估值、计算基金份额净值及相关复核工作时，可参考工作小组的意见，但是并不能免除各自的估值责任。

2. 估值程序

(1) 基金份额净值是按照每个开放日闭市后，基金资产净值除以当日基金份额的余额数量计算。

(2) 基金日常估值由基金管理人进行。

(3) 基金托管人按基金合同约定的估值方法、时间、程序对基金管理人的计算结果进行复核，复核无误后签章返回给基金管理人，由基金管理人对外公布。月末、年中和年末估值复核与基金会计账目的核对同时进行。

3. 估值的基本原则

(1) 对存在活跃市场的投资品种，如估值日有市价的，应采用市价确定公允价值。

(2) 对不存在活跃市场的投资品种，应采用市场参与者普遍认同且被以往市场实际交易价格验证具有可靠性的估值技术确定公允价值。

(3) 若以上两原则仍不能客观反映公允价值，基金管理公司应与托管银行商量，按最能恰当反映公允价值的价格估值。

4. 具体投资品种的估值方法

(1) 交易所上市的股票和权证是以收盘价估值，上市债券是以收盘的净价估值，期货合约是按结算价格估值，交易所以大宗交易方式转让的资产支持证券，采用估值技术确定公允价值，在估值技术难以可靠计量公允价值的情况下，按成本进行后续计量。

(2) 交易所发行未上市品种的估值。

① 首次发行未上市的股票、债券和权证，采用估值技术确定公允价值，在估值技术难以可靠计量公允价值的情况下按成本计量。

② 送股、转增股、配股和公开增发新股等发行未上市股票，按交易所上市的同一股票的市价估值。

③ 首次公开发行有明确锁定期的股票，同一股票在交易所上市后，按交易所上市的同一股票的市价估值。

④ 非公开发行有明确锁定期的股票，按下述方法确定公允价值：

如果估值日非公开发行有明确锁定期的股票的初始取得成本高于在证券交易所上市交易的同一股票的市价，应采用在证券交易所上市交易的同一股票的市价作为估值日该股票的价值。如果估值日非公开发行有明确锁定期的股票的初始取得成本低于在证券交易所上

市交易的同一股票的市价,应按以下公式确定该股票的价值:

$$FV = C + (C-P) \times (Dl - Dr)/Dr$$

式中:FV 为估值日该非公开发行有明确锁定期的股票的价值;

C 为该非公开发行有明确锁定期的股票的初始取得成本;

P 为估值日在证券交易所上市交易的同一股票的市价;

Dl 为该非公开发行有明确锁定期的股票锁定期所含的交易所的交易天数;

Dr 为估值日剩余锁定期,即估值日至锁定期结束所含的交易所的交易天数(不含估值日当天)。

(3) 交易所暂停交易等非流通品种的估值。

因持有股票而享有的配股权,从配股除权日起到配股确认日止,如果收盘价高于配股价,按收盘价高于配股价的差额估值。收盘价等于或低于配股价,则估值为零。对停止交易但未行权的权证,一般采用估值技术确定公允价值。对于因重大特殊事项而长期停牌股票的估值,需要按估值基本原则判断是否采用估值技术。此类股票常用估值方法:指数收益法、可比公司法、市场价格模型法和估值模型法。

(4) 全国银行间债券市场交易的债券、资产支持证券等固定收益品种,采用估值技术确定公允价值。

(五)计价错误的处理及责任承担

当基金份额净值计价错误达到或超过基金资产净值的 0.25% 时,基金管理公司应及时向监管机构报告。当计价错误达到 0.5% 时,基金管理公司应当公告并报监管机构备案。

(六)暂停估值的情形

(1) 基金投资所涉及的证券交易所暂停营业。

(2) 因不可抗力致使无法对基金资产进行评估。

(3) 占基金相当比例的投资品种的估值出现重大转变,而基金管理人为保障投资人的利益已决定延迟估值。

(4) 紧急事故导致无法进行基金资产评估。

(5) 中国证监会和基金合同认定的其他情形。

八、证券投资基金的费用与税收

(一)证券投资基金费用

投资基金同购买商品一样,购入之前,必先问价。投资者除了要知道自己买卖基金时应交纳的费用外,基金管理人代投资者投资证券需要收取的各种费用也应当成为投资者关注的对象。因为,清楚基金公司的各种收费,是基金投资计算成本的重要一环,如有失误,买卖基金或日后赎回时,便有可能蒙受损失。

基金运营费用指基金在运作过程中发生的费用,主要包括管理费、托管费、其他费用等,这些费用直接从基金资产中扣除。基金运营费用如表 5-1 所示。

1. 基金管理费

基金管理费,指基金管理人管理基金资产所收取的费用。基金管理人可按固定费率或固定费率加提业绩表现费的方式收取管理费。业绩表现费指固定管理费之外的支付给基金管理人的与基金业绩挂钩的费用。按固定费率收取的管理费按基金资产净值的一定比例逐日计算,定期提取。

$$每日计提的管理费 = 计算日基金资产净值 \times 管理费率 \div 当年天数$$

2. 基金托管费

基金托管费。指基金托管人托管基金资产所收取的费用,通常按基金资产净值的一定比例逐日计算,定期提取。

$$每日计提的托管费 = 计算日基金资产净值 \times 托管费率 \div 当年天数$$

3. 其他费用

其他费用。包括注册登记费、席位租用费、证券交易佣金、律师费、会计师费、信息披露费和持有人大会费等。

目前我国基金的管理费年率为基金资产净值的1.25%~1.5%。基金托管费年率为基金资产净值的0.25%。与发达市场的平均费率水平基本接近。

上述基金营运的费用及收费方式等都将在基金的招募说明书中公布。

表5-1 基金运营费用一览表

基金运营费用	
基金管理人的报酬	管理费是指支付给实际运用基金资产、为基金提供专业化服务的基金管理人的费用,也就是管理人为管理和操作基金而收取的费用。管理年费通常从基金的股息、利息收益中,或从基金资产中扣除,不另向投资者收取
基金托管人的托管费	托管人为保管及处理基金资产而收取的费用
基金上市费用	上市基金支付交易所的上市费用(封闭式基金)
证券交易费用	买卖有价证券的手续费
基金信息披露费用	中期和年度公报及公开说明书的公告、印刷制作等费
基金持有人大会费用	召开年会基金持有人大会花费
会计师费和律师费	运作费包括支付注册会计师费、律师费、稽核费等

(二)证券投资基金税收政策

各国和地区的税法一般都规定管理人免税。投资者在取得基金分配的收益后所需缴纳的所得税,可由基金公司代缴,也可由投资者自缴。目前我国根据财政部国家税务总局关于证券投资基金税收问题的通知(1998年8月6日财税字[1998]55号)来征收有关基金投资方面的税款。

1. 营业税

(1) 以发行基金方式募集资金不属于营业税的征税范围,不征收营业税。

(2) 基金管理人运用基金买卖股票、债券的差价收入,在 2000 年底以前暂免征收营业税。

(3) 金融机构(包括银行和非银行金融机构)买卖基金的差价收入征收营业税;

(4) 个人和非金融机构。买卖基金单位的差价收入不征收营业税。

2. 印花税

(1) 基金管理公司按 4‰ 的税率征收印花税。

(2) 对投资者(包括个人和企业,下同)买卖基金单位,在 1999 年底前暂不征收印花税。

3. 所得税

(1) 对基金从证券市场中取得的收入,包括买卖股票、债券的差价收入,股票的股息、红利收入,债券的利息收入及其他收入,暂不征收企业所得税。

(2) 对个人投资者买卖基金单位获得的差价收入,在对个人买卖股票的差价收入未恢复征收个人所得税以前,暂不征收个人所得税;对企业投资者买卖基金单位获得的差价收入,应并入企业的应纳税所得额,征收企业所得税。

(3) 对投资者从基金分配中获得的股票的股息、红利收入以及企业债券的利息收入,由上市公司和发行债券的企业在向基金派发股息、红利、利息时代扣代缴 20% 的个人所得税,基金向个人投资者分配股息、红利、利息时,不再代扣代缴个人所得税。

(4) 对投资者从基金分配中获得的国债利息、储蓄存款利息以及买卖股票价差收入,在国债利息收入、个人储蓄存款利息收入以及个人买卖股票差价收入未恢复征收所得税以前,暂不征收所得税。

(5) 对个人投资者从基金分配中获得的企业债券差价收入,应按税法规定对个人投资者征收个人所得税,税款由基金在分配时依法代扣代缴;对企业投资者从基金分配中获得的债券差价收入,暂不征收企业所得税。

(6) 对基金管理人、基金托管人从事基金管理活动取得的收入,依照税法的规定征收营业税、企业所得税以及其他相关税收。

(三) 证券投资基金收入及利润分配

1. 收入来源

证券投资基金收入是基金资产在运作过程中所产生的各种收入,主要包括利息收入、投资收益以及其他收入。基金资产估值引起的资产价格变动作为公允价值变动损益计入当期损益。

2. 利润分配

证券投资基金利润分配是指基金在一定会计期间的经营成果。利润包括收入减去费用后的净额、直接计入当期利润的利得和损失等,也称为基金收益。证券投资基金在获取投资收入和扣除费用后,须将利润分配给受益人。

基金利润(收益)分配通常有两种方式:一是分配现金,这是最普遍的分配方式;二是分配基金份额,即将应分配的净利润折为等额的新的基金份额送给受益人。

按照《证券投资基金管理办法》的规定,封闭式基金的收益分配每年不得少于一次,封闭式基金年度收益分配比例不得低于基金年度已实现收益的 90%。封闭式基金一般采用现金方式分红。

开放式基金的基金合同应当约定每年基金利润分配的最多次数和基金利润分配的最低比例。开放式基金的分红方式有现金分红和分红再投资转换为基金份额两种。根据规定,基金利润分配应当采用现金方式。开放式基金的基金份额持有人可以事先选择将所获分配的现金利润按照基金合同有关基金份额申购的约定转为基金份额;基金份额持有人事先未做出选择的,基金管理人应当支付现金。

对货币市场基金的利润分配,中国证监会有专门的规定。《货币市场基金管理暂行规定》第九条规定:"对于每日按照面值进行报价的货币市场基金,可以在基金合同中将受益分配的方式约定为红利再投资,并应当每日进行收益分配。"2005 年 3 月 25 日中国证监会下发的《关于货币市场基金投资等相关问题的通知》规定:"当日申购的基金份额自下一个工作日起享有基金的分配权益,当日赎回的基金份额自下一个工作日起不享有基金的分配权益。"具体而言,货币市场基金每周五进行利润分配时,将同时分配周六和周日的利润;每周一至周四进行分配时,则仅对当日利润进行分配。投资者与周五申购或转换转入的基金份额不享有周五和周六、周日的利润,投资者与周五赎回或转换转出的基金份额享有周五和周六、周日的利润。

九、证券投资基金的变更、终止和清算

(一) 基金变更

基金的变更是指基金在其运作过程中,因为某种特殊的情况和原因使基金本身或其运作过程发生重大改变:

(1) 由于某些特殊的原因需要分立基金或本基金要与其他基金合并。

(2) 因故需要改变基金的性质,如封闭式基金变更为开放式基金。出现下列情形之一的,经国务院证券监督管理机构核准,封闭式基金可以变更为开放式基金:

① 出现基金合同或者基金章程规定的情形;

② 经基金持有人大会决议通过;

③ 封闭式基金扩募或续期,即增加基金规模或延长基金存续期限。

(二) 基金终止

投资基金的终止是指投资基金因各种原因不再经营运作,将进行清算解散,基金终止须依据有关法规和基金契约(公司型基金为基金公司章程)的规定,由基金持有人大会通过,并报证监会批准。有下列情形之一的,基金应当终止:

(1) 封闭式基金存续期满未被批准续期的;

(2) 基金持有人大会决定终止的;

(3) 原基金管理人和基金托管人职责终止,在 6 个月内没有新基金管理人和基金托管

人承接的;

(4) 基金合同或者基金章程规定的其他情形。

开放式基金一般不规定存续期,但在某些情况发生时,开放式基金可能做出清盘的决定,通过清算和分配资产结束其存在。在《开放式基金试点办法》中规定,开放式基金成立后的存续期间内,其有效持有人数量连续 20 个工作日达不到 100 人,或者连续 20 个工作日最低基金资产净额低于 5 000 万元的,基金管理人应当及时向中国证监会报告,说明出现上述情况的原因以及解决方案。

(三) 基金清算

基金终止时,应当组织清算小组对基金资产进行清算。清算小组做出的清算报告,必须经注册会计师审计、律师书面确认并报国务院证券监督管理机构备案后公告。

1. 基金清算小组

(1) 自基金终止之日起三个工作日内成立清算小组,基金清算小组在中国证监会的监督下进行基金清算;

(2) 基金清算小组成员由基金发起人、基金管理人、基金托管人、具有从事证券相关业务资格的注册会计师、具有从事证券法律业务资格的律师以及中国证监会指定的人员组成,基金清算小组可以聘用必要的工作人员;

(3) 基金清算小组负责基金资产的保管、清理、估价、变现和分配,基金清算小组可以依法进行必要的民事活动。

2. 清算程序

(1) 基金终止后,由基金清算小组统一接管基金资产;

(2) 对基金资产进行清理和确认;

(3) 对基金资产进行估价;

(4) 对基金资产进行分配。

3. 清算费用

清算费用是指基金清算小组在进行基金清算过程中发生的所有合理费用,清算费用由基金清算小组从基金资产中支付。

4. 基金剩余资产的分配

基金清算后的全部剩余资产扣除基金清算费用后,按基金持有人持有的基金单位比例进行分配。

5. 基金清算的公告

基金终止并报中国证监会备案后 5 个工作日内由基金清算小组公告;清算过程中的有关重大事项将及时公告;基金清算结果由基金清算小组经中国证监会批准后 3 个工作日内公告。

6. 清算账册及文件的保存

基金清算账册及有关由基金托管人保存 15 天。

任务三　基金理财技巧

证券投资基金是一种低风险、收益相对有保障的理财产品。成熟的市场上，基金年平均收益14％。但由于基金在我国起步较晚，投资者在利用基金产品进行理财时尚有许多误区。因此，辨别基金理财误区、掌握基金理财技巧显得尤为重要。

一、证券基金投资常见误区

（一）"基金越便宜越值得买"

许多人喜欢买新基金、刚刚拆分或者分红过的基金，这是最常见的错误。买基金不是购买一件普通的商品，希望它越便宜越好，买基金是把自己的钱拿给专家去打理，你唯一需要关心的是这只基金的投资实力，其他一概不重要，比如拆分等仅仅是基金公司迎合不懂的投资者而采取的一种商业营销手段。从另一个角度看，基金的累积净值，不仅不是越便宜越好，而是越贵越好。因为其累积的净值越高，意味着它已经实现的增值幅度越大，这就意味着基金管理团队的能力较强，而一些同期成立、累积净值偏低的基金则表明其运作不太理想。

（二）频繁申购和赎回，未树立长期投资观念

从炒房、炒股票到炒基金，虽然品种在不断变化，但是用在这些本身应该是投资的品种上的字眼却是"炒"。稍有烹饪常识的人都知道，"炒"菜的原则一般是"短、平、快"，"炒"字运用到投资上可能更多的只能成为投机，或者短期操作，基金这种长期投资的品种到了中国也难以逃过被"炒"的命运。

"炒"基金的出现，一方面是个人投资者对基金缺乏了解，将股票型、积极配置型基金当成股票在运作，另一方面，各大基金咨询机构过于频繁的基金排名也起了推波助澜的负面作用。在各大基金的理财讲座上，不难听到投资者抱怨自己所持有的基金跑得慢，再一细问，其持有时间，很可能不过短短一两个月。

如果所购买的基金被套，个人投资者一般会等到解套后才想到赎回；而如果所持有的基金已经实现一定收益的情况下，投资者就很难持有基金较长时间，落袋为安的心理通常占据上风。这种现象在行情火爆的2006年特别明显。那么，频繁的申购赎回基金究竟好不好呢？在美国，90％的投资者将养老作为投资共同基金的目的，基本上都是遵循长期持有的原则。国内频繁申购赎回基金的波段操作，成功的概率极低，更为严重的是大幅降低了投资的收益率。基金的申购、赎回费用相对股票来说相当高，不断地买卖，结果就把钱都花在路上了，大大降低了收益。如有"炒"的瘾，还是去玩股票或者买封闭式基金吧，开放式基金不是用来炒的，应该将他作为一种中长期的投资工具，而不是投机工具。

（三）"冠军基金"一定是"常胜基金"

所谓的"冠军基金"是指某个时间段内净值增长表现特别突出的基金。眼下股市一路大涨，出现了追涨基金黑马的现象，只看重基金近期收益增长率，却很少注意基金的波动因素。

业内专家认为,如果没有充分的实力支持,这类基金业绩表现的波动性会很大,"冠军"往往昙花一现。选择基金考察其长期表现才是最重要的,而不是目前短期的表现。

(四)"喜新厌旧"

一方面,与新发基金相比,老牌绩优基金久经熊市、牛市双重考验,基金管理人的管理运作水平和风险控制能力已经得到检验;另一方面,老牌绩优基金的客户群体较为稳定,有利于基金的稳定运作。

(五)基金收益互相攀比

不同的基金产品,由于其配置资产的不同,而表现为不同的风险收益特征。此基金非彼基金,不同的基金产品有不同的收益特征,盲目地进行收益攀比是不科学的。

(六)保本基金能完全保本

许多投资者购买保本基金是冲着"保本"两个字,认为购买这种基金能保证投资本钱的绝对安全。但其实多数保本基金的定义是"投资者在发行期内购买,持有3年期满后,可以获得100%的本金安全保证"。也就是说,三年之内投资者如果需要用钱,照样要承担基金涨跌的风险和赎回手续费。

(七)复制基金＝业绩复制

最近基金复制比较流行,宣传者往往把以前的基金作为榜样,给投资者以极大的幻想。其实,即便是同一家基金公司、同样的基金投向、同一个基金经理,这两只"孪生"基金还是两只不同的基金。双胞胎还会有不同的命运,何况复制的基金?复制基金其实就是一只普通的基金,和别的基金本质上没什么区别。

(八)"经理去哪我去哪"

有些投资者非常崇拜基金经理,某个基金经理以前管理的基金业绩不俗,现在跳槽去了另一家基金公司去管理另一只基金,这些投资者也紧跟基金经理,更换门庭转换基金。基金业绩的好坏固然与基金经理的观念和智慧分不开,但与基金公司和基金团队的关系更大,没有优秀的基金公司和基金团队作依托,任何基金经理都将举步维艰,再好的智慧也很难发挥。

(九)盲目追求高比例分红、频繁分红

各大基金公司,被个人投资者问得最多的问题之一就是,你们的基金为什么还不分红?某些基金秉承"积极分红"的营销策略,净值一高,就想办法分红分到一元附近,尽管业绩并非一流,其基金销售却受到个人投资者的热烈追捧。特别是2006年下半年以来,基金大比例分红的营销策略,将老基金的高净值通过较大比例的分红降到一元附近,吸引了无数的个人投资者。而如果某些基金成立一段时间后,要是没有非常积极的分红,即便收益率在同类型的基金中名列前茅,一般也都会受到不少个人投资人的疑问,认为其业绩不够理想。

那么有关开放式基金的分红,一般是怎么规定的呢?是不是频繁分红、高比例分红更有

利于投资者呢？参照有关基金的法规，开放式基金合同一般对基金收益分配即分红原则有如下规定：

（1）基金收益分配每年至少一次，最多不超过6次。成立不满3个月，收益不分配。
（2）基金当年收益先弥补上一年度亏损后，方可进行当年收益分配。
（3）基金收益分配后每基金单位净值不能低于面值。
（4）如果基金投资当期出现净亏损，则不进行收益分配。
（5）每一基金单位享有同等分配权。
（6）法律法规或监管机关另有规定的，从其规定。

以上规定是对开放式基金分红的一般性规定。其实从这些规定中可以发现，基金合同一般是限制基金分红次数和分红比例在一定范围的。因为基金分红次数过多，基金分红比例过大，基金经理难免要卖出部分股票；如果被迫卖出的这些股票又正好是基金经理希望长期持有的品种，那么这样的分红在一定程度上会影响基金的净值和未来的成长。

（十）过度分散投资

由于"鸡蛋不能放在一个篮子里"这样一个通俗化的分散投资品种、分散投资风险的概念已经深入人心，一般来说，国内的基金投资者在基金的购买上基本不会出现只买一只基金的情况。但是，有些事情往往过犹不及，中国的老百姓大多将这个分散投资的理念运用的过于充分，特别是新基金等比例配售、限额配售开始之后，基金过度分散投资的情况就更为严重。目前，一个基金投资者持有七、八个品种很常见，持有十几只、甚至更多数量的基金投资者也大有人在。

那么基金这样过度分散投资有哪些坏处呢？

1. 投资者难以"照顾"全所持有的全部基金

很多投资者都是在新基金发行的时候想尽一切办法去认购新基金，特别是新基金发行等比例配售方法实行后，更是将退回的资金不断地投入下一只新发行的基金中。如此循环，持有的基金数量不断增多，不用说基金公司、基金经理的情况、基金产品的特性，很多投资者连自己持有的基金名字都很难叫全。

基金尽管是专家理财，但是必要的功课还是要完成的：选择品牌的公司、选择适合自己的产品，定期（如一年）衡量一下基金的收益率等等。当一个投资者持有过多基金之后，这些在基金投资中必要的功课就很难去完成了。

2. 持有过多基金会降低持有基金的整体收益

市场上好的基金产品很多，发行的基金产品也源源不断，很多投资者都希望能买到市场上尽可能多的产品，一方面分散风险，一方面总是不想错过市场上自己认为不错的基金产品。

实际上，持有的基金数量过多往往会降低自己持有的基金整体的收益率。以2006年的基金收益率为例，如果投资者仅持有当年收益率前三名的基金，收益率将高达174%，而如果将2006年市场上所有的股票型基金全部纳入囊中，那么整个收益率将降为117%（2006年上证指数的涨幅为130%）。数据说明，基金多绝不等于收益高；相反地，持有基金数量过多，收益较差的产品还会拖累整个组合中收益，使投资者最终的收益受到相对损失。而且一旦操作失误,后果很严重。基金是一种中长期理财的品种,应树立长期投资的观念。

(十一)盲目追求高收益的基金产品

收益跟风险永远是孪生兄弟,高风险对应高收益,低风险对应低收益,这是投资中的基本常识。具体到基金中,收益最高的股票型基金也是具有最大波动性、最大风险的品种;而收益最低的货币型基金则相对风险很小,收益也比较稳定。在不同基金品种具有不同收益率、不同风险方面,国内的基金投资者也存在一个普遍的误区:不区分基金类型而简单攀比基金的收益率。很常见的就是将股票型的基金和积极配置型的基金做比较,然后抱怨积极配置型的基金收益太低。这样的比较其实无异于让自行车的选手和赛车选车一起赛速度,然后指责骑自行车的选手速度太慢。

按照个人理财的普遍观点,投资者的年龄、收入、个人财富、对待风险的主观态度、投入的资金大小等方面的差异决定了不同的投资者具有不同的风险承受能力。年龄越大、个人财富相对较少、较稳健的客户一般应选择风险较小的理财品种。对于老年人而言,资产保值的重要性要大于资产增值的重要性;而对于中青年而言,由于各阶段房子、孩子、未来养老的日子等方面的压力,资产增值的重要性则应大于资产保值的重要性了。所以,对于不同风险承受的个人投资者应选择适合自己的基金品种:没有最好的基金,只有最适合自己的基金组合。

二、证券投资基金的选择策略

虽然证券投资基金投资风险较小,但是如何选择基金仍然关系到投资者的投资收益,影响投资者理财目标的实现。

(一)以结果、绩效为导向,注重稳健性,根据中长期绩效来挑选基金

所谓的中长期绩效,就是指近三年绩效都在排名前四分之一的基金。从投资经验来看,走完一个景气循环,差不多需要三年的时间,如果这档基金在近三年的绩效,都能稳居前段班,表示无论在任何景气阶段,基金都能提供相对稳健的报酬。

(二)选择一家好的投信公司

指市场风评佳、合法诚信的公司,这可以从平常报章杂志的报道里,了解各家投信的状况;此外,选择投信公司的同时,还要评估投信公司的研究团队。

1. 公司诚信度

基金公司最基本的条件就是必须以受益人的利益为依归,内控良好,不会公器私用。

2. 基金经理人的素质和稳定性

变动不断的人事很难传承具有品质的企业文化,对于基金操作的稳定性也有负面的影响。

3. 产品线广度

产品种类愈多的公司对客户愈有利。因为在不同市场,有不同的涨跌情况,产品种类多的公司,可以提供客户转换到其他低风险产品的机会。

4. 受益人人数

总受益人数愈多,投信公司经营风险愈小。假如客户只集中在几位法人大客户,大客户的进出影响基金操作策略极大,同时客户过分集中,基金操作容易受到特定人的影响。受益人数愈多,愈可以分散这类风险。

5. 旗下基金整体绩效

基金的最终目的是要为投资人赚钱,绩效当然重要。看一家公司旗下基金的基金是否整齐,可以了解其绩效水准。

6. 服务品质

服务品质是作为客户的基本权益,服务品质好的公司,通常代表公司以客户利益为归依的文化特质。

(三) 了解基金经理人

在投资基金的时候,实际上就是将资金交给基金经理人管理。因此在考虑一项基金的时候,务必注意一下替自己理财的到底是位怎样的"操盘手",他是否有频繁跳槽的经历,他的个性如何等等。

(四) 关注管理成本的控制

基金运作的附加费和销售费用是基金的主要成本。基金能赚钱,还要控制成本才能使投资者真正收益。

(五) 进行同类比较

基金是有各自风格的,从投资于小的、股价低的公司股票的基金到投资于大的、迅速成长的公司股票的基金,各有千秋。投资人应该着重于具有同类投资风格的基金的比较,并结合自身特点选择基金。

三、证券投资基金的投资策略

(一) 基金入门投资,首选定时定额

投资共同基金主要有两种方式,一个是单笔投资,另一个是定时定额,这两种投资方式的细节内容完全不同。投资者应视自己的财务状况来选择,例如,若只分配部分资金于投资基金,即使遭受损失也无损于生活,那么当然可以选择高风险、高报酬的积极成长型基金。但如果是一个必须负担家计的单亲妈妈,大部分的积蓄以共同基金的方式持有,那么就不应该承担太大的风险,应该以稳健成长的基金为主。

投资者还要看自己的风险属性来决定,如果属于看到市场大起大落晚上会睡不好觉的保守型投资人,最好选择波动小一点、固定收益型的基金。如果愿意忍耐一段时间的大幅套牢,就可以选择高成长型的基金。不过这应该从调整比重、建立投资组合的观念出发,例如,保守型的投资人可以选七至八成的固定收益型基金,二至三成的高成长型基金;积极型的投资人则反之。

（二）基金是最适合小额投资人的工具

共同基金是小额投资人分享股市成长获利的最佳投资工具。要注意的是，基金不是股票，不能以股票短线进出的手法操作，以免获利都在买卖之间被投资成本稀释了。

基金虽然要长期投资，但仍要定期检视其投资方向是否正确，比较其投资绩效是否稳定，单笔投资可以设定适当的停损获利点，定期定额则只要基金绩效稳健、标的市场长期看好，就应该依照理财计划长期扣款，持之以恒。

投资基金前，要了解自己的风险属性，这不一定是主观的认定，还必须加入客观的分析，比如说准备退休基金的投资人，即使主观认为风险承受度很高，愿意接受损失发生的可能，但是客观的条件已经限制了接受风险和损失的能力。想要对抗风险，利用投资组合、定期定额都是很好的方式。

延伸阅读

基金定期定额投资

基金定期定额投资具有类似长期储蓄的特点，能积少成多，平摊投资成本，降低整体风险。它有自动逢低加码，逢高减码的功能，无论市场价格如何变化总能获得一个比较低的平均成本，因此定期定额投资可抹平基金净值的高峰和低谷，消除市场的波动性。只要选择的基金有整体增长，投资人就会获得一个相对平均的收益，不必再为入市的择时问题而苦恼。

特点

（1）平均成本、分散风险。

普通投资者很难适时掌握正确的投资时点，常常可能是在市场高点买入，在市场低点卖出。而采用基金定期定额投资方式，不论市场行情如何波动，每个月固定一天定额投资基金，由银行自动扣款，自动依基金净值计算可买到的基金份额数。这样投资者购买基金的资金是按期投入的，投资的成本也比较平均。

（2）适合长期投资。

由于定期定额是分批进场投资，当股市在盘整或是下跌的时候，由于定期定额是分批承接，因此反而可以越买越便宜，股市回升后的投资报酬率也胜过单笔投资。对于中国股市而言，长期看应是震荡上升的趋势，因此定期定额非常适合长期投资理财计划。

（3）更适合投资新兴市场和小型股票基金。

中长期定期定额投资绩效波动性较大的新兴市场或者小型股票型海外基金，由于股市回调时间一般较长而速度较慢，但上涨时间的股市上涨速度较快，投资者往往可以在股市下跌时累积较多的基金份额，因而能够在股市回升时获取较佳的投资报酬率。

（4）自动扣款，手续简单。

定期定额投资基金只需投资者去基金代销机构办理一次性的手续，此后每期的扣款申购均自动进行，一般以月为单位，但是也有以半月、季度等其他时间限期作为定期的单位的。相比而言，如果自己去购买基金，就需要投资者每次都亲自到代销机构办理手续。因此定期定额投资基金也被称为"懒人理财术",充分体现了其便利的特点。

优点

(1) 省时省力,省事省心。

办理基金定投之后,代销机构会在每个固定的日期自动扣缴相应的资金用于申购基金,投资者只需确保银行卡内有足够的资金即可,省去了去银行或者其他代销机构办理的时间和精力。

(2) 定期投资,积少成多。

投资者可能每隔一段时间都会有一些闲散资金,通过定期定额投资计划购买标的进行投资增值可以"聚沙成丘",在不知不觉中积攒一笔不小的财富。

(3) 不用考虑投资时点。

投资的要诀就是"低买高卖",但却很少有人在投资时掌握到最佳的买卖点获利,为避免这种人为的主观判断失误,投资者可通过"定投计划"来投资市场,不必在乎进场时点,不必在意市场价格,无须为其短期波动而改变长期投资决策。

(4) 平均投资,分散风险。

资金是分期投入的,投资的成本有高有低,长期平均下来比较低,所以最大限度地分散了投资风险。

(5) 复利效果,长期可观。

"定投计划"收益为复利效应,本金所产生的利息加入本金继续衍生收益,通过利滚利的效果,随着时间的推移,复利效果越明显。定投的复利效果需要较长时间才能充分展现,因此不宜因市场短线波动而随便终止。只要长线前景佳,市场短期下跌反而是累积更多便宜单位数的时机,一旦市场反弹,长期累积的单位数就可以一次获利。

(6) 办理手续便捷快速。

目前,已经有工商银行、交通银行、中国银行、建设银行、邮政银行、农业银行和民生银行等开通了基金定投业务,值得一提的是,基金定投的进入门槛较低,例如工商银行的定投业务,最低每月投资200元就可以进行基金定投;农业银行的定投业务,基金定投业务最低申购额仅为每月100元。投资者可以在网上进行基金的申购、赎回等所有交易,实现基金账户与银行资金账户的绑定,设置申购日、金额、期限、基金代码等进行基金的定期定额定投。与此同时,网上银行还具备基金账户查询、基金账户余额查询、净值查询、变更分红方式等多项功能,投资者可轻松完成投资。

案例回顾与分析

案例一 该家庭总体来看就是要提高资金的使用效率,提高生活质量。专家认为理财之前需要确定家庭理财的目标,比如未来一段时间内可能的花销,而这些花销就会影响到今天理财的规划。理财目标包括家庭旅游计划、购置较大的物件等,当然也包括退休养老、子女教育等。列出目标之后,就可以按照这些目标需要的资金来安排当前和未来收入的资金了。

从家庭资金理财的大类来看,可参考的投资比例为:40%的资金用于供房和投资,30%

的资金用于家庭日常生活,20%的资金用于银行存款和应急准备,10%用于保险。从李先生的描述看,其每月结余的4 500元在补充家庭保障(保险)支出以外,可以将资金按照2∶1的比例进行投资和储蓄。投资品可考虑股票、股票基金、混合基金等风险较高的权益方向产品,储蓄部分可视流动性需求,分别配置到现金、货币基金、定期储蓄、债券基金、银行理财产品、分红型保险等固定收益方向的产品中,但需要注意分红型保险的流动性较低。

长期定投以指数型基金和主动管理型股票基金最为适宜,每月投入1 000元,选择3~4只基金进行组合较为合适。

另外组合中并非基金越多越好,分散风险的效果需要视组合中各基金的差异化程度而定,另一方面是需要视股市的运行趋势而定,及时调整基金组合中各类型基金的配置比例。

案例二 如果是以投资为目的、风险承受能力又较高可以考虑多配置股票基金,而如果风险承受能力一般的话可考虑多配置稳健型的混合基金,风险承受能力较低的话可考虑多配置债券基金。学生因为经济压力不大,故可有限选择波动幅度较大的中小盘股基金。

基金定投除了有强制储蓄的意味外,其最大的功能在于长期投资摊低投资成本,因此波动较大的产品更利于发挥其平均成本的优势。

项目小结

投资基金(securities investment funds)是一种利益共享、风险共担的集合投资制度。投资基金集中投资者的资金,由基金托管人委托职业经理人员管理,专门从事证券投资活动。证券投资基金是一种间接的证券投资方式。基金管理公司通过发行基金单位,集中投资者的资金,由基金托管人(即具有资格的银行)托管,由基金管理人管理和运用资金,从事股票、债券等金融工具投资,然后共担投资风险、分享收益。

按照不同的划分方法可分为开放式基金与封闭式基金、契约型基金和公司型基金、股票型基金、债券型基金、指数基金、货币市场基金等。

我国对基金的注册实行"审核制",基金在申请设立、募集、上市交易时必须符合相关的法律规定基金有相应的费用、税收、收益来源内容,关于基金的变更、终止和清算,法律有明确规定,投资者要掌握好的基金选择、投资策略才有比较好的收益。

课后训练(一)

1. 什么是证券投资基金?投资基金的特点有哪些?
2. 简述开放式基金与封闭式基金的联系和区别。
3. 简述证券投资基金运作中证券投资基金涉及的当事人和其职责。
4. 证券投资基金有哪些估值原则?
5. 投资者购买证券投资基金涉及哪些费用?
6. 证券投资基金收益的主要来源是什么?
7. 简述证券投资基金的投资策略。

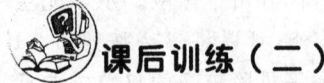

课后训练（二）

一、基金交易训练

（一）基础知识

1. 问：什么是基金账户？

答：基金账户分为基金交易账户和基金 TA 账户。一般我们所说的基金账户（基金账号）是指基金 TA 账户。

2. 问：什么是基金交易账户？

答：基金交易账户是银行为投资者设立的用于在本行进行基金交易的账户。投资者通过银行代销网点办理基金业务时，必须先开立基金交易账户。该账户用于记载投资者进行基金交易活动的情况和所持有的基金份额。每个投资者只能申请开立一个基金交易账户。

3. 问：什么是基金 TA 账户？

答：基金 TA 账户是投资者持有某基金管理公司基金的基金账号，是 TRANSFER AGENT 的简称，主要用来记录投资者基金账户的情况。

4. 问：基金交易账户和基金 TA 账户的区别？

答：基金交易账户和基金 TA 账户是不一样的，投资者在另一家银行购买需要告诉柜员其原来的基金 TA 账号（也就是登记基金账号），否则开户会不成功。因为一个身份证号只能对应一个基金 TA 账号，但可以对应多个交易账号。TA 账号是基金公司相关的，而不是与银行相关的。虽然投资者是在银行开通的，但其实是银行帮你在基金公司开通的。TA 账号是基金账号，是与投资者的身份证件相关的，它是帮助基金公司识别客户的。它包括户名、证件号码等。一个身份证号码在一家基金公司最多只能有两个基金账号，一个是在基金公司自己的 TA 系统注册的，另一个是可以用中登公司的 TA 账号注册，也就是你的股东代码卡号。但是有一些基金公司没有自己的 TA 系统，那你就只能使用中登公司的 TA 账号。而在一个基金账号下可以开多个交易账号，可是直销交易账号，也可以是代销交易账号。交易账号包括的是代销机构，资金卡等信息．它可以帮助基金公司区分资金的来源。

5. 问：什么是登记基金账号？

答：投资者在开立基金 TA 账户后，如需要在开立基金 TA 账户的销售机构以外的其他销售机构办理基金业务，需首先登记其基金 TA 账号。换句话说，登记基金账号是投资者已在一家销售机构开立了基金 TA 账户，而又想要在另一家销售机构办理基金业务时所必须经过的手续。

6. 问：未开立基金账户的客户可以办理登记基金账号的业务吗？

答：未开立基金账户的客户不可以办理登记基金账号业务，但他可以直接办理开立基金账户的业务。

7. 问：个人可以委托他人代办注销基金账户吗？
答：不行，个人投资者不得委托他人代办注销基金账户。

8. 问：投资者可以在开立基金交易账户的同时办理购买基金吗？
答：可以。

9. 问：一个投资者可以开立多个基金账户吗？
答：不行，这里我们所说的基金账户（基金账号）一般是指基金TA账户，根据业务规则的规定，一个投资者只能开立一个基金账户。

10. 问：可以委托他人办理开户吗？
答：不行，开户必须由投资者本人亲自办理。

11. 问：投资者可以在开立基金交易账户的同时办理购买基金吗？
答：可以。

12. 问：在基金认购期内可以多次认购基金吗？
答：可以。

13. 问：投资者拿到代销机构的业务受理凭证就表示业务办理成功了吗？
答：不，拿到代销机构的业务受理凭证仅仅表示业务被受理了，但业务是否办理成功必须以基金管理公司的注册登记机构确认的为准，投资者一般在 $T+2$ 个工作日才能查询到自己在 T 日办理的业务是否成功。

14. 问：申购、赎回申请何时可以确认？
答：投资者在 T 日提出的申购、赎回申请一般在 $T+1$ 个工作日得到注册登记机构的处理和确认，投资者自 $T+2$ 个工作日起可以查询到申购、赎回是否成功。

15. 问：申购可以撤销吗？
答：当日的申购申请可以在当日交易停止前（即 15:00 前）撤销。

16. 问：请问开放式基金的申购时间？
答：理论上，网上交易可以 24 小时下单，直接到柜台交易的话只要在正常工作时间都可以下单。但下单不代表能买，因为开放式基金的申购价格是按照当日股市收盘后基金公布的净值来确定的。也就是说，如果是在正常工作日当日的下午 3 点前申购的基金，那么按照当日收盘后基金公司公布的基金净值来确定申购价格。如果是在工作日当日下午 3 点后申购的基金，那么按照下一个正常工作日收盘后基金公司公布的基金净值来确定申购价格

17. 问：投资者的申购申请有可能被拒绝吗？

答：您在办理开放式基金业务时，需准确提供相关资料，并认真填写相关的表格，如您填写有误，您的申购申请有可能会被拒绝。此外，开放式基金在基金契约、招募说明书规定的情形出现时，会暂停或拒绝投资者的申购。一般包括如下情形：(1) 不可抗力；(2) 证券交易场所在交易时间非正常停市；(3) 基金管理公司认为市场缺乏合适的投资机会，继续接受申购可能对已有的基金持有人利益产生损害；(4) 基金管理公司认为会有损于已有基金持有人利益的申购；(5) 基金管理公司、基金托管银行、基金销售机构或注册登记机构的技术保障或人员支持等不充分；(6) 法律法规规定或经中国证监会认定的其他情形。暂停申购及重新开放申购时，基金管理公司都会在中国证监会指定信息披露媒体公告。

18. 问：什么是金额申购？

答：金额申购是指投资者在买基金时是按购买的金额提出申请，而不是按购买的份额提出申请，例如一个投资者提出买 10 000 元的基金，而不是买 10 000 份的基金。因为开放式基金的买卖采用"未知价法"，所以用金额申购是比较方便的操作方法。

19. 问：申购基金的最低限额是多少？

答：申购基金采用的是金额认购，一般最低限额是 1 000 元。

20. 问：能在股票账户里直接买基金吗？

答：封闭式基金、LOF 基金、ETF 基金可以直接在股票市场内像股票一样交易；另外也可以利用证券公司提供的股票交易软件申购、赎回该证券公司代销的基金。具体请询问证券公司。

21. 问：申购基金后多久可以赎回？

答：一般申购基金确认到账后即可要求赎回，但具体受理时间银行和基金公司是不同的。基金公司的网上交易平台实行买基金 $T+0$，卖基金 $T+5$ 的交易时间模式，而银行则是买卖一样。另外，对于新发行的处在封闭期内的基金，一般不能赎回。具体可致电相关部门进行询问。

22. 问：投资者的赎回款项何时从托管银行划出？投资者多久可以拿到赎回款？

答：基金持有人赎回基金份额，赎回款项通常在 $T+3$ 个工作日，最长不超过 $T+7$ 日从托管行划出。投资人可以要求基金公司将赎回款项直接汇入其在银行的户头，或是以支票的形式寄给投资人。如果是场内交易 LOF、ETF 或者封基，则和股票一样，当时便可到账。

23. 问：可不可以电话申购基金？

答：可以电话申购，不过你必须首先开通电话银行。

24. 问：一天可否多次赎回？

答：同一投资者在每一开放日内允许多次赎回。

25. 问:基金可不可以部分赎回?

答:可以部分赎回,当然各个基金都有规定,持有份额的最低数量,例如有的基金规定剩余份额不低于 100 份,否则在办理部分赎回时自动变为全部赎回。

26. 问:什么叫强制赎回?

答:强制赎回主要指以下两种情况:(1) 投资者赎回时,当某笔赎回导致其在代销机构交易账户的基金单位余额少于 500 份时,余额部分必须一同赎回;(2) 如果投资人因其他原因(如转托管、非交易过户等),使其在代销机构的账户余额低于最低赎回份额时,允许其赎回份额低于最低赎回份额,但也必须一次全部赎回。最低赎回份额视具体基金而定。

27. 问:投资者在赎回时为什么要选择"非连续赎回"或"连续赎回"?

答:按照有关规定,当发生巨额赎回时,如果基金管理人兑付投资者的赎回申请有困难或认为兑付投资者的赎回申请而进行的资产变现可能对基金资产净值造成较大波动,基金管理人可在当日接受赎回比例不低于上一日基金总份额的 10% 的前提下,对其余赎回申请延期办理。转入第二个工作日的赎回申请不享有优先权并以该开放日的基金单位资产净值为依据计算赎回金额,以此类推,直到全部赎回为止,但投资者在申请赎回时可选择将当日未获受理的部分赎回予以撤销。因此,投资者在提出赎回申请时,应明确表示一旦发生这种情况其是否要将当日未获受理的部分赎回予以撤销,即是选择"连续赎回"还是"非连续赎回"。如果投资者未做出选择,则将被默认为连续赎回。

28. 问:什么情况下基金管理公司可以暂停基金赎回?

答:开放式基金在基金契约、招募说明书规定的情形出现时,会暂停接受赎回申请。一般包括如下情形:(1)不可抗力;(2)证券交易场所交易时间非正常停市;(3)基金发生连续巨额赎回,基金管理公司认为应当暂停接受赎回申请的;(4)法律法规规定或经中国证监会认定的其他情形。暂停赎回及重新开始接受赎回申请时,基金管理公司都会在中国证监会指定信息披露媒体公告。

29. 问:赎回基金的最低份额是多少?

答:赎回采用的是份额赎回,最低份额要根据个基金来决定,并不统一。

(二)买卖指南

1. 准备过程

投资人购买基金前,需要认真阅读有关基金的招募说明书、基金契约及开户程序、交易规则等文件,各基金销售网点应备有上述文件,以备投资人随时查阅。

个人投资者要携带代理行借记卡,有效身份证件(身份证、军人证或武警证),机构投资者则需要带上营业执照、机构代码证或登记注册证书原件以及上述文件加盖公章的复印件、授权委托书、经办人身份证及复印件。

携带好准备资料,客户在银行的柜台网点填写基金业务申请表格,填写完毕后领取业务回执,个人投资者还要领取基金交易卡,在办理基金业务当日两天以后可以到柜台领取业务确认书。在领取了业务确认书后,单位或者个人就可以从事基金的购买和赎回。

2. 认购、申购

在完成开户准备之后,市民就可以自行选择时机购买基金。个人投资者可以带上代理行的借记卡和基金交易卡,到代销的网点柜台填写基金交易申请表格(机构投资者则要加盖预留印鉴),必须在购买当天的15点以前提交申请,由柜台受理,并领取基金业务回执。在办理基金业务两天之后,投资者可以到柜台打印业务确认书。

3. 赎回

当投资者有意对手中的基金进行赎回,则可以携带开户行的借记卡和基金交易卡,同样在下午3点之前填写并提交交易申请单,在柜面受理后,投资者可以在5天后查询,赎回资金到账。

4. 撤销交易

交易投资者如果需要撤销交易,则可以在交易当天的15点之前,携带基金交易卡和银行借记卡,在柜面填写交易申请表格,注明撤销交易。如果在15点以后,部分银行则可以按照当天牌价进行预约交易,第二个工作日进行交易。目前,几乎所有的银行和基金管理公司都支持在网上交易基金。

二、基金定投业务训练

(一)基金定投业务办理方式

若已开立基金账户,只需在日常基金交易时间携带有效证件、资金卡/银行卡到指定代销机构网点签订定期扣款协议,约定每月扣款时间和扣款金额。

若尚未开立基金账户,可到营业网点申请开立基金账户,同时开办定期定额业务。

若尚未有银行账户,须先开立银行账户,用于定期扣划申购资金。开户和申购可同时在代销机构的网点办理。

(二)基金定投业务最低申购金额

不同渠道对定投最低金额的限制不同,如工行定投业务每月最低申购金额为200元,追加投资的差额须为100元的整数倍。而招商银行每月最低申购金额为300元。

(三)基金定投月扣款时间

基金定投划款期限通常为一个月,但不同代销渠道约定的每月扣款日期有不同。如工商银行定投业务每月扣款时间为每月的第一个工作日,投资期限有3年和5年两种。而招商银行扣款时间则为每月8号。

(四)基金定投持有期的计算

在不同渠道办理定投,对基金持有期的计算也有所不同。如工商银行、招商银行,持有时间按照各笔投入分笔计算,客户可以在定投期满之前随时赎回;而广发证券对持有时间则统一从首次扣款算起,但客户无法在定投合同到期前办理赎回。

(五) 常见疑问解答

1. 定投适合的人群

(1) 年轻的月光族；

(2) 领固定薪水的上班族；

(3) 在未来某一时点有特殊(或较大)资金需求的；

(4) 不喜欢承担过大投资风险者。

2. 投资时机的选择

基金固然是小额投资人参与股市获利成长的最佳方式，但不是每只基金都适合定期定额投资，选对投资目标才能创造优异的回报。首先，债券型基金等固定收益工具不太适合用定期定额的方式投资，建议定期定额首先考虑股票型基金。其次，定期定额投资时要选择在上升趋势的市场。超跌但前景不错的市场最适合开始定期定额投资，投入景气循环向上、现阶段在底部盘整的市场，避免追高是创造获利与本金安全的不二法则。因此只要长线前景看好，短期处于空头行情的市场最值得开始定期定额投资。

3. 定投品种的选择

选择波动较大还是较平稳的基金是定额投资时必须考虑的问题。波动较大的基金比较有机会在净值下跌的阶段累积较多低成本的份数，待市场反弹可以很快获利。不过如果在高点开始扣款，赎回时不幸碰上低点，那么即使定期定额分散进场风险也无法提高获利。

绩效平稳的基金波动小，一般不会碰到赎在低点的问题，但是相对平均成本也不会降得太多，获利也相对有限。

其实定期定额长期投资的时间复利效果，分散了股市多空、基金净值起伏的短期风险，只要能坚守长期扣款原则，选择波动幅度较大的基金其实较能提高获利，而且风险较高基金的长期报酬率，应该胜过风险较低的基金。

4. 定投金额的确定

因人而异，根据具体情况判断。一般情况下，每月发放工资除掉必要的开支后，剩余的资金可拿出40%～60%来做基金定投，毕竟基金定投属于长期投资，需要考虑和照顾到今后收支情况。

5. 评估赎回的时点

定期定额投资基金时确定赎回时点很重要。如果正好碰上市场重挫、基金净值大跌，那么之前耐心累积单位数的效果将大打折扣。

所以定期定额投资应妥善规划，像累积退休基金这种长期资金，在退休年龄将届的前三年就应该开始注意赎回时机。而且即使只在投资期间的一半，还是要注意市场的成长状况来调整。例如，原本计划投资五年，扣款三年后市场已在高档，且行情将进入另一个空头循环，则最好先获利了结，以免面临资金需求时，正好碰到市场空头的谷底期。

获利了结则可善用部分赎回，及适时转换。开始定期定额后，如果临时必须解约兑现，或市场在高档，又无法判断后续走势多空方向，您不必一次赎回全部的单位数，可以赎回部分单位取得资金,其他单位可以继续保留等到趋势明朗再决定。如果市场趋势改变,可转换到另一个在上升趋势的市场继续定期定额投资。

一旦开始定期定额投资适当的基金,就不必在意短期涨跌。

6. 制定高效投资策略

定期定额与每月"定额储蓄"仍有一定区别,您可以活用各种弹性的投资策略,提高投资效率。

① 搭配长、短期目标选择不同的基金;
② 依财务能力调整投资金额;
③ 达到预设目标后需重新考虑投资组合内容。

7. 基金定投的风险控制

要进行基金定投的风险控制,在实施风险控制总体方案的前提下,还必须充分认识基金定投的投资误区:

误区一:任何基金都适合定投

定投虽能平均成本,控制风险,但也不是所有的基金都适合。债券型基金收益一般较稳定,定投和一次性投资效果差距不是太大,而股票型基金波动较大,更适合用定投来均衡成本和风险。

误区二:定投只能长期投资

定期定额投资基金虽便于控制风险,但在后市不看好的情况下,无论是一次性投资还是定投均应谨慎,已办理的基金定投计划也应可以考虑规避风险的问题。如原本计划投资五年,扣款两年后如果觉得市场前景变坏,则可考虑先获利了结,不必一味等待计划到期。

误区三:只能按月定期定额投资

一般情况下,定投只能按月投资,不过也有基金公司规定,定投可按月、按双月或季度投资。

误区四:漏存、误存后定投协议失效

投资者有时会因为忘记提前存款、工资发放延误及数额减少等因素,造成基金定投无法正常扣款,这时有的投资者认为这是自己违约,定投就失效了。其实,部分基金公司和银行规定,如当日法定交易时间投资人的资金账户余额不足,银行系统会自动于次日继续扣款直到月末,并按实际扣款当日基金份额净值计算确认份额。所以,当月扣款不成功也不要紧,只要尽快在账户内存钱(三个月内)就可继续参加定投。

误区五:定投金额可以直接变更

按规定,签订定期定额投资协议后,约定投资期内不能直接修改定投金额,如想变更只能到代理网点先办理"撤销定期定额申购"手续,然后重新签订《定期定额申购申请书》后方可变更。现在各银行的网上银行业务可以随时方便地修改投资金额和扣款时间。

误区六:基金赎回只能一次赎清

很多投资者以为赎回时只能将所持有的定投基金全部赎回,其实定投的基金可以一次性全部赎回,也可选择部分赎回,或部分转换。如资金需求的数额小于定投金额,可用多少赎多少,其他份额可继续持有。

误区七:赎回后定投协议自动终止

基金即使全部赎回,但之前签署的投资合同仍有效,只要你的银行卡内有足够金额及满足其他扣款条件,此后银行仍会定期扣款。客户如想取消定投计划,除了赎回基金外,还应到销售网点填写《定期定额申购终止申请书》,办理终止定投手续;也可以连续三个月不满足扣款要求,以此实现自动终止定投业务。

项目六 保险理财

学习目的

通过本项目的学习,了解风险的种类以及在保险管理中的作用;掌握人身保险和财产保险的种类;了解购买保险的原则;理解保险理财方案制订的程序和保险规划的风险。

案例导入

案例一 风险与保险

一场工业意外事故造成103人死亡、数百人受伤的惨剧。其中两人生前购买了某保险公司的"分期支付储蓄终身寿险"和"综合个人意外保险",其家属分别得到了人民币24万元和13万元的保险赔偿和给付。而其他不幸者因为没买过任何保险,只能得到有关部门有限的抚恤金。

案例二 保险与储蓄

在中国,保险与银行储蓄对客户的吸引程度存在差别。一个调查表明,被调查者的家庭收入中,有30%用于购买金融产品,而在这些金融产品中,银行储蓄占50%,保险占18%,股票也占18%。这说明,银行储蓄在我国国民心目当中还占有很重要的地位,保险等金融产品的重要性还没有被国民所完全认识。

案例三 保险的基本职能与作用

1998年盛夏的洪灾使位于洞庭湖畔的安乡县蒙受了新中国成立以来最大的灾难。从6月份开始,在长江、澧水、洞庭湖水的夹击下,该县400公里长的防洪大堤就开始处于险情之中。7月24日深夜,洪水撕开了一段堤防,吞没了三个乡镇,10余万百姓被赶上在堤。直到9月中旬,洪水才缓慢退去,灾民们回到家园,眼前的景象如同经历了一场战争,田野失去了绿色,房屋倒塌了百分之六十,其中,安全乡6 657户农户的财产都受到了不同程度的损害,重建设家园的工作相当艰难。虽然政府和社会提供了援助,但还远远不够。由于资金紧缺,寒冬来临时,人们的生活遇到了较大的困难。

安全乡农户曾向平安保险公司投保:1998年4月,由乡保险代办站为全乡农户代投农村家庭财产保险,每户缴费7.5元,保额为2 500元。1998年12月8日,平安保险公司一次性给付安全乡6 549户投保农户赔款及各种开支费用共计人民币380万元。这笔巨款对正处于冬天里的因洪灾失去家园的灾民来说,无疑是雪中送炭。

任务一　保险知识

一、保险与风险管理

中国自古就有"天有不测风云,人有旦夕祸福"和"未雨绸缪""积谷防饥"的说法。现代经济和社会生活中,同样存在着各种各样的风险,它们给家庭、企业、社会和个人带来多种多样的危险和损失,保险正是产生于风险的存在,是处理风险、实现损失补偿和经济保障最重要的社会方式。

风险是不以人们的意志为转移的一种客观存在,并时刻威胁着人的生命和社会财产的安全。一旦发生风险事故就会造成物毁人亡,影响正常的家庭生活和社会再生产过程的持续进行,因而人们产生了对损失进行补偿的客观需要。

风险管理是指面临风险时进行风险识别、风险估测、风险评价、风险控制,以减少风险负面影响的决策及行动过程。随着社会发展和科技进步,现实生活中的风险因素越来越多。无论企业或家庭,都逐渐认识到了进行风险管理的必要性和迫切性,人们想出种种办法来对付风险。但无论采用何种方法,风险管理一条总的原则是:以最小的成本获得最大的保障。

对风险的处理方法主要有:

(一) 回避风险

回避风险是指主动避开损失发生的可能性。它适用于对付那些损失发生概率高且损失程度大的风险,如考虑到游泳时有溺水的危险就不去游泳。虽然回避风险能从根本上消除隐患,但这种方法明显具有很大的局限性。其局限性表现在,并不是所有的风险都可以回避或应该进行回避,如人身意外伤害,无论如何小心翼翼,这类风险总是无法彻底消除。再如,因害怕出车祸就拒绝乘车,车祸这类风险虽可由此而完全避免,但将给日常生活带来极大的不便,实际上是不可行的。

(二) 预防风险

预防风险是指采取预防措施,以减少损失发生的可能性及损失程度。兴修水利、建造防护林就是典型的例子。预防风险涉及一个现时成本与潜在损失比较的问题:若潜在损失远大于采取预防措施所支出的成本,就应采用预防风险手段。以兴修堤坝为例,虽然施工成本很高,但考虑到洪水泛滥造成的巨大灾害,就极为必要了。

(三) 自留风险

自留风险即自己非理性或理性地主动承担风险。"非理性"是指对损失发生存在侥幸心理或对潜在损失程度估计不足从而暴露于风险中;"理性"是指经正确分析,认为潜在损失在承受范围之内,而且自己承担全部或部分风险比购买保险更经济合算。所以,在做出"理性"选择时,自留风险一般适用于发生概率小,且损失程度低的风险。

（四）转移风险

转移风险是指通过某种安排，把自己面临的风险全部或部分转移给另一方。通过转移风险而得到保障，是应用范围最广、最有效的风险管理手段。保险就是转移风险的风险管理手段之一。

风险管理和保险无论在理论上，还是在实际操作中，都有着密切的联系。从实践看，一方面保险是风险管理中最重要、最常用的方法之一；另一方面通过提高风险识别水平，可更加准确地评估风险，同时风险管理的发展对促进保险技术水平的提高起到了重要作用。

要提高风险管理水平，最重要的一个环节就是要提高认识风险的水平。概率论的发展，为加深对风险的认识、风险的量化、提高风险管理水平提供了科学的方法。计算纯保费的前提是要知道潜在损失的概率分布。实践中就是以概率论为理论基础，利用经验数据来估计事故发生的概率分布。因此，概率论是保险的数理基础。

"大数法则"是概率论中的一个重要法则，它揭示了这样一个规律：大量的、在一定条件下重复出现的随机现象将呈现出一定的规律性或稳定性。例如，我们知道掷一枚质量分布均匀的硬币，其正面向上的概率为 0.5，但如果做 50 次实验，正面向上的次数很可能与期望值 25 次相左较大。换句话说，对该实验进行统计得出的频率（正面向上的次数除以实验次数）与客观的概率可能有较大的差距。但做一万次或更多次实验，其统计频率与客观概率相差将很小。由于"大数法则"的作用，大量随机因素的总体作用必然导致某种不依赖于个别随机事件的结果。这一法则对保险经营有着重要的意义。我们知道，保险行为是将分散的不确实性集中起来，转变为大致的确定性以分摊损失。根据"大数法则"，同质保险标的越多，实际损失结果会越接近预期损失结果。因此，保险公司可做到收取的保费与损失赔偿及其他费用开支基本平衡。

延伸阅读

保险是送给孩子的四个红包

逢年过节，做父母的都要给孩子一个红包，红包寄托着父母对孩子的美好希望，进入社会就像跨过一个大门槛，面对激烈竞争的社会，为了让孩子获得平等竞争的机会，做父母的要想孩子长大后有出息，就要给他预留一些本钱，让他不至于输在起跑线上。保险，就是您送给孩子的四个红包：

- 它是孩子的教育基金；
- 它是孩子的成长费用；
- 它是孩子成家立业的基础；
- 它是孩子踏上社会的本钱；

它会在您遇到重大变故时帮您完成心愿，让孩子受到良好的教育，在孩子的每一步成长中都有您的影子。即使到老，他也永远记得您！

二、保险的理财功能

在投资理财时，我们希望能够承担更小的风险，获得更多的收益，为此我们可能会征求会计师、税务专家、投资专家的意见，他们会给我们很多专业的分析和指导，但是他们往往会忽略了一个最大的风险——你个人面临的收入风险，万一因为意外事故造成收入中断，没有"财"可理时，我们的生活将如何继续？所以，在你考虑投资理财之前，先要管理好这个最大的风险，在没有后顾之忧时，再考虑其他投资理财手段。

那么，是否需留出足够的钱以保证万一收入中断，全家人仍然能维持现在的生活？这倒是大可不必。你只需要每年支付一定的或多或少的保费，就可以得到相应的保障，而余下的资金你仍然可以拿出投资获利。

随着中国金融市场的完善，人们收入水平的提高，购买寿险、股票、债券、国库券、商品房等也成为人们将货币保值增值的选择。人寿保险费一般由三部分组成，即意外事故保险费，疾病死亡保险费和增值保险费。前两者保费的主要功能是保障被保险人因意外、疾病等事故而残或身故而造成的损失，可以看成消费；增值部分保费的作用主要在于能按照保单预期利率增值，满足养老、升学等需求，具有投资功能。我国保险市场的人寿保险险种，功能齐全，大部属于综合性险种，从风险性、保障性、可靠性和收益性角度考虑，具有投资功能。而且参加个人保险还将享受一定的优惠政策，如免税等，与其他投资手段相比，这一点也是很优越的。

人寿保险是很好的理财工具。人寿保险的理财功能主要体现在以下几个方面。

1. 稳健的理财工具

一份好的保险计划能够使人们轻易实现自己的理财目标。例如，子女教育计划、养老计划、储蓄计划等。制定好了自己的目标，从投保之初就相当于有了保障。保费豁免功能能够使投保人出现残疾、身故时，免交余期保费，而被保险人（子女或配偶）享受的权益不变，还能够按计划完成学业、拿到养老金。

2. 强制性储蓄

一位买保险客户这样说："我在1997年就买了保险，就是因为听了代理人的一句话'保险就是强制性储蓄，没事时存钱养老，有事时现金应急'。所以，我每年交2万元，再过几年就交满了，到60岁时可以一下子有好几十万。如果这些钱用来投资或存银行的话，可能现在就拿不到这么多钱了。"

3. 保险的收益性

保险和股票、基金、房地产等很多投资工具的一般收益性是不能比的。但是若有不幸发生的话，保险的赔付却是任何投资工具都无法相比的，何况其他投资工具均有一定的风险。另外，为了抵御通货膨胀而开发的分红险，用复利计息的方式计算分红账户，几十年下来，也是一笔不菲的收益，这却是银行没法相比的，因为银行存款的利息最多只能保证5年。

4. 最好的资金保全工具

人寿保险的保单是受到法律保护的，任何单位和个人都不能干涉收益人的权益。如果做生意时产生经济纠纷，对方起诉你，要求法院做诉讼保全时，你的所有资产，除了人寿保险的保单外都将被法院冻结。虽然银行账户里有钱却不能用。这时你的保单就起作用了,你可以拿保单的现金价值来向保险公司贷款,以备应急之用。

5. 税务筹划功能

我国的个人所得税法、继承法等均规定了人寿保险所得受益金不予征税。发生继承时,也不会作为一般财产分配,而要按保单指定的收益顺序和比例受益。人寿保险是唯一的能够满足在人身故时引致大量现金需求的金融工具。即使以后开征遗产税,也可通过人寿保险的受益金去缴纳遗产税,从而继承到父母遗留下来的财产。

除了寿险,各家保险公司推出的分红保险、投资联结保险等更具投资功能的险种,你在获得保障的同时,也分享了保险公司的专业经验与技术优势,资金运用安全、高效,能增加获利机会。

三、保险经纪公司与保险代理公司

虽然保险经纪公司和保险代理公司作为保险的中介机构还没真正融入广大的投保者中去,但随着中国保险市场的进一步兴起及发展,保险中介机构与保险公司合作逐渐走向大众是未来发展的趋势。中英人寿保险有限公司是国内第一家将经代渠道作为独立渠道的合资公司,目前在各地市场的经代业务已全面启动。很多投保者这时又矛盾了:"买保险,该找哪家公司啊?"

(一)保险经纪公司——为投保者提供风险管理

保险经纪公司是站在客户的立场上,为客户提供专业化的风险管理服务,设计投保方案、办理投保手续并具有法人资格的中介机构。保险经纪人就是投保人的风险管理顾问。

保险经纪公司的一般运作模式分为五步。以李女士一家的保险规划为例,李女士的家庭在社会上属中等偏上水平,除了单位的社保外,李女士还想针对家庭做一个保险规划。这时,她应该找的是保险经纪而不是保险代理。

第一步,保险经纪公司针对李女士的情况分析其需求,如这个家庭目前面临的可能险种是什么,该给这个家庭上什么样的险种等,这些由专业的保险经纪人和经纪公司内部的服务系统完成。

第二步,经纪公司与客户沟通。进一步了解客户是否真正需要这种险,能否切实解决问题,如个人意外险,李女士的丈夫是开车跑业务的,那么意外险应该是从事风险较高的工作者必备的。

第三步,根据险种挑选分析保险公司,经纪公司的系统里会出现国内各个保险公司有关这类险的信息,各公司产品的比较等,这些信息经纪公司都会提供给投保者。

第四步,根据客户具体想法设计方案。如李女士该购买哪家保险公司的险比较合理;应该签几年的保险合同;在意外事故发生时,这些保险是否都能发挥作用;方案中所有的险是否都包含了李女士的需要等。

第五步,额度测算。方案并非是最后的订单,经纪公司还会跟客户进一步沟通,看险种会不会覆盖客户所有需求。如李女士单位给她上了人身意外医疗险,那么在方案中就可以减去类似的险。同时,看其现在的财务状况,是否要负担房贷或车贷,在其经济条件下,哪些险以后再买等。

最后的方案确立后,投保者通过经纪公司与保险公司签订保险合同,其间各种手续由经纪公司代办。投保者发生保险纠纷,经纪公司帮助投保者理赔。

经纪公司的理念是从客户的利益出发,协助投保人做好风险管理,将风险控制到最低程度,从而以良好的风险状况赢得合理的价格,同时获得最大的保障。

经纪公司其实也帮保险公司节省了一笔人员培训费、管理费和代理费,所以保险公司会给予经纪公司中介费。目前国内投保者不用向经纪公司支付服务费,但以后经纪公司有可能会向客户收取咨询费。

(二) 保险代理公司——公司险种的超市

保险代理公司其实就像超市一样向投保者尽其所能地介绍、分析、挑选各家保险公司的各种保险产品。这种"一站式"的套餐服务,使投保者能够对各家保险产品进行全面了解。保险代理经营范围宽、品种多、选择性大,能适应各层次客户的需求,这正是保险代理的优势所在。从本质上分析,保险代理公司是代理销售保险,但比保险公司的代理人更客观。

例如,李女士在综合多方面的意见后,如果已经有了适合自己的保险计划,那么她就可以像逛超市一样拿着购物单到代理公司那里选购自己的保险。代理公司靠销售保险公司支付中介费盈利,目前也不向投保者收费。

保险代理公司的发展对保险公司和投保者双方都有利。保险公司可以降低自身经营成本,把主要精力集中于产品开发和服务,而投保者可以得到相对客观的保险服务,不至于偏信于一家保险公司。

延伸阅读

聘用保险经纪人的益处

1. 保险经纪人从投保人的利益出发,与保险公司就保险条款、费率等方面进行谈判,是投保人同保险公司取得良好沟通的纽带。

2. 客户通过经纪人对其风险的评估,可以更全面更科学地掌控自身所面临的风险情况,经纪人所提供的专业化的防灾防损建议使客户的各种风险变化状况得到有效监控,风险损失能保证得到及时、准确、合理的补偿或给付。

3. 经纪人的运作使客户能够更有针对性地依据自身风险特点度身定做一套适合自己的保险方案,使投保人的利益得到最大限度的保障,而且不会增加其管理费用。

4. 保险是一种消费,由于保险产品的专业性,使得客户难以选择合适的投保方案,保险人也只能就本公司的保险产品向客户提出投保建议。只有保险经纪人能从整个保险市场的角度帮助客户选择最好的投保方案,从而维护消费者的利益。

保险经纪人的作用可形象地比喻为:客户的风险诊断医生,保险"律师"。

任务二 常见的保险产品

保险可以从不同的角度进行定义。从经济的角度看,保险是分摊意外事故损失的一种财务安排。通过保险,少数不幸的被保险人的损失由包括受损者在内的所有被保险人分摊,是一种非常有效的财务安排。从法律的角度看,保险是一种合同行为,是一方同意补偿另一方损失的一种合同安排,提供损失赔偿的人是保险人,接受损失赔偿的另一方是被保险人。投资人通过履行缴付保险费的义务,换取保险人为其提供经济保障的权力,体现民事法律关系主体之间的权利和义务关系。从社会的角度看,保险是社会经济保障制度的重要组成组成部分,是社会生产和社会生活"精巧的稳定器"。从风险管理的角度看,保险是风险管理的一种方法,通过保险,可起到"分散风险、消化损失"的作用。

《中华人民共和国保险法》将保险定义为:"投保人根据合同约定,向保险人支付保险费,保险人对于合同约定的可能发生的事故因其发生所造成的财产损失承担赔偿保险金责任,或者当被保险人死亡、伤残、疾病或者达到合同约定的年龄、期限时承担给付保险金责任的商业保险行为。"

从整体上看,保险的标的无非是两种:一是经济生活的主体,即人身;二是经济生活的客体,即财产。所以,不论理论上还是实践中,保险业务通常被区分为人身保险和财产保险。随着社会关系不断地变化和保险经营技术的不断进步,责任保险与再保险日益受到重视,并逐渐从传统保险业务中分离出来,成为独立的保险业务种类。于是,现代保险业务的框架便由人身保险、财产保险、责任保险等几大部分构成,在我国,除人身保险之外的保险业务均可列入财产保险范围。

一、人身保险

人身保险是指以人的生命或身体为保险标的,当被保险人在保险期限内发生死亡、伤残、疾病、年老等事故或生存至保险期满时给付保险金的保险业务。人身保险大体上可以分为人寿保险、健康保险和意外伤害保险。

(一)人寿保险

人寿保险以人的生命为保险标的,以人的生死为保险事件,当发生保险事件时,保险人履行给付保险金责任的一种保险。具体地说,保险人通过订立合同,在向投保人收取一定保费之后,若被保人在保险期间内发生保险合同范围内的保险事故,即死亡或者保险期间仍然生存时,保险人有义务给付保险金。人寿保险又可以具体分为以下几种。

1. 定期寿险

(1) 定期寿险的性质。定期寿险又称死亡保险,它只提供一个确定时期的保障,如1年、5年、10年、20年,或者到被保险人达到某个年龄为止,如60岁。如果被保险人在这个规定时期内死亡,保险人向受益人给付保险金。如果被保险人期满生存,保险人无给付保险金的责任,因此,定期寿险同其他寿险相比较,在性质上更接近财产保险。

(2) 定期寿险的特征。① 可以更新或展期。许多 1 年、5 年和 10 年的定期寿险库规定,保险单所有人具有可以更新或展期的选择权,即在保险期满时可以延长保险期限,不必提供可保性证据。换言之,被保险人不必进行体检,不论健康状况如何都可以把保险单展期。倘若定期寿险单没有规定这项选择权,被保险人可能在保险期满时因健康情况不佳或其他原因不能再取得人寿保险,因此规定这项选择权是为了保护被保险人的权益。定期寿险的费率在一定时期内是不变的,但在每次展期时要根据被保险人所达到的年龄提高费率。② 可以变换。大多数定期寿险单具有可以变换的特征,即保单所有人具有把定期寿险单变换为终身寿险单或两全保险单的选择权,也无须提供可保性证据。这种变换的选择权一般只允许在一个规定的变换期内行使,如只允许在 60 岁以前变换。大多数定期寿险单只有少量的准备金,在变换时保险公司把它折成一个变换值。③ 定期寿险属消费类,保费低。

(3) 定期寿险的种类。① 每年可更新的定期寿险。② 5 年、10 年、15 年、20 年的定期寿险。③ 到退休年龄期满的定期寿险。这种定期寿险也可以变换为终身寿险或两全保险,但必须在期满之前做出变换选择。④ 保险金额递减的定期寿险。这种定期寿险一般作为终身寿险或两全保险的附加特约,也可以作为一份单独保险单签发,以提供抵押贷款或其他信贷保障,当借款人因死亡或丧失工作能力不能偿清贷款时,由保险人负责归还未偿贷款余额。这种保险单或附加特约的保险金额逐年减少,到保险期满时变为零,因此费用很低,但在保险期内缴付均衡保险费。

大多数定期寿险提供短期保障,但也有长期的均衡保险费式的定期寿险。它有两种形式:一种是按平均寿命确定保险期限,具体年数取决于被保险人投保时的年龄和性别。例如,根据美国 1958 年保险监督官标准普通生命表,年龄 24 岁的男子的平均寿命是 47 年,年龄 55 岁的男子是 20 年。另一种是被保险人达到退休年龄满期的定期寿险,它一般提供比平均寿命定期寿险短的时期的保障,因而费率也低一些。这两种长期的定期寿险使用均衡保险费法,因此,在开始时会逐渐积累现金价值,增加到某点后下降,在保险期满时为零。

2. 终身寿险

终身寿险是提供终身保障的保险,一般到生命表的终端年龄 100 岁为止。如果被保险人生存到 100 岁,保险人则向其本人给付保险金。同定期寿险相比较,终身寿险在被保险人100 岁之前任何时候死亡,保险人都向其受益人给付保险金。

终身寿险有普通终身寿险单和限期缴清保险费的终身寿险单两种基本形式。

(1) 普通终身寿险单。普通终身寿险单是一种灵活的寿险单,投保人可以改变终身缴付保险费的方式。它是商业人寿保险公司提供的最普通的保险。具有下列特点:① 提供终身保障。② 以适量的保险费支出提供终身保障。终身缴费方式使年均衡保险费较低,适用于中等收入者购买。③ 在保险单失效时支付退保金。在保险单生效的 1~3 年内,一般不支付退保金,因为在签发保险单时保险公司支付了代理人佣金和其他费用。但到了生命表的终端年龄 100 岁时,保险单的现金价值等于保险金额,倘若被保险人生存到 100 岁,仍可以取得保险金。如果一个人在 35 岁时投保了普通终身寿险,那么该份保险单也可以看作是一份为期 65 年的两全保障单。④ 灵活性。普通终身寿险单的条款允许把该保险单变换为减额的保险费缴清保险单。保险单所有人还可以用普通终身寿险单的现金价值作为一次缴清的保险费把该保险单变换为定期寿险单，或者在退休时把该保险单变换为年金保险单。

（2）限期缴清保险费的终身寿险单。缴付保险费的期限可以用年数或被保险人所达到的年龄来表示，如10年、20年、30年，或者被保险人的退休年龄。由于限期缴清保险费的终身寿险单的缴费期短于保险期，所以这种保险单的年均衡保险费大于终身缴费的年均衡保险费，但其缴费总额与终身缴费在数学上是等值。由于较高的年均衡保险费，所以限期缴清保险费的终身寿险单不适合需要保险保障大而收入水平低的人。短期的限期缴清保险费的终身寿险适用于在短期内有很高收入者购买，一次缴清保险费的终身寿险是其极端形式。另一方面，由于限期缴清保险费的终身寿险单能较迅速地积累现金价值，加上与普通终身寿险单一样，向保险单所有人提供不可没收现金价值、红利支付、保险单变换等选择权，所以它也具有灵活性。目前，国内寿险公司提供的终身寿险单多为限期缴清保险费的终身寿险单。

3. 两全保险

（1）两全保险的含义。两全保险又称生死合险，是指被保险人在保险合同约定的保险期间内死亡，或在保险期间届满仍生存时，保险人按照保险合同约定均应承担给付保险金责任的人寿保险。

两全保险的死亡保险金和生存保险金可以不同，当被保险人在保险期间内死亡时，保险人按合同约定将死亡保险金支付给受益人，保险合同终止；若被保险人生存至保险期间届满，保险人将生存保险金支付给被保险人。

任何一张两全保险单都载明一个到期日，如果被保险人至到期日仍然生存，保险人应将保险单约定的保险金额支付给被保险人。两全保险的期满日既可以是特定的年龄，也可以是某一约定时期的结束日。这种类型对于那些既想在保险期间内获得保障，又想在年老退休后取得可观收入颐养天年的人具有较强的吸引力。无论哪种类型的两全保险，被保险人生存至期满日或在期满日前死亡，两全保险单都将支付约定的金额。

（2）两全保险的特征。① 储蓄性。被保险人参加两全保险，既可获得保险保障，同时又参加了一种特殊的零存整储蓄。被保险人可按月（或每年）缴付少量钱，存入保险公司。若遇到保险责任范围内的事故，即得到一份保障；若平平安安到保险期满时，可以领到一笔生存保险金，用来养老。② 给付性和返还性。两全保险中，无论被保险人在保险期间身故，还是保险期满依然生存，保险公司均要返还一笔保险金。在未返还给被保险人保险金之前，投保人历年所缴的保险费等于以保险责任准备金的形式存在保险公司。换句话说，这些保险费等于是保险公司对被保险人的负债。

延伸阅读

平安人寿鑫利终身寿险（分红型 2018 款）投保示例

0 岁男孩，投保平安鑫利两全保险（分红型），基本保险金额 5 万元，20 年交费，年交保险费 5 675 元。

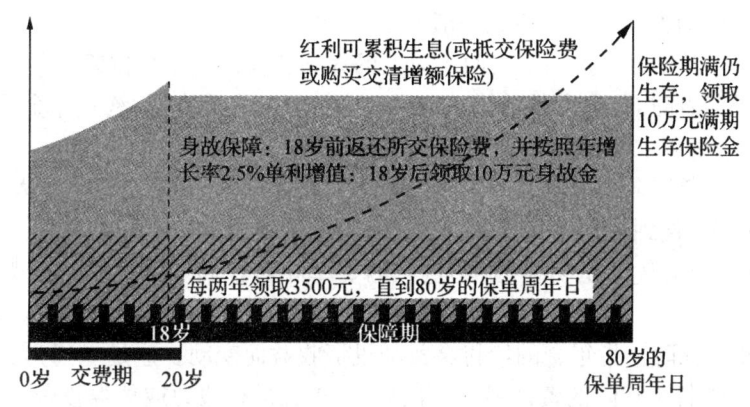

图 5-2　图例分析

基本保险利益：

生存保险金：

被保险人每满两周年生存，领取 3 500 元生存保险金。

满期生存保险金：

被保险人年满 80 岁的保单周年日仍生存，领取 10 万元满期生存保险金。

身故保险金：

被保险人于 18 岁的保单周年日之前身故，我们返还所交保险费并按照年增长率 2.5% 单利增值，即被保险人第一年身故领取 5 817 元，第五年身故领取 30 503 元，依此类推；被保险人于 18 岁的保单周年日以后（含 18 岁的保单周年日）身故，我们给付 10 万元身故保险金。

除了寿险中有两全保险之外，家庭财险中也有所谓的两全保险。

家庭财产两全保险是以城乡居民的家庭财产为保险标的的一种保险。这与家庭财产保险的性质是一样的，而且，家庭财产两全保险的财产范围、保险事故范围、被保险人的主要责任、受损财产的残存处理、保险双方争议的解决、申请赔偿后有效期限等基本原则均与家庭财产保险的各项相同。

所不同的是，家庭财产两全保险是通过储金保险的形式，即在被保险人的财产遭受自然灾害或意外事故造成缺失时，既能得到及时的经济补偿，又能在保险期满时，不论损失赔偿与否，足额领回原来交付的保险储金。

4. 年金保险

年金保险是生存保险的特殊形态,是指一种承诺在一定时期按期给付一定款项的保险。它属于生存保险,只是在保险金的给付上有自己的特点。年金保险的主要形式有以下几个方面:

(1) 退休年金。它属于延期终身年金,一般分若干期缴费,年金受领人达到退休年龄时开始领取年金。在开始领取年金之前,年金受领人可以申请退保,领取退保金;如果被保险人在此期间内死亡,其受益人可以领取保单的现金价值。到年金开始给付时,年金受领人有权选择领取年金金的方式。退休年金一般规定有10年的保证期。

(2) 联合生存者年金。指两个或两个以上的人联合投保的年金保险。联合生存者年金的被保险人全部活着时,年金全数给付。如果一个被保险人死亡,就终止年金给付。这种年金价格较低,但市场需求很有限。

(3) 最后生存者年金。指两个或两个以上的人联合投保,只要还有一个人活着,保险人就全数给付保险金,直到被保险人全部死亡,保险金的给付才终止。与联合生存者年金相比,最后生存者年金的优势是明显的,不过它的费率相对较高。此险种适合夫妻二人联合投保。

(4) 变额年金保险。指年金的给付金额随投资收益而变动。这是专门为克服通货膨胀而设计的。保险人将本保险的资产另立专门账户,单独进行股票或债券投资,本保险的保单持有人共享投资成果。保险人这样做依据的事实是:生活费用的变化与普通股票价格的变动趋势相一致。变额年金不但经营技术要求很高,而且还要求有健全、成熟的股票市场。

延伸阅读

年少的你与年老的你

一个快乐的老年人,应该有四个条件:老伴、老友、老健、老本。

随着科学的发展,人的寿命越来越长,我们只有30年风华正茂的攒钱时间,但退休后又将迎接数十年小心翼翼的花钱时间,你的老本够用吗?

买保险就像养了一个孝顺的儿子,只要把它养大,他就会非常孝顺你,不会给你脸色看,不会顶嘴;在你生病时,它会孝敬你医药费和营养费;在你年老时,它会定时供应你养老金。养个孝顺的儿子并不需要太多的花费,你只要把你现在收入的一部分用作养老险的规划,便可以使你拥有一个尊贵、风光的老年生活。

(二) 健康保险

健康保险是以人的身体为对象,保证被保险人在保险期限内因疾病或意外事故所致伤害时的费用或损失获得补偿的一种保险,并不是每一种健康保险保单的承保内容都包含所有费用和损失,否则其成本相当大。一般来说,健康保险承保的主要内容有如下两大类:① 由于疾病或意外事故所致的医疗费用,习惯上将承保医疗费用的健康保险统称为医疗保险或医疗费用保险。② 由于疾病或意外伤害事故所致的收入损失。如果被保险人不能参加任何工作,则其收入损失是全额的;如果只能从事比原工作收入低的工作,那么收入损失是部分的,其损失数额即为原收入与新收入之差,我们称这种健康保险的保单为残疾收入补偿保险。

健康保险的责任不仅包括对被保险人医疗费用损失方面的经济补偿,而且还包括被保险人因疾病或伤残而不能工作引起的收入损失的经济补偿,以及生活不能自理时所需要的护理经济补偿。

健康保险关注的不仅是被保险人遭受保险事故损失后的事后的经济补偿,而且更加关注被保险人遭受事故损失前的预防保健和健康教育,以及被保险人生存期间的健康管理,因此,不论是现在的医疗保险,还是失能保险和护理保险,都应该加上对被保险人遭受损失前的预防保健和健康教育,以及对被保险人生存期间的健康管理,才能称得上真正意义上的健康保险。

健康保险主要有医疗保险、残疾收入补偿保险、疾病保险和住院护理保险。

1. 医疗保险

医疗保险是指提供医疗费用保障的保险,是健康保险的主要内容之一。医疗费用是病人为了治病而发生的各种费用,医疗费用不仅包括医疗费用和手术费用,还包括住院、护理、医院设备等费用。医疗保险就是医疗费用保险的简称。

医疗保险的范围很广,医疗费用则一般依照其医疗服务的特性来区分,主要包含医生的门诊费用、药费、住院费用、护理费用、医院杂费、手术费用、各种检查费用等。下面介绍的是几种常见的医疗保险,即普通医疗保险、住院保险、手术保险、综合医疗保险和特种疾病保险。

(1) 普通医疗保险。普通医疗保险给被保险人提供治疗疾病时所相关的一般性医疗费用,主要包括门诊费用、医药费用、检查费用等。这种保险比较适用于一般社会公众,因为到医院看病是每个人都会发生的事,这种保险的保费成本是较低的。由于医药费用和检查费用的支出控制有一定的难度,所以这种保单一般也具有免赔额和比例给付规定,保险人支付免赔额以上部分的一定百分比,保险费用则每年规定一次。每次疾病所发生的费用累计超过保险金额时,保险人不再负担保险责任。

(2) 住院保险。由于住院所发生的费用是相当可观的,故将住院的费用作为一项单独的保险,住院保险的费用项目主要是每天住院房间的费用、住院期间的医生费用、利用医院设备的费用、手术费用、医药费等。住院时间长短将直接影响费用的高低,而且住院费用比较高,因此,这种保险的保险金额应根据病人的住院费用情况而定。为了控制不必要的长时间住院,这种保单一般规定保险人只负责所有费用的一定百分比。

(3) 手术保险。这种保险提供因病人需做必要的手术而发生的费用。这种保单一般是负担所有手术费用。

(4) 综合医疗保险。综合医疗保险是保险人为被保险人提供的一种全面的医疗费用保险,其费用范围则包括医疗和住院、手术等的一切费用。这种保单的保险费较高,一般确定一个较低的免赔额连同适当的分担比例。

(5) 特种疾病保险。某些特殊的疾病往往给病人带来的是灾难性的费用支付,如癌症、心脏病等。这些疾病一经确诊,必然会产生大范围的医疗费用支出。因此,通常要求这种保单的保险金额比较大,以足够支付其产生的各种费用。特种疾病保险的给付方式一般是在确诊为特种疾病后立即一次性支付保险金额。

延伸阅读

基本医疗保险待遇项目与支付

由于基本医疗保险的条款比较复杂,为了更方便大家理解政策,我们用案例分析来解读。基本医疗保险,所涉及的内容主要分为两大块:门诊和住院。下面我们以成都市基本医疗保险待遇项目与支付分别举例说明。

一、住院报销

总的来说,住 1 级医院比住 3 级医院的报销比例更高,年龄越大报销比例也越大。

举例一:4.6 万元以内的情况

陈某今年 40 岁,在定点 3 级医院住院,一次性花掉医疗费 3 万元(未考虑自费和特殊费用)。那么通过基本医疗保险,陈某这次能够享受到的报销额度为:

$(30\,000 - 8\,084 \times 12\%) \times [(75 + 40 \times 0.2) \div 100] = 29\,029.92 \times 83\% = 24\,094.83(元)$

个人需要负担的费用是:$30\,000 - 24\,094.83 = 5\,905.17(元)$

如果住定点 1 级医院,能够报销的额度就是:

$(30\,000 - 8\,084 \times 5\%) \times [(75 + 40 \times 0.2) \div 100] = 29\,595.8 \times 83\% = 24\,564.51(元)$

个人需要负担的费用是:$30\,000 - 24\,564.51 = 5\,435.49(元)$

举例二:超过 4.6 万元的情况

刘某今年 50 岁,在定点 3 级医院住院,一次性花去医疗费 6 万元(未考虑自费和特殊费用)。那么通过基本医疗保险,刘某这次能够享受到的报销额度为:

$(60\,000 - 8\,084 \times 5\%) \times [(75 + 50 \times 0.2) \div 100] = 59\,029.92 \times 85\% = 50\,175.43(元)$

可是按照规定,基本医疗保险在一个自然年度内累计报销额度不能超过本市上年职工平均工资的 4 倍,成都市目前就是 46 336 元。而刘某通过公式计算出的应报销费用已超过该上限。所以,他这次能报销的实际费用为 46 336 元,个人需要承担的费用为:$60\,000 - 46\,336 = 13\,664(元)$

二、门诊报销

社保机构为每位参保人员建立了基本医疗保险个人账户。个人账户中的金额,可用于本人在药店刷卡买药,或是门诊医疗费和住院时按规定自付的部分。门诊时,个人账户中没有余额的,由本人以现金支付;有结余的归自己所有,并且可以依法继承。

下面我们分别就在职职工、退休人员和自由职业者予以说明。

在职职工

首先将个人的缴费(及本人月工资的 2%)全部划入个人账户,然后将单位缴费中的一部分也划入个人账户,所以个人账户月增加额计算公式为:

50 岁以下的职工:(本人月工资收入×2%)+(本人月工资收入×0.02%×本人年龄)

50 岁及其以上的职工:(本人月工资收入×2%)+(本人月工资收入×0.035%×本人年龄)

举例:王某今年 30 岁,月工资 1 000 元,每月划入王某个人账户的总金额应为:

$$(1\,000×2\%)+(1\,000×0.02\%×30)=26(元)$$

江某今年 52 岁,月工资 1 200 元,每月划入江某个人账户的总金额应为:

$$(1\,200×2\%)+(1\,200×0.035\%×52)=45.84(元)$$

退休人员

个人账户月增加额计算公式为:

本市上年职工月平均工资×2%+本市上年职工月平均工资×0.035%×本人年龄

如果退休人员本人的月基本养老金高于上年职工月平均工资的,以本人月基本养老金为基数计算划入。

举例:张某今年 61 岁,月基本养老金 1 000 元(高于成都市上年职工平均月工资 965 元),每月应划入张某个人账户的金额为:$1\,000×2\%+1\,000×0.035\%×61=41.35$ 元

黄某今年 62 岁,月基本养老金 800 元(低于成都市上年职工平均月工资 965 元),每月应划入黄某个人账户的金额为:$965×2\%+965×0.035\%×62=40.3(元)$。

自由职业者

个人账户月增加额计算公式为:

50 岁以下者:本市上年月平均工资×2%+本市上年月平均工资×0.02%×本人年龄

50 岁及其以上的职工:本市上年月平均工资×2%+本市上年月平均工资×0.035%×本人年龄。(成都市的上衣年月平均工资为 965 元)

举例:朱某今年 40 岁,为自由职业者,每月划入朱某个人账户的总金额应为:

$$965×2\%+965×0.02\%×40=27.02(元)$$

2. 残疾收入补偿保险

残疾收入补偿保险也称为丧失劳动能力收入补偿保险。如果一个人因疾病或意外伤害事故所致而不能参加工作,那么他就会失去原来的工资收入。这种收入的损失数额可能是全部的,也可能是部分的,其时间可能较长,也可能较短。提供被保险人在残废、疾病或意外受伤后不能继续工作时所发生的收入损失补偿的保险称为残疾收入补偿保险。

残疾收入补偿一般可分为两种:一种是补偿因伤害而致残废的收入损失;另一种是补偿因疾病造成的残废而致的收入损失。在实践中,因疾病而致的残废比因伤害所致的更为多见一些。收入补偿保险的给付一般规定为以下三种方式:

(1)按月或按周进行补偿。这是根据被保险人的选择而定,每月或每周可提供金额相一致的收入补偿。

(2)给付期限。给付期限可以是短期或长期的。短期补偿是为了补偿在身体恢复前不

能工作的收入损失,短期给付期限一般为1~2年。长期补偿则规定较长的给付期限,一般是补偿全部残废而不能恢复工作的被保险人的收入,通常规定给付到60周岁或退休年龄,如被保险人死亡则停止给付。

(3) 推迟期。在残废后的前一段时间称为推迟期,在这期间不给付任何补偿,推迟期一般为3个月或6个月,这是由于在短时间内被保险人还可以维持一定的生活,同时,它通过取消对短期残废的给付而减少保险成本。

在残废收入补偿保险保单中,关于残废的定义有很多方式,这里讨论完全残废和部分残废的定义。

(1) 完全残废。完全残废一般指永久丧失全部劳动能力,不能参加工作以获得工资收入。关于永久丧失劳动能力的定义有许多种,通常可采用的标准有:不能从事任何职业;不能从事与其正规教育培训、经验相关的职业;不能从事个人喜欢的职业等。保险公司一般采用较为严格的定义:对于双眼、双手或双脚等完全失去正常功能的情况,一般被认为完全残废。完全残废给付金额一般比残废前的收入少一些,经常是原收入的75%~80%。

(2) 部分残废。部分残废是与完全残废的定义相对而言,是指部分丧失劳动能力。如果我们把完全残废认为是全部的收入损失,部分残废则意味着被保险人还能进行一些有收入的其他职业。在这种情况下,保险人给付的将是全部残废给付金额的一部分。

部分残废给付＝全部残废给付×(残废前的收入－残废后的收入)/残废前的收入

这种给付也称为"比例给付"。例如,某公司的职员,残废前的正常收入为每月1 000元,由于他所受的伤害恢复后已不能继续从事原来的工作,只能从事轻微劳动,每月收入400元。如果他完全残废后的给付金额为每月800元,那么他的收入损失为60%,其最后的收入补偿额为480元。

(3) 其他给付类型。收入补偿保险是对被保险人的收入损失进行有效的补偿,通常因条件的不同而具有不同类型。例如,收入补偿可以随物价指数的变化而进行调整,或者在住院期间,由于医疗费用较高,则可以支付一笔较大数额的补偿。如果被保险人通过其他渠道得到一定的收入补偿,则收入补偿保险扣除已获得的部分,只负责支付其余额部分,因此,收入补偿保险是一种损失补偿保险。

3. 疾病保险

一般情况下,疾病保险具有如下几个基本特点:

(1) 个人可以任意选择投保疾病保险,作为一个独立的险种,它不必附加于其他某个险种之上。

(2) 疾病保险条款一般都规定了一个等待期或观察期。等待期或观察期一般为180天,被保险人在等待期或观察期内因疾病而支出的医疗费用及收入损失,保险人概不负责,观察期结束后保险单才正式生效。

(3) 疾病保险为被保险人提供切实的疾病保障,且程度较高。疾病保险保障的重大疾病,均是可能给被保险人的生命或生活带来重大影响的疾病项目,如急性心肌梗死、恶性肿瘤。

(4) 保险期限较长。疾病保险一般都能使被保险人"一次投保,终身受益"。保费交付方式灵活多样,且通常设有宽限期条款。

(5) 疾病保险的保险费可以按年、半年、季、月份期交付,也可以一次缴清。

4. 住院护理保险

此保险是提供被保险人额外住院津贴,目的是补偿被保险人住院时所支出的不能由住院医疗保险或其他疾病保险补偿的额外费用。

此保险的保险责任包括疾病住院或意外伤害住院。住院超过 24 小时后,保险人开始按保险单规定给付保险金。例如,在治疗期间,保险人将按双倍给付。每次住院保险人给付保险金的最长期限为 2 年。

保险金额通常是规定第一天的给付金额。保险期限最长可保到 65 岁。保险费率一般每 5 年调整一次。对初次投保的被保险人有 30 天的观察期,但意外伤害责任除外。

(三) 意外伤害保险

意外伤害保险是指被保险人因意外伤害事故造成死亡或残废时,保险人依照合同约定给付保险金的保险。意外伤害保险的标的是人的身体,与寿险有着密切的联系,因此,不少国家都规定由寿险公司经营。但意外伤害保险的性质与非寿险有许多相似之处,又使得不少国家将其归为非寿险公司经营。现在,许多国家倾向于寿险公司和非寿险公司都可以经营意外伤害保险。意外伤害包括意外和伤害两个方面的含义。意外是指侵害行为是本人不能预见的,或者违背本人主观意愿的;伤害是指身体受到侵害的事实。

1. 意外伤害保险应满足的条件

(1) 非预见性。即伤害的发生不是本人意愿的结果,是未预料到的。从这个意义上讲,意外伤害存在两种情况,即非预见的和可以预见的。例如,某人正常行走在路上,被楼上掉下来的花盆砸伤;某人在操作机器时不慎被扎伤;某人走路时意外滑倒而摔伤等都是非可预见性的。但有些意外伤害是可以预见的,如某人和火车抢道被撞伤,某人服用过量的安眠药而致残等。

(2) 外来原因引起的。即伤害是被保险人自身以外的原因造成的,如车祸致伤、烫伤、被意外砸伤等。一般来讲,意外伤害大多是由外来原因引起的,但疾病所引起的伤害不属于外来原因,如某人脑中风摔倒致伤。

(3) 突然性。即意外伤害的直接原因是突然出现的,来不及预防,如跌伤、烫伤等。而饮酒过量酒精中毒、特殊职业中的汞中毒、硅肺等,虽是外来原因引起的,但都不是突然发生的。

意外伤害的三个条件必须同时具备,缺任何一个都不构成意外伤害。然而,上述三个条件只是对意外伤害做了质的规定,在实际业务中运用时常常会产生很多的异议。因此,绝大多数意外伤害保险单中都采用列举的方式将除外责任列在保单上,这样就大大方便了意外伤害责任的判定。并非一切意外伤害都是可保的,这是因为还必须考虑是否违反法律或损害公共利益。

延伸阅读

人身意外伤害保险

经常乘坐不同交通工具出行的 30 岁的马先生从事销售工作,经常出差又喜欢到处旅游,以往每次出差,如果坐飞机,就在机场临时买保险,坐火车汽车,想买保险,却又不方便。像马先生这样的人有很多,如何能够在出行保险上省时省力又省钱呢?财险专家做了如下分析:

1. 风险保障需求分析

出行交通工具:飞机、火车、轮船、汽车,根据出行远近而不同;

年均出行次数:在 5 次以上;

保障需求:对出行乘坐交通工具时的意外风险有所保障。

2. 专家建议:投保的意外险,应该能够对客户一年多次乘坐多种交通工具出行均能承担保险责任。

3. 保障范围:被保险人以乘客身份乘坐从事商业运营的汽车、火车、轮船、民航班机时因遭受意外伤害导致的身故或伤残。

4. 马先生购买上述险种的四个精打细算之处:

(1) 再也不用在机场排队了,一年只需买一次,省时;

(2) 不光解决了飞机的问题,以后出差坐火车、汽车、轮船等都有了保障,心里更踏实了,省心;

(3) 比较经济,光坐飞机一项,一年至少省了几十元,通过网上买还能优惠,省钱;

(4) 选择公司规模大、信誉好、在全国都有网点的企业,以后出险理赔服务比较方便、省力。

2. 意外伤害的主要保险险种

(1) 普通意外伤害保险。普通意外伤害保险又称一般意外伤害保险或个人意外伤害保险。即指被保险人在保险有效期内,因遭受意外伤害而致死、残废或暂时失去工作能力时,由保险人给付保险金的保险。这是意外伤害保险的主要险种之一。它可以独立投保,也可以作为人身保险的附加险投保。

这个险种的保障通常有三个方面:① 意外死亡保障。给付保险金额全部;② 残废保障。按永久伤残程度确定给付保险金的比例,最高为保险金额的 100%;③ 暂时失去工作能力保障。为被保险人暂时性伤残,不能从事原来的工作时,保险人按周给付保险金,且一年内最多连续给付 104 周。保险期限最长到被保险人 65 岁止。至于医疗保险金的给付,经投保人申请,保险人同意后,可以以特约条款方式附加于保险单上。

(2) 意外死亡及伤残保险。这个险种一般作为人身保险的附加险投保。与普通意外伤害保险相比,它保障的项目只有意外死亡保障和残疾保障,且给付比例相同。此险种的最高保障年龄为 65 岁。此保险可以满足被保险人在投保人身保险时对意外保障的要求。

(3) 附加意外死亡保险。此险种是人身保险的附加险。当被保险人在保险期间意外伤

害死亡时,保险人给付死亡保险金。此险种的最高保障年龄为 70 岁。与前面两个险种相比,此险种项目最少,保险费率也最低。投保时有最高保额限制,如以主险保额的三倍为限。

(4) 旅行意外伤害保险。此险种是承担被保险人在旅行过程中发生的意外伤害事故。旅行意外伤害保险有国内旅行意外伤害保险和国外旅行意外伤害保险两种。保障项目通常为死亡保障和伤残保障两项。现在也经常将医疗费用保险以特约条款的方式附加投保。如果保险期限与旅行行程不相等,则保险责任按时间短者计算。一般情况下,被保险人不得改变保单上载明的旅程或旅行区域。保险费率与被保险人的职业性质无关。

(5) 特种意外伤害保险。此险种是指承保被保险人因特别原因造成的意外伤害或特定地点遭受的意外伤害。此险种一般保险期限很短,如游泳者意外伤害保险、索道游客意外伤害保险、登山意外伤害保险、电梯乘客意外伤害保险等。

二、财产保险

财产保险是人类同自然灾害和意外事故长期斗争中产生并发展起来的,它是以各种财产物质和有关利益为保险对象,补偿投保人或被保险人的经济损失,是一种经济补偿制度。财产保险中所指的财产除了包括有形财产、不动产、固定的或流动的财产,以及在制的或制成的有形财产外,还包括运费、预期利润、信用及责任等无形财产。因此,财产保险的范围很广泛,《保险法》第九十一条规定:"财产保险业务,包括财产损失保险、责任保险、信用保险等保险业务。"

财产保险的分类标准及各险种名称都有一个演变的过程,如海上保险是按风险发生的区域来命名的;火灾保险是按风险事故来命名的;汽车保险则是按保险标的来命名的。目前国际上一些国家将财产保险称为非寿险,与寿险加以区别,其范围更加广泛。我国习惯上将保险标的分为有形财产、相关经济利益和损害赔偿责任三大类,因此,财产保险通常也划分为财产损失保险,责任保险和信用、保证保险。

(一) 财产损失保险

1. 企业财产保险

财产保险基本险与综合险是我国企业财产保险的常用险种,主要承保火灾及其他自然灾害及意外事故造成保险财产的直接损失。凡投保人所有,或代他人保管或与他人共有而由投保人负责的财产,都可以列入投保财产范围,但投保人必须对其所保的财产具有保险利益。企业财产保险中的财产有三种类型:

(1) 可保财产:
① 房屋、建筑物及附属装修设备;
② 机器设备;
③ 工具、仪器及生产用具;
④ 管理用品及低值易耗品;
⑤ 原材料、半成品、在产品、产成品或库存商品、特种储备商品;
⑥ 账外及摊销的财产。

(2) 特约可保财产:
① 无须加贴保险特约条款或增加保险费的情况下予以特约的财产,如金银、珠宝、艺术

品、古玩等稀有珍贵财物,这类财产的特点是其市场价格变化较大,而受风险的影响较小;

② 必须用特约条款并增加保费方可承保的财产,如桥梁、铁路、码头等特有财产,这类财产一般是为了满足部分行业的特殊需要。

(3) 不可保财产:

① 不属于一般生产资料和商品的土地、矿藏等不可再生的资源或商品;

② 不是实际物资的货币、票证和有价证券等;

③ 缺乏评估价值依据或难于鉴定价值的文件、账册、图表和技术资料等;

④ 政府限制使用或拥有的财产,如违章建筑、非法财产;

⑤ 危险即将发生的财产,如危房;

⑥ 应投保其他险种的财产,即不属于企业财产保险的承保范围。

(4) 保险责任:

① 火灾保险的四项基本风险:

※ 有燃烧显现;燃烧是偶然、意外发生的;

※ 燃烧失去控制并有蔓延和扩大趋势;

※ 爆炸:分为物理性爆炸和化学性爆炸;

※ 雷击:分直接雷击与感应雷击。

② 灾害及意外事故引起的三停(停电、停水、停气)的损失:

※ 必须是被保险人拥有并自己使用的供电、供水、供气设备,公共部门的设备遭到灾害或其他原因引起"三停"不属于责任范围;

※ 仅限于保险事故造成的"三停损失";

※ 仅限于对被保险人的机器设备、在制品等保险标的的损坏或保费负责人赔偿;

③ 施救、抢救造成保险标的的损失;

④ 必要合理的费用:在发生责任范围内的灾害事故时,被保险人为了减少财产损失而采取的必要的、合理的施救、保护、整理措施,属于保险财产范围内的费用,以不超过财产损失金额为限。

(5) 附加责任:

① 暴风、暴雨、洪水保险;

② 雪灾、冰凌保险;

③ 泥石流、崖崩、突发性滑坡保险;

④ 雹灾保险;

⑤ 破坏性地震保险;

⑥ 水暖管爆裂保险;

⑦ 盗抢保险。

2. 家庭财产保险

家庭财产保险简称家财险,是个人和家庭投保的最主要险种。凡存放、坐落在保险单列明的地址,属于被保险人自有的家庭财产,都可以向保险人投保家庭财产保险。

(1) 可保财产:

① 自有居住房屋;

② 室内装修、装饰及附属设施;

③ 室内家庭财产。

(2) 特保财产：

① 农村家庭存放在院内的非动力农机具、农用工具和已收获的农副产品；

② 个体劳动者存放在室内的营业器具、工具、原材料和商品；

③ 代他人保管的财产或与他人共有的财产；

④ 须与保险人特别约定才能投保的财产。

(3) 不保财产：

① 金银、珠宝、首饰、古玩、货币、古书、字画等珍贵财物（价值太大或无固定价值）；

② 货币、储蓄存折、有价证券、票证、文件、账册、图表、技术资料等（不是实际物资）；

③ 违章建筑、危险房屋及其他处于危险状态的财产；

④ 摩托车、拖拉机或汽车等机动车辆，寻呼机、手机等无线通信设备和家禽家畜（其他财产保险范围）；

⑤ 食品、烟酒、药品、化妆品，以及花、鸟、鱼、虫、树、盆景等（无法鉴定价值）。

(4) 保险责任：

① 火灾保险的四项基本风险；

② 其他列明的自然灾害：龙卷风、洪水、海啸、地面突然塌陷、崖崩、泥石流、突发性滑坡、雪灾、雹灾、冰凌；

③ 外界建筑倒塌（保险建筑自行倒塌不赔）；

④ 暴风、暴雨造成房屋主要结构倒塌；

⑤ 施救所致的损失的费用。

(5) 保险期限：

根据被保险人的不同需要，家庭财产保险可以分为普通家庭财产保险（保险期限为 1 年期）、定期还本家庭财产保险（保险期限为 1 年期、3 年期和 5 年期）。

(6) 保险金额：

保险金额由被保险人根据保险财产的实际价值确定，并且按照保险单上规定的保险财产项目分别列明。

(7) 保险费：

普通家庭财产保险费依照保险人规定的家庭财产保险费率计算。被保险人应当在起保当天一次缴清保险费。

(8) 保险储金：

定期还本家庭财产保险以保险储金交纳保险费。每千元保险金额的保险储金，1 年期为 47 元，3 年期为 45 元，5 年期为 39 元。该险种是适用于我国城乡居民家庭的一种财产保险，它的承保责任范围与企业财产综合险基本相同。常用险种有：普通家庭财产保险、家庭财产两全保险及各种附加险。

 延伸阅读

如何选择家庭财产保险

2010年11月15日,上海"11.15"重大火灾引起了社会的强烈反响。事故发生的第四天,上海保险业赔付共计778.55万元。但相对于50多人罹难、40人失踪,多个家庭遭受严重财产损失的特大事故,保险业的经济补偿及社会管理功能也未能得到充分发挥。近年来,随着社会物质水平的不断提高,人们对保险的概念已经不再陌生。现在涉及个人的商业保险大多集中在长期寿险与车辆保险,人们对自有住房的保险意识还是比较淡薄,究其原因大多认为住房发生事故的概率比较低,但是一旦发生损失就得由自己承担全部损失。

南京的史小姐买了一套二手房,因为要做新房,所以装修好后不久就入住了。但是才住进去两个月,某天下午回家发现家里成了"游泳池",地板、家具和音响都被泡坏了,查了原因是楼下的下水管道因为生活污水里有杂物堵塞,生活污水流不下去。史小姐家住二楼,该楼房一共有六层,这六层人家都公用同一个下水管道,因一楼的堵塞了,楼上人家的生活用水到二楼史小姐家时通过厨房的管道和水池全部漫出来,把家里全部浸泡了。发生了这种损失,楼上和楼下的住户都认为自己对这个损失不承担责任,史小姐的损失超过了两万元,又不想为了这个事情和邻居们对簿公堂,最后无奈只好自己支付。对此史小姐很后悔自己没有买家财险。其实市场上有很多家财险可供选择,只要选择适合条款和责任就可以了,如都邦保险的《家庭财产基本险附加水渍损失险》条款,责任范围为:(1)因基本险保险责任引起的被保险人室内的自来水及暖气管道、水槽、引水道漏水;(2)被保险人室内空调、热水器漏水;(3)被保险人房屋的屋顶或阳台漏雨、漏雪;(4)被保险人室内的下水道堵塞溢水;(5)邻居家漏水。事后,史小姐看了保险条款后马上投保,她说:虽然这次她家改了管道,自己家单独用一根管道不会再漫水了,但是下次估计是三楼的住户要漫水了,到时她家的楼顶肯定得遭殃,而保险责任第五条就可以弥补她的损失了。

常州的王先生就比史小姐幸运多了,王先生在银行工作,单位给每位员工买了家财险作为福利。去年还在上班的王先生被通知家里发生了火灾,等他心急火燎地赶回去一看,火势很大。原来是因为煤气泄漏发生爆炸并发生火灾,因为火势比较大,等消防部门扑救了以后,发现家里的东西所剩无几,连屋顶都有些变形了(房屋是钢筋混凝土结构,钢筋受热变形。)仅房屋的损失就达几十万,因为单位发放的家财险福利,王先生顺利得到了保险公司的理赔,在这次大劫中避免了重大经济损失。其实,火灾责任是最基本的家财保险责任,并不需要过多的挑选就能涵盖这个责任。

都邦保险提醒广大客户,市场现有的家财险的条款很多,责任也很多,在购买时按照自己的情况就可以弥补意想不到的损失。如房东把房屋出租了,担心发生事故对房屋的租金损失,就有附加租金损失险;如果因出租房屋的水电、煤气等原因发生事故让承租人遭受伤亡的,就有出租人责任险。其他的还有盗窃险、门窗恶意破坏险、室内和室外的第三者责任险等等。

3. 运输工具险

该险种承保因遭受自然灾害和意外事故造成的运输工具的损失及第三者损害赔偿责任。常用险种有：机动车辆保险、船舶保险、飞机保险等。

4. 货物运输保险

该险种承担货物在运输中因遭受自然灾害和意外事故所造成的损失。常用险种有国内水路陆路货物运输保险、国内航空货物运输保险、海洋运输货物保险及各种附加险和特约保险。

5. 工程保险

该险种主要承保各项工程由于不可预料的事故造成的损失、费用和职责。常用的险种有：建筑工程保险、安装工程保险、机器损坏保险等。

6. 特殊风险保险

这是为特殊行业设计的各种保险，承保对象具有较强的专业性，常用的险种有：海洋石油开发保险、航天保险和核电站保险等。

7. 农业保险

承保种植业、养殖业、饲养业、捕捞业在生产过程中因自然灾害和意外事故所造成的损失。常见的险种有种植业保险和养殖业保险。

（二）责任保险

责任保险是以被保险人的民事损害赔偿责任为保险标的的保险。责任保险除可以附加在各种财产保险上承保之外，还可以单独承保，如公众责任保险、产品责任保险、雇主责任保险和职业责任保险。

（三）信用、保证保险

1. 信用保险

该险种所承保的是一种信用风险。凡权力人要求担保对方信用的保险属于信用保险，如出口信用保险主要承保出口商因买方不履行贸易合同的义务而遭受的经济损失。

2. 保证保险

该保险承保的也是信用风险。凡被保证人根据权力人的要求投保自己信用的保险属于保证保险。常用的险种有合同保证保险、产品保证保险、忠诚保证保险等。

任务三 保险产品理财技巧

一、购买保险的原则

个人参加保险的目的就是为了个人和家庭生活的安全、稳定，从这个目的出发，我们在投保时主要应掌握以下总体原则和具体的注意事项。

（一）转移风险

投保是为了转移风险，在发生保险事故时可以获得经济补偿。从这个原则出发，必须分析家庭的主要风险是什么，怎样合理地把这些风险转嫁给保险公司。选择保险的顺序首先应该考虑风险的危害程度，其次才是风险发生的概率。因此，购买保险的顺序一般应该是：寿险、意外伤害保险、健康保险。

很多人只关注保险的投资功能，而忽略了保险最原始的保障功能。其实，保险理财的第一步是做好风险的转移，即保险保障。做好了保险保障之后才去做其他的投资安排。没有保障的投资是经不起风吹雨打的，所以在险种的选择上，先选择寿险、意外伤害保险、健康保险，再选择投资连接险、分红险、教育险等，这才是科学的理财方式。

（二）量力而行

保险是一种契约行为，属于经济活动范畴，投保人必须支付一定的费用，即以保险费来获得保险保障。投保的险种越多，保障范围越大，但保险金额越高，保险期限越长，需支付的保险费也越多。因此投保时要根据自己的经济实力量力而行。

保险属于安全层面的需要，我们购买保险一方面要为生活提供将来的保证，因此不能太少，因为过低的保费支出意味着不能带来足够的安全保障，但是也不能过高，因为保费越高意味着现在要面临很大的支出，会带来较大的生活压力，因此，保费支出应该与自己的实际收入相联系，一般说来大约相当于年收入的15％最为适宜，也可以根据自己的实际情况稍加调整。保费支出不要低于5％，也不要高于20％。

支出同样的保费，为不同的家庭成员投保，会有不同的保险利益。首先，应该为家庭的经济支柱投保。我们经常遇到这样的情况：父母为子女教育金保险一掷千金，但是为自己投保却斤斤计较。理性地思考一下，真正为孩子提供保障的不是保险公司，而是父母的收入。如果家庭经济支柱发生了意外，收入中断，那么谁来为孩子的成长支付教育金？谁来为家庭的日常活动费用提供开支？合理的做法是大人在自己保障充分的基础上，再为小孩投保教育金保险。

（三）选择专业和敬业的代理人

在购买人身保险时，首先要挑选一个优秀的保险代理人作为自己的咨询顾问。现在的保险产品具有极大的多样化特点，个人面对纷繁复杂的产品和条款很难做出正确的选择。只有选择一个专业并且敬业的代理人才能引导我们购买适合自己的产品。

保险业是一个人员流动性极强的行业，保险代理人频繁更换，代理人离职后所形成的"孤儿保单"的客户往往难以得到一如既往的服务。因此，代理人能否坚持长期服务成为确定保险代理人的首要因素。应该关注保险代理人的专业知识，这是代理人的基本功。合格的保险代理人应该深入理解保险法规和保险条款，帮助客户正确理解条款和自身的权益，为客户提供专业意见，帮助客户制订保险方案。代理人的职业道德素质也是投保人考虑的一个重要方面，代理人应该为客户提供细致、全面、持续和精确的服务。

(四) 研究保险条款，不可盲从

保险不是无所不保，保险合同中都规定了保险责任和免除责任，以明确保险人可以提供什么样的保障，投保人需将这些保障和自己的需求进行比较，选择适合自己的保险产品。保险是一种特殊的商品，不同于其他商品之处在于购买了保险就不能转售和赠送。有些人买保险只是出于人情，根本不清楚保险条款，结果只能蒙受经济损失。

购买保险也应像其他商品一样货比三家。尽管各家保险公司的条款和费率都是经过保险监管部门批准的，但各家保险公司的保险产品还是有所不同的。例如，领取生存养老金，有的保险公司的条款是月月领取，有的则是定额领取；同样是重大疾病保险，有的包括10种大病，有的只保7种。对于这些细节，投保人一定要看清楚。

二、保险理财方案的制订

(一) 确定保险标的

制定保险计划的首要任务，就是确定保险标的。前面说过，保险标的是作为保险对象的财产及其有关利益，或者人的寿命和身体。投保人可以以其本人、与本人密切关系的人、他们所拥有的财产及他们可能依法承担的民事责任作为保险标的。一般说来，各国保险法律都规定，只有对保险标的有可保利益才能为其投保，否则这种投保行为是无效的。所谓可保利益，是指投保人对保险标的的具有的法律上承认的利益。可保利益应该符合两个要求：

(1) 必须是法律认可的利益。如果投保人投保的利益的取得或者保留不合法甚至违法，那么这种利益不能成为可保利益。

(2) 必须是客观存在的利益。这样才能确定保险标的的大小，并以此来确定保险金额。对于财产保险，可保利益是比较容易确定的。财产所有人、经营管理人、抵押权人、承担经济责任的保管人都具有可保利益。

人寿保险可保利益的确定复杂一些，因为人的生命和健康的价值是很难用经济手段加以衡量的。所以，衡量投保人对被保险人是否具有可保利益，就要看投保人与被保险人之间是否存在合法的经济利益关系，如投保人是否会因为被保险人的人身风险发生而遭受损失。通常情况下，投保人对自己及与自己具有血缘关系的家人或者亲人，或者具有其他密切关系的人都具有可保利益。

购买适合自己或家人的人身保险，投保人有三个因素要考虑：① 适应性。自己或家人买人身保险要根据需要保障的范围来考虑。② 经济支付能力。买寿险是一种长期性的投资，每年需要缴存一定的保费，每年的保费开支必须取决于自己的收入水平。③ 选择性。个人或家人都不可能投保保险公司开办的所有险种，只能根据家庭的经济能力和适应性选择一些险种。在有限的经济能力下，为成人投保比为儿女投保更实际，特别是家庭的经济支柱，其生活的风险比小孩要高一些。

(二) 选定保险产品

前已述及，人们在生活中面临的风险主要可以归纳为人身风险、财产风险和责任风险。而同一个保险标的，会面临多种风险。所以，在确定保险需求和保险标的之后，就应该选择准备投保的具体险种。例如,对人身保险的被保险人而言,他既面临意外伤害风险,又面临疾病风险,还有死亡风险等。所以,投保人可以相应地选择意外伤害保险、健康保险或人寿保险等。但对于财产保险而言,同一项家庭财产也会面临着不同方面的风险。比如,汽车,面临着意外损毁或者是失窃的风险,这时投保人可以相应地选择车辆损失保险、全车盗抢保险,或者是二者的组合。

投保客户只有在专业人员的帮助下,准确判断自己准备投保的保险标的的具体情况(如保险标的所面临的风险的种类,各类风险发生的概率,风险发生后可能造成损失的大小,以及自身的经济承受能力),进行综合的判断与分析,才能选择对自己合适的保险产品,较好地回避各种风险。

在确定购买保险产品时,还应该注意合理搭配险种。投保人身保险可以在保险项目上进行组合,如购买一至两个主险附加意外伤害、重大疾病保险,使人得到全面保障。但是在全面考虑所有需要投保的项目时,还需要进行综合安排,应避免重复投保,使用于投保的资金得到最有效的运用。这就是说,如果投保人准备购买多项保险,那么就应当尽量以综合的方式投保,因为这样可以避免各个单独保单之间出现的重复,从而节省保险费,得到较大的费率优惠。

(三) 确定保险金额

在确定保险产品的种类之后,就需要确定保险金额。保险金额是当保险标的的保险事故发生时,保险公司所赔付的最高金额。一般来说,保险金额的确定应该以财产的实际价值和人身的评估价值为依据。财产的价值比较容易计算。对一般财产,如家用电器、自行车等财产保险的保险金额由投保人根据可保财产的实际价值自行确定,也可以按照重置价值即重新购买同样财产所需的价值确定。对特殊财产,如古董、珍藏等,则要请专家评估。

购买财产保险时可以选择足额投保,也可以选择不足额投保。由于保险公司的赔偿是按实际损失程度进行赔偿的,所以一般不会出现超额投保或者重复投保。一般来说,投保人会选择足额投保,因为只有这样,当万一发生意外灾难时,才能获得足额的赔偿。如果是不足额投保,一旦发生损失,保险公司只会按照比例赔偿损失。例如,价值20万元的财产只投保了10万元。那么如果发生了财产损失,保险公司只会赔偿实际损失的50%。也就是说,如果实际财产损失是10万元,投保人所获得的最高赔偿只能是5万元,这样会使自己得不到充分的补偿,因而不能从购买保险产品中得到足够的保障。严格说来,人的价值是无法估量的,因为人是一种社会性动物,其精神的内涵超过了其物质的内涵。但是,仅从保险的角度,可以根据诸如性别、年龄、配偶的年龄、月收入、月消费、需抚养子女的年龄、需赡养父母的年龄、银行存款或其他投资项目、银行的年利率、通胀率、贷款等,计算虚拟的"人的价值"。在保险行业,对"人的价值"存在着一些常用的评估方法,如生命价值法、财务需求法、资产保存法等。需要注意的是,这些方法都需要每年重新计算一次,以便调整保额。因为人的年龄在增大,如果其他因素不变,那么他的生命价值和家庭的财务需求每年都在变小,其保险就会从足额投保逐渐变为超额投保。如果他的收入和消费每年都在增长,而其他因素不变,那么其价值会逐渐增大,原有保险就会变成不足额投保。所以每年请保险专业人士检视投保客户的保单是十分必要的。

(四) 明确保险期限

在确定保险金额后,就需要确定保险期限,因为这涉及投保人的预期缴纳保险费的多少与频率,所以与个人未来的预期收入联系尤为紧密。对于财产保险、意外伤害保险、健康保险等保险品种而言,一般多为中短期保险合同,如半年或者一年,但是在保险期满之后可以选择续保或者是停止投保。但是对于人寿保险而言,保险期限一般较长,如 15 年甚至到被保险人死亡为止。在为个人制定保险计划时,应该将长短期险种结合起来综合考虑。

学会理财　为孩子购买保险和教育金

随着生活水平的提高,压岁钱金额也逐年看涨。虽然春节已过,但是对于家长们来说,如何帮孩子打理压岁钱是个令人伤脑筋的问题,是大包大揽收为己有,还是教孩子自己打理?又有哪些较好的投资途径可帮孩子打理压岁钱?为此,一些理财专家为家长们支了几招,让孩子的压岁钱"钱生钱"。

为孩子购买保险和教育金规划

阳关人寿有关理财专家建议,父母可根据孩子的兴趣引导其建立自己的"梦想金库",让孩子自行对压岁钱进行投资理财,若干年后,每年积攒的压岁钱可成为其成年后事业起步的第一桶金。

他举例说,今年 7 岁半的张华宇拿到的压岁钱近 8 000 元,母亲为了培养儿子自主能力,决定引导小华宇自己支配压岁钱。在跟小华宇讨论一番后,约定按 50% 消费、30% 储蓄、20% 祝福捐赠的比例分配小华宇的压岁钱。其中,4 000 余元用于小华宇购买书籍、衣服和玩具等;1 500 元作为定点帮扶资助金寄给了贵州希望小学的小同学;剩余的 30% 为其购买了阳光人寿的"真心 120"保障计划。

按照 10 万的保额,7 岁的小华宇每年需交纳保费 2 190 元,缴费期 10 年,共需缴费 21 900 元。保障期 20 年,在此期间小华宇可享受重疾和身故保障,且期满生存可获得 26 280 元的满期金(所交保费的 120%),为小华宇踏入社会提供了资金支持。

此外,由于儿童的免疫力低于青年人和成年人,容易受到各种重大疾病的困扰,该计划在主险的基础上还搭配附加险种以提供重疾保障,如"附加真心 120"提前给付重大疾病保险,针对未成年人和成年人的高发疾病特点分别设计了不同的保障病种,并在被保险人成年后自动进行转换。

提醒:为孩子投保避免陷误区

越来越多家长将购买保险作为其打理孩子压岁钱的首选,但是,家长为孩子投保也容易陷入误区。中意人寿保险专家唐珺表示,为孩子购买保险,应遵循以下基本原则:

第一,先保大人,后保小孩。父母才是孩子最大的保障,父母没有保险,孩子亦谈不上保障。只给孩子买保险这是中国家庭投保出现的最大误区,不能主次颠倒。

第二,先保障,后理财。

第三,投保顺序一般为意外、医疗、重疾、教育金,孩子的保险优先考虑的应该是意外、医疗健康方面的保险,教育金保险类似强制储蓄,保额根据各个家庭的经济承受能力和压岁钱的多少而定。如果经济能力不足,亦可暂时先放一放。

第四,不一定一次购买到位,意外险可以全家都买,其他险种根据经济条件先给家庭支柱购买,再逐步完善。

第五,家庭年保费支出为家庭年收入的10%~20%,这样才不至于给家庭带来较大经济负担。

开设儿童账户储蓄或定投基金

据了解,目前中行、工行、招行、中信等大多数银行均可开立儿童账户,可具备基本的存取款及转账功能,存款方式包括活期、零存整取等。中信银行有关人士告诉记者,开设儿童账户须由父母陪同,持家庭户口本即可,如果孩子年龄过小,父母将压岁钱存入儿童账户后,可代为管理,待孩子10来岁时可交给其自己打理,父母可通过网上银行实时关注孩子账户变动情况。

不过,由于儿童没有风险承受能力,儿童账户里的钱是不能买银行理财产品,也不能从事基金定投。中信银行上述人士说,基金定投可以父母的名义开户,为孩子将来储备教育金。例如以定投期限10年,年化收益率为10%测算,每月投入1 017元,期末可获取21万元,届时可支付子女从读大学到硕士6年的学费。

提醒:储蓄存期要短要分散

分析师表示,为抑制通货膨胀,央行自2月9日起上调存贷款利率,加息后一年期存款利率为3%,负利率状况依然高达1.9%,但由于我国大多数居民尤其是中小城市居民理财意识较弱,在较高的通胀水平下,很多人依然选择比较传统的理财方式——储蓄。但是在储蓄上应对通货膨胀也有技巧。

上述分析师表示,我国今年物价情况不容乐观,预计未来几个月内央行还将继续加息。这种情况下,居民储蓄期限不宜较长,以一年以内为宜。对于一些突发事件而临时用钱,原定的定期储蓄白白损失了利息的情况下,建议采取分散存钱的方法。假如一笔一年期整存整取的存单有5万元,如果急需2万元,除了从这5万元里提取没有别的方法。但是如果把这5万元分成两张2.5万元或者5张1万元,用多少取多少,就不会造成利息的损失,还可解决燃眉之急。

中信银行有关人士表示,对于孩子的压岁钱,如果金额较大,不妨亦借鉴上述方式,既可解决压岁钱的流动性问题,亦可获得较高的存款收益。

对于基金定投来说,由于定投的收益需要复利的累积来实现,一般而言,基金定投需要坚持3~5年才能看出成效,因而短期目标不适用基金定投。

 **案例回顾与分析**

案例一 当风险事故发生时,保险公司的赔偿虽然不能给死者家属多少精神上的安慰,但在经济上却是一种恰逢其时的帮助。相比之下,没有购买保险的死难者家属不得不承受精神与经济上的双重打击。

任何人在其一生中都有可能遇到意外事故甚至灾难,其后果可能是轻微的,也可能是严重的。严重时,不但引起伤害,也可能丧失生命,并使依靠其生活的家人失去生活来源,这种经济上的不稳定性需要得到保障。保险就是一种有效的保障方式,保险虽然不能事先化解风险,但是却能在较大程度上减轻或消除风险事故的损害。

案例二 "把钱存银行好,要用时随时可以领取,而若购买保险,则没有这么方便。"这是很多中国人对保险的看法。事实上,这种看法是不全面的。

从预防风险上看,保险和银行储蓄都可以为将来的风险做准备,但它们之间有很大的区别:用银行储蓄来应付未来的风险,是一种自助的行为,并没有把风险转移出去;而保险则能把风险转移给保险公司,实际上是一种互助合作行为。从预期收益上看,银行储蓄的收益包括本金和利息,它是确定的;购买保险后得到的"收益"表面上看是不确定的(它取决于保险事故是否发生),但实际上是确定的:购买保险即意味着得到了风险的保障,而且这种保障的保障程度非银行储蓄所能相比:只要缴纳了足额的保险费,就能得到完全的、充分的保障。

保险有着储蓄所没有的功能。二者具有本质的区别,并不能作简单的类比。并且,单纯从风险保障的角度看,保险的保障程度显然比银行储蓄要高。

案例三 我国是自然灾害发生最频繁的国家之一,各种自然灾害发生频率高,波及范围广,不但给人民的生命财产造成严重的威胁,而且在遭受重大自然灾害时,整个国民经济也会受到影响。保险不仅为遭灾的个人和家庭提供经济补偿,而且保证了灾害过后社会生产的持续进行,从而起到稳定国民经济发展的作用。

从本案例中我们可以体会到保险的基本职能及其在国民经济中的作用。

1. 保险的基本职能是组织经济补偿和实现保险金的给付。保险的本质是一种经济关系,它是面临着共同风险的经济单位和个人为补偿灾害事故或其他约定事件所产生的损失而建立和使用保险基金而形成的经济关系的总和。在灾害事故、意外事故或约定的事件发生后,通过保险的补偿和给付,企业可以得到足够的资金,购买劳动资料、劳动对象,支付生产停顿期间所用的费用,以保证简单再生产的顺利进行。保险对个人可免除或减轻不幸事故造成的经济损失,保障本人或家属的物质福利。

2. 保险也有利于国民经济持续稳定的发展。在现代社会生产中,灾害和意外事故越来越多。灾害和意外事故的发生总是会造成生产或经营终止或缩小,也有可能造成各种间接经济损失,引起一系列不良反应,影响国民经济计划的执行。由于保险具有经济补偿和给付保险金的职能,任何单位,只要在平时缴付少量保费,一旦发生保险责任范围的事故,就可以立即得到保险的经济补偿,消除因自然灾害和意外事故造成经济损失引起生产中断的可能,保证国民经济持续稳定地朝着既定的目标发展。

3. 保险还有利于社会的稳定。自然灾害和意外事故可能给人们带来突然的财产损失和人员伤亡,突如其来的灾害事故完全有可能使企业生产和人们生活陷入困境,给社会带来许多不安定因素。但是,有了保险保障,情况就会发生根本的变化。保险能在最短的时间里帮助企业恢复生产,帮助居民重建家园,解除人们在经济上的各种后顾之忧。这能从根本上稳定企业,稳定家庭,消除社会不安定因素。

项目小结

保险产生于风险的存在,是处理风险、实现损失补偿和经济保障最重要的社会方式,分为人身保险和财产保险两大类。人身保险分为人寿保险、健康保险和意外伤害保险;财产保险分为财产损失保险,责任保险和信用、保证保险。在进行保险产品的投资理财规划时,既要注意购买原则、保险理财方案的制订,又要注意保险规划的风险。

 课后训练

一、名词解释

1. 风险管理　　2. 人身保险　　3. 健康保险　　4. 可保利益

二、单项选择题

1. 对风险的处理方法有(　　)。
 A. 回避　　　　　B. 预防　　　　　C. 自留　　　　　D. 转移
2. 人们将货币保值增值的选择方式有(　　)。
 A. 购买寿险　　　B. 购买股票　　　C. 购买债券　　　D. 购买商品房
3. 保险经纪公司是站在(　　)的立场上,提供专业化的风险管理服务。
 A. 公司自身　　　B. 客户　　　　　C. 保险公司　　　D. 保险代理人
4. 现代保险业务由(　　)等几个大部分组成。
 A. 人身保险　　　B. 财产保险　　　C. 责任保险　　　D. 再保险
5. 人寿保险具体可以分为(　　)。
 A. 定期保险　　　B. 终身寿险　　　C. 两全保险　　　D. 年金保险
6. 健康保险主要有(　　)。
 A. 医疗保险　　　　　　　　　　　B. 残疾收入补偿保险
 C. 疾病保险　　　　　　　　　　　D. 住院护理保险
7. 下列属于家庭财产保险责任的有(　　)。
 A. 自有居住房屋　B. 室内装修装饰　C. 金银等珍贵财物　D. 有价证券
8. 购买适合自己或家人的人身保险,投保人要考虑的因素有(　　)。
 A. 适应性　　　　　　　　　　　　B. 经济支付能力
 C. 选择性　　　　　　　　　　　　D. 为家庭经济支柱投保

三、简答题

1. 人寿保险的理财功能主要体现在哪几个方面?
2. 购买保险时应掌握的原则有哪些?
3. 怎样选定保险产品?
4. 如何利用保险达到理财目的?

项目七　黄金与外汇理财

学习目的

通过本项目的学习,使学生了解黄金与外汇理财在整个理财活动中的地位,熟知黄金外汇方面的知识,掌握黄金外汇理财的技巧。

案例导入

小张在招商银行办理黄金投资账户并存入现金 5 万元。2 月 14 日,以 290 元/克买入黄金 T+D 产品 1 手,保证金比例为 15%,银行按市值的万分之十四收取手续费。4 月 28 日以 319 元的价格平仓卖出合约。试计算小张的投资收益(不考虑递延费)。

任务一　黄金投资的基础知识

一、黄金的自然属性与价值

(一)黄金的分类

自古以来,黄金就是尊贵的象征,其最基本的用途是做黄金饰品(包括首饰、佛像装饰、建筑装饰等)和黄金器具。黄金按来源不同和提炼后含量的不同分为生金和熟金。

生金也称天然金、荒金、原金,是熟金的对象,是从矿山或河底冲积层开采出,没有经过熔化提炼的黄金。生金又分为矿金和沙金两种。

矿金也称合质金,产于矿山、金矿,大都是随地下涌出的热泉通过岩石的缝隙而沉淀积成。矿金产于不同的矿山而所含的其他金属成分不同,因此成色高低不一,一般在 50%~90%之间。

沙金是产于河流底层或低洼地带,石沙混杂在一起,经过淘洗出来的黄金。沙金的特点是:颗粒大小不一,大的像蚕豆,小的似细沙,形状各异。颜色因成色高低而不同,九成以上为赤黄色,八成为淡黄色,七成为青黄色。

熟金是生金经过冶炼、提纯后的黄金,一般纯度较高,密度较细。常见的有金条、块、锭和各种不同的饰品、器皿、金币以及工业用的金丝、片、板等。人们习惯上根据成色的高低分为纯金、赤金、色金 3 种。按含金量不同分为清色金、混色金、K 金。

经过提纯后达到相当高的纯度的金称为纯金,一般指达到99.6%以上成色的黄金。赤金和纯金的意思相接近,但因时间和地方的不同,赤金的标准有所不同,国际市场出售的黄金,成色达99.6%的称为赤金,而境内的赤金一般在99.2%~99.6%之间。色金,也称"次金""潮金",是指成色较低的金。这些黄金的其他金属含量不同,成色高的达99%,低的只有30%。

(二) 黄金的成色

黄金作为贵金属的一类,其自身的成色固然很重要。有一些金商,在熔金的过程中,将其他的物质掺入到黄金之中,所制造出来的黄金就不是千足金了。然后,这些金商再将这些成色较低的黄金按照千足金的价格出售,获取暴利。

黄金在成色方面,是有一定的规定的。在理论上我们把含量100%的金称为24K;国家标准GB11887-89规定,每K含金量为4.166 666%,即100%÷24。但在现实中不可能有100%的黄金,所以我国规定:含量达到99.6%以上(含99.6%)的黄金才能称为24K金。

黄金成色的标示方法有两种,一个方法就是以"K(Karat)"为单位。24K黄金就是千足纯金,金含量达99.99%,几乎没有其他的杂质掺在里面。另一个方法就是用阿拉伯数字注明黄金含量的千分数,例如将九九金的成色标为990,来表示黄金的含量。

两种标示方法的相互关系如表7-1所示。

表7-1 黄金成色的标示方法的关系

标准(K)	含金成色不少于(‰)
24 K	1 000
九九金(足金)	990
22 K	9 166
18 K	750
15 K	625
12 K	500
8 K	333

在珠宝的成色上,各个国家都有不同的规定。比如中东及一些发达国家规定,在这些国家里出售的珠宝黄金的成色不得少于75%或18K。而在阿拉伯和伊拉克,黄金的纯度应不低于21K或87.5%。

不过,千足纯金性质柔软,其坚硬程度不及含有杂质的黄金,因此在一些镶嵌宝石的首饰上所使用的黄金都不会是千足金。包括在金饰品的焊口和咬口之处,黄金必然要掺有其他金属,以增强其坚硬程度。在焊口和咬口之处使用的黄金纯度,也有一定的规定:足金不得低于80.0%;18K不低于74.05;22K要有18K或18K以上的黄金来焊接。另外,如果用于焊接的金属未超过总重量的5%,可以不在饰品上注明咬口的金含量。

我国对黄金制品印记和标识牌有规定,一般要求有生产企业代号、材料名称、含量印记等,无印记为不合格产品。国际上也是如此。但对于一些特别细小的制品也允许不打标记。国家规定低于9K的黄金首饰不能称之为黄金首饰。

(三) 黄金的价值

人类发现和使用黄金的历史比铜、铁等金属要早,黄金在距今 10 000 年前的新石器时代就被人类发现。因为黄金本身具有良好的稳定性和稀有性,黄金成为贵金属,被人们作为财富储备。由于黄金具有特殊的自然属性,被人们赋予了社会属性,也就是货币功能。马克思在《资本论》里写道:"货币天然不是金银,但金银天然就是货币。"

1. 黄金被皇权贵族垄断时期

在 19 世纪之前,因黄金极其稀有,黄金基本为帝王独占的财富和权势的象征;或为神灵拥有,成为供奉器具和修饰保护神灵形象的材料;虽然公元前 6 世纪就出现了世界上的第一枚金币,而一般平民很难拥有黄金。

在当时,抢掠与赏赐成为黄金流通的主要方式,自由交易的市场交换方式难以发展,即使存在,也因黄金的专有性而限制了黄金的自由交易规模。

2. 金本位制

金本位首先诞生在工业革命浪潮的欧洲国家,在 1717 年英国首先施行了金本位制,到 1816 年英国颁布了《金本位制度法案》,正式在制度上给予确定,成为英国货币制度的基础,至十九世纪德国、瑞典、挪威、荷兰、美国、法国、俄国、日本等国先后宣布施行了金本位制。

金本位制即黄金就是货币,在国际上是硬通货。金币本位制的主要内容包括:

(1) 用黄金来规定所发行货币代表的价值,每一货币单位都有法定的含金量,各国货币按其所含黄金的重量而形成一定的比价关系;

(2) 金币可以自由铸造,任何人都可按法定的含金量,自由地将金砖交给国家造币厂铸造成金币,或以金币向造币厂换回相当的金砖;

(3) 金币是无限法偿的货币,具有无限制支付手段的权利;

(4) 各国的货币储备是黄金,国际间结算也使用黄金,黄金可以自由输出或输入,当国际贸易出现赤字时,可以用黄金支付。

从以上这些内容可看出,金本位制具有自由铸造、自由兑换、自由输入输出等三大特点。随着金本位制的形成,黄金成了商品交换的一般等价物,成为商品交换过程中的媒介,金本位制是黄金的货币属性表现的高峰。

全世界共有 59 个国家实行过金本位制,"金本位制"虽时有间断,但大致延续到 20 世纪 20 年代。由于各国的具体情况不同,有的国家实行"金本位制"长达二百多年,有的国家仅有几十年的"金本位制",而中国一直没有施行过金本位制。

第一次世界大战前夕,资本主义各国为了准备世界大战,加紧对黄金的掠夺与控制,使金币的自由铸造、所发行纸币与金币之间的自由兑换制度受到严重冲击,黄金在世界各国之间的输入输出受到严格限制。第一次世界大战爆发以后,帝国主义国家军费开支猛烈增加,纷纷停止金币铸造和金币与纸币之间的兑换,禁止黄金输出和输入,这些行为从根本上破坏了金币本位制赖以存在的基础,导致了金币本位制的彻底崩溃。

3. 金砖本位制

英国在 1919 年停止金本位制度,于 1926 年恢复使用金砖本位制度;在这个制度下,纸币只能兑换 400 盎司的国际认许金条。同期欧美其他国家纷纷加强了贸易管制,禁止黄金自由买卖和进出口。

第一次世界大战以后,许多欧美资本主义国家的经济受到通货膨胀、物价飞速上涨的影响,加之黄金分配极不均衡,已经难以恢复金币本位制。1922年在意大利热那亚城召开的世界货币会议上决定采用"节约黄金"的原则,实行金砖本位制和金汇兑本位制。

实行金砖本位制的国家主要有英国、法国、美国等。在金砖本位制度下,各国央行发行的纸币货币单位仍然规定含金量,但黄金只作为货币发行的准备金集中于中央银行,而不再铸造金币和实行金币流通,流通中的货币完全由银行发行的纸币货币单位所代替,人们持有的银行发行的纸币在一定数额以上可以按纸币规定的含金量与黄金兑换。英国以银行发行的纸币兑换黄金的最低限额为1 700英镑,低于限额不予兑换。法国规定银行发行的纸币兑换黄金的最低限额为21 500法郎,等于12公斤的黄金。用这种办法压制了市场对黄金的需求,达到节约流通中黄金的目的,由各国的中央银行掌管和控制黄金的输出和输入,禁止私人买卖黄金。中央银行保持一定数量的黄金储备,以维持黄金与货币之间的联系。

4. 金汇兑本位制

金汇兑本位制又称为"虚金本位制",其特点是:国内不能流通金币,而只能流通有法定含金量的纸币;纸币不能直接兑换黄金,只能兑换外汇。

实行这种制度国家的货币同另一个实行金砖本位制国家的货币保持固定比价,并在该国存放外汇和黄金作为准备金,体现了小国对大国("中心国")的依附关系。通过无限制买卖外汇维持本国货币与金砖本位国家货币的联系,即"钉住"后者的货币,国家禁止黄金自由输出,黄金的输出输入由中央银行负责办理。第一次世界大战前的印度、菲律宾、马来西亚、一些拉美国家和地区,以及20世纪20年代的德国、意大利、丹麦、挪威等国,均实行过这种制度。

金砖本位制和金汇兑本位制都是被削弱了的国际金本位制,本质上是反映了黄金紧缺和纸币发行泛滥之间冲突的妥协。从1914年至1938年期间,西方的矿产金绝大部分被各国中央银行吸收,黄金市场的活动有限。1929~1933年世界性经济危机的爆发,迫使各国放弃金块本位制和金汇兑本位制,各国纷纷加强了贸易管制,禁止黄金自由买卖和进出口,公开的黄金市场失去了存在的基础,伦敦黄金市场关闭,一关便是15年,直至1954年后方重新开张。从此资本主义世界分裂成为相互对立的货币集团和货币区,国际金本位制退出了历史舞台。

5. 黄金在布雷顿森林体系中扮演的重要角色

第二次世界大战爆发,经过数年的战争,人们在二战即将结束的时候发现,美国成为这场战争的最大赢家,美国不但最后打赢了战争,而且在经济上美国发了战争财,统计数据显示,在第二次世界大战即将结束时,美国拥有的黄金占当时世界各国官方黄金储备总量的75%以上,几乎全世界的黄金都通过战争这个机制流到了美国。

1944年5月,美国邀请参加筹建联合国的44国政府的代表在美国布雷顿森林举行会议,经过激烈的争论后各方签订了"布雷顿森林协议",建立了"金本位制"崩溃后一个新的国际货币体系。布雷顿森林体系实际上是一种国际金汇兑本位制,又称美元—黄金本位制。它使美元在战后国际货币体系中处于中心地位,美元成了黄金的"等价物",美国承担以官价兑换黄金的义务,各国货币只有通过美元才能同黄金发生关系,美元处于中心地位,起世界货币的作用。从此,美元就成了国际清算的支付手段和各国的主要储备货币。布雷顿森林体系是以美元和黄金为基础的金汇兑本位制。

布雷顿森林国际货币体系的核心内容是:

(1) 美元是国际货币结算的基础,是主要的国际储备货币。

(2) 美元与黄金直接挂钩,其他货币与美元挂钩,美国承担按每盎司35美元的官价兑换黄金的义务。

(3) 实行固定汇率制。各国货币与美元的汇率,一般只能在平价的1‰上下的幅度内波动,因此黄金也实行固定价格制,如波动过大,各国央行有义务进行必要的干预,恢复到规定的范围内。

布雷顿货币体制中,黄金无论在货币流通功能还是在国际储备功能方面的作用都被限制了,因为世界上的黄金几乎都被美国政府所控制了,其他国家几乎都没有黄金。没有黄金储备,就没有发行纸币的准备金,此时只能依赖美元,于是美元成为世界货币体系中的主角。但我们必须要注意到黄金是稳定这一货币体系的最后屏障,所以黄金的兑换价格及流动都仍受到各国政府非常严格的控制,各国基本上都禁止居民自由买卖黄金,黄金的市场定价机制难以有效发挥作用。从另一个角度看布雷顿货币体制,黄金实际上是被美元囚禁在牢笼里的货币制度,将世界黄金控制在自己手中,用发行的纸币——美元取代过去黄金的作用。

6. 布雷顿森林体系崩溃

二十世纪六十年代,美国由于陷入越战泥潭,政府财政赤字不断增加,国际收入情况恶化,美元出现不可抑制的通货膨胀,美元的信誉受到极大的冲击。同期,战后的欧洲国家经济开始复苏,各国都因为经济复苏财富增长而拥有了越来越多的美元。由于美国引发的通货膨胀,各国政府和市场力量都预期美元即将大幅贬值,为了资产保值,黄金就成了最好选择,于是各国为了避险美元危机和财富保值需求而纷纷抛出美元,向美国兑换黄金,使美国政府承诺的美元同黄金的固定兑换率日益难以维持。到1971年,美国的黄金储备减少了60%以上。美国政府被迫放弃按固定官价美元兑换黄金的政策,各西方国家货币也纷纷与美元脱钩,金价进入由市场自由浮动定价的时期,布雷顿森林国际货币体系彻底崩溃。

7. 黄金的非货币化时期

1976年,国际货币基金组织通过的《牙买加协议》及两年后对协议的修改方案,确定了黄金非货币化。主要内容有:

(1) 黄金不再是货币平价定值的标准;

(2) 废除黄金官价,国际货币基金组织不再干预市场,实行浮动价格;

(3) 取消必须用黄金同基金进行往来结算的规定;

(4) 出售国际货币基金组织的1/6的储备黄金,所得利润用来建立帮助低收入国家的优惠贷款基金;

(5) 设立特别提款权代替黄金用于会员之间和会员与国际货币基金组织之间的某些支付。(特别提款权:国际货币基金组织创设的一种储备资产和记账单位,亦称"纸黄金"。它是基金组织分配给会员国的一种使用资金的权利。会员国发生国际收支逆差时,可用它向基金组织指定的其他会员国换取外汇,以偿付国际收支逆差或偿还基金组织贷款,还可与黄金、自由兑换货币一样充作国际储备。但由于其只是一种记账单位,不是真正的货币,使用时必须先换成其他货币，不能直接用于贸易或非贸易的支付。特别提款权定值是和"一篮子"货币挂钩，市值不是固定的。)

但是，黄金的非货币化发展过程并没有使黄金完全退出货币领域。黄金的货币职能依然遗存：

（1）仍有多种法定面值的金币发行、流通；黄金价格的变化仍然是衡量货币的有效工具，是人们评价经济运行状态的参照物。

（2）黄金仍然是重要的资产储备手段，截至2005年，各国央行外汇储备中总计有黄金3.24万吨，约占数千年人类黄金总产量的22%，私人储藏金条2.4万吨，两项总计占世界黄金总量的37%。

（3）用黄金进行清偿结算实际上仍然是公认的唯一可以代替用货币进行往来结算的方式。

特别提款权的推进远远低于预期，目前黄金仍然是国际上可以接受的继美元、欧元、英镑、日元之后的第五大硬通货。

在1976年牙买加体系宣布"黄金非货币化"之后，黄金作为世界流通货币的职能降低了。但是，黄金的金融属性并没有降低，黄金仍然是一种特殊的商品、保值的手段和投资的工具，集商品功能和金融功能于一身。

作为特殊的贵金属，黄金目前依然是世界各国所青睐的主要国际储备。当今黄金仍作为一种公认的金融资产活跃在金融投资领域，充当国家或个人的储备资产。在当前新的历史变革时期，黄金又将焕发出新的璀璨光芒！

二、世界主要的黄金市场

（一）伦敦黄金市场

伦敦黄金市场历史悠久，其发展历史可追溯到300多年前。1804年，伦敦取代荷兰阿姆斯特丹成为世界黄金交易的中心，1919年伦敦金市正式成立，每天进行上午和下午的两次黄金定价。由五大金行定出当日的黄金市场价格，该价格一直影响纽约和香港的交易。市场黄金的供应者主要是南非。1982年以前，伦敦黄金市场主要经营黄金现货交易，1982年4月，伦敦期货黄金市场开业。目前，伦敦仍是世界上最大的黄金市场。

伦敦黄金市场的特点之一是交易制度比较特别，因为伦敦没有实际的交易场所，其交易是通过无形方式——各大金商的销售联络网完成。交易会员由最具权威的五大金商及一些公认为有资格向五大金商购买黄金的公司或商店所组成，然后再由各个加工制造商、中小商店和公司等连锁组成。交易时由金商根据各自的买盘和卖盘，报出买价和卖价。

伦敦黄金市场交易的另一特点是灵活性很强。黄金的纯度、重量等都可以选择，若客户要求在较远的地区交售，金商也会报出运费及保费等，也可按客户要求报出期货价格。最通行的买卖伦敦金的方式是客户可无须现金交收，即可买入黄金现货，到期只需按约定利率支付利息即可，但此时客户不能获取实物黄金。这种黄金买卖方式，只是在会计账上进行数字游戏，直到客户进行了相反的操作平仓为止。

伦敦黄金市场特殊的交易体系也有若干不足。首先，由于各个金商报的价格都是实价，有时市场黄金价格比较混乱，连金商也不知道哪个价位的金价是合理的，只好停止报价，伦敦金的买卖便会停止；其二是伦敦市场的客户绝对保密，因此缺乏有效的黄金交易头寸的统计。

（二）苏黎世黄金市场

苏黎世黄金市场，是二战后发展起来的国际黄金市场。由于瑞士特殊的银行体系和辅助性的黄金交易服务体系为黄金买卖提供了一个既自由又保密的环境，加上瑞士与南非也有优惠协议，获得了80%的南非金，以及苏联的黄金也聚集于此，使得瑞士不仅是世界上新增黄金的最大中转站，也是世界上最大的私人黄金的存储中心。苏黎世黄金市场在国际黄金市场上的地位仅次于伦敦。

苏黎世黄金市场没有正式的组织结构，由瑞士三大银行：瑞士银行、瑞士信贷银行和瑞士联合银行负责清算结账，三大银行不仅可为客户代行交易，而且黄金交易也是这三家银行本身的主要业务。苏黎世黄金总库（Zurich Gold Pool）建立在瑞士三大银行非正式协商的基础上，不受政府管辖，作为交易商的联合体与清算系统混合体在市场上起中介作用。

苏黎世黄金市场无金价定盘制度，在每个交易日任一特定时间，根据供需状况议定当日交易金价，这一价格为苏黎世黄金官价。全日金价在此基础上的波动不受涨跌停板限制。

（三）美国黄金市场

纽约和芝加哥黄金市场是20世纪70年代中期发展起来的，主要原因是1977年后，美元贬值，美国人（主要是以法人团体为主）为了套期保值和投资增值获利，使得黄金期货迅速发展起来。目前纽约商品交易所（COMEX）和芝加哥商品交易所（IMM）是世界最大的黄金期货交易中心。两大交易所对黄金现货市场的金价影响很大。

以纽约商品交易所为例，该交易所本身不参加期货的买卖，仅提供一个场所和设施，并制定一些法规，保证交易双方在公平和合理的前提下进行交易。该所对进行现货和期货交易的黄金的重量、成色、形状、价格波动的上下限、交易日期、交易时间等都有极为详尽和复杂的描述。

（四）香港黄金市场

香港黄金市场已有90多年的历史，其形成是以香港金银贸易场的成立为标志。1974年，香港政府撤销了对黄金进出口的管制，此后香港金市发展极快。由于香港黄金市场在时差上刚好填补了纽约、芝加哥市场收市和伦敦开市前的空当，可以连贯亚、欧、美，形成完整的世界黄金市场。其优越的地理条件引起了欧洲金商的注意，伦敦五大金商、瑞士三大银行等纷纷来港设立分公司。他们将在伦敦交收的黄金买卖活动带到香港，逐渐形成了一个无形的当地"伦敦金市场"，促使香港成为世界主要的黄金市场之一。

目前，香港黄金市场由三个市场组成：(1) 香港金银贸易市场，以华人资金商占优势，有固定买卖场所，主要交易的黄金规格为99标准金条，交易方式是公开喊价，现货交易；(2) 伦敦金市场，以国外资金商为主体，没有固定交易场所；(3) 黄金期货市场，是一个正规的市场，其性质与美国的纽约和芝加哥的商品期货交易所的黄金期货性质是一样的。交投方式正规，制度也比较健全，可弥补金银贸易场的不足。

（五）伦敦黄金交易所

1919年9月12日上午11点，伦敦黄金交易所产生了第一笔黄金定盘，当时金价定在每盎司4磅8先令9便士。开头几天的报价是用电话进行的，后来就决定在斯威辛街的洛西尔银行的办公室里举行正式会议。如今金价一天定盘两次，上午10点半和下午3点。

伦敦黄金定盘价是独一无二的，与其他黄金市场不同，它为市场的交易者买入或卖出黄金提供单一的报价。它提供的标准价格被广泛地应用于生产商、消费者和中央银行作为中间价。有5个银行成员参加定盘，每次定价时他们各派一个代表出席。在定盘过程中这些人用电话与其自身的交易员保持联系。

在每次定盘开始时，主席（自1919年开始以来，就由洛西尔银行的代表担任）向其他4位代表宣布一个开盘价，他们分别向本身的交易厅汇报，然后再将这个价格转告给他们的客户。各银行根据他们收到的订单，指示他们的代表宣布他们在该价位上是买进还是卖出。只要在该价格上既有买入又有卖出的，就会询问他们所需交易的金砖数量。

客户可以在定价前预先留下订单，也可以在定价全过程中了解价格的变化，并随时更改订单，直到定盘为止。为保证任何订单的变化迅速地让主席知道，每个代表的桌上都有一面小旗，当他听到从交易厅内传来变更要求时就立刻把它举起来。只要还有旗被举着，主席就不会宣布价格定盘了。

（六）东京黄金市场

东京黄金市场于1982年成立。日本由于经济起飞，对黄金的需求量大增，但作为一个贫金国家，国内黄金资源又非常匮乏，日本国内市场中所需的黄金几乎全部依赖进口。在这样的前提下，黄金市场应运而生。自1973年后，日本黄金交易商允许直接进口黄金。到1980年，日本黄金市场全部解禁，并迅速得到发展。日本东京黄金交易所成立于1982年3月，是日本政府正式批准的唯一黄金期货市场。会员绝大多数为日本的公司。它的前身是日本贵重金属协会，该协会的成员都是多年从事黄金、白银等贵重金属业务的商行。日本黄金市场成立的初期，由于管理制度、实际运作方式尚未步入正轨，交易过程非常烦琐，因此每天的交易量很小。随着经济的快速发展，使得投资黄金的投资者大量出现，逐渐形成了一个在国际上颇具影响力的黄金交易市场。近几年来，日本黄金市场发展更为活跃，再加上经济的日益雄厚，使得日本黄金市场已成长为推动亚洲黄金盘面波动的主力军。日本黄金市场以每克日元叫价，交收标准金的成色为99.99％，重量为1公斤，每宗交易合约为1 000克。

（七）新加坡黄金所

1969年4月，新加坡黄金市场正式成立。在此之前，黄金的交易、进出口都由政府部门进行严格管制。1969年4月，新加坡政府向七家商业银行和一家贸易商颁发营业许可证，同意其进行黄金交易，但交易对象仅限于工业用户、金饰商及其他非个人用户。当时的主要黄金交易品种规格为一公斤金条，并且，政府要对每盎司金征收一美元进口税。由于诸多限制，当时市场交易规模较小。1973年8月，当局全面解除黄金交易限制，允许本国和外国居民在新加坡自由购买、出售和保存黄金，取消黄金进口税，从而加快新加坡黄金市场发展。1978年6月，新加坡政府按照国际惯例，全面放宽外汇管制，使得黄金进出境口自由，为国际性黄金期货交易创造了良好条件。1978年以来,由于国际对黄金需求量大幅增加,政府在1978年11月正式成立了新加坡黄金交易所,并开始正式进行黄金现货和期货交易,成为东南亚成立的第一家国际性的黄金期货市场。在以后的交易活动中,新加坡黄金市场与伦敦黄金市场、香港黄金市场和纽约黄金市场等地联系日渐密切,大大促进新加坡黄金市场的发展,并进一步国际化。1983年,新加坡政府进而改组了黄金交易所,增加交易内容,同时提供金融期货服务,与其他国际性交易所进一步衔接。从此,新加坡黄金市场又进入一个新的发展阶段。

任务二　黄金理财技巧

一、影响黄金价格的因素

20世纪70年代以前,黄金价格基本由各国政府或中央银行决定,国际上黄金价格比较稳定。70年代初期,黄金价格不再与美元直接挂钩,黄金价格逐渐市场化,影响黄金价格变动的因素日益增多,具体来说,可以分为以下几方面。

(一) 供给因素

1. 地球上的黄金存量

全球目前大约存有13.74万吨黄金,而地上黄金的存量每年还在大约以2%的速度增长。

2. 年供求量

黄金的年供求量大约为4 200吨,每年新产出的黄金占年供应的62%。

3. 新的金矿开采成本

黄金开采平均总成本大约略低于260美元/盎司。由于开采技术的发展,黄金开发成本在过去20年以来持续下跌。

4. 黄金生产国的政治、军事和经济的变动状况

这些国家的任何政治、军事动荡无疑会直接影响该国生产的黄金数量,进而影响世界黄金供给。

5. 央行的黄金抛售

中央银行是世界上黄金的最大持有者,1969年官方黄金储备为36 458吨,占当时全部地表黄金存量的42.6%,而到了1998年官方黄金储备大约为34 000吨,占已开采的全部黄金存量的24.1%。按目前生产能力计算,这相当于13年的世界黄金矿产量。由于黄金的主要用途由重要储备资产逐渐转变为生产珠宝的金属原料,或者为改善本国国际收支,或为抑制国际金价,因此,30年间中央银行的黄金储备无论在绝对数量上和相对数量上都有很大的下降,数量的下降主要靠在黄金市场上抛售库存储备黄金。例如,英国央行的大规模抛售、瑞士央行和国际货币基金组织准备减少黄金储备就成为近期国际黄金市场金价下滑的主要原因。

（二）需求因素

1. 黄金实际需求量（首饰业、工业等）的变化

一般来说，世界经济的发展速度决定了黄金的总需求，例如，微电子领域越来越多地采用黄金作为保护层；在医学以及建筑装饰等领域，尽管科技的进步使得黄金替代品不断出现，但黄金以其特殊的金属性质使其需求量仍呈上升趋势。

而某些地区因局部因素对黄金需求产生重大影响。如一向对黄金饰品大量需求的印度和东南亚各国因受金融危机的影响，从1997年以来黄金进口大大减少，根据世界黄金协会数据显示，泰国、印尼、马来西亚及韩国的黄金需求量分别下跌了71％、28％、10％和9％。

据统计，中国现在人均黄金消费量仅有0.2克，与世界最大黄金消费国相比，还有很大差距。现在印度人均黄金消费量为0.85克，相当于中国人均黄金消费量4倍以上。从中国的经济发展状况及人均收入看，中国大大高于印度。因此，中国有着非常大的黄金消费潜力，前景非常可观。

2. 保值的需要

黄金储备一向被央行用作防范国内通胀、调节市场的重要手段。而对于普通投资者，投资黄金主要是在通货膨胀情况下，达到保值的目的。在经济不景气的态势下，由于黄金相较于货币资产更为保险，导致对黄金的需求上升，金价上涨。例如，在二战后的三次美元危机中，由于美国的国际收支逆差趋势严重，各国持有的美元大量增加，市场对美元币值的信心动摇，投资者大量抢购黄金，直接导致布雷顿森林体系破产。1987年美元贬值，美国赤字增加，中东形势不稳等也都促使国际金价大幅上升。

3. 投机性需求

投机者根据国际国内形势，利用黄金市场上的金价波动，加上黄金期货市场的交易体制，大量"沽空"或"补进"黄金，人为地制造黄金需求假象。在黄金市场上，几乎每次大的下跌都与对冲基金公司借入短期黄金在即期黄金市场抛售和在纽约商品交易所黄金期货交易所构筑大量的空仓有关。在1999年7月份黄金价格跌至20年低点的时候，美国商品期货交易委员会（CFTC）公布的数据显示在纽约商品交易所投机性空头接近900万盎司（近300吨）。当触发大量的止损卖盘后，黄金价格下泻，基金公司乘机回补获利，当金价略有反弹时，来自生产商的套期保值远期卖盘压制黄金价格进一步上升，同时给基金公司新的机会重新建立沽空头寸，形成了当时黄金价格一浪低于一浪的下跌格局。高赛尔金银研发中心高金表示："现在黄金市场价格走势并不完全由市场供需来简单决定，也不是由各国央行在其间简单博弈，其中投机性因素对价格的影响也占据了很大的比重。"

（三）其他因素

1. 美元汇率的影响

美元汇率也是影响金价波动的重要因素之一。一般在黄金市场上有美元涨则金价跌，美元降则金价扬的规律。美元坚挺一般代表美国国内经济形势良好，美国国内股票和债券将得到投资人竞相追捧，黄金作为价值贮藏手段的功能受到削弱；而美元汇率下降则往往与通货膨胀、股市低迷等有关，黄金的保值功能又再次体现。这是因为，美元贬值往往与通货

膨胀有关,而黄金价值含量较高,在美元贬值和通货膨胀加剧时往往会刺激对黄金保值和投机性需求上升。1971年8月和1973年2月,美国政府两次宣布美元贬值,在美元汇价大幅度下跌以及通货膨胀等因素作用下,1980年初黄金价格上升到历史最高水平,突破800美元/盎司。回顾过去20年历史,如果美元对其他西方货币坚挺,则国际市场上金价下跌,如果美元小幅贬值,则金价就会逐渐回升。

2. 各国的货币政策的影响

当某国采取宽松的货币政策时,由于利率下降,该国的货币供给增加,加大了通货膨胀的可能,会造成黄金价格的上升。如20世纪60年代美国的低利率政策促使国内资金外流,大量美元流入欧洲和日本,各国由于持有的美元净头寸增加,出现黄金饰品对美元币值的担心,于是开始在国际市场上抛售美元,抢购黄金,最终导致了布雷顿森林体系的瓦解。但在1979年以后,利率因素对黄金价格的影响日益减弱。比如2005年美联储十一次降息,并没有对金市产生非常大的影响,唯有在"9.11"事件中金市受利。

3. 通货膨胀的影响

对于通货膨胀对金价的影响,要做长期和短期来分析,并要结合通货膨胀在短期内的程度而定。从长期来看,每年的通胀率若是在正常范围内变化,那么其对金价的波动影响并不大;只有在短期内,物价大幅上升,引起人们恐慌,货币的单位购买力下降,金价才会明显上升。虽然进入90年代后,世界进入低通胀时代,作为货币稳定标志的黄金用武之地日益缩小。而且作为长期投资工具,黄金收益率日益低于债券和股票等有价证券。但是,从长期看,黄金仍不失为对付通货膨胀的重要手段。

4. 国际贸易、财政、外债赤字的影响

债务这一世界性问题已不仅是发展中国家特有的现象。在债务链中,债务国本身如果发生无法偿债的现象将导致经济停滞,而经济停滞又进一步恶化债务的恶性循环,就连债权国也会因与债务国之关系破裂,面临金融崩溃的危险。这时,各国都会为维持本国经济不受伤害而大量储备黄金,引起市场黄金价格上涨。

5. 国际政局动荡、战争、恐怖事件等的影响

国际上重大的政治、战争事件都将影响金价。政府为战争或为维持国内经济的平稳而支付费用、大量投资者转向黄金保值投资,这些都会扩大对黄金的需求,刺激金价上扬。如第二次世界大战、美越战争、1976年泰国政变、1986年"伊朗门"事件等,都使金价有不同程度的上升。比如2001年9月11日的恐怖组织袭击美国世贸大厦事件曾使黄金价格飙升至当年的最高近$300/盎司。

6. 股市行情的影响

一般来说,股市下挫,金价上升。这主要体现了投资者对经济发展前景的预期,如果大家普遍对经济前景看好,则资金大量流向股市,股市投资热烈,金价下降。反之亦然。除了上述影响金价的因素外,国际金融组织的干预活动,本国和地区的中央金融机构的政策法规,也将对世界黄金价格的变动产生重大的影响。

7. 石油价格的影响

黄金本身作为通胀之下的保值品,与通货膨胀形影不离。石油价格上涨意味着通胀会

随之而来,金价也会随之上涨。

二、黄金理财品种及选择

(一)实物金

实金买卖包括金条、金币和金饰等交易,以持有黄金作为投资。可以肯定其投资额较高,实质回报率虽与其他方法相同,但涉及的金额一定较低(因为投资的资金不会发挥杠杆效应),而且只可以在金价上升之时才可以获利。一般的饰金买入及卖出价的差额较大,视作投资并不适宜,金条及金币由于不涉及其他成本,是实金投资的最佳选择。但需要注意的是,持有黄金并不会产生利息收益。

金币有两种,即纯金币和纪念性金币。纯金币的价值基本与黄金含量一致,价格也基本随国际金价波动,流通变现能力强,具有保值功能。金币更具有纪念意义,对于普通投资者来说较难鉴定其价值,因此对投资者的素质要求较高,主要为满足集币爱好者收藏,投资增值功能不大。

黄金现货市场上实物黄金的主要形式是金条(Gold Bullion)和金块,也有金币、金质奖章和首饰等。金条有低纯度的沙金和高纯度的条金,条金一般重 400 盎司。市场参与者主要有黄金生产商、提炼商,中央银行,投资者和其他需求方,其中黄金交易商在市场上买卖,经纪人从中搭桥赚佣金和差价,银行为其融资。黄金现货报盘价差一般为每盎司 0.5～1 美元。

黄金现货投资有两个缺陷:须支付储藏和安全费用,持有黄金无利息收入,于是通过买卖期货暂时转让所有权可免去费用和获得收益,每口期货合约为 100 盎司;中央银行一般不愿意通过转让所有权获得收益,于是黄金贷款和拆放市场兴起。

(二)纸黄金

"纸黄金"交易没有实金介入,是一种由银行提供的服务,以贵金属为单位的账户,投资者无须透过实物的买卖及交收而是采用记账方式来投资黄金,由于不涉及实金的交收,交易成本可以更低;值得留意的是,虽然它可以等同持有黄金,但是户口内的"黄金"一般不可以换回实物,如想提取实物,只有补足足额资金后,才能换取。目前国内已有中国银行、中国工商银行、中国建设银行、中国交通银行、华夏银行、民生银行、兴业银行等多家银行开办"纸黄金"业务。

(三)黄金保证金

黄金保证金交易是指在黄金买卖业务中,市场参与者不需对所交易的黄金进行全额资金划拨,只需按照黄金交易总额支付一定比例的价款,作为黄金实物交收时的履约保证。目前的世界黄金交易中,既有黄金期货保证金交易,也有黄金现货保证金交易。

目前上海黄金交易所开展黄金的现货保证金交易。交易品种有:$Au(T+5)$ 和 $Au(T+D)$。$Au(T+5)$ 交易是指实行固定交收期的分期付款交易方式,交收期为 5 个工作日(包括交易当日)。买卖双方以一定比例的保证金(合约总金额的 15%)确立买卖合约,合约不能转让,只能开新仓,到期的合约净头寸即相同交收期的买卖合约轧差后的头寸必须进行实物交收,如买卖双方一方违约,则必须支付另一方合同总金额7%的违约金,如双方都违约,则双方都必须支付7%的违约金给黄金交易所。Au(T+D)交易是指以保证金的方式进行的一种现货延期交收业务,买卖双方以一定比例的保证金(合约总金额的10%)确立买卖合约,与Au(T+5)交易方式不同的是该合约可以不必实物交收,买卖双方可以根据市场的变化情况,买入或者卖出以平掉持有的合约,在持仓期间将会发生每天合约总金额万分之二的递延费(其支付方向要根据当日交收申报的情况来定,例如,如果客户持有买入合约,而当日交收申报的情况是收货数量多于交货数量,那么客户就会得到递延费,反之则要支付)。如果持仓超过20天,则交易所要加收按每个交易日计算的万分之一的超期费(目前是先收后退),如果买卖双方选择实物交收方式平仓,则此合约就转变成全额交易方式,在交收申报成功后,如买卖双方一方违约,则必须支付另一方合同总金额7%的违约金,如双方都违约,则双方都必须支付7%的违约金给黄金交易所。

(四) 黄金期货

一般而言,黄金期货的购买、销售者都在合同到期日前出售和购回与先前合同相同数量的合约,也就是平仓,无须真正交割实金。每笔交易所得利润或亏损,等于两笔相反方向合约买卖差额。这种买卖方式,才是人们通常所称的"炒金"。黄金期货合约交易只需10%左右交易额的定金作为投资成本,具有较大的杠杆性,少量资金推动大额交易。所以,黄金期货买卖又称"定金交易"。

世界上大部分黄金期货市场交易内容基本相似,主要包括保证金、合同单位、交割月份、最低波动限、期货交割、佣金、日交易量、委托指令。

1. 保证金

交易人在进入黄金期货交易所之前,必须要在经纪人那里开个户头。交易人要与经纪人签订有关合同,承担支付保证金的义务。如果交易失效,经纪人有权立即平仓,交易人要承担有关损失。当交易人参与黄金期货交易时,无须支付合同的全部金额,而只需支付其中的一定数量(即保证金)作为经纪人操作交易的保障,一般将保证金定在黄金交易总额的10%左右。保证金是对合约持有者信心的保证,合约的最终结果要么以实物交割,要么在合约到期前作相反买卖平仓。

2. 合约单位

黄金期货和其他期货合约一样,由标准合同单位乘合同数量来完成。纽约交易所的每标准合约单位为100盎司金条或3块1公斤的金条。

3. 交割月份

黄金期货合约要求在一定月份提交规定成色的黄金。

4. 最低波幅和最高交易限度

最低波幅是指每次价格变动的最小幅度,如每次价格以10美分的幅度变化;最高交易限度,如同目前证券市场上的涨停和跌停。纽约交易所规定每天的最高波幅为75美分。

5. 期货交付

购入期货合同的交易商,有权在期货合约变现前,在最早交割日以后的任何时间内获得拥有黄金的保证书、运输单或黄金证书。同样,卖出期货合约的交易商在最后交割日之前未做平仓的,必须承担交付黄金的责任。世界各市场的交割日和最后交割日不同,投资者应加以区分。如有的规定最早交割日为合约到期月份的15日,最迟交割月份为该月的25日。一般期货合约买卖都在交割日前平仓。

6. 当日交易

期货交易可按当天的价格变化,进行相反方向的买卖平仓。当日交易对于黄金期货成功运作来说是必需的,因为它为交易商提供了流动性。而且当日交易无须支付保证金,只要在最后向交易所支付未平仓合约时才支付。

7. 指令

指令是顾客给经纪人买卖黄金的命令,目的是为防止顾客与经纪人之间产生误解。指令包括:行为(是买还是卖)、数量、描述(即市场名称、交割日和价格与数量等)及限定(如限价买入、最优价买入)等。

 延伸阅读

上海期货交易所黄金期货标准合约

交易品种	黄金
交易单位	1000克/手
报价单位	元(人民币)/克
最小变动价位	0.01元/克
每日价格最大波动限制	不超过上一交易日结算价±5%
合约交割月份	1~12月
交易时间	上午9:00~11:30 下午1:30~3:00
最后交易日	合约交割月份的15日(遇法定假日顺延)
交割日期	最后交易日后连续五个工作日
交割品级	金含量不小于99.95%的国产金锭及经交易所认可的伦敦金银市场协会(LBMA)认定的合格供货商或精炼厂生产的标准金锭(具体质量规定见附件)
交割地点	交易所指定交割金库
最低交易保证金	合约价值的7%
交易手续费	不高于成交金额的万分之二(含风险准备金)
交割方式	实物交割
交易代码	AU
上市交易所	上海期货交易所

（五）黄金期权

期权是买卖双方在未来约定的价位，具有购买一定数量标的的权利而非义务。如果价格走势对期权买卖者有利，会行使其权利而获利。如果价格走势对其不利，则放弃购买的权利，损失只有当时购买期权时的费用。由于黄金期权买卖投资战术比较多并且复杂，不易掌握，目前世界上黄金期权市场不太多。

（六）黄金股票

所谓黄金股票，就是金矿公司向社会公开发行的上市或不上市的股票，所以又可以称为金矿公司股票。由于买卖黄金股票不仅是投资金矿公司，而且还间接投资黄金，因此这种投资行为比单纯的黄金买卖或股票买卖更为复杂。投资者不仅要关注金矿公司的经营状况，还要对黄金市场价格走势进行分析。目前在沪深两个证券交易所上市的黄金股票主要有：中金黄金（SH600489）、山东黄金（SH600547）等。

（七）黄金基金

黄金基金是黄金投资共同基金的简称，所谓黄金投资共同基金，就是由基金发起人组织成立，由投资人出资认购，基金管理公司负责具体的投资操作，专门以黄金或黄金类衍生交易品种作为投资媒体的一种共同基金。由专家组成的投资委员会管理。黄金基金的投资风险较小、收益比较稳定，与我们熟知的证券投资基金有相同特点。

黄金 ETF 基金（Exchange Traded Fund）是一种以黄金为基础资产，追踪现货黄金价格波动的金融衍生产品，可以在证券市场交易。

2003 年，世界上第一只黄金 ETF 基金在悉尼上市。2004 年是黄金 ETF 大发展的一年。三只黄金 ETF 相继设立，并成就了目前黄金 ETF 市场的巨无霸——StreetTracks Gold Trust 基金（纽交所代码 GLD）。该基金由世界黄金信托服务机构（World Gold Trust Services，LLC）发起，于 2004 年 11 月 18 日开始在纽约证券交易所（NYSE）交易，高峰时期持有黄金超过 400 吨。此后黄金 ETF 产品在全球引发了认购热潮，并一度被华尔街的分析师认为直接促进了 2004 年后期黄金价格的走牛。

任务三　外汇知识

一、外汇的概念

外汇具有双重含义，即有动态和静态之分。

外汇的静态概念，又分为狭义的外汇概念和广义的外汇概念。

狭义的外汇指的是以外国货币表示的，为各国普遍接受的，可用于国际间债权债务结算的各种支付手段。它必须具备三个特点：可支付性（必须以外国货币表示的资产）、可获得性（必须是在国外能够得到补偿的债权）和可换性（必须是可以自由兑换为其他支付手段的外币资产）。

广义的外汇指的是一国拥有的一切以外币表示的资产。国际货币基金组织（IMF）对此的定义是:"外汇是货币行政当局(中央银行、货币管理机构、外汇平准基金及财政部)以银行存款、财政部库券、长短期政府证券等形式保有的在国际收支逆差时可以使用的债权。"中国于1997年修正颁布的《外汇管理条例》规定:"外汇,是指下列以外币表示的可以用作国际清偿的支付手段和资产:(1) 国外货币,包括铸币、钞票等;(2) 外币支付凭证,包括票据、银行存款凭证、邮政储蓄凭证等;(3) 外币有价证券,包括政府公债、国库券、公司债券、股票、息票等;(4) 特别提款权、欧洲货币单位;(5) 其他外汇资产。"

外汇的动态概念,是指货币在各国间的流动,以及把一个国家的货币兑换成另一个国家的货币,借以清偿国际间债权、债务关系的一种专门性的经营活动。它是国际间汇兑(Foreign Exchange)的简称。

二、外汇的分类

(一) 按照外汇进行兑换时的受限制程度,可分为自由兑换外汇、有限自由兑换外汇和记账外汇

1. 自由兑换外汇

自由兑换外汇是在国际结算中用得最多、在国际金融市场上可以自由买卖、在国际金融中可以用于偿清债权债务、并可以自由兑换其他国家货币的外汇。例如美元、港币、加拿大元等。

2. 有限自由兑换外汇

兑换外汇是指未经货币发行国批准,不能自由兑换成其他货币或对第三国进行支付的外汇。国际货币基金组织规定凡对国际性经常往来的付款和资金转移有一定限制的货币均属于有限自由兑换货币。世界上有一大半的国家货币属于有限自由兑换货币,包括人民币。

3. 记账外汇

记账外汇又称清算外汇或双边外汇,是指记账在双方指定银行账户上的外汇,不能兑换成其他货币,也不能对第三国进行支付。

(二) 根据外汇的来源与用途不同,可以分为贸易外汇、非贸易外汇和金融外汇

1. 贸易外汇

贸易外汇也称实物贸易外汇,是指来源于或用于进出口贸易的外汇,即由于国际间的商品流通所形成的一种国际支付手段。

2. 非贸易外汇

非贸易外汇是指贸易外汇以外的一切外汇,即一切非来源于或用于进出口贸易的外汇,如劳务外汇、侨汇和捐赠外汇等。

3. 金融外汇

金融外汇与贸易外汇、非贸易外汇不同,是属于一种金融资产外汇,例如,银行同业间买卖的外汇,既非来源于有形贸易或无形贸易,也非用于有形贸易,而是为了各种货币头寸的管理和摆布。资本在国家之间的转移,也要以货币形态出现,或是间接投资,或是直接投资,都形成在国家之间流动的金融资产,特别是国际游资数量之大,交易之频繁,影响之深刻,不

能不引起有关方面的特别关注。

(三) 根据外汇汇率的市场走势不同,可区分为硬外汇和软外汇

外汇就其特征意义来说,总是指某种具体货币,如美元外汇是指以美元作为国际支付手段的外汇;英镑外汇是指以英镑作为国际支付手段的外汇;日元外汇是指以日元作为国际支付手段的外汇等等。在国际外汇市场上,由于多方面的原因,各种货币的币值总是经常变化的,汇率也总是经常变动的,因此根据币值和汇率走势,我们又可将各种货币归类为硬货币和软货币,或叫强势货币和弱势货币。硬币是指币值坚挺,购买能力较强,汇价呈上涨趋势的自由兑换货币。由于各国国内外经济、政治情况千变万化,各种货币所处硬币、软币的状态也不是一成不变的,经常是昨天的硬币变成了今天的软币,昨天的软币变成了今天的硬币。

三、中国外汇分类

(一) 按外汇管制程度分,将外汇划分为现汇和额度外汇

1. 现汇

中国《外汇管理暂行条例》所称的四种外汇均属现汇,是可以立即作为国际结算的支付手段。

2. 额度外汇

国家批准的可以使用的外汇指标。如果想把指标换成现汇,必须按照国家外汇管理局公布的汇率牌价,用人民币在指标限额内向指定银行买进现汇,按规定用途使用。

(二) 按交易性质分,将外汇划分为贸易外汇和非贸易外汇

1. 贸易外汇

来源于出口和支付进口的货款以及与进出口贸易有关的从属费用,如运费、保险费、样品、宣传、推销费用等所用的外汇。

2. 非贸易外汇

进出口贸易以外收支的外汇,如侨汇、旅游、港口、民航、保险、银行、对外承包工程等外汇收入和支出。

(三) 按外汇使用权分,将外汇划分为中央外汇、地方外汇和专项外汇

1. 中央外汇

一般由国家计委掌握,分配给中央所属部委,通过国家外汇管理局直接拨到地方各贸易公司或其他有关单位,但使用权仍属中央部委或其所属单位。

2. 地方外汇

中央政府每年拨给各省、自治区、直辖市使用的固定金额外汇,主要用于重点项目或拨给无外汇留成的区、县、局使用。

3. 专项外汇

根据需要由国家计委随时拨给并指定专门用途的外汇。

(四) 其他分类方法

1. 留成外汇

为鼓励企业创汇的积极性,企业收入的外汇在卖给国家后,根据国家规定将一定比例的外汇(指额度)返回创汇单位及其主管部门或所在地使用。

2. 调剂外汇

通过外汇调剂中心相互调剂使用的外汇。

3. 自由外汇

经国家批准保留的靠企业本身积累的外汇。

4. 营运外汇

经过外汇管理局批准的可以用收入抵支出的外汇。

5. 周转外汇额度和一次使用的外汇额度

一次使用外汇额度指在规定期限内没有使用完,到期必须上缴的外汇额度,而周转外汇额度在使用一次后还可继续使用。

6. 居民外汇和非居民外汇

境内的机关、部队、团体、企事业单位以及住在境内的中国人、外国侨民和无国籍人所收入的外汇属于居民外汇,驻华外交代表机构、领事机构、商务机构、驻华的国际组织机构和民间机构以及这些机构常驻人员从境外携入或汇入的外汇都属非居民外汇。

四、世界主要外汇

全世界主要的外汇货币有美元、欧元、日元、英镑等等。从外汇交易的角度讲,一种货币要成为外汇必须有持续性的买盘和卖盘,而这需要满足下列3种主要条件:(1) 持有者必须相信这种货币具有储藏价值的功能;(2) 这种货币在国际贸易中必须可以作为计价的手段;(3) 这种货币必须可以作为交易的媒介。

目前,全世界有150多个国家,其中大约有30种货币属于交易活跃的货币。单以这30种货币来说,每一种货币对其他货币有29种汇率,就一共会有435种不同汇率。

世界外汇市场上重要外汇之间的基本格局是,大多数货币之间的基本定价关系仍以美元为主,美元的国际地位是与美国强大的发展实力和国际汇率制度形成与发展的历史相联系的。日本经济的飞跃和相当实力使日元地位得以稳固和扩张。欧元是一个新生儿,欧洲区统一政策的强大后劲及其内在经济实力决定了欧元必将成为21世纪与美元、日元统领外汇市场风骚的重要货币。

五、外汇汇率

汇率是亦称"外汇行市或汇价"。一国货币兑换另一国货币的比率,是以一种货币表示的另一种货币的价格。由于世界各国货币的名称不同,币值不一,所以一国货币对其他国家的货币要规定一个兑换率,即汇率。

汇率是国际贸易中最重要的调节杠杆。因为一个国家生产的商品都是按本国货币来计算成本的,要拿到国际市场上竞争,其商品成本一定会与汇率相关。汇率的高低也就直接影响该商品在国际市场上的成本和价格,直接影响商品的国际竞争力。

例如,一件价值100元人民币的商品,如果美元对人民币汇率为7.00,则这件商品在国际市场上的价格就是14.29美元。如果美元汇率涨到7.50,也就是说美元升值,人民币贬值,则该商品在国际市场上的价格就是13.33美元。商品在国际市场上的价格降低,竞争力增强,肯定好卖,从而刺激该商品的出口。反之,如果美元汇率跌到6.50,也就是说美元贬值,人民币升值,则该商品在国际市场上的价格就是15.38美元。高价商品肯定不好销,必将打击该商品的出口。因此,美元升值而人民币贬值就会制约商品对中国的进口,反过来美元贬值而人民币升值却会大大刺激进口。

正是由于汇率的波动会给进出口贸易带来如此大范围的波动,因此很多国家和地区都实行相对稳定的货币汇率政策。中国内地的进出口额高速稳步增长,在很大程度上得益于稳定的人民币汇率政策。

延伸阅读

我国的外汇管理规定(部分)

一、人民币经常项目的可兑换

1. 经常项目外汇收入银行结汇。境内机构可根据经营需要自行保留其经常项目外汇收入,取消限额管理,但外管局对外汇账户收支情况进行检测、分析,保证其真实性。经常项目外汇收入,可以按照国家有关规定保留或者卖给经营结汇、售汇业务的金融机构。

2. 取消经常项目的用汇限制。《外汇管理条例》第14条规定,经常项目外汇支出,应当按照国务院外汇管理部门关于付汇与购汇的管理规定,凭有效单证以自有外汇支付或者向经营结汇、售汇业务的金融机构购汇支付。个人因私用汇,标准>标准以内的可以凭有效凭证直接到银行办理,超过标准的可以持有效凭证到外汇局进行真实性审核后到银行购汇。中国公民携带现金出入境,人民币每人每次限额2万元,外汇5 000美元等值,5 000~10 000元需提交银行开具的携带许可证,超过10 000元需外汇管理局开具携带许可证。

3. 进出口收付汇实行核销制度。通过核销,审查用汇程度与真实性。

4. 通过报关单联网核查系统进行贸易真实性审核。外管局通过海关联网,监管企业是否截汇逃汇,防止外汇流失。

二、资本项目外汇严格管制

根据外汇体制改革的总体部署和长远目标,中国资本项目外汇收支管理的基本原则是,在取消经常项目汇兑限制的同时,完善资本项目外汇管理,逐步创造条件,有序地推进人民

币在资本项目下可兑换。目前,在国际货币基金组织划分的 7 大类 43 项资本项目交易中,我们严格管制的主要是针对非居民在境内自由发行或买卖金融工具、非居民在境内自由发行或买卖金融衍生工具、居民对外借款和放贷等几项,限制较少或实现一定程度可兑换的共计二十多项。

1. 外汇收支管理基本原则:完善资本项目外汇管理,创造条件,有序推进人民币在资本项目下的可兑换。

2. 具体管理三原则:(1)资本项目外汇收入调回境内;(2)境内机构资本项目项下收入应在银行开立外汇专户,外管局核准后卖给指定银行;(3)资本项目项下用汇须经外管局核准。

3. 中国国际资本项目三形式:对外借债、外商来华直接投资和对外直接投资。

对外发债:我国对外发债实行计划管理,对外发债均纳入国家发改委制定的利用外资计划。发改委、央行每两年一次对发债企业资格进行审查核准,外管局对融资条件(如市场的选择、入市时机)审批,借债后要到外管局定期或者逐笔登记管理,届时还款付息也要进行核准。注意:外商投资企业利用国际商业贷款不需核准,已上市的外资股份公司发行外债,也不用资格审查。

对外担保:只能是核准有权开展此项业务的金融机构(不含外资金融机构)和有能力代位清偿债务能力的非金融企业法人。出具担保前需经外管局逐笔审批,担保后要到外管局登记,履行担保偿付义务时要经外管局核准。

对外商投资企业的管理:外商投资企业可以开立外汇账户保留外汇,经核准可以结汇;可以不经报批对外发债,自借自还,发债后要到外管局登记,发债额不得超过总投资与注册资本的差额;企业停业所得外汇资金经核准可从外汇账户直接汇出或者到银行兑付;外资企业所得人民币利润>利润境内再投资,享受外汇投资优惠;但我国外管局对外资企业实行外汇登记和年检管理。

我国规定对外投资由发改委和商务部进行项目审批,再报批前首先要由外管局对:投资者的资格、投资的外汇风险、外汇资金的来源等进行审查。境外投资企业停业清盘要将资产负债表、财产目录、财产估价等报外管局备案,并在清盘后 30 天内将外汇资产调回境内。

三、个人外汇管理

一是在对个人购汇实行年度总额管理的基础上,实行个人结汇年度总额管理。年度总额分别由每人每年等值 2 万美元提高到 5 万美元。年度总额内的,凭本人有效身份证件直接在银行办理,超过年度总额的,经常项下的银行还要审核相关证明材料,资本项下的需经必要的核准。

二是对个人经常项下外汇收支区分经营性和非经营性外汇进行管理,对个人贸易项下经营性外汇收支给予充分便利,对贸易以外的其他经常项下非经营性外汇收支进行相关审核。

三是不再区分现钞和现汇账户,对个人非经营性外汇收付统一通过外汇储蓄账户进行管理。

四是启用个人结售汇管理信息系统,为实行年度总额管理提供技术保障,要求银行必须通过该信息系统办理个人结售汇业务。

同时，个人外汇账户按主体类别区分为境内个人外汇账户和境外个人外汇账户；按账户性质区分为外汇结算账户、资本项目账户及外汇储蓄账户。个人对外贸＞外贸易者和个体工商户可以开立外汇结算账户，视同机构账户进行管理，用于办理直接或委托进出口项下的外汇收付及结汇。个人提取外币现钞当日累计等值1万美元以下（含）的，可以在银行直接办理。个人向外汇储蓄账户存入外币现钞，当日累计等值5 000美元以下（含）的，可以在银行直接办理。

近几年来，个人可通过QDII投资于国际金融市场。

任务四　外汇市场及其影响因素

一、外汇市场

（一）外汇市场的定义

外汇市场是指经营外币和以外币计价的票据等有价证券买卖的市场。是金融市场的主要组成部分。目前，外汇市场是全球最大的金融产品市场，日常所说的外汇交易是指同时买入一对货币组合中的一种货币而卖出另一种货币的外汇交易方式。国际市场上各种货币相互间的汇率波动频繁，且以货币对形式交易，比如欧元/美元或美元/日元。

外汇交易市场的主要优势在于其透明度较高，由于交易量巨大，主力资金（如政府外汇储备、跨国财团资金汇兑、外汇投机商的资金操作等）对市场汇率变化的影响能力非常有限。另一方面，对汇率波动的基本面分析来看，能够起到较大影响的通常是由各国政府公布的重要数据（如GDP、央行利率），高级政府官员的讲话，或者国际组织（如欧洲央行）发布的消息。

外汇交易市场没有具体地点，没有中心交易所，所有的交易都是在银行之间通过网络进行的。世界上的任何金融机构、政府或个人每天24小时随时都可参与交易。

（二）外汇市场的作用

1. 国际清算

因为外汇就是作为国际间经济往来的支付手段和清算手段的，所以清算是外汇市场的最基本作用。

2. 兑换功能

在外汇市场买卖货币，把一种货币兑换成另一种货币作为支付手段，实现了不同货币在购买力方面的有效转换。国际外汇市场的主要功能就是通过完备的通信设备和先进的经营手段提供货币转换机制，将一国的购买力转移到另一国交付给特定的交易对象，实现国与国之间货币购买力或资金的转移。

3. 授信

由于银行经营外汇业务，它就有可能利用外汇收支的时间差为进出口商提供贷款。

4. 套期保值

套期保值即保值性的期货买卖。这与投机性期货买卖的目的不同,它不是为了从价格变动中牟利,而是为了使外汇收入不会因日后汇率的变动而遭受损失,这对进出口商来说非常重要。如果当出口商有一笔远期外汇收入,为了避开因汇率变化而可能导致的风险,可以将此笔外汇当作期货卖出;反之,进口商也可以在外汇市场上购入外汇期货,以应付将来支付的需要。

5. 投机

投机即预期价格变动而买卖外汇。在外汇期货市场上,投机者可以利用汇价的变动牟利,产生"多头"和"空头",对未来市场行情下赌注。"多头"是预计某种外汇的汇价将上涨,即按当时价格买进,而待远期交割时,该种外币汇价上涨,按"即期"价格立即出售,就可牟取汇价变动的差额。相反,"空头"是预计某种外币汇价将下跌,即按当时价格售出远期交割的外币,到期后,价格下降,按"即期"价买进补上。这种投机活动,是利用不同时间外汇行市的波动进行的。在同一市场上,也可以在同一时间内利用不同市场上汇价的差别进行套汇活动。

(三) 外汇市场的市场职能

外汇市场的功能主要表现在三个方面:一是实现购买力的国际转移;二是提供资金融通;三是提供外汇保值和投机的市场机制。

1. 实现购买力的国际转移

国际贸易和国际资金融通至少涉及两种货币,而不同的货币对不同的国家形成购买力,这就要求将本国货币兑换成外币来清理债权债务关系,使购买行为得以实现。而这种兑换就是在外汇市场上进行的。外汇市场所提供的就是这种购买力转移交易得以顺利进行的经济机制,它的存在使各种潜在的外汇售出者和外汇购买者的意愿能联系起来。当外汇市场汇率变动使外汇供应量正好等于外汇需求量时,所有潜在的出售和购买愿望都得到了满足,外汇市场处于平衡状态之中。这样,外汇市场提供了一种购买力国际转移机制。同时,由于发达的通信工具已将外汇市场在世界范围内联成一个整体,使得货币兑换和资金汇付能够在极短时间内完成,购买力的这种转移变得迅速和方便。

2. 提供资金融通

外汇市场向国际间的交易者提供了资金融通的便利。外汇的存贷款业务集中了各国的社会闲置资金,从而能够调剂余缺,加快资本周转。外汇市场为国际贸易的顺利进行提供了保证,当进口商没有足够的现款提货时,出口商可以向进口商开出汇票,允许延期付款,同时以贴现票据的方式将汇票出售,拿回货款。外汇市场便利的资金融通功能也促进了国际借贷和国际投资活动的顺利进行。美国发行的国库券和政府债券中很大部分是由外国官方机构和企业购买并持有的,这种证券投资在脱离外汇市场的情况下是不可想象的。

3. 提供外汇保值和投机的机制

在以外汇计价成交的国际经济交易中,交易双方都面临着外汇风险。由于市场参与者对外汇风险的判断和偏好不同,有的参与者宁可花费一定的成本来转移风险,而有的参与者则愿意承担风险以实现预期利润。由此产生了外汇保值和外汇投机两种不同的行为。在金本位和固定汇率制下,外汇汇率基本上是平稳的,因而就不会形成外汇保值和投机的需要及可能。而浮动汇率下,外汇市场的功能得到了进一步的发展,外汇市场的存在即为套期保值者提供了规避外汇风险的场所,又为投机者提供了承担风险、获取利润的机会。

二、外汇市场的影响因素

(一)政治局势

国际、国内政治局势变化对汇率有很大影响,局势稳定则汇率稳定;局势动荡则汇率下跌。所需要关注的方面包括国际关系、党派斗争、重要政府官员情况等。

(二)经济形势

一国经济各方面综合效应的好坏,是影响本国货币汇率最直接和最主要的因素。其中主要考虑经济增长水平、国际收支状况、通货膨胀水平、利率水平等几个方面。

(三)军事动态

战争、局部冲突等将造成某一地区的不安全,对相关地区以及弱势货币的汇率将造成负面影响,而对于远离事件发生地国家的货币和传统避险货币的汇率则有利。

(四)政府、央行政策

政府的财政政策、外汇政策和央行的货币政策对汇率起着非常重要的作用,有时是决定性作用,如政府宣布将本国货币贬值或升值;央行的利率升降、市场干预等。

(五)市场心理

外汇市场参与者的心理预期,严重影响着汇率的走向。对于某一货币的升值或贬值,市场往往会形成自己的看法,在达成一定共识的情况下,将在一定时间内左右汇率的变化,这时可能会发生汇率的升降与基本面完全脱离或央行干预无效的情况。

(六)投机交易

随着金融全球化进程的加快,充斥在外汇市场中的国际游资越来越庞大,这些资金有时为某些投机机构所掌控,由于其交易额非常巨大,并多采用对冲方式,有时会对汇率走势产生深远影响。如量子基金阻击英镑、泰珠,使其汇率在短时间内大幅贬值等。

(七)突发事件

一些重大的突发事件,会对市场心理形成影响,从而使汇率发生变化,其造成结果的程度,也将对汇率的长期变化产生影响,如"9·11"事件使美元在短期内大幅贬值等。

任务五 个人外汇投资技巧

一、我国个人外汇投资者的基本状况

近期随着外汇利率的下调,外汇的投资更趋于活跃,越来越多的居民加入外汇交易的行列;而自2001年6月1日B股对国内居民开放后,外汇的个人持有者无疑又多了一条投资渠道,人们究竟更愿意投资股市还是更愿意投资汇市?手持外汇的个人投资者对银行提供的服务是否满意?面对股市对投资者的诱惑,银行应采取哪些有效措施以吸引更多的投资者参与?是投资B股,还是投资外汇?以下是华鼎调查公司的调查。

(一)个人外汇投资者投资基本状况

在我国外汇市场上,目前个人外汇交易只开通一项业务——外汇宝,即个人实盘外汇买卖。银行根据国际外汇市场行情进行报价,由于受国际上政治、经济等因素的影响,汇价处于剧烈波动之中,因而进行个人实盘外汇买卖存在一定的风险,在这风险与机会同在的市场中,持有外汇的投资者的资金分布状况如何呢?

1. 外汇投资资金状况

近六成外汇投资者用于外汇交易的金额在2 000美元或20 000港币以上,交易金额在2 000美元或20 000港币以下的占40.5%。这说明投资者将大量外汇资金投资于外汇市场,他们对外汇交易市场的前景充满信心。

投资者用于外汇交易的资金占其拥有外汇的30%以下的储户占投资群体的29.17%,30%~50%之间的占投资群体的27.5%,50%~70%之间的占28.33%,70%~100%之间的占15%。从其投资结构可以看出,投资者对外汇市场的投资热情很大,但同时也意识到外汇市场毕竟存在着一定的风险,他们在有计划地控制着外汇交易的资金结构。

2. 交易币种以美元、日元、港币为主

目前,我国可用于个人外汇交易的币种有限,以美元、日元、德国马克、港币等为主。

很显然,美元作为国际结算的基础货币,美国经济的持续繁荣使其在国际货币市场中一直有强劲的表现,这就吸引了超过五成的投资者。虽然美国创造的新经济神话处于滑坡趋势的经济环境中受到质疑,但美国雄厚的经济实力及美元具有很强流通性的特点,将会依然保持其在外汇交易中的重要地位。此外,日元和港币也为相当一部分投资者所持有,分别有14.6%、13.63%投资者选用,而法国法郎是使用最少的币种,仅有0.85%投资者选用。

3. 交易方式以柜台交易为主

我国银行提供的个人外汇交易有柜台交易、电话交易、自助交易及委托银行代理几种交易方式。

传统的柜台交易可令投资者享受银行提供的各项服务,人气氛围好,投资者之间可相互进行交流,使用这种方式的投资者占47.06%。使用电话交易方式的投资者占26.89%,18.91%的投资者进行自助交易,而7.14%的投资者则委托银行进行交易。由于受到各种客观条件的制约,在部分地区,自助交易等对技术设施要求更高的交易方式没有得到推广,这些因素造成了目前以柜台交易为主的现状。然而,与前期调查相比,我们同时也看到,现今随着技术水平及服务水平的提高,电话交易、自助交易及委托银行代理等更先进、更方便的无形交易方式正受到越来越多的投资者的青睐。

4. 银行应提供更全面、更快捷的信息服务

在当前的外汇交易市场中,银行之间的竞争也颇为激烈。由于银行外汇买入卖出汇率是以国际外汇市场上的汇率为基准而制定的,不同银行之间的差距很小,因而优质服务成为业务推广中很重要的一项内容。投资者认为当前银行应提高哪几个方面的服务呢?

五成投资者认为银行提供全面快捷的行情等相关信息服务是当前最为迫切的。目前,只有部分城市,例如,北京、上海能提供及时、全面的行情信息,仍有大部分投资者认为所在城市的银行在这一方面的服务欠佳。外汇市场的汇率瞬息万变,任意一条讯息的延误都可能造成巨大的损失。对于投资者而言,快捷、全面获知即时行情讯息是最基本也是最必要的要求。虽然电视等媒体也会提供这一方面的服务,但银行作为投资者的服务方,投资者认为它们有责任去完善这一服务,以满足他们的基本需求。我们从中也可以窥见当今银行在外汇交易服务上的不足,在推广外汇交易的同时缺乏对提供配套服务的保障。此外,分别有近两成投资者认为银行应提供更先进、快捷的服务方式及增加交易品种。在证券市场中,方便、快捷的网上交易开展得如火如荼,得到广泛投资者的认可和采纳,而在外汇买卖市场中的投资者亦渴望能享受类似的服务。同时,17.13%的投资者还期望能推出更多的交易品种,以便有更多的投资选择,而亦有13.93%的投资者认为银行应加大对个人外汇交易及外汇市场的宣传力度,以便更全面地了解外汇交易业务、掌握外汇市场动态。

5. 对银行目前提供的交易品种表示认可

53%的投资者对目前银行提供的外汇交易品种持认可态度,而23.93%的投资者认为品种太少,应增设新品种,仅有18.8%的投资者对交易品种感到满意。

6. 银行应延长外汇交易时间

当前不同城市的不同银行对交易时间有不同的规定,而国际外汇市场是24小时运作,55.17%的投资者认为我国银行现行的交易时间太短,应延长时间,例如,增开夜市。在实际中,上海交通银行今年4月份就已宣布延长外汇交易时间至24小时,为投资者提供及时、密集的服务。

(二)未涉足外汇市场群体对外汇交易的看法

对于银行而言,手持外汇但并未进行外汇交易的群体是其潜在客户。因而,他们对外汇市场及银行服务的看法对发展个人外汇市场与提高服务质量有一定的参考价值。

1. 不了解外汇市场及信息不通畅是阻碍投资的主要因素

2008年我国个人外汇市场发展迅猛,仅上海交行当年上半年的个人外汇买卖交易量就超过20亿美元,但仍有大部分持有外汇的居民未进入外汇交易市场,他们占受访总群体的61.13%。是什么原因将他们与个人外汇市场隔离呢?

由于不了解外汇市场、不能及时方便地获取即时行情信息造成不投资外汇市场的投资者分别占35.91%、15.25%。由此可见,这一群体对外汇市场及相关信息的不了解是其进行外汇投资最大的障碍。由于我国一直实行严格的外汇管制政策,外汇宝是2015年才推出

的服务，人们普遍对个人外汇买卖市场认识不深，虽然众多银行在业务推出前进行过宣传，但其重点在于业务的介绍与推广，投资者在缺乏对市场环境、交易的运作及对相关外汇知识了解的前提下，不会轻易涉足该项业务。在这种情况下，银行采取哪些措施能改变这一群体的观点，将其吸引到外汇交易市场中呢？

大部分投资者认为，银行提供相关信息、方便获知市场行情、了解市场动态；由专家进行操作的指导，加大对外汇交易市场及业务的宣传力度，这几项加强投资者对外汇市场行情的外汇业务的了解措施能吸引他们将手头的外汇用于外汇买卖，持这种看法的占该群体的64.2%。

2. 储户认为B股市场的投资机会比外汇市场更大

我国全面开放B股证券市场后，激起了外汇市场的千层巨浪，手握外汇的居民又多了一个进行外汇投资的渠道。而手握外汇的居民将倾向对哪一个市场进行投资呢？就这一问题，我们对曾经做过外汇交易与从未做过外汇交易的两类居民进行比较。

曾经做过外汇交易的群体较从未进行过外汇投资的群体更看好B股市场，他们认为B股市场的投资机会更多，持这一观点的居民占其群体的42.73%。由此可见，B股市场的开放，使相当一部分的投资者放弃外汇市场转而对B股市场进行投资。有30%居民更看好外汇市场；而27.27%的居民则对两个市场都持不看好的保守态度。从未进行过外汇投资的居民中，有36.33%有对B股市场进行投资的意愿，29.3%更倾向于投资外汇市场，而34.37%的居民则不考虑对两个市场进行投资。大部分居民对证券市场有着比外汇市场更深刻的认识和了解，他们认为B股市场的开放提供了更多投资机会，同时受外汇市场发达程度不高及其他客观因素的影响，他们认为对外汇市场投资的时机不成熟。

（三）汇市与股市对投资者吸引程度的比较

尽管外汇的交易时间长，交易成本较低，但外汇投资需要更多的信息，以及对信息的分析能力，对投资者的综合素质要求更高，相比之下，B股市场的投资似乎更易把握；但外汇交易更公开、公正、公平，人为操纵的可能性几乎不存在，具备理性投资的环境，投资者对其前景自然充满信心。

另外，汇市的交易品种较少，股市的交易品种则丰富得多，而且汇市的变动幅度较小，而股市的涨跌幅度较大，对于一些富有冒险精神的投资者，股市似乎更有吸引力。

受政策的影响，银行对外汇业务的开展与推广在一定程度上受到制约。调查结果表明：银行可以通过采取改善服务、提高服务水平等积极的措施来吸引客户。目前银行的行情信息服务、咨询服务等方面是银行的薄弱环节，相当一部分城市的外汇行情信息仍很闭塞，这成了广大手握外汇群体未投入外汇市场的主要障碍。而证券公司对B股交易的宣传则较为充分，而且媒体的报道和相关的知识介绍也更多，就信息的获得而言，投资股市的条件似乎更成熟，同时，随着科技水平的提高，投资者对外汇交易方式的要求也越来越高，直观、方便、快捷的网上交易将成为未来外汇交易的趋势，这一点，B股交易起步较高。此外，投资者也强烈呼吁延长外汇交易时间，以保持与国际外汇市场运作的同步性。

二、我国外汇理财产品

受外汇管理制度的影响，我国的外汇理财产品目前仍处于起步阶段。随着对外开放的不断深化,外汇理财产品也在不断创新。

早期的外汇理财产品主要是个人外汇结构性存款。近年来受人民币汇率改革、美联储不断加息、本外币存款存在较大利差等因素影响,商业银行外汇理财市场日趋活跃,品种正逐步丰富。今年年初,凭借股市和金市的高温,各商业银行推出了一批与股指、黄金价格挂钩的外汇理财产品。外汇理财产品的收益率也大幅提高。另外,带有期权性质的外汇理财产品也不断涌现。

目前国内商业银行开办的外汇理财产品有工商银行"汇财通"、建设银行"汇得盈"、中国银行"汇聚宝"、中信银行"理财宝"。另外,外资银行在外汇理财产品方面更有得天独厚的条件,丰富的理财经验,现代的理财理念,其外币理财产品也逐渐在市场中占有一席之地。

由于国外主要货币普遍进入加息周期,目前外汇存款的收益率都大于人民币存款。特别是相对于人民币理财产品,目前外汇理财产品的品种多得多,而且门槛也相对较低,收益也高于人民币理财产品。然而,外汇市场的波动也是显而易见的。因此,外汇理财产品也有着较高的风险。对于不同的投资者来说,可以根据自己的风险偏好程度选择适合自己的理财产品。

从未来发展看,由于外资银行的大量涌入,外汇理财产品会出现较大的变化,越来越多的外资银行利用自身在海外的优势,通过与海外市场挂钩,推出挂钩型的外汇理财产品,而这些理财产品很多预期年收益甚至高达10%以上,足以吸引内地投资者的眼球,但也蕴含着不小的市场风险。

延伸阅读

外汇理财产品简介(以中国银行为例)

一、汇聚宝(外币理财产品)

"汇聚宝"产品指中国银行将国际金融市场上丰富的金融工具进行组合和包装,客户通过承担其中包含的相关风险以期获取较高投资收益的综合理财产品。属于金融交易类投资产品,有别于普通银行存款。

按照客户获取收益方式的不同,"汇聚宝"产品可以分为保证收益理财产品和非保证收益理财产品。

保证收益理财产品是指银行按照约定条件向客户承诺支付固定收益,银行承担由此产生的投资风险,或银行按照约定条件向客户承诺支付最低收益并承担相关风险,其他投资收益由银行和客户按照合同约定分配,并共同承担相关投资风险的产品。

非保证收益理财产品可以分为保本浮动收益理财产品和非保本浮动收益理财产品。保本浮动收益理财产品是银行按照约定条件向客户保证本金支付,本金之外的投资风险由客户承担,并根据实际投资收益情况确定客户实际收益的理财产品。非保本浮动收益理财产品是银行根据约定条件和实际投资收益情况向客户支付收益,并不保证客户本金安全的理财产品(考虑到目前客户的风险承受能力,中行尚未推出"非保本浮动收益产品")。

投资币种:美元、欧元、港币等主要外币种类。

投资期限:产品期限从三个月到五年不等,根据挂钩指标特性、产品结构及市场需求灵活确定。

产品优势

1. 挂钩指标多种多样,包括利率、汇率、商品价格、股票价格等,客户有机会通过把握国际金融市场的走势获得较高收益。

2. 理财期限灵活多样。根据挂钩指标特性、产品结构及客户需求灵活设置理财期限,从三个月到数年不等。中行还将定期或不定期对未到期"汇聚宝"推出提前赎回。

3. 产品结构丰富多彩,包括"期限可变""保底稳健""浮动封顶"等。

4. 办理手续简便。客户只需携带本人有效身份证件和活期一本通在中行的开办网点办理即可。

二、外汇宝(个人实盘外汇买卖)

外汇宝是中国银行个人实盘外汇买卖业务的简称,是指在中国银行开立本外币活期一本通存折或持有外币现钞的客户,可以按照中行报出的买入/卖出价格,将某种外币(汇)的存款换成另一种外币(汇)的存款。支持即时买卖和挂单委托。

客户可以利用国际外汇市场上外汇汇率的频繁波动性,在不同的存款货币间转换并赚取一定的汇差,以达到保值、盈利的目的。

交易币种:美元、欧元、英镑、澳元、港币、瑞士法郎、日元、加拿大元、新加坡元,可做直接盘交易与交叉盘交易。

交易方式有柜台交易、电话交易、自助终端和网上交易多种交易方式。

产品优势

提高收益:使投资者有机会在获取存款利息的同时,通过外汇交易进行保值甚至赚得额外的汇差收益。

交易方法多样:目前可以通过柜面服务人员、电话交易设备等方式进行。交易方式灵活,既可进行市价交易,又可进行委托交易。当日可进行多次反向交易,提供更多投资机遇。

三、期权宝(个人外汇期权业务——买入期权)

期权宝是中国银行个人外汇期权产品之一,是指客户根据自己对外汇汇率未来变动方向的判断,向银行支付一定金额的期权费后买入相应面值、期限和执行价格的期权(看涨期权或看跌期权),期权到期时如果汇率变动对客户有利,则客户通过执行期权可获得较高收益;如果汇率变动对客户不利,则客户可选择不执行期权。

交易时间:为每个营业日北京时间10:00至16:30,国际金融市场休市期间停办。

交易币种:美元、欧元、日元、英镑、澳大利亚元、瑞士法郎和加拿大元的直盘及主要交叉盘,现钞或现汇均可。

期权面值根据情况设置一定的起点金额。

外汇期权交易的标的汇价为欧元兑美元、美元兑日元、澳元兑美元、英镑兑美元、美元兑瑞士法郎、美元兑加元。

大额客户还可以选择非美货币之间的交叉汇价作为标的汇价。

交易期限:最长期限为六个月,最短为一天,具体期限由中国银行当日公布的期权报价中的到期日决定。

产品优势

起点金额低;各期限结构丰富;三档执行价可选;支持委托挂单及提前平盘;提供主要交叉盘报价。

三、个人外汇投资技巧

(一) 主意既定切勿受人动摇

入场后应谨记买卖原则,原先设置好的投资计划切不可随意更改,个人资金多寡不同,对市场风险的承受度也不一样,应该遵守自己的计划,不应随便听信他人的意见而改变。

(二) 切忌逆势

俗语说,"顺势者生,逆势者亡"。在外汇市场上可改为"顺势者赚,逆势者赔"也言之有理。我们要谨慎地观察市场,加上客观的基本分析,辅以历史轨迹的技术分析,便可以顺势入场。

(三) 安全停损预计

保存投资实力、减低买卖出错时可能招致的损失。做出停损单的作用在于:交易发生危险时,可帮助投资者尽快地平仓离开市场。当然停损单不可以随便设置,但只要入场前有明确的信息准备协助,而且依照原则下单,就可以减少不可预期的损失。

(四) 局势未明采取观望

在决定买入或卖出外汇之前,一定保持对市场的乐观看法,必须具备充足的投资信息、市场信息以及平和轻松的心情。

(五) 外汇投资者必须要认识自己的性格与能力

俗语说,"知己知彼,百战百胜"。我们要知道自己的性格,了解自己的优缺点,加以妥善发挥。财库外汇认为,一般而言市场上常见的失败型投资者有以下二类:首先是 A 强悍派:投资者不能单靠无畏不灭的精神就以为可以在金融市场纵横四海,纵使有再多的保证金作为后盾,但若不能冷静分析,没有订下逆势时的策略,虽不断加码最终仍免不了一败涂地。而 B 就是懦弱派:这一类人多数行事过分小心,不会多赚或多亏。只会不断地在市场边缘摸索,不依买卖规则入场,在逆势的时候又不认输,便成为市场的大输家了。了解自己的性格,入场前做好准备,遵守入场及出场的预定目标,可以赚取应有的利润及规避无法预期的风险。

(六) 获利时不妨任其增长

许多投资者往往只会止损,但却不懂得守住获利任其增长的艺术。市场虽变化不定,若已有盈利在握;只要耐心等待目标价位,辅以停损单之配合,顺势时的获利上限可以不断增长。

(七) 进场错误不宜久守

市场大势如有逆转,和既定的计划不同,便应相信事实。因为外汇市场是全球性的,参与者众多,任何突发状况均有可能发生。财库外汇提醒投资者不要主观地为自己寻找借口,不承认失败是市场兵家大忌。若入场后发现市场逆转,非但不承认失败反之再加码力图扳回,一次又一次地加码上去,可能越补洞越大,造成更大的亏损。

(八) 切勿因小失大,想做就做

我们入场前后都应先预定买入或卖出价位、获利及停损点位。但这仅是预测,不要过于拘泥某一特定价位。只要价位上的偏差不是距离原先设置的目标价位很远,应顺势做最后的买卖决定。

(九) 形势有利时金字塔式追进

当目标价位已达到而盈利在握,且市势确认对自己有利时,不妨利用金字塔式买卖加码追进,这种投资策略往往带来非常可观的收益。

(十) 消息发生或预期发生时进场,一经证实迅速离场

这方法是不求技术的,投资者只是预先利用市场预期心理进场,等到消息证实时便将部位平仓离场。外汇市场是一个典型的预期心理市场,当预期越来越高时,则投资者应跟随预期心理做交易,当预期被证实时,原来的多头或空头大多会平仓离场,这种市场行为使得经济学原理无法有效地预测汇率走势。

(十一) 合理的外汇投资组合

外汇理财由于不同币种利率不同,汇率走势也不相同。通过合理的币种组合,可以减少投资者的投资风险,使投资收益最大化。

案例回顾与分析

黄金 $T+D$ 每 1 手为 1 000 克,小张以 209 元/克买入:
买入市值:1 000 克×290 元/克=290 000(元);
存入保证金:290 000×0.15=43 500(元);
买入手续费:290 000×0.001 4=406(元);
小张以 319 元平仓卖出黄金 $T+D$ 合约时:
卖出市值:1 000 克×319 元/克=319 000(元);
卖出手续费:319 000×0.001 4=446.6(元);
小张投资收益:319 000-290 000-406-446.6=28 147.4(元)。

项目小结

黄金作为特殊的贵金属,是世界各国所青睐的主要国际储备,也是抵御通货膨胀的理想投资工具。黄金投资主要有实物黄金、纸黄金、黄金保证金、黄金期货、黄金期权、黄金基金等。影响黄金价格的因素是多方面的,有供给因素、需求因素和其他因素。

外汇指的是以外国货币表示的,为各国普遍接受的,可用于国际间债权债务结算的各种支付手段。外汇汇率变化受政治局势、经济形势、军事动态、市场心理、突发事件等多种因素的影响。我国目前外汇投资主要有外币理财产品、实盘外汇买卖、外汇期权等。

课后训练

1. 黄金的成色是怎样标示的?
2. 黄金主要投资品种有哪些?
3. 影响黄金价格的主要因素有哪些?
4. 什么是外汇?外汇的主要分类。
5. 什么是美元指数?
6. 美元指数与黄金的关系及原因分析。
7. 主要外汇理财产品有哪些?

项目八　公司理财

学习目的

前面的有关章节已介绍公司理财的基本定义等,公司作为理财活动的另一主体,公司理财活动在全部理财中占有十分重要的地位。本项目从公司理财各环节的角度详细介绍公司理财的基本内容和方法。通过相关内容的学习,使学生掌握公司理财的基本内容,学会公司理财的一般方法与技巧。

案例导入

案例一　北江公司是由大量的地区性旅客连锁店合并而成的股份有限公司,它希望与国家等级的酒店相竞争。现在公司总经理、财务经理与投资银行及有关人员正在讨论公司的资本成本问题,以便为筹措资金、确定资本结构提供依据。公司的资产负债表如表 8-1 所示。

表 8-1　北江公司资产负债表

资产		负债和股东权益	
现金	1 000	其他应付款	1 000
应收账款	2 000	短期借款	500
存货	2 000	流动负债合计	2 500
流动资产合计	5 000	长期债券	3 000
固定资产净值		优先股	500
		普通股	1 000
		留存收益	3 000
资产总计	10 000	负债和股东权益总额	10 000

问题的条件:

1. 短期负债由银行贷款构成,本期成本率为 10%,按季度支付利息。这些贷款主要用于补偿营业旺季在应收款和存货方面的资金不足,但在淡季无须银行贷款。

2. 期限 20 年,并以 8% 的息票利率每半年付息一次的抵押债券构成公司长期负债。债券投资者要求的收益率为 12%,若新发行债券,收益率仍为 12%%,但有 5% 的发行成本。

3. 该公司的永久性优先股票面额为 100 元,按季支付股利 2 元,投资者要求的收益率为 11%。若新发行优先股,仍产生同样的收益率,但公司需支付 5% 的发行成本。

4. 公司流通在外的普通股为 400 股,$P_0 = 20$ 元,每股发行价格在 17～23 元之间,$D_0 = 1$ 元,$EPS_0 = 2$ 元;以普通股平均值为基础的股本收益率在 1996 年是 24%,但管理者期望提高到 30%,然而,证券分析人员并没有意识到管理者的这一要求。

5. 由证券分析人员估算的 β 系数在 1.3～1.7 范围变动,政府长期公债收益率是 10%,由各种经纪服务机构所估算的 Rm 取值范围在 14.5%～15.5% 之间,所预测的期望增长率范围在 10%～15% 之间,然而,有些分析人员并没有提出明确的增长率估算数据,但他们曾向代理人暗示,该公司的历史增长率仍将保持与过去相同。

6. 根据最近消息,北江公司的财务经理对某些热衷于退休基金投资的管理者进行了一次民意测验,测验结果表明,即使公司的股本收益率处于最低水平,投资者仍愿意购买北江公司的普通股票而不愿意购买收益率为 12% 的债券。所以,最后的分析建议是,相对北江公司债务的股票风险报酬率范围应在 4%～6% 之间。

7. 北江公司的所得税率为 25%,但其控股股东的上缴税率为 15%。

8. 新发行的普通股票有 10% 的发行成本率。

9. 尽管北江公司的主要投资银行认为预期通货膨胀将导致公司有关比率提高,但他们仍指出北江公司的债券利息率将呈下降趋势,其 K_d 将下降到 10%,政府长期公债收益率下降到 8%。

假设你最近刚刚被招聘为公司副总经理,你的上司要求你根据上述资料估算该公司加权平均资本成本。注意,在每一给定条件下你所获得的资本成本数据应该适于评价与公司的资产具有同等风险的项目。在你的分析报告中应该包括以下内容:

(1) 根据证券评估的基本公式,计算长期负债市场价值,优先股市场价值,普通股市场价值,并以此确定公司的资本结构。

(2) 计算长期负债税后成本 $K_b(1-T)$;优先股成本率 KP。

(3) 根据资本资产定价模式计算普通股成本 K_s,其中 Rm 和 β 系数取中间值计算。

(4) 根据公式 $g = $ 留存收益比率×期望股本收益率计算胜利增长率;或根据分析人员预测的增长率取值范围计算 g。

(5) 根据(4)的计算结果,计算股利收益率 D_1/P_0。

(6) 根据贴现现金流量模式计算普通股成本 K_s。

(7) 根据债券收益率加风险报酬率模式计算普通股成本 K_s。

(8) 计算新发行普通股成本率 K_s。

(9) 计算加权平均资本成本率 K_w。

公司理财涉及公司生产经营的每一环节,而每一环节理财的效果都会影响公司理财整体目标的实现,这些环节主要包括:资金筹集环节、投资环节、资本营运环节、利润分配环节等。以下就对各环节理财的要点进行阐述。

任务一　公司筹资管理

公司的生产经营活动最终表现为物流与资金流两大层面。资金是保证企业经营活动顺利进行的必要条件。如何筹集资金就成为公司理财的核心内容之一。公司理财在筹资管理方面就是在资金需要量预测的前提下，在众多的筹资方式中选择出使公司资金结构达到最佳的财务管理活动。

一、资金需要量的预测

资金需要量的预测是公司筹资管理的起点，在整个筹资活动中起主要作用，关系到后期理财环节的成败。

资金需要量预测是指以企业生产经营规模的发展和资金利用的效果为依据，根据历史的资料采用具体的技术方法对企业资金需要量进行预计和测算。常见的资金需要量预测方法有。

1. 销售百分比法

由于销售额与资金需要量呈高度相关关系，所以资金需要量预测一般以销售预测为前提。销售百分比法就是以基期财务报告和资金分配政策为基础，根据计划期（预测期）的销售收入增长情况分析引起资金变化的各因素，预测资金追加量及资金需要总量的方法。具体计算步骤如下：

(1) 分析资产负债表各项目与销售收入总额之间的依存关系。资产类项目中货币资金应收账款和存货都会因销售的增长而增加。如果基期生产对固定资产的利用已经满负荷，则增加销售就会增加固定资产投资。负债类中应付账款及其他应付款会因销售的增加自然增加。

(2) 编制销售百分比表，采用一定的技术方法计算出预期的资金追加或减少数。

(3) 加总得出预测期资金需要总量。

2. 资金习性预测法

资金习性是指资金的变动与产销量变动之间的依存关系。按照两者的依存关系，可将资金划分为不变资金、可变资金和半变动资金三类。不变资金是指在一定范围内资金不受销售变动影响的资金项目，如厂房、材料最低储备等项目所占用的资金。可变资金则是一定时间内随销售变动而变动的资金项目，如生产一线人员的工资、产品生产的主要材料等。半变动资金是指资金虽受销售量变动影响，但不成同比例比变的资金。分析中一般要将半变动资金分解为变动资金和不变资金两部分。

当把资金分解为不变资金和可变资金两部分后就可以采用以下几种方法进行预测：高低点法、趋势预测法和回归分析法等。

二、公司筹资方式及评价

当公司资金需要量解决后，在筹资环节，公司还要解决采用何种方式筹资的问题。一般来讲公司筹资方式有三类：自有、股权融资、负债融资。自有和股权融资形成企业实收资本或者股本，负债融资则形成公司资产负债表中负债，最终形成公司的全部资产。

(一) 自有或吸收直接投资筹资方式及其优缺点

这种方式是非股份制企业最常见的筹资方式。这种方式下，出资各方对企业都具有经营权，同时按出资比例分享利润共担损失。出资方可采用的出资方式一般为现金，但也可以采用实物出资、工业产权出资、土地使用权出资，但以工业产权等无形资产出资其比例一般受到限制。

该筹资方式的优点：① 有利于增强企业的信誉，扩大企业经营规模；② 有利于尽快形成生产能力开拓市场；③ 有利于降低财务风险。这是该方式最大的优点。由于是出资人自己出资，出资人既是所有者又是经营者，投资报酬灵活、自主，这样就会大大降低财务风险。

该筹资方式的缺点：① 资金成本较高特别是在企业经营状况和盈利能力较强时会进一步加大资金成本；② 企业控制权容易分散。由于采用吸收直接投资方式，出资者一般要求拥有与其投资额相适应的经营管理权。这种情况下，如果外来投资者过多就会导致公司控制权被分散。

(二) 股票筹资及其优缺点

股票是由股份有限公司发行用以证明持有人股东身份并获取收益的书面凭证。对股份公司来讲，股票是公司筹资的重要方式。根据股东权利的不同可将股票划分为普通股票和优先股票。普通股票股东的权利主要有：参与决策权资产收益权和剩余资产分配权及其他权利；优先股票是指股东享有某些优先权利的股票。

公司可采用发行普通股票或优先股票的方式筹集资本。但由于两类股票的特性不一样，所以两类筹资方式各有其优缺点。

1. 普通股票筹资的优缺点

普通股票筹资的优缺点：① 筹资风险小，由于普通股票具有永久性特点，又不需要支付固定利息，所以不存在偿付风险，筹资风险极低；② 融资额度高，特别是在溢价发行的前提下公司能够募集到加大的资金额度；③ 能增强公司的社会影响和知名度。普通股票一般采用公开发行同时发行股票的公司也是成长性较好的公司，所以公开发行普通股票有利于扩大公司的社会影响。

普通股票筹资的缺点：① 门槛高，审批手续繁杂。公司要通过股票发行募集资金，必须是运作规范的公司同时在产业方向盈利能力等方面都有较高要求，此外公司发行股票还要经证券主管部门审批或核准；② 容易分散控制权。利用普通股筹资引进了大量的新的股东会导致公司股权分散。

2. 优先股票筹资的优缺点

优先股票筹资的优点：① 优先股票同普通股票一样没有到期日。因此不用偿还本金，通过优先股票筹集资金可以为公司筹集到可长期支配使用的资本。同时由于优先股票的又收回条款，这就使得使用这种资金具有更多的弹性，有利于控制资金的结构；② 有利于增强公司信誉。由于优先股票的属性因此优先股扩大了权益基础，可适当增强公司信誉，加强公司的借款能力；③ 股利支付有弹性。优先股一般采用固定股利，但用不构成公司的法定义务。当公司经营情况不佳时可暂不支付股利。同时优先股股东不会像债权人那样当公司经营不佳时增加公司破产的压力。

优先股票筹资的缺点：① 筹资限制多。发行优先股票往往有一些限制条款,因此生活中发行优先股票的公司并不多;② 筹资成本高、财务负担重。支付股利在税后利润中列支不像债券融资利息在税前列支,增加了融资成本;(3) 不利于扩大公司的知名度。由于大多数优先股票在用非公开发行方式,因此不利于扩大公司在社会上的影响力。

(三) 银行借款筹资及其优缺点

通过银行贷款的方式筹集资金在我国已经是很多企业经常使用的筹资方式。对银行来说可以为企业提供的贷款方式很多。按期限划分有短期、中期和长期贷款,按是否需要担保可以分为信用贷款、担保贷款等。不同的企业或公司应根据自身情况选择不同的贷款方式,以获得最佳理财效果。

1. 银行借款有关的信用条件与付息方式

银行发放贷款一般会涉及以下信用条件：信用额度（即贷款限额）、借款抵押、偿还条件等。在付息方式上主要有利随本清、贴现法等。公司应当根据自身情况选择合适的贷款信用条件和借款方式。

2. 银行借款筹资的优缺点

银行借款筹资的优点：① 融资速度快。公司如果以发行证券方式融资不仅要花费大量时间做好发行前的各项准备,还要经过审批程序,同时还有可能需要与证券承销部门鉴定协议,所以程序复杂,但向银行借款融资就十分快捷,只需要与银行间进行协议即可;② 筹资成本低。银行借款利率通常会低于债券利率,同时所支付的利息可以在税前扣除使企业可以少承担借款费用;③ 借款弹性大。企业在借款时可以与银行就借款条件进行协议,对企业来说活动余地更大。其他方式下企业只能被动接受融资条件。

银行借款筹资的缺点：① 财务风险较大特别是长期借款;② 限制条款较多;③ 筹资额度受限。银行等金融部门往往规定借款上限,因此通过银行借款筹资有时不能满足公司长期发展对资金的需要。

(四) 债券筹资及其优缺点

债券作为负债是公司筹资的主要方式之一。债券有多种分类,其中根据主体性质,债券有公司债券和企业债券;此外还有普通债券和可转换公司债券等,普通债券和可转换公司债券虽然都是公司筹资的方式,但由于其性质及操作要求上的不同导致两类债券筹资的特性也存在区别。

1. 普通债券筹资及优缺点

这里所说的普通债券是指不具备转股特性的公司债券。其具体形式很多。但不管是何种形式的普通债券都必须在符合条件的前提下按程序发行。

公司发行普通债券的条件主要有：股份有限公司的净资产不低于人民币 3 000 万元；股份有限公司的净资产不低于人民币 3 000 万元；有限责任公司的净资产不低于人民币 6 000 万元；累计债券余额不超过公司净资产的 40%；最近三年平均可分配利润足以支付公司债

券一年的利息;筹集的资金投向符合国家产业政策;债券的利率不超过国务院限定的利率水平;国务院规定的其他条件。

公开发行公司债券筹集的资金,必须用于核准的用途,不得用于弥补亏损和非生产性支出。

上市公司发行可转换为股票的公司债券,除应当符合第一款规定的条件外,还应当符合本法关于公开发行股票的条件,并报国务院证券监督管理机构核准。

债券筹资最终需要偿还,同时还必须付息。付息方式也会对公司筹资效果产生影响,所以公司对此也要慎重选择。

普通债券筹资的优点:① 资金成本低。与借款筹资一样,债券筹资的利息支出同样能够在税前扣除,这样就降低了公司的筹资成本;② 保证公司控制权的相对集中。债券筹资避免了股权筹资方式导致的公司股权的分散,最终影响公司的控制权;③ 有利于财务杠杆作用的充分发挥。这是因为,一方面债券筹资获得的是相对长期性资金使用权,便于公司统筹安排,以获取长期收益;另一方面,只有将公司债券筹资所筹集资金投资于高收益品种,才能保证债券的换本付息,才会有投资净收益。这样资金的财务杠杆作用得以发挥。

普通债券筹资的缺点:① 筹资风险较高。这是因为债券筹资最终必须还本付息。当公司经营不景气时就会给公司带来更加沉重的财务负担,这无异于雪上加霜;② 限制条款较多;③ 筹资数量有限。当公司负债比率超过一定限度后,债券筹资成本会迅速上升,公司被迫停止债券融资。

2. 可转换公司债券筹资及优缺点

可转换公司债券与普通债券的最大区别是:公司对债券持有者赋予了债权转股权的权利。即债券的持有人在债券到期时可以要求公司换本付息,也可以将持有的债券按一定标准转化为对公司股票的持有。

可转换公司债券筹资的优点:① 能充分吸引投资者。这是因为可转换公司债券赋予了持有者债权转股权的权利,使持有者有了更多的选择权,增加了投资者获取适宜的机会;② 有利于降低资金成本。这主要是因为可转换公司债券的利率水平低于普通债券,同时可转换公司债券还能够降低公司还本付息的压力;③ 增强融资的灵活性。可转换公司债券的清偿顺序在银行借款之后其他债务之前,公司发行可转换公司债券不影响公司偿还其他债务的能力。另外,可转换公司债券的持有者是公司潜在的股东,因此与公司利益存在一致性,这样使得公司在资金使用层面上具有更多的灵活性;④ 有利于减少增发普通股票股份数带来的股权稀释效应。此外,可转换公司债券筹资还有利于增强公司资本结构的弹性。

可转换公司债券筹资的缺点:持有者不转换的风险。如果发行可转换公司债券后经营业绩下滑,股价下跌,债券的持有人可能会停止债权转股权,因此公司必须偿还债券本息,增加了公司的财务风险;相反,当股价大幅上涨时债券的持有将大量债转股,原来公司的筹资计划及其目标就很难实现。

任务二　公司投资管理

投资活动是公司获取收益的最主要途径。是否投资、如何投资将直接影响公司经营目标的实现。因此虽然筹资管理是公司理财活动的起点或者前提,但公司理财的核心则是投资管理。公司投资一般有项目投资和证券投资。以下从两个方面对公司投资管理进行分析。

一、项目投资决策

项目投资是对特定项目进行的一种长期投资行为。对公司而言,主要是以新增产能为目的的新建项目投资与以恢复和改善原有生产能力为目的的更新改造项目投资两类。项目投资一般具有以下特点:投资规模大、投资回收期长、投资风险也较大。因此项目投资必须量力而行,同时遵守严格的投资决策程序。项目投资决策程序一般包括提出投资项目、项目投资可行性分析、投资项目的决策、投资项目的实施与控制。

以下专题介绍项目投资决策评价的方法。

(一) 非贴现的项目投资评价方法

1. 静态投资回收期法

静态投资回收期是在不考虑货币时间价值情况下收回全部投资所需的时间。通常静态投资回收期法可采用公式法和列表法计算项目投资回收期。其判断标准是,同样的投资;投资回收期越短投资效果越好。投资回收期法在进行项目投资决策评价时的优点是简便、直观、便于理解。但静态投资回收期法最大的缺点是没有考虑资金的时间价值,由此可能导致决策的失误。

2. 投资利润率法

投资利润率又称投资报酬率,是指投资项目投产期间的平均净利润与投资项目投资额的比率。这种评价方法的判断标准是,如果投资项目的投资利润率高于企业要求的最低收益率或者无风险收益率,则该项目投资可行;相反该项目投资不可行。在多个项目投资的互斥决策中应该选择投资利润率较高的投资项目。该评价方法的优点同样是简便同时还能克服静态投资回收期法在投资期没有考虑全部现金净流量的缺点,但该方法同样又没考虑货币时间价值的缺点。

(二) 贴现的项目投资评价方法

贴现的项目投资决策与非贴现项目投资决策最大的区别就是考虑了货币的时间价值,使决策评价更加科学、合理、准确。

贴现的投资评价方法主要有:净现值法、净现值率法、现值指数法、内含报酬率法等

1. 净现值法

净现值法是评价投资方案的一种方法。该方法是利用净现金效益量的总现值与净现金投资量算出净现值,然后根据净现值的大小来评价投资方案。净现值为正值,投资方案是可以接受的;净现值是负值,投资方案就是不可接受的。净现值越大,投资方案越好。净现值法是一种比较科学也比较简便的投资方案评价方法。

净现值法所依据的原理是:假设预计的现金流入在年末肯定可以实现,并把原始投资看成是按预定贴现率借入的,当净现值为正数时,偿还本息后该项目仍有剩余的收益,当净现值为零时,偿还本息后一无所获,当净现值为负数时,该项目收益不足以偿还本息。

净现值法具有广泛的适用性,净现值法应用的主要问题是如何确定贴现率,一种办法是

根据资金成本来确定；另一种办法是根据企业要求的最低资金利润来确定。

净现值法的优点：① 考虑了资金时间价值，增强了投资经济性的评价；② 考虑了全过程的净现金流量，体现了流动性与收益性的统一；③ 考虑了投资风险，风险大则采用高折现率，风险小则采用低折现率。

净现值法的缺点：① 净现值的计算较麻烦，难掌握；② 净现金流量的测量和折现率较难确定；③ 不能从动态角度直接反映投资项目的实际收益水平；④ 项目投资额不等时，无法准确判断方案的优劣。

2. 净现值率法

净现值率是指投资项目的净现值占原始投资现值综合的百分比，是一个贴现的相对量评价指标。净现值率法在进行项目评价时，其评价标准是净现值率大于等于零，项目可行；净现值率小于零，项目不可行。

与净现值法比较，两种方法没有本质上的区别，形式上的区别是：净现值法使用的是绝对值指标进行项目投资决策评价，而净现值率法使用的是相对量指标评价。因此，其优缺点有相似之处。净现值率法的优点是考虑了货币的时间价值，可以动态反映项目投资投入与产出之间的关系。其缺点是不能直接反映投资项目的实际收益率，在资本决策中可能导致片面追求较高的净现值率，在企业资本充足的情况下，有降低企业投资利润的可能。

3. 现值指数法

现值指数法是通过计算比较现值指数指标判断决策方案好坏的方法。所谓现值指数是指未来收益的现值总额和初始投资现值总额之比，其实质是每一元初始投资所能获取的未来收益的现值额。

从现值指数法的定义中可以看出，现值指数与净现值率之间的关系非常密切，两者的关系可以用公式表示为：现值指数＝1＋净现值率。

采用现值指数进行项目投资决策评价，其判断标准是，如果现值指数大于或者等于1，项目可行；反之，项目不可行。在多个投资项目决策评价中，现值指数越大投资项目越好。

同样，现值指数法的优缺点与净现值法的优缺点基本相同。但有一点区别是现值指数法可以从动态角度反映投资项目资金投入产出之间的关系，弥补净现值法在投资额不同的项目之间不便比较的缺陷，使各种不同投资项目之间可直接现值指数进行比较，但计算相对复杂。

4. 内含报酬率法

内含报酬率法又称内部收益率法，是用内涵报酬率来评价项目投资财务效益的方法。所谓内涵报酬率，就是使得项目流入资金的现值总额与流出资金的现值总额相等的利率，换言之就是使得净现值（NPV）等于零时的折现率。如果不使用电子计算机，内涵报酬率要用若干个折现率进行试算，直至找到净现值等于零或接近于零的那个折现率。

简单来说，内部收益率就是使企业投资净现值为零的那个贴现率。它的基本原理是试图找出一个数值概括出企业投资的特性。内部收益率本身不受资本市场利息率的影响，完全取决于企业的现金流量，反映了企业内部所固有的特性。该方法更多地应用于单个项目投资。

该方法决策评价标准为：内涵报酬率大于或等于资金成本率时项目可行，否则项目不可行。

内涵报酬率法的优点是能够把项目寿命期内的收益与其投资总额联系起来，指出这个项目的收益率，便于将它同行业基准投资收益率对比，确定这个项目是否值得建设。使用借款进行建设，在借款条件（主要是利率）还不很明确时，内涵报酬率法可以避开借款条件，先求得内部收益率，作为可以接受借款利率的高限。但其缺点是计算复杂，而且内涵报酬率表现的是比率，不是绝对值，一个内涵报酬率较低的方案，可能由于其规模较大而有较大的净现值，因而更值得建设。所以在各个方案选比时，应将内含报酬率与净现值结合起来考虑。

二、证券投资决策

公司证券投资是指公司把资金投资于金融市场上各个金融性资产，以期获取收益的行为。金融市场可供投资选择的品种很多，比如债券、股票、基金、金融衍生工具等。但金融投资品种一般都具有流动性强、价格波动大、交易成本低、交易风险大的特点。

公司证券投资就是要通过证券价值分析，采用适当的投资组合，以增加公司收益。

一般来说，公司证券投资的目的主要有以下几方面：满足未来财务需要；增加公司资金使用效果；获得对相关企业的控制权或对其实施重要影响；实现多元化投资以达到分散风险的目的。不同的公司在不同的时期，证券投资的目的不同，可以是单一目的，也可以是多元目的。

（一）证券投资收益与风险

1. 证券投资收益

证券投资收益主要来自两方面：股息红利、资本利得。股息红利是指股票持有者依据股票从公司分取的盈利。股息的具体形式有：① 现金股息：是以货币形式支付的股息和红利，是最普通、最基本的股息形式；② 股票股息：是以股票的方式派发的股息，通常是由公司用新增发的股票或一部分库存股票作为股息，代替现金分派给股东。利息则主要是指债券持有者从发行者那里获得的按票面利率计算的利息收益。资本利得是指证券买入价与卖出价之间的差额。

2. 证券投资风险

证券投资风险是指对投资者预期收益的背离，或者说是证券收益的不确定性。

证券投资的风险是指证券的预期收益变动的可能性及变动幅度。与证券投资相关的所有风险称为总风险，总风险可分为系统风险和非系统风险两大类。

（1）系统风险。系统风险是指由于某种全局性的共同因素引起的投资收益的可能变动，这种因素以同样的方式对所有证券的收益产生影响。系统风险包括政策风险、市场风险、利率风险和购买力风险等。

政策风险是指政府有关证券市场的政策发生重大变化或是有重要的举措法规出台，引起证券市场的波动，从而给投资者带来的风险。

市场风险是指证券市场行情周期变动而引起的风险。这种行情变动不是指证券价格的日常波动和中级波动，而是指证券行情长期趋势的改变。

利率风险是指市场利率变动引起证券投资收益变动的可能性。利率风险对不同证券的影响是不相同的。首先，利率风险是固定收益证券的主要风险，特别是债券的主要风险。其次，利率风险是政府债券的主要风险。再次，利率风险对长期债券的影响大于短期债券。

购买力风险又称通货膨胀风险，是由于通货膨胀、货币贬值给投资者带来实际收益水平下降的风险。

（2）非系统风险。非系统风险是指只对某个行业或个别公司的证券产生影响的风险，他通常是由某一特殊的因素引起，与整个证券市场的价格不存在系统、全面的联系，而只对个别或少数证券的收益产生影响。

非系统风险是可以抵销回避的，因此又称为可分散风险或可回避风险。非系统风险包括信用风险、经营风险、财务风险等。信用风险又称违约风险，指证券发行人在证券到期时无法还本付息而使投资者遭受损失的风险。经营风险是指公司的决策人员与管理人员在经营管理过程中出现失误而导致公司盈利水平变化从而产生投资者预期收益下降的可能。财务风险是指公司财务结构不合理、融资不当而导致投资者预期收益下降的风险。

（二）公司债券投资的优缺点

债券投资的优点：① 债券投资本金安全性高。投资对象如果是政府债券，那么，金边债券本金的安全性就极高，被称为无风险债券；如果是企业债券，投资者也有优先求偿权，本金损失的可能性也很小；② 收入稳定性高，债券一般都会标有固定利率，投资者最低也能获取稳定的利息收益；③ 市场流动性强。

债券投资的缺点：① 购买力风险较大。这是因为债券在发行时就确定了利息率，投资者只能获取固定收益，当通货膨胀率较高或者市场上资金的平均利润水平提高时，投资者的实际收益可能会减少甚至亏损；② 无法取得被投资方的经营权。债券的持有人不像股票的持有人（股东），一般不能取得对方单位的控制权和经营权。

（三）公司股票投资的优缺点

股票投资的优点：① 投资收益高。普通股票的价格虽然变动频繁，但从长期看，优质股票的价格总是上涨的居多，只要选择得当，都能取得优厚的投资收益；② 购买力风险低。普通股的股利不固定，在通货膨胀率比较高时，由于物价普遍上涨，股份公司盈利增加，股利的支付也随之增加，因此，与固定收益证券相比，普通股能有效地降低购买力风险；③ 拥有经营控制权。普通股股东属股份公司的所有者，有权监督和控制企业的生产经营情况，因此，欲控制一家企业，最好是收购这家企业的股票。

股票投资的缺点主要是风险大，这是因为：① 求偿权居后。普通股对企业资产和盈利的求偿权均居于最后。企业破产时，股东原来的投资可能得不到全额补偿，甚至一无所有；② 价格不稳定。普通股的价格受众多因素影响，很不稳定。政治因素、经济因素、投资人心理因素、企业的盈利情况、风险情况，都会影响股票价格，这也使股票投资具有较高的风险；③ 收入不稳定。普通股股利的多少，视企业经营状况和财务状况而定，其有无、多寡均无法律上的保证，其收入的风险也远远大于固定收益证券。

任务三 营运资本管理

 案例导入

案例二 福田汽车股份有限公司(简称福田公司)成立于1996年8月,是一家跨地区并快速走向国际化的上市公司,是中国最大的商用车生产企业。福田公司自1996年成立以来,汽车产销量年均递增40%,创造了中国汽车工业的"福田速度",被汽车行业誉为"发展速度最快、成长性最好的企业"。2004年,在《财富(中文版)》"2004年中国企业500强排行榜"中福田公司排名第131位。

福田公司在发展过程中形成了自己的资金管理理念,认为公司应树立"现金流比利润更重要"的观念,强调现金流在公司战略管理中的主要地位,把现金流作为企业运营成果的评价标准。公司决策的着眼点,定位于"尽量提前收回现金",切忌以牺牲长期现金流量来改善短期利润状况,避免出现"良好的经营成果与堪忧的财务状况并存"的尴尬局面。

福田公司的流动资金周转次数,是上市公司行业平均水平的2.66倍,全部资产周转次数,是上市公司行业平均水平的2.40倍,应收账款周转次数是上市公司行业平均水平的2.95倍,存货周转率是上市公司行业平均水平的1.43倍。

福田公司现行资金管理模式:

1. 资金管理的三个发展阶段

福田公司非常注重现金流的管理,成立了专门的机构负责资金管理工作。随着公司发展壮大,资金管理工作也经历了不同的发展阶段:

第一阶段:筹资管理阶段。公司发展初期,需要大量的资金进行生产投入。因此,资金筹集成为公司生产经营活动的前提,也是公司再生产、持续发展的重要保证。在此阶段,公司资金管理工作的主要职能,就是预测公司的资金需求量,并筹集到公司所需要的资金。管理目标就是适时适量,以较低的融资成本筹集资金。

第二阶段:资产管理阶段。随着公司经营规模扩大,企业知名度的提升,公司的融资环境得到极大改善,资金管理工作的主要问题已不再是筹集资金,而是有效的内部控制,尤其是现金、应收账款、存货、固定资产等资产的管理。这一阶段的管理目标,就是通过各种计量模型、分析、评价方法的广泛应用,确保各项资产的占用最合理,风险最低,使用效率最高。

第三阶段:资金资产运营管理阶段。在此阶段,公司不仅注重资产的管理,更注重现金流管理,将资金作为一项资源加以充分运用。通过对加强现金流的运转控制,来产生更大效益。同时,将理财的思想与业务管理相结合,来指导资金的管理和运营。这一阶段的管理目标,就是在资产占用较低的基础上保证现金流的良性运转。

2. 资金管理的业务结构

福田公司在资金管理中引入了SBU(Strategy Business Unit)管理理念,按业务单元进行资金管理,经过一段时间的摸索,将现行的资金管理分为了5大业务模块:

(1)资金流入控制:主要是指对各种流入性资金,如经营性流入、融资性流入、投资性流入等进行管理和控制,主要管理要素为流入总量、时间、结构、成本等。

(2) 资金流出控制：主要是指对各种流出性资金，如采购支出、税金支出、费用支出、投资支出等进行控制和管理，主要管理要素为流出总量、时间、结构、成本、审批权限等。

(3) 存量资金控制：主要是指对各项流动资金占用，如存货、债权资产、货币资金等进行控制和管理，主要管理要素为占用总量、增减过程、风险控制等。

(4) 营运资本管理：主要是指对各项长期资产，如固定资产、在建工程、长期投资等进行管理和控制，主要管理要素为占用总量、增减过程、使用效率、风险控制等。

(5) 财务风险控制：主要是指对资产负债率、资产损失风险等的控制和管理，主要管理要素为风险防范、风险处理等。

3. 资金管理的业务模板

福田公司资金管理分为两大组成部分：一是按业务（产品）对资金进行运营管理；二是按责任单位（工厂、分公司）对资金进行分级管理。资金分级管理从形式上与其他企业是一致的，但内容上体现了创新，包括制订指标的创新、管理过程的创新和评价的创新。

福田公司在按业务进行资金管理时，一个业务往往跨几个事业部。因此，资金管理分析模板，要求先对整个业务的运行情况进行分析，再将某个事业部对其的影响进行分解，找出差异原因，提出改善建议。

4. 资金管理目标及管理流程

资金管理的各项工作，都是为保证现金流的流畅运转服务的。为此，福田公司的资金管理目标分为两个层级：第一层级为年度管理目标，主要是资产负债率、资金周转率、融资成本率等指标，在公司年度资金预算中体现；第二层级为日常的月度管理目标，主要包括回款率、现金流量、资产负债占用等指标，在月度资金计划中体现。年度指标是指导制定月度指标的基础，月度各项指标的控制是年度目标完成的保证。

5. 福田公司资金管理的实现过程

资金管理作为一种管理活动，也是通过计划、控制、分析、改善来实现的。

首先，要加强资金预算管理。现金预算和现金流转预算的编制，使企业对预算期的现金流转情况有一个全面、详细地了解，贯彻了现金流管理的基本原则。在福田公司的资金管理业务中，非常注重资金预算的管理，公司的年度资金预算包括现金流预算、资金占用预算、资金需求和补充预算、融资和财务费用预算，并且通过公司和各事业部的上下反复和评审，最终由公司决策层确定。资金预算一经确定下发，各单位必须确保执行，如遇特殊情况，原则上每半年调整一次。

年度资金预算确定后，由财务计划部根据每月的生产经营计划分解至各月，以此指导各单位的生产经营活动。月度资金预算分为两个方面：一个是月度资金收支计划，主要内容为现金流入、流出计划，资金缺口预测及融资计划，包括流入流出的结构、时间等要求，各单位须据此协调流入，控制支出，保证全公司现金流量正常且满足生产经营需要；一个是月度资产占用及周转计划，主要内容为各项流动资产占用定额和周转次数要求，其中分解到了存货、应收账款、内部往来等具体占用定额，并且制定了周转率等评价指标。各单位据此控制各项资产占用，保证资产负债率指标满足公司要求。福田公司将资金预算作为资金管理业务的最高文件，所有的资金事项均纳入资金预算管理，如大额投资支出、铺货资金占用等，否则不予进行。

同时，客观公正地进行资金评价，为公司业务管理提供决策支持。有了月度资金预算后,由各下级单位按计划控制执行,公司总部予以监督。待月度结束后,公司根据各单位实际的执行情况予以分析和评价,一是分析其计划完成情况,找出完成差异及原因;二是评价其资金运行效率,是否保证了公司目标的完成;三是对其月度资金整体运行情况进行评价,指出其资金运行过程中存在的问题并提出改善建议。通过对其资金运行过程各方面的评价,供公司领导判断业务改进方向并做出管理决策。

营运资本是指公司日常经营活动中短期占用的资本,通常表现为现金或以现金形式表现的资产,如应收账款、存货等。营运资本的周转速度和平均占用余额对公司经营效果产生重大影响。因此,加快营运资本周转速度、减少资金占用就成为公司最重要的日常理财活动。

一、现金管理

(一)现金管理的目标

(1) 保证收支平衡,使企业有足够的支付能力,避免产生财务危机。
(2) 保持现金的适度存量,满足生产经营活动的需要,提高资金的使用效益。
(3) 健全内部控制制度,保证货币资产的安全完整。

(二)最优现金持有量的确定

现金量的过多或者过少都会影响公司生产经营的正常进行。现金管理的目标之一就是保证公司现金适度的存量,确定现金的最优持有量。确定最优持有量的方法很多,最常用的方法是成本分析模式分析法和存货管理模式分析法。

1. 成本分析模式分析法

成本分析模式分析法就是通过分析企业持有现金的成本确定其持有量。

企业持有现金成本包括机会成本、管理成本和短缺成本。

机会成本是指持有现金放弃现金资产用于其他投资所获得的其他收益,即持有现金的代价。现金持有成本与现金持有量之间呈正相关关系。一般来说,现金持有量越大,其机会成本越高。

管理成本是指企业为持有现金而发生的管理费用。持有现金的管理成本其属性是固定成本,与现金持有量多少之间没有明显的相关关系。只有现金持有量超过一定限度,管理成本才会发生改变。

短缺成本是指企业因为现金短缺不能支付业务开支需要从而使企业蒙受损失额。持有现金的短缺成本与现金持有量之间是负相关关系,短缺成本随持有现金量减少而增加。

现金持有量受以上三项成本的共同影响。从经济学的角度讲,最优现金持有量是指机会成本、管理成本、短缺成本之和最小时的现金持有量。

2. 存货管理模式分析法

现金持有量的存货管理模式分析法是通过一定的方法寻找到总成本最低条件下的现金量。这一模式最早由威廉·鲍曼提出,所以也被称为鲍曼模型。这一模型需要以下假设:

(1) 企业一定时期现金流入和流出的速度稳定且可预测;
(2) 每次将有价证券变现为可支付现金的交易成本为已知;
(3) 短期有价证券的利率和报酬为已知。

这一模型下,持有现金的总成本由交易成本和现金持有成本(机会成本)组成。

持有现金的总成本 = 每次交易成本×交易次数 + 平均现金余额×有价证券报酬率

从上面分析中看出,存货管理模式分析法的优点是能够比较准确地计算出最优现金持有量。但不难看出该方法需要满足假设条件,而其中有关要素的确定只是依靠相关人员的主观经验来确定。

二、应收账款管理

(一) 应收账款管理的目标

适量应收账款有利于增加企业销售额,增强企业的市场竞争能力;减少存货,加快资金周转的速度。作为公司理财活动的重要一环,应收账款管理的目标是:
(1) 充分发挥应收账款的功能;
(2) 加速应收账款的回收;
(3) 计量应收账款所产生的效益成本和风险选择合适的信用政策。
应收账款的成本主要有管理成本、机会成本、坏账成本等。

(二) 信用政策的确定

信用政策直接决定应收账款管理的效果,对应收账款管理目标的实现有重要影响。信用政策一般包括:信用方式的选择、信用期限的选择、信用标准的确定等方面。

1. 信用期限的确定

信用期限的长短影响对客户的吸引力。期限越长对客户的吸引力越强,从而能实现公司更高的销售收入;但另一方面,相关机会成本、收账费用越高,坏账损失的可能性就越大。

信用期限的确定主要是分析改变你信用期限对收入和成本的影响。如果延长信用期限,销售收入的增长大于其所增加的收账费用、机会成本、坏账损失,就可以延长信用期限,相反则应该缩短信用期限。

2. 信用标准的确定

信用标准是指客户获得企业的交易信用所应具备的条件。

企业应该根据对方信用评级情况给予对方信用评分。以此为前提,企业确定相关信用标准,再决定是否给予对方企业授信。如果对方企业在规定标准之上,就能给予对方相关信用,否则应拒绝。

(三) 应收账款管理的方法

应收账款管理的主要方法包括:日常管理方法和应急管理方法。

日常管理方法与途径:① 加强应收账款的回收。比如,通过账龄分析法等对不同账龄的应收账款采用不同的措施;② 从谨慎的角度计提坏账准备,对冲坏账的发生。

应收账款应急管理方法:应收账款的让售。应收账款让售就是将应收账款出售给代理,即在发生一定成本的基础上将应收账款的风险让渡给代理公司。

三、存货管理

(一) 存货管理的目标

存货在企业营运成本中一般占有较大比重。公司理财中加强存货管理具有重要意义。存货管理的目的主要有:保证生产经营活动的正常进行,以获取规模效益。存货功能能否正常发挥取决于存货管理水平。管理不善,存货过多,会造成过时、损坏变质,增加利息、保险费、保管费等成本,相反存货过少就可能产生缺货损失。通过存货管理等理财活动就是要合理规划存货需要量,加强存货日常管理,保证存货管理目标的实现。

(二) 存货管理的方法

实现存货管理目标的关键就在于确定最佳的存货量,同时对存货数量加以控制。确定存货最佳数量并加以控制的主要方法有:经济批量法、储存期控制法等。

1. 经济批量法

经济进货批量指能够使一定时期存货的相关总成本达到最低点的进货批量。经济进货批量法必须依赖以下假设前提:

(1) 企业能够及时补充存货,即需要订货时便可立即取得存货;
(2) 能集中到货,而不是陆续到货;
(3) 不允许出现缺货,即 TCs 为零;
(4) 需求量稳定,并且能预测,即 D 为已知常量;
(5) 存货单价不变,即 U 为已知常量;
(6) 企业现金充裕,不会因现金短缺而影响进货;
(7) 所需存货市场供应充足,不会因买不到所需存货而影响其他。

设立了上述假设后,存货总成本公式为:

$$TC = F1 + (D/Q)K + DU + F2 + (Q/2)KC$$

对上式求导,令导数为 0,可得出使 TC 最小的 Q,即为经济进货批量

每年最佳订货次数 $N=D/Q$

与批量有关的存货总成本 $TC(Q)=(D/Q)\times K+(Q/2)\times KC$

最佳订货周期 $t^*=1/N$

经济订货量占用资金 $I^*=(Q/2)\times U$

2. 存货储存期控制法

储存存货会占用资金,储存期越长成本越高,加强存货储存期管理,缩短存货储存期限,加速存货周转,对企业提高经济效益降低经营风险具有十分重要的意义。

存货储存期控制包括存货保本储存期控制和保利储存期控制两项内容,其计算公式为:

存货保本储存天数=(毛利-固定储存费-销售税金及附加)/每日变动储存费

存货保利储存天数＝（毛利－固定储存费－销售税金及附加－目标利润）/每日变动储存费

任务四 利润分配决策

公司理财的最终目的是获利并提升公司价值及投资者的收益。公司获利后采用什么样的利润分配方案及受国家政策的制约，同时也是公司利润分配政策选择的结果。公司应该在遵守国家有关政策法规的前提下，采用合理的利润分配政策以实现公司理财的整体目标。

一、利润分配的原则

（一）依法分配

企业利润分配的对象是在一定会计期间内实现的税后利润。税后利润是企业投资者拥有的权益，对这部分权益的处置与分配，以《公司法》为核心的有关法律都有明确的规定和要求，充分反映了国家制定的利润分配中的各种限制因素，并制定了缴税、提留、分红的基本程序。企业的税前利润首先应按国家规定做出相应调整，增减应纳税所得额，然后依法缴纳所得税。税后利润的分配应按顺序弥补以前年度亏损、提取法定公积金、公益金，再向投资者分配利润。

（二）利润激励

在保障投资者应分配利润的前提下，确保经营者和职工的利益，应通过利润分配时确定的激励政策，以提高职工的主人翁意识，调动职工的积极性，这是现代企业管理层面临的重要而又特别的课题。我国现行法规规定，应当在税后利润提取公益金，用于职工集体福利设施的开支；在现行企业中，使用税后可供分配利润对具有一定工作年限或做出较大贡献的职工发送红股，使员工也成为企业的主人参与企业利润的分配。这种红股虽然在其转让、继承等方面做了一定的限制，但对提高职工的归属感和参与意识无疑具有积极的意义。部分企业试行的"内部职工股"与"期权"，是一种积极有效的探索。

（三）权益对等

企业在利润分配中应遵守公平、公正、公开的原则，企业的投资者在企业中只有以其股权比例享有合法权益，不得在企业中谋取私利，企业的获利情况应当向所有的投资人及时公开，利润的分配方案应交股东会讨论，并充分考虑小股东的意见，利润分配的方式应当在所有股东中一视同仁。

二、利润分配的顺序

公司在一个会计年度内所获得的盈利，根据有关规定应该按照以下原则进行分配：① 弥补以前年度亏损；② 依法缴纳所得税；③ 提取法定盈余公积金；④ 提取公益金；⑤ 向投资者分配利润。

三、股利政策及选用

股利政策是公司将实现的可供分配的利润向股东分配的政策,它包括是否分配、分配多少、以何种方式分配及支付股利的程序选择等方面。

(一)股利分配政策选用的影响因素

影响股利分配政策的因素有很多,有来自公司外部的约束和来自公司内部的约束。公司外部的约束一般有法律限制、契约限制、股东意愿影响、宏观经济形势影响等。公司内部有关影响因素主要表现为股利分配政策要受到公司的股权结构、公司的成长能力、变现能力、盈利能力、公司规模、负债状况、拥有的现金、资产质量、筹资需求和能力等因素的影响,这些被认为是实践中影响公司股利分配政策的最重要的因素。

1. 公司的成长能力

指公司的发展前景。成长性能越好的公司,发展空间越大,对外投资的机会越多,资金流出量也越大.对于正处于快速发展的公司,由于需要更多的资金进行投资,发放现金股利会减少内部留存现金,如不能随时从外部筹措到所需要的资金,可能影响公司的发展。因此,在筹资规模、筹资成本一定的情况下,出于公司长远发展的考虑,公司管理层倾向于发放股票股利。通常以主营业务收入增长率来衡量公司的成长能力。

2. 公司的盈利能力

指公司创造利润的能力。利润是债权人收取本息的资金来源,是股东取得投资收益的基础,是公司得以生存发展的根本所在。公司盈利能力越强,可供分配的利润越多,公司发放股利的可能性越大,发放给股东的股利额也会越多。管理者可以通过发放现金股利向外界传递公司有较强的盈利能力的信息,也不能排除管理者为了达到某种目的而对股利政策进行操纵。通常可以用每股收益、每股净资产、净资产收益率来衡量公司的盈利能力。

3. 公司规模

一般规模大的公司竞争能力较强,现金持有量比较充裕,但交易成本较高,对外扩张的欲望并不强。而规模较小的公司交易成本相对要低,为了吸纳资金流入、增强竞争能力,有着很强的扩张欲。因此,一般认为小公司倾向于发放股票股利,而大公司倾向于发放现金股利。通常可以公司的总资产来衡量公司的规模。

4. 公司负债水平

假如公司债务负担较重,到期偿还债务的压力较大,财务风险也会加大,这就会影响公司的持续经营能力。为了应对可能的财务风险,负债率较高的公司通常不进行利润分配,而是选择保留更多的留存收益偿还债务。通常可以用资产负债率来衡量公司的整体负债情况。

5. 公司的资产质量

主要指公司的资产流动性,即资产及时转化为现金的难易程度。资产的流动性好,变现能力强,可以随时满足对资金的需求,公司的防范债务风险的能力就强。资产质量越高,公司的短期财务就越安全,那么公司发放股利的可能就越大。通常用流动性比例来衡量公司的资产质量。

6. 公司的股权结构

一般股权越集中的公司,越倾向于发放现金股利。我国"一股独大"的现象很严重,由于国有股和法人股不能上市流通,转让权受限,难以从上市公司股票价格的上涨中获取资本利得,控股股东可能会利用控股地位来影响公司的股利分配政策,通过分配现金股利的方式从上市公司转移现金。另一方面,由于我国的特殊国情造成所有者缺位,内部人控制问题严重,通过分配现金股利,减少管理者可支配的"自由现金",可有效降低代理成本。

7. 公司的经营能力

公司的经营能力指公司管理层经营资产的能力。一般来说,经营能力越强,管理层对公司的前景越看好,越愿意支付现金股利;同时,股东为了保护自身利益,通过支付现金股利的方式,降低代理成本。通常可以用主营业务利润与总资产的比例来衡量公司的经营能力。

8. 公司的现金流状况

税后利润是公司分配股利的基础,但是如果公司现金不足,虽然有分配股利的愿望也没有办法支付现金股利。每股经营活动现金净流量是公司分派现金股利的最大限度,否则就要负债分红,所以可以用每股经营活动现金净流量来衡量公司的现金量是否充足。

9. 公司的筹资能力

一般来说,如果公司的筹资能力较强,那么它支付股利的能力也就较强。如果外部筹资的成本低于保留盈余再投资的成本,那么这类公司就倾向于发放现金股利;反之,则倾向于保留盈余,内部融资。

(二) 股利政策

企业管理当局在制定股利政策时,通常是在综合考虑了上述各种影响因素的基础上,对各种不同的股利政策进行比较,最终选择符合本公司特点与需要的股利政策。

1. 剩余股利政策

公司将税后利润首先用于再投资,剩余部分再用于派发股利,有利于降低再投资的资金成本,实现企业价值的长期性和最大化。但是,执行剩余股利政策将使股利的发放额每年随投资机会和盈利水平的波动而波动,比较适合于新成立的或处于高速成长的企业。

2. 固定股利支付率政策

公司按每年盈利的某一固定百分比作为股利分配给股东,真正体现多盈多分,少盈少分,不盈不分的原则。股利随盈利的波动而波动,向市场传递的公司未来收益前景的信息显得不够稳定。此外,不论公司财务状况如何,均要派发股利,财务压力较大;确定多少的固定股利支付率才算合理,难度也较大,实际应用起来缺乏财务弹性。

3. 正常股利加额外股利政策

一般情况下,公司每年只支付数额较低的正常股利,只有在经营非常好时或投资需要资金较少的年份,才在原有数额基础上再发放额外股利。公司支付股利有较大的灵活性。通过支付额外股利,公司主要向投资者表明这并不是原有股利支付率的提高。额外股利的运用,既可以使企业保持固定股利的稳定记录,又可以使股东分享企业业绩增长的好处,能够向市场传递公司目前与未来经营业绩的积极信息。该政策尤其适合于盈利经常波动的企业。

4. 稳定增长股利政策

公司在支付某一规定金额股利的基础上，制定一个目标股利成长率，依据盈利水平按目标股利成长率逐步提高企业的股利支付水平。该政策往往被投资者认为是企业稳定增长的表现，能满足他们稳定取得收入的愿望。当盈利下降而公司并未减少股利时，向投资者传递公司的未来状况要比下降的盈利所反映的状况要好，市场会对该股票充满信心，有利于稳定公司股价，树立良好的市场形象。但是，这种只升不降的股利政策会给公司的财务运作带来压力。尤其是在公司出现短暂的困难时，如派发的股利金额大于公司实现的盈利，必将侵蚀公司的留存收益或资本，影响公司的发展和正常经营。成熟的、盈利比较好的公司通常采用该政策。

（三）股利支付方式及选择

公司股利支付方式有现金股利、财产股利、负债股利和股票股利等多种支付方式。每种股利支付方式各有优缺点。公司应根据其具体情况在综合权衡的基础上，选择适合自身情况的股利方式。

1. 现金股利

现金股利是上市公司以货币形式支付给股东的股息红利，也是最普通最常见的股利形式，如每股派息多少元，就是现金股利。现金股利满足了投资者希望得到一定数额现金的投资需求，但同时意味着公司在一个较短的时期内需要支付大量的现金，这样就会增加公司的支付压力，影响公司正常资金周转，短期不利于公司生产经营活动的进行。

2. 财产股利

财产股利是上市公司用现金以外的其他资产向股东分派的股息和红利。它可以是上市公司持有的其他公司的有价证券，也可以是实物。财产股利减轻了公司现金支付压力，同时有利于保持公司股东对其他公司的控制权，但财产股利可能会减少投资者的实际收益。

3. 负债股利

负债股利是上市公司建立一种负债，用债券或应付票据作为股利分派给股东。这些债券或应付票据既是公司支付的股利，又确定了股东对上市公司享有的独立债权。一般公司很少采用这一形式。

4. 股票股利

股票股利是上市公司用股票的形式向股东分派的股利，也就是通常所说的送红股。其优点是：

（1）可以避免由于采用现金分配股利而导致公司支付能力下降、财务风险加大的缺点；

（2）当企业现金紧缺时，发放股票股利可起到稳定股利的作用，从而维护企业的市场形象；

（3）可避免发放现金股利后再筹集资本所发生的筹资费用；

（4）可增加企业股票的发行量和流动性，从而提高企业的知名度。

股票股利的缺点是：发放股票股利会被认为是企业现金短缺的象征，有可能导致企业股票价格下跌。

(四) 股利支付的程序

通常,在公司会计年度决算后,是否分配股利取决于:公司是否有可供分配的利润;公司的相关决策。

我国公司股利分配的决策权属于股东大会。根据有关规定,公司利润分配方案,公积金转增股方案应由股东大会批准,公司董事会应在股东大会召开后2个月内完成股利派发或股份转增事项。在此期间,董事会必须对外发布股利分配公告,以确定分配的具体程序和时间安排。

股利分配公告,一般在股权登记日前3个工作日发布。如果公司股东较少,股票交易也不活跃,公告日可以与股利支付日放在同一天进行。股利分配公告应包括利润分配方案、股利分配对象以及股利发放方法。

为了体现公开、公平和公正的分配原则,股份有限公司向股东支付股利其过程通常要经过以下重要的日期:(1) 股利宣告日。股利宣告日即公司董事会将股利发放情况予以公告的日期,同时公布每股股利、股权登记日、除息日和股利发放日。(2) 股权登记日。股权登记日即股东领取股利的资格登记截止日期。(3) 除息日。即领取股利的权利与股票相互分离的日期。(4) 股利支付日。即企业向股东发放股利的日期。

案例回顾与分析

案例一 案例讨论了北江公司筹资问题。筹资的核心是不同筹资方式及其成本的比较。意即在不同筹资方式下的筹资成本孰低的原则决定筹资方式。根据北江公司财务资料和公司基本情况以及可选择的筹资方式,在计算各类筹资方式成本的前提下,公司应以股权融资方式作为公司最佳筹资渠道。

案例二 本案例说明现金流比利润更有意义

福田公司资料表面,现金流自始至终贯穿于企业的每个环节之中,是企业生命之流。现金流管理对现代企业来说,有着非常重要的意义。

1. 现金流是企业生产经营的动力源。在企业日常经营活动中,资金的运动从货币形态到实物形态,再到货币形态,周而复始,不断运转,以实现价值的增值。企业由于规模经济的渴望和对外扩张的需要,都对现金有着巨大的需求。而且,为了在激烈的市场竞争中获得竞争优势,提高竞争能力,企业通常要进行新业务导入、企业并购等等,也必须投入大量资金。

2. 现金流影响企业的生存质量。企业有了充足的现金购买原材料、辅助材料、机器设备,支付劳动力工资及其他费用后,进入了生产过程。但企业是需要持续不断地经营下去的,这就需要不断地有足够的现金参与运转。同时,生产的产品还得满足社会的需要,得到社会的承认,从而将产品销售出去,并收回现金。对于企业的生存,现金流量比利润更重要、更客观。根据权责发生制确定的利润指标,更易受人为操纵、控制,并不能代表企业的实力。而现金流却是企业生存的必要元素,不仅可以反映企业的支付能力,而且可以证明企业的信用和实力。在实践中可以看到，有的企业虽账面盈利颇丰，却因现金流量不充沛而倒闭；有的企业虽然年年亏损，却因有足够的现金流量而得以长期生存，最后抓住机遇发展壮大。应该说，现金流量是利润质量高低的"检测器"。企业要想持续经营，靠的不是高额利润，而是必须保持良好、充足的现金流量。

3. 现金流决定企业的市场价值。在企业利润包装、盈余操纵愈演愈烈的今天，现金流量信息能帮助投资者看清企业的真正面目，更真实地反映企业投资价值，从而减少投资风险。现金流充足说明企业的经营情况好，承受风险的能力强，投资者的信心就会增强。由于历史现金流量与未来现金流量是相关的，因此对于投资者关心的企业支付股利的能力，是可以通过历史现金流量做出预测的。国外研究表明，企业股票的市场价格与利润指标的相关性越来越小，与企业现金流的相关性却越来越大。从中看出，证券市场也证明了企业价值与现金流息息相关。在分析企业偿债能力时，仅仅根据流动比率和负债比率等指标，很难准确判断企业真正的偿债能力。因为流动资产中既包括货币资金和短期投资等变现能力很强的资产，也包括应收账款、存货等变现能力不很确定的资产，还包括根本无法变现的待摊费用等。而现金流量中的现金，是企业实实在在的、可以立即用于偿还债务和其他支出的保证。因此，根据现金流量计算出的偿债能力指标，可以准确地反映企业的偿债能力。

项目小结

本项目从一般内容上介绍了公司理财活动的基本情况，重点说明了公司理财活动中资金筹集环节、投资环节、资本营运环节、利润分配环节等理财原理与方法，为进一步学习专业其他知识提供了理论基础。

 **课后训练**

一、名词解释

1. 公司理财 2. 经济进货批量 3. 系统风险 4. 非系统风险 5. 财产股利
6. 股票股利

二、单项选择题

1. 使用货币的机会成本一定（   ）。
   A. 大于零   B. 小于零   C. 等于零   D. 不等于零
2. 按照《公司法》的规定，设立股份有限公司的发起人（   ）。
   A. 至少为五人   B. 可以少于五人 C. 至少为两人   D. 50人以下
3. 公司价值是指公司全部资产的（   ）。
   A. 企业价值   B. 市场价值   C. 目标价值   D. 账面价值
4. 最具代表性的财务管理目标观点有（   ）。
   A. 三种   B. 四种   C. 五种   D. 六种

5. 如果已知普通年金现值、利率和期数,倒求年金,此类计算为(　　)的计算。
   A. 年偿债基金　B. 年资本回收额　C. 年还本付息额　D. 年还本额
6. 在资本市场上向投资者出售有价证券从而取得资金,这种活动属于(　　)。
   A. 投资活动　B. 筹资活动　C. 收益分配活动　D. 资金耗费活动
7. 经营风险常常对企业的利润产生影响,这里的利润实质是指(　　)。
   A. 营业利润　B. 利润总额　C. 净利润　D. 息税前利润
8. 如果无风险利率为6%,甲投资者十分厌恶风险,风险价值系数为0.5,标准利差率为40%,则甲计算的预期投资利润率应为(　　)。
   A. 22%　B. 46%　C. 26%　D. 42%
9. 由于利率下降,使购买短期债券的投资者于债券到期时,找不到获利较高的投资机会而发生的风险叫作(　　)。
   A. 违约风险　B. 到期风险　C. 通货膨胀风险　D. 再投资风险
10. 从相对量上看,货币时间价值是指不考虑通货膨胀和风险情况下的(　　)。
    A. 资金利润率　　　　　　B. 权益净利率
    C. 社会平均资金利润率　　D. 社会平均权益净利率
11. 以财务报表资料为依据,将两个相关的数据进行相除而得到的比率称为(　　)。
    A. 财务指标　B. 财务指标体系　C. 财务比率　D. 定基比率
12. 如果甲投资A证券20 000元,该证券的预期收益率为8%;同时投资B证券20 000元,该证券的预期收益率为10%,则该组合的预期投资收益率为(　　)。
    A. 18%　B. 9%　C. 2%　D. 1%

三、多项选择题

13. 现金预算中涉及的项目有(　　)。
    A. 当期现销收入　　　　　B. 赊销在本期收回的收入
    C. 前期销售收入　　　　　D. 所得税
14. 一定时期,利息的实际支付额为(　　)。
    A. 借款额×利息率　　　　　　　　　B. 借款额×利息率(1-所得税率)
    C. 债券面值×利息率×(1-所得税率)　D. 债券价格×利息率(1-所得税)
15. 财务管理从其发展来看经历了三个发展阶段,这三个阶段是(　　)。
    A. 产生的初级阶段　B. 发展的近期阶段　C. 发展的中期阶段　D. 发展的现代阶段
16. 进行纵向百分比分析时,可以作为100%看待的项目是(　　)。
    A. 资产总额　B. 销售净收入　C. 利润总额　D. 所有者权益
17. 流动资产的资金循环与固定资产的资金循环不同,它所具有的特点是(　　)。
    A. 与产品生产周期吻合　　B. 与产品寿命期吻合
    C. 属于短期资金循环　　　D. 属于长期资金循环
18. 市场经济条件下,企业建立的财会机构应(　　)。
    A. 财会一体化　B. 财会分炉立灶　C. 财会合二为一　D. 财会分设
19. 资本成本包括(　　)。
    A. 筹资费用　B. 用资费用　C. 材料费用　D. 工资费用

20. 资本成本的作用主要表现为（   ）。
A. 它是不同筹资方式决策的依据　　B. 它是不同筹资方案决策的依据
C. 它是投资决策的依据　　D. 它是评价企业经营

四、简答题

1. 公司的两种类型各自的特点是什么？
2. 什么是公司理财，应遵循什么原则？
3. 影响公司理财环境因素有哪些，怎么样对理财活动产生影响？
4. 权益性资金与债权性资金筹资方式的优缺点有哪些？
5. 普通股和债券投资的优缺点有哪些？
6. 股利分配政策有哪些，各自的优缺点和使用情况是什么？
7. 营运资金管理的内容及方法有哪些？
8. 不同投资方式的优缺点。

参考文献

1. 中国证券业协会.证券市场基础[M].北京:中国财政经济出版社,2012.
2. 中国证券业协会.证券交易[M].北京:中国财政经济出版社,2013.
3. 中国证券业协会.证券投资分析[M].北京:中国财政经济出版社,2013.
4. 中国证券业协会.证券投资基金[M].北京:中国财政经济出版社,2013.
5. 韩海燕.个人理财[M].北京:清华大学出版社,2010.
6. 李南.我最想要的理财书[M].南宁:广西大学出版社,2010.
7. 刘斌、薛力平.大学生理财教育的意义与途径[J].教育与教学,2010,4.
8. 沙舒城.金融投资理财指南[M].北京:经济管理出版社,2006.
9. 李小丽.投资理财概论[M].北京:北京交通大学出版社,2009.
10. 边智群.理财学[M].北京:中国金融出版社,2006.
11. 余瑄.明明白白炒黄金[M].北京:人民邮电出版社,2008.
12. 蔡新平.证券投资基金销售基础知识通关宝典[M].北京:中华工商联合出版社,2009.
13. 沈昀.论我国证券投资基金的投资策略[J].集团经济研究,2007,30.
14. 肖萍、姚翠红.我国证券投资基金投资策略研究[J].北京行政学院学报,2008,2.
15. 蔡新平.证券投资基金销售基础知识通关宝典[M].北京.中华工商联合出版社,2009.
16. 程凤朝、张炯.基于内部评估系统的私募股权基金价值研究[J].会计研究,2009,10.

图书在版编目(CIP)数据

投资理财原理与实务/严天喜,余志斌主编. —南京:南京大学出版社,2019.7
ISBN 978-7-305-22490-4

Ⅰ.①投… Ⅱ.①严…②余… Ⅲ.①投资—基本知识 Ⅳ.①F830.59

中国版本图书馆 CIP 数据核字(2019)第 149783 号

出版发行	南京大学出版社		
社　　址	南京市汉口路 22 号	邮编	210093
出 版 人	金鑫荣		

书　　名	投资理财原理与实务	
主　　编	严天喜　余志斌	
责任编辑	孙　辉　尤　佳	编辑热线 025-83592123
照　　排	南京理工大学资产经营有限公司	
印　　刷	南京人民印刷厂有限责任公司	
开　　本	787×1092　1/16　印张 17　字数 413 千	
版　　次	2019 年 7 月第 1 版　2019 年 7 月第 1 次印刷	
ISBN	978-7-305-22490-4	
定　　价	42.50 元	

网　　址:http://www.njupco.com
官方微博:http://weibo.com/njupco
官方微信号:njupress
销售咨询热线:(025)83594756

* 版权所有,侵权必究
* 凡购买南大版图书,如有印装质量问题,请与所购图书销售部门联系调换